U0637886

中国社会科学院重大课题
国家"十五"重点出版项目

列国志

GUIDE TO THE WORLD STATES

中国社会科学院《列国志》编辑委员会

尼加拉瓜 巴拿马

⊙ 汤小棣
张凡 编著

社会科学文献出版社
SOCIAL SCIENCES ACADEMIC PRESS (CHINA)

尼加拉瓜行政区划图

巴拿马行政区划图

尼加拉瓜国旗

尼加拉瓜国徽

巴拿马国旗

巴拿马国徽

尼加拉瓜国花——薑黄百合

尼加拉瓜马那瓜湖岸莫莫通博火山

尼加拉瓜马伊斯岛风光

尼加拉瓜卡拉索海岸的乌龟蛋

尼加拉瓜美昂和格拉纳达城的缔造者
——科尔多瓦塑像

马萨亚圣赫罗尼莫火山节庆典（尼加拉瓜）

尼加拉瓜青年——未来的希望

精美的史前工艺品——陶瓷（尼加拉瓜）

巴拿马城滨海大道

蛋壳教堂（巴拿马）

巴拿马运河船闸

花期很短，是春夏巴拿马的独特风景

前　言

自 1840 年前后中国被迫开关、步入世界以来，对外国舆地政情的了解即应时而起。还在第一次鸦片战争期间，受林则徐之托，1842 年魏源编辑刊刻了近代中国首部介绍当时世界主要国家舆地政情的大型志书《海国图志》。林、魏之目的是为长期生活在闭关锁国之中、对外部世界知之甚少的国人"睁眼看世界"，提供一部基本的参考资料，尤其是让当时中国的各级统治者知道"天朝上国"之外的天地，学习西方的科学技术，"师夷之长技以制夷"。这部著作，在当时乃至其后相当长一段时间内，产生过巨大影响，对国人了解外部世界起到了积极的作用。

自那时起中国认识世界、融入世界的步伐就再也没有停止过。中华人民共和国成立以后，尤其是 1978 年改革开放以来，中国更以主动的自信自强的积极姿态，加速融入世界的步伐。与之相适应，不同时期先后出版过相当数量的不同层次的有关国际问题、列国政情、异域风俗等方面的著作，数量之多，可谓汗牛充栋。它们对时人了解外部世界起到了积极的作用。

当今世界，资本与现代科技正以前所未有的速度与广度在国际间流动和传播，"全球化"浪潮席卷世界各地，极大地影响着世界历史进程，对中国的发展也产生极其深刻的影响。面临不同以往的"大变局"，中国已经并将继续以更开放的姿态、更快的步伐全面步入世界，迎接时代的挑战。不同的是，我们所面临的已不是林则徐、魏源时代要不要"睁眼看世界"、要不要"开放"问题，而是在新的历史条件下，在新的世界发展大势下，如何更好地步入世界，如何在融入世界的进程中更好地维护民族国家的主权与独立，积极参与国际事务，为维护世界和平，促进世界与人类共同发展做出贡献。这就要求我们对外部世界有比以往更深切、全面的了解，我们只有更全面、更深入地了解世界，才能在更高的层次上融入世界，也才能在融入世界的进程中不迷失方向，保持自我。

与此时代要求相比，已有的种种有关介绍、论述各国史地政情的著述，无论就规模还是内容来看，已远远不能适应我们了解外部世界的要求。人们期盼有更新、更系统、更权威的著作问世。

中国社会科学院作为国家哲学社会科学的最高研究机构和国际问题综合研究中心，有11个专门研究国际问题和外国问题的研究所，学科门类齐全，研究力量雄厚，有能力也有责任担当这一重任。早在 20 世纪 90 年代初，中国社会科学院的领导和中国社会科学出版社就提出编撰"简明国际百科全书"的设想。1993 年 3 月 11 日，时任中国社会科学院院长的胡绳先生在科研局的一份报告上批示："我想，国际片各所可考虑出一套列国志，体例类似几年前出的《简明中国百科全书》，以一国（美、日、英、法等）或几个国家（北欧各国、印支各国）为一册，请考虑可行否。"

中国社会科学院科研局根据胡绳院长的批示，在调查研究的基础上，于 1994 年 2 月 28 日发出《关于编纂〈简明国际百科全书〉和〈列国志〉立项的通报》。《列国志》和《简明国际百科全书》一起被列为中国社会科学院重点项目。按照当时的计划，首先编写《简明国际百科全书》，待这一项目完成后，再着手编写《列国志》。

1998 年，率先完成《简明国际百科全书》有关卷编写任务的研究所开始了《列国志》的编写工作。随后，其他研究所也陆续启动这一项目。为了保证《列国志》这套大型丛书的高质量，科研局和社会科学文献出版社于 1999 年 1 月 27 日召开国际学科片各研究所及世界历史研究所负责人会议，讨论了这套大型丛书的编写大纲及基本要求。根据会议精神，科研局随后印发了《关于〈列国志〉编写工作有关事项的通知》，陆续为启动项目拨付研究经费。

为了加强对《列国志》项目编撰出版工作的组织协调，根据时任中国社会科学院院长的李铁映同志的提议，2002 年 8 月，成立了由分管国际学科片的陈佳贵副院长为主任的《列国志》编辑委员会。编委会成员包括国际片各研究所、科研局、研究生院及社会科学文献出版社等部门的主要领导及有关同志。科研局和社会科学文献出版社组成《列国志》项目工作组，社会科学文献出版社成立了《列国志》工作室。同年，《列国志》项目被批准为中国社会科学院重大课题，国家新闻出版总署将《列国志》项目列入国家重点图书出版计划。

在《列国志》编辑委员会的领导下，《列国志》各承担单位尤其是各位学者加快了编撰进度。作为一项大型研究项目和大型丛书，编委会对《列国志》提出的基本要求是：资料翔实、准确、最新，文笔流畅，学术性和可读性兼备。《列国志》之所以强调学术性，是因为这套丛书不是一般的"手册"、"概览"，而是在尽可能吸收前人成果的基础上，体现专家学者们的研究所得和个人见解。正因为如此，《列国志》在强调基本要求的同时，本着文责自负的原则，没有对各卷的具体内容及学术观点强行统一。应当指出，参加这一浩繁工程的，除了中国社会科学院的专业科研人员以外，还有院外的一些在该领域颇有研究的专家学者。

　　现在凝聚着数百位专家学者心血、约计 200 卷的《列国志》丛书，将陆续出版与广大读者见面。我们希望这样一套大型丛书，能为各级干部了解、认识当代世界各国及主要国际组织的情况，了解世界发展趋势，把握时代发展脉络，提供有益的帮助；希望它能成为我国外交外事工作者、国际经贸企业及日渐增多的广大出国公民和旅游者走向世界的忠实"向导"，引领其步入更广阔的世界；希望它在帮助中国人民认识世界的同时，也能够架起世界各国人民认识中国的一座"桥梁"，一座中国走向世界、世界走向中国的"桥梁"。

《列国志》编辑委员会

2003 年 6 月

CONTENTS

目　录

尼加拉瓜（Nicaragua）

CONTENTS

目　录

CONTENTS

目　录

CONTENTS

目　录

CONTENTS

目 录

CONTENTS

目　录

11

CONTENTS

目　录

CONTENTS

目　录

CONTENTS

目　录

CONTENTS

目　录

CONTENTS

目　录

巴拿马 （Panama）

CONTENTS

目　录

CONTENTS

目 录

CONTENTS

目　录

CONTENTS

目　录

CONTENTS
目 录

尼加拉瓜
（Nicaragua）

汤小棣 编著

列国志

第一章

国土与人民

尼加拉瓜的全称是尼加拉瓜共和国（La República de Nicaragua）。1502 年 9 月，意大利航海家克里斯托弗·哥伦布在第四次环球航行中，首次抵达圣胡安河口，"发现"了这一地区。16 世纪 20 年代，西班牙征服者按照西班牙语，将居住在甜海（尼加拉瓜湖）一带强悍的尼加拉奥（Nicarao）部落名称的词尾 ao 改为 agua（水），意思是近水之地，这便是尼加拉瓜国名的由来。

尼加拉瓜西部太平洋沿岸地处中美洲火山带，大大小小数十座火山星罗棋布。尼加拉瓜湖、马那瓜湖和珍珠湖等几十个大小不等的湖泊约占全国总面积的 1/10，因此有"火山湖泊之国"的美称。在这片美丽富饶的土地上，世世代代居住着勤劳、勇敢和酷爱和平的人民。他们在近 500 年抵抗外族入侵和国内各民族相互融合的长河中，饱经战乱和痛苦的洗礼，具有前仆后继英勇斗争的光荣传统。至今，尼加拉瓜人民仍在为自由、独立、民主和摆脱贫困进行着不屈不挠的顽强斗争。

第一节 自然地理

一 地理位置

尼加拉瓜位于中美洲地峡中部，西经 79°30′~88°、北纬 10°~15°45′之间。东临加勒比海，海岸线长 480公里；西濒太平洋，海岸线长 360 公里。北隔科科河、内格罗河与洪都拉斯交界，边界长约 500 公里，为中美洲地峡最宽处；南界圣胡安河及尼加拉瓜湖以南的狭长地带同哥斯达黎加为邻，边界长 309 公里。百万年前，这里曾有一条海峡将美洲分开，第三纪时地壳变化使南北大陆间歇地相互结合，第四纪的火山地震加速了这一进程，并最终将它们连接起来。国土总面积 121428 平方公里，呈倒梯形，东西长 400 公里，南北宽 450 公里，是中美洲面积最大的国家，在拉美各国中居第 14 位，相当于中国的浙江省。

二 地形地貌

全国从地质、地形和地貌上可分为三个自然区：太平洋区、北方中央区和大西洋区。

太平洋区 位于国土西南火山和地质凹陷带。太平洋火山链北起丰塞卡湾南岸的科西圭纳火山，南至尼加拉瓜湖欧梅特佩岛上的马德拉斯火山。沿线有众多火山锥和火山口，其中活火山有 6 座，即圣克里斯托瓦尔火山（海拔 1745 米）、特利加火山（海拔 1061 米）、塞洛·内格罗火山（海拔 725 米）、莫莫通博火山（海拔 1258 米）、圣地亚哥火山（海拔 635 米）和康塞普西翁火山（海拔 1610 米）。由于地处南北美洲科科斯板块和加勒比板块的交接处，有许多缝隙，断面和断层深入地下约 10 公里。两大地质板块的运动和碰撞，常引起火山爆发和地震等地质灾害，

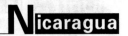

在凹陷带的南部形成了尼加拉瓜的两大湖和沿海平原。太平洋区的火山土最肥沃，人口最稠密，是尼加拉瓜文明最早的发祥地，也是全国最著名的旅游走廊。

北方中央区　由最古老的北部塞戈维亚高原（海拔 1200～1800 米）和中央高原（海拔 900～1500 米）组成。塞戈维亚高原上有国内最高的迪皮尔多和哈拉巴两大山脉。位于北部尼洪边界的莫戈顿峰（海拔 2107 米），是全国最高峰。中央高原北起塞戈维亚高原，由伊萨贝利亚、达林塞、华比和琼塔莱斯四大山脉构成。全区地势由西北向东南渐次下降，流入加勒比海的大河多发源于此。这里以黏土和矿物质土为主，森林植被丰茂，是咖啡、畜牧、烟草和粮食主产区。

大西洋区　涵盖北部科科河，西部中央高原和东部加勒比海沿岸之间的广袤地带。地势由中央高原向东缓慢下降，直至加勒比海沿岸。中部的瓦瓦桑丘陵（海拔 554 米）伸入加勒比海，构成沿海大陆架。这里雨量充沛，黏土和矿物质土肥沃。近海布满森林、沼泽、三角洲和沿海湖泊。大西洋区是一片广阔的淤积平原，面积约占国土的一半，是米斯基托等土著印第安人世居之地，又称米斯基托海岸。

三　河流、湖泊和海湾

尼加拉瓜的地势和降水决定了河流分布东部多西部少，东部大西部小。主要河流大多由西向东汇入加勒比海，流域面积占国土面积的 90%。注入太平洋的河流流域面积只占国土面积的 10%。

向东流入加勒比海的河流有：

科科河，又称塞戈维亚河，是中美洲最大的河流。发源于洪都拉斯的科马利河和尼加拉瓜塔巴卡利河交汇处。中下游可通小船，主要支流有博卡依河（115 公里）和瓦斯布克河（138 公

里），在格拉西亚斯—阿迪奥斯三角洲汇入加勒比海，全长 680
公里，流域面积 2 万平方公里，是尼加拉瓜和洪都拉斯界河。

圣胡安河是两大湖水流入加勒比海的唯一通道，长 190 公
里，宽 300 米，流域面积 3 万平方公里。河面宽阔平坦适合航
行，被认为是修建沟通两洋运河最理想的自然水道，在尼加拉瓜
人民政治、经济和社会生活中占重要地位，也是尼加拉瓜与哥斯
达黎加的界河。

蓬达戈尔达河发源于约拉依纳山区，长 115 公里，流域面积
2867 平方公里。

埃斯孔迪多河由西吉亚、米科和拉玛三条支流汇合而成，长
88 公里，流域面积 1.2 万平方公里，从拉玛市乘船可直达布卢
菲尔兹海湾。

马塔加尔巴大河发源于北莫利诺山，是尼加拉瓜第二大河，
长 465 公里，流域面积 1.8 万平方公里。图马河（180 公里）是
主要支流。

瓦瓦桑河和库林瓦斯河水量不大，最终注入珍珠湖。

普林萨波尔卡河发源于伊萨贝利亚山脉，全长 254 公里，流域
面积 1.1 万平方公里。库加拉亚河长 140 公里，汇入乌洪达沿海湖。

瓦瓦河长 160 公里，泄入加拉达湖，利库斯河是主要支流。
此外，米斯基托海岸还有 20 公里以上的小河流 80 多条。

向西流入太平洋的河流有：

阿梅亚河、阿托亚河、科斯马巴河、波索尔特加河、特利加
河、奇基托河和格朗德河等 15 条，大多短小，流量少。其中一
些河已被堵截用来发电或灌溉甘蔗田。内格罗河和埃斯特罗莱亚
尔河双双流入丰塞卡湾，是所有流向太平洋河流中较长的。内格
罗河源头和入海口都在洪都拉斯，全长 175 公里，4 公里为尼洪
界河，其主要河段 73 公里流经尼加拉瓜，流域面积 1428 平方公
里。埃斯特罗莱亚尔河发源于奥洛梅加河和特科马巴河两支流汇

合处，流经莱昂和奇南德加两省，全长137公里，流域面积3690平方公里。另有4条河汇入马那瓜湖，7条注入尼加拉瓜湖。它们都比较短，水流也不大，最长的只有100多公里。蒂皮塔帕河长60公里，是沟通两大湖的唯一水道。

湖泊和海湾：

尼加拉瓜湖和马那瓜湖是全国两大湖。第四纪初曾是太平洋的海湾，后因火山地震等地质变化与大海隔绝，形成了两大淡水湖。

尼加拉瓜湖，又称科希波尔卡湖，形状酷似橄榄球。湖面长160公里，宽60公里，水深20~40米，总面积8264平方公里，平均海拔31.4米。

马那瓜湖，又称索洛特兰湖，状似胚胎。湖面长52公里，宽8~25公里，水深24米，总面积1042平方公里，平均海拔38.1米。[①] 两大湖位于人口稠密地区，均受到程度不同的污染，马那瓜湖成为首都排污口，湖水无法饮用。此外还有8个面积在20平方公里以上的较大湖泊，其中珍珠湖面积518平方公里，瓦尼湖面积156平方公里，比斯姆纳湖面积139平方公里。0.6~16.5平方公里的小湖泊有21个，其中不少是火山口湖如阿波约湖、马萨亚湖和希洛阿湖等。全国湖泊总面积11250平方公里，约占国土面积的1/10。

尼加拉瓜海岸线全长840公里，海湾较少。太平洋海岸有丰塞卡湾和南圣胡安湾；加勒比海岸有布卢菲尔兹湾和北圣胡安湾。

四　气候和降水

尼加拉瓜位于热带和亚热带气候区，年均气温在25.5℃。受东南信风影响，太平洋和北方中央区全年

---

① Libro de Defensa Nacional de Nicaragua (2005), p. 16.

分为干湿两季，5～11月为雨季。加勒比地区和中央高原逆风面旱季较短，雨量为太平洋区的2～3倍。全境分为4个气候区：

加勒比沿海湿热气候区 全年温差只有3℃，海拔高度在0～600米之间，湿度达85%～88%。东南信风使这里全年多雨，年均降水量3000～6000毫米。由北向南降水随地势下降而增加，最南端的北圣胡安一带，年均降水超过6000毫米，是全国降水量最集中的地区。全地区被热带雨林、沼泽和湖泊所覆盖，平均温度在25.6～26.4℃。

中央高原东坡亚热带气候区 年均温差较大，高原为14℃，低地为22℃，一般在19～28.2℃之间。年均降水在2000～3000毫米之间。

中央高原西坡和大湖东岸亚热带气候区 年均气温在16～24℃之间，气温随地势变化，高处较低，低处较高。年均降水量1000～2000毫米，多集中在雨季，中央高原西坡被大片绿地覆盖。

太平洋沿海及大湖西岸干燥气候区 年均气温在24～30℃之间，年均降水量1200～1500毫米，水分蒸发很快。北部沿海年降水低于800毫米，属地表多荆棘的半荒漠地带，湿度低于60%，是全国最炎热的地方。德国气象学家克彭（Koppén）曾将尼加拉瓜全国气候区分为4种：布卢菲尔兹至圣胡安河为热带雨林气候区；加勒比沿海平原森林是季风气候区；太平洋至中央高原西部为热带草原气候区；北部高原是亚热带气候区。

第二节　自然资源

一　物产资源

加拉瓜位于南北美洲交会处。全国可耕土地约为360万公顷。太平洋地区多火山，火山灰土壤肥沃，适合

种植咖啡；两湖平原水资源丰富，盛产粮食、水果和蔬菜，人口密集；北方中央区森林矿产资源丰富，农牧业比较发达；加勒比沿海地区以捕捞龙虾等海产品和木材开发为主。尼加拉瓜有78个生态区，动植物多样性是南北美洲数百万年在此交融和变迁的结果。其中53个自然生态区包括28个森林、7个大草原、2个灌木林、2个草场和6个植物稀少地区。有7个水生态区：两大湖有独特鱼种；火山口湖食鱼动物种类繁多，近海海洋动植物资源丰富。此外还蕴藏着大量水力、风力、太阳能和地热资源。

尼加拉瓜的金属矿产有金、银、锰、锌、铜和铅。1998年已探明106条金矿脉，蕴藏量达380万盎司以上。最高年产量超过20万盎司，居世界第13位，银矿储藏量约为490万盎司。23种矿产具有开采价值，主要分布在北部高原和北大西洋自治区。北大西洋自治区的休纳—博南萨—罗西塔是尼最大的金属矿产基地，金银及其他矿产量占全国产量的40%以上。非金属矿产有大理石、石灰石、石膏、沙子和石料，产地集中在太平洋沿岸和中央高原一带。

二　植物

尼加拉瓜植物资源丰富。有蕨科、裸子科和被子科等6500种植物，分布在223个科。森林面积达5.6万平方公里，占国土面积的38%，其中78%在加勒比沿海地区，17%在北方中央区，只有5%在太平洋区。可供开采的森林约279.8万公顷，83%为阔叶林，其余为松林。至少有65种具有商业价值的木材，林业资源多集中在米斯基托海岸中部和南北边界一带。最贵重的是桃花蕊木（即红木）、王雪松、雪松、青龙木、黑黄檀木、黑硬木和栎木等。在东西海岸，特别是加勒比海河流入海口和大小潟湖附近含盐泥泞的土地上，生长着茂密的红树林，珍珠湖一带尤为集中。

尼加拉瓜的气候和土质十分有利于种植桑树、桉树、月桂树和山番荔枝，也适合发展香蕉、咖啡、甘蔗、棉花和仙影拳等经济作物。

这里野草梅树（Madroño）品种多，花色艳，果实甜而多汁被定为国树。色彩娇美的姜黄百合花（Sacuajoche）深受尼加拉瓜人民喜爱，被誉为国花。

三　动物

加拉瓜有 1053 种脊椎动物，包括 650 种鸟类，164 种爬行类，177 种哺乳类和 63 种两栖类。其中约有 24 种哺乳动物、81 种鸟类和 17 种爬行动物濒临灭绝。国家立法保护 191 种脊椎动物和 213 种鸟类。其中最著名的有格查尔鸟、蜂鸟、吼猴、海龟、鹰、秃鹰、貘、黑鬣蜥和绿鬣蜥等 17 种，护崖鸟（Guardabarranco）被定为国鸟。无脊椎动物有 1 万多种，主要是昆虫。

尼加拉瓜海洋资源丰富，有 305 种海鱼，2000 种软体动物，42 种珊瑚和 107 种海藻。尼加拉瓜沿海的海龟不仅数量多，而且品种全。有全球现存 5 大海龟中的 4 种，即棱皮龟、蠵龟、玳瑁和绿龟。近海不仅盛产鳍科鱼、金枪鱼、鲔鱼和价值很高的海虾和龙虾，海蟹、扇贝和其他贝类也很多。境内有淡水鱼 63 种。尼加拉瓜湖和圣胡安河还是世界上唯一淡水海鱼生长的水域。尖嘴重牙鲷（Mojarra Picada）和箭重牙鲷（Mojarra Flecha）举世闻名，体重均可达 450 公斤。因环境污染，近些年这两种淡水海鱼在尼加拉瓜湖已几近绝迹。

国家已设立 76 处生态保护区，总面积为 224.2 万公顷，占国土面积的 18.2%，约占中美洲保护区总面积的 13.7%。其中 8 处获得国际承认，2 处被列入联合国教科文组织"人类生态计划"，尼加拉瓜还是水栖候鸟重要的国际保护区。

第三节 居民和宗教信仰

一 人口

据2005 年全国人口普查，尼加拉瓜全国总人口达5142000 人，在中美洲国家中居第四位。其中女性占50.7%，男性占49.3%，城市人口占70%，每年新生婴儿达35万人。按年龄分，15 岁以下占41.5%，15～60 岁占53.8%，60岁以上仅占4.6%，青少年占总人口的33%。人口结构比较年轻，平均年龄仅17 岁，16 岁以上有选举权的公民占总人口的55%。妇女人均生育3.2 个孩子，高于其他中美洲国家；农村贫困妇女人均生育更高达4.4。史前土著印第安人曾达数十万。由于西班牙殖民者大量杀戮和作为奴隶被卖到南美洲，人数降至不足万人。17 世纪开始引入非洲黑奴。独立后，因内战频发，人口增长速度缓慢，直到1950 年全国人口才过百万。

1971 年全国人口达187.8 万人，此后进入高速增长期。1971～1995 年尼加拉瓜人口年均增长率为3.5%，在拉丁美洲名列前茅。1980～1985 年年均死亡率达10.7‰。1985 年尼加拉瓜人口为327.3 万人，1986 年升至338.4 万人。1995 年全国人口普查为4357099 人。其中女性占51%，男性占49%，城市人口占54%。英国经济情报部原估计2000～2006 年人口年均增长率为2.6%，死亡率为5.2‰。但2005 年全国人口普查结果，年人口增长率只有1.7%，低于拉美平均水平。2005 年人均寿命为69.4 岁，其中女性平均寿命71 岁，男性平均寿命68 岁。

人口地区分布很不均衡，60% 以上的人口居住在太平洋地区，约30% 在北方中央区，不足10% 在大西洋地区。全国人口平均密度为每平方公里46 人（2004），低于其他拉丁美洲国家。

太平洋地区人口密度最高，每平方公里达134人，北方中央地区为33人，大西洋地区只有8人。[①] 尼加拉瓜人口流动频繁，移居哥斯达黎加、其他中美洲邻国和美国的尼加拉瓜人接近百万。每年都有大批居民从农村迁往大城市，特别是首都马那瓜。首都约占全国人口的1/5强，马塔加尔帕、奇南德加、莱昂、马萨亚、新塞戈维亚和埃斯特利人口都超过20万。尼加拉瓜是中美洲城市化水平较高的国家。每年迁入尼加拉瓜约2万人，主要来自危地马拉、洪都拉斯、萨尔瓦多、哥斯达黎加和巴拿马。迁入的美国人多为企业家和技术专家。此外还有黎巴嫩人、叙利亚人、土耳其人和犹太人。华人移居尼加拉瓜的历史不足百年，他们大多经商，做工者不多，务农者更少，主要集中在布卢菲尔兹市和首都马那瓜，人数从未超过5000人。

二　种族

尼加拉瓜人的构成与美洲大陆其他国家类似，是由印第安人、白人和黑人长期融合同化的结果。

印第安人　印第安人是美洲的土著居民。西班牙殖民者到来之前，居住在这里的土著印第安人有数十万之多，他们源自南北美洲大陆。主要有尼科亚人、尼加拉奥人、乔卢特加人、马塔加尔帕人、苏蒂阿瓦人、米斯基托人、苏穆人和拉玛人。西班牙殖民者残酷屠杀、压迫和疯狂向南美殖民地出售印第安奴隶，使土著印第安人数降至不足万人。具有印第安血统的居民达40多万人，约占总人口的7%，血统较纯的印第安人数在30万左右，约占居民的5.4%。太平洋地区的印第安居民几乎完全被同化，丧失了本民族的语言和宗教，只保留部分社会组织和传统文化习俗；北方中央区的印第安居民仍然坚持其大部分传统习俗；因为

---

① Libro de la Defensa Nacional de Nicaragua, p. 40.

长期与中央政府和内地隔绝,大西洋地区的印第安人比较完整地保持着本民族的语言和传统文化。

白人 主要是欧洲人,特别是西班牙加利西亚人的后裔,占总人口的 10%。他们居住在首都和主要城市。受教育程度高,文化素质高,生活条件较好。

黑人 来自非洲和加勒比岛国。16 世纪已有非洲逃奴抵达加勒比海沿岸。17 世纪西班牙殖民当局为补充劳动力缺口,开始从非洲输入黑奴。他们主要从事矿业和香蕉种植。20 世纪初,牙买加等加勒比岛国黑人进入加勒比地区,集中在布卢菲尔兹和北圣胡安一带。一些从海地、马提尼克和瓜德罗普岛被贩卖到卡韦萨斯港的黑人从事渔业、木材加工和码头装卸劳动。黑人约占总人口的 9%。

此外,尼加拉瓜的白人、黑人和印第安人长期共同生活,逐渐形成了三种混血种人:梅斯蒂索人、桑博人和穆拉托人。印欧混血梅斯蒂索人,约占总人口的 75%,遍布全国城乡。他们与白人构成尼加拉瓜的主体民族,约占总人口的 85%;印黑混血桑博人,主要为米斯基托人,约占总人口的 3%,占印第安人的一半,分布在科科河流域、加勒比沿海及近海岛屿;黑白混血的穆拉托人不足 5000 人,大多在加勒比地区香蕉园工作。

三 民族

尼加拉瓜多民族、多语言和多文化统一民族的形成,经历了数百年的漫长历程。西班牙殖民者首先征服和同化太平洋地区,其后扩大到北方中央地区。东部加勒比海地区长期受英国控制,真正开始与主体民族融合是在 1987 年建立起两个民族自治区之后。

尼加拉瓜境内有 10 个少数民族,其中 6 个在加勒比地区,4 个在其他地区。土著民族总人口为 448850 人(1999 年,下同),

约占全国人口的 10%。① 加勒比地区的土著民族语言及文化特征保存完好，人数近 30 万。主要有：

米斯基托人（Miskitos）

混血印第安人，属大奇布查人分支，主要聚居在大西洋沿海北部地区。他们身体矮小，肤色黝黑，鼻梁隆起，毛发垂直。16 世纪与逃亡定居的黑人混血，被称为黑米斯基托人。其后又同来此定居的外国人通婚，因此有"人类种族博物馆"之称，总数约 15 万人。他们水性好，能征善战，崇尚自治，是反对殖民同化政策，争取区域民族自治的主力军。

苏穆人（Sumos）

又称马杨格纳人，他们崇拜自然神灵，有文身习俗，与米斯基托人形影不离，但很少与外族通婚。该民族以部落形式分散居住在加勒比沿海北方的森林沼泽地带，人口约 1.4 万人。

拉玛人（Ramas）

总数不足 1400 人，族内讲拉玛语，散居在尼加拉瓜东南希—阿巴斯自然保护区丛林中。他们笃信宗教，性情和善，人种最纯，与外族来往较少。以木薯为食，不吃玉米。善做独木舟、吊床和树皮布。首领死后被做成木乃伊，习俗更类似哥伦比亚的奇布查人。

加利弗纳人（Garífunas）

又称黑白混血穆拉托人，约 2000 人，分布在布卢菲尔兹市及其郊区。他们讲英语，兼有英国和非洲黑人的文化习俗。生活在布卢菲尔兹市和北圣安河一带，从事香蕉种植业。

克里奥莱人（Creoles）

加勒比黑人的后裔，约 43000 人，多居住在加勒比沿海城镇。他们讲英语，有加勒比人的身体特征和文化习俗。

---

① Libro de la Defensa Nacional de Nicaragua，p. 39.

梅斯蒂索人（Mestizos）

英印混血后裔，约 8.5 万人。与主体民族印欧混血人不同，他们讲英语，兼有英国和印第安人的文化习俗，居住在加勒比沿海各地。

太平洋和北方中央区的印第安人约有 24 万人，语言和宗教特征均已丧失，仅保有部分土著社会的组织形式和文化生活习俗，主要有：

尼加拉奥人（Nicaraos）

他们是最后从墨西哥迁入尼加拉瓜的印第安人，带来了最先进的历法和农业技术。西班牙殖民初期被大量杀戮，最终被同化，失去了传统的民族语言和文化特征。仅有 1.9 万人，居住在大湖流域和周边地区。

苏蒂阿瓦人（Subtiabas）

迪里昂亨等印第安部落后裔，他们语言、宗教等特征正在消失，仅有少数人仍在说土语。擅长手工艺，居住在莱昂至马萨亚一带，人数在 4 万以上。

乔卢特加人（Cholutecas）

又称纳瓦斯人或曼赫人，原住在大湖流域，后迁至太平洋沿岸地区。他们的传统习俗已消失，以打鱼为主，农业为辅，约有 8.2 万人。

马塔加尔帕人（Matagalpas）

较古老的印第安人，分布在马塔加尔帕和希诺特加两省，以农牧为主，早被同化，失去传统语言和宗教特征，现有 9.8 万人。至今仍保留着重视家庭稳定，非血亲方可通婚和新房设在男方家乡等传统生活习惯。

据报道尼加拉瓜还有 520 多名马莱库印第安人，他们居住在尼加拉瓜湖南岸毗邻哥斯达黎加的狭长沼泽地带。1958 年后与邻国的同胞分开，1995 年 6 月宣布建立"艾雷库共和国"，但没有

得到联合国承认。2003 年又设计出自己的国歌和国旗，打算搞生态旅游发展"国民经济"，但始终未获政府支持和国际承认。[①]

四　语言

官方语言是西班牙语。尼加拉瓜的西班牙语主要受加利西亚方言影响，发音软化。语汇中吸纳了部分土著印第安语用词，大多表现在医药、食品、鲜花、地理和动物名称上，反映其来自墨西哥纳瓦特尔的民族历史渊源。因加勒比地区长期受英国控制，受不列颠语言文化影响很深，当地的黑人和穆拉托人使用含有大量西印度群岛方言的"克里奥尔英语"，又称加勒比英语；全国有 2% ~ 3% 居民只会说土语。米斯基托族内通行米斯基托语，部分人会英语或西班牙语；苏穆人和拉玛人分别说苏穆语和拉玛语，少数人会英语或西班牙语。西部仍有少量莫宁博和苏蒂阿瓦人说土语。1987 年以来，政府在民族自治区各类学校中广泛推行西班牙语—英语或西班牙语—土语的双语多元文化教育。英语和米斯基托语还被允许在自治区作为官方语言使用。宪法和自治区组织法等重要文件都有多种文字版本。

五　宗教

尼加拉瓜人笃信宗教，政府奉行宗教信仰自由政策。2002 年有天主教徒 420 多万人，占总人口的 82%，新教教徒约占 17%，居民 0.8% 信仰其他宗教[②]，无宗教信仰者比例很小。

天主教　1522 年希尔·冈萨雷斯开始对尼科亚和尼加拉奥两部落酋长实施天主教洗礼。至 1526 年已有多明我会、方济各

---

①　见 2003 年 8 月 8 日《环球时报》。

②　Lnforpress Centroamericana, Revista de Guatemala, 7 de junio de 2002.

会、耶稣会和西班牙天主教会的传教士在这一带活动。次年始建教区，但直到 1689 年基督教才传至太平洋沿岸地区。此后，迎来了 100 年教会发展的"黄金时期"。18 世纪 80 年代政教矛盾加剧，耶稣会被逐出尼加拉瓜。1826 年第一部宪法确定天主教为国教。接着战乱频发，两党争夺愈演愈烈，教会时而受到特殊保护，时而频遭迫害。1830 年自由党领袖莫拉桑当选总统，教会势力遭到沉重打击。1862 年政府与罗马教廷签署条约，天主教再度被尊为国教。19 世纪末自由党领导人塞拉亚政变上台，他制定的新宪法规定政教分离，教会指令被中止，内部分裂。1912 年尼加拉瓜成为美国的保护国，教会重新成为统治国家的工具。20 世纪 60 ~ 70 年代，在拉美"解放神学"的感召下，一些神职人员积极投身反独裁斗争，有的成为"12 人集团"①成员，在争取国际支持方面发挥过出色作用。革命胜利后，卡德纳尔兄弟等 5 位神甫先后分别担任政府的文化、外交、教育、扫盲协调员和驻美洲国家组织代表等部长级职务。教会当局一再要求他们辞去政府职位，并以剥夺布道权相威胁，德斯科托神甫则以走"拜苦路"的方式，表达对革命的忠心。这一矛盾直到 1987 年政府聘请红衣主教奥万多·布拉沃出面主持全国和解委员会时，才得到缓解。

全国有一个总教区，6 个主教区。主教会议是最高权力机构，创建于 1975 年，主席长期由奥万多·布拉沃红衣主教担任，最近才由马那瓜大主教莱奥波尔多·普雷内斯接替。全国有红衣主教 1 人，主教 6 人，神甫 290 多人，修女 650 多人。罗马教廷在马那瓜设有大使馆。②

---

① 1977 年 10 月 14 日，以桑解阵起义派领导人，作家塞尔希奥·拉米雷斯为首，团结流亡海外的尼加拉瓜知名人士，包括作家、律师、天主教士、银行家和教育家等组成 12 人集团，旨在加强国内外联系，配合并支持起义派的反独裁武装攻势，为建立民主政府做准备。

② 宗教研究中心编《世界宗教总鉴》，东方出版社，1992，第 566 ~ 568 页。

基督教新教　信徒多为黑人后裔及其混血后代，包括部分米斯基托人和苏穆人。大约在 1625 年，摩拉维亚兄弟会开始在米斯基托海岸建立自己的教区。19 世纪末，成立了中美洲教区和其他教会社团。如今教会社团已超过 15 个，新教信徒占自治区居民的 38.6%，格拉西亚斯—阿迪奥斯角的新教徒最多，占 63.3%，马那瓜占 2.5%，圣胡安河省占 2.2%，其他省份比例都不超过 2%。摩拉维亚兄弟会在加勒比沿海居统治地位，是最大的新教教派，神召会第二，约有 230 个区会。其他教派有国际四方福音教会、浸礼会和克利夫兰上帝会等。浸礼会以教育和医疗等社会福利事业为主，机构发展较快。此外，3 个来自美国的浸礼会组织也比较活跃，1917 年设全国大会，有信徒 2 万多人，教堂 135 个。路德宗教会建于 1994 年，成员约 4000 人。

其他宗教　本土原始宗教信徒数量不多，分为 26 个教派，大多保留在偏远的土著印第安人居民区内。一些教徒名义上信奉基督教，实际上却信奉主神、雨神等，与墨西哥阿兹特克人信仰相似，只是诸神名称叫法不同。境内阿拉伯人多信伊斯兰教，犹太人信犹太教，非洲人后裔信仰巴哈依教，华侨信奉佛教或道教。

政教关系　天主教历史上多次被定为国教，对尼加拉瓜的政治、经济和文化影响很大。在两党争权夺利的年代，其地位随保守党得势而上升，随自由党执政而下降。1893 年自由主义革命的胜利使政教分离，次年颁布的宪法规定，教会与教育、婚姻和国家财产分开。其后，在 1911 年、1939 年和 1950 年的宪法中，都设有保证公民信仰自由的条款。1936 年索摩查上台后，马那瓜主教获得财政特许权，1956 年又享有在公立学校开设自费教理问答课的权利。1979 年革命胜利后，尼加拉瓜政教关系一度十分紧张，教会上层与新政权为敌，站在反政府力量一边。1981年随着里根政府上台，美国加紧利用反政府武装颠覆桑解阵革命政权，教会与政府的矛盾更趋激烈尖锐。1983 年春，教皇保罗二世访问恰逢艰苦的战争环境，桑解阵革命政府不惜消耗一个月的汽油供应量，确保莱昂 10 万和首都 70 多万人朝觐的需要。1987 年《中美洲和平协议》签署后，美国逐步放弃颠覆尼革命政府计划，改用民主化策略，桑解阵也积极推进和平进程，尼加拉瓜政教关系趋缓。1987 年新宪法和以后数度修改的现行宪法第 8 条明确规定，"国家不设官方的宗教"，政府奉行宗教自由政策。天主教会在民众中威望较高，影响也较大。从 20 世纪 70 年代起，曾多次参与国内武装冲突和政治危机的调解工作。

20 世纪 90 年代以来，天主教会提出，重读《圣经》，建设新基督教口号，教会与政府的关系开始好转。2002 年博拉尼奥斯总统向前政府的腐败宣战，部分教会人士受到牵连，教会的特权和影响受到扼制。至今桑解阵的神职人员均未放弃解放神学观点。1997 年版豪尔赫·皮斯莱依《耶稣的复活》一书，从解放神学的视角，对基督教义作出了反传统的整体分析，在神学界引起轰动。目前桑解阵政府同天主教会的关系与 20 世纪 80 年代相比已有较大改善。

第四节　民俗与节日

一　民俗

尼加拉瓜民俗淳朴，衣着简单随意，生活充满热带人那种自由豪爽和亲切热烈的气氛。

服饰　炎热潮湿的气候使尼加拉瓜人的穿着打扮具有明显的热带特色。他们普遍爱穿凉爽的丝棉织服装。城镇居民尤喜欧式服装，钟爱白色上衣，宽边帽，鲜艳围巾。平日上身穿 T 恤衫或圆领衫，下身着便裤。节假日多穿民族传统服装——瓜亚

维拉（guayabera），那是一种白色绣花衬衫，黑裤子或者宽大浅色长裤和黑皮鞋，系鲜艳带缨穗的腰带。在隆重场合一般穿西服。农民经常穿无领的衬衫，颜色多样并鲜艳，蓝布裤，头戴棕榈帽。不热时穿皮靴，天热时穿乔卢特加凉鞋（生皮底，上面有两根皮系带的简易凉鞋）。农村妇女经常穿宽大多褶裙，做家务时往往在衣裙外面罩件自制花边围裙，喜欢戴草帽。妇女们不论贫富和年龄，都喜欢浓妆艳抹，配以不同款式和档次的首饰，头上插几朵鲜花装点生活。姑娘们鬓角上插两朵鲜花，代表未婚。

印第安人的衣着样式比较多。苏穆妇女穿树皮短裙，男女都爱化妆。尼瓜拉奥人头发理成圆圈，耳上戴装饰品，喜欢将头睡成扁形。男的常穿无袖衬衫，腰带绕身一周后从裆下穿过，系在后面。妇女常穿过膝的裙子，上身再裹上一块大披巾。男女都穿羊皮凉鞋。苏穆人喜爱文身，乔卢特加人喜欢穿棉布衣服，有时也文身。在米斯基托海岸与世隔绝的村社，至今还能看见身着树皮布衣、文身涂面、头戴彩色羽毛的土著印第安人。

饮食　尼加拉瓜人的主食是玉米。城乡居民习惯吃一种叫"嘎瑶宾托"的食物，即红豆米饭。玉米饼（tortilla）和玉米粽子（tamales）是餐桌上不可缺少的主食。此外常吃的主食还有木薯（yuca）和面包等。尼加拉瓜人最爱吃的食品有猪肉大包、"希加拉斯"（jicaras）甜饼（用玉米、小麦和粗糖烤制而成）和一种叫"纳卡塔马尔"馅饼（用玉米、猪肉、小鸡肉和蔬菜做的）。尼加拉瓜人也爱吃牛排、烧牛肉、炸鸡腿等。沿海居民通常喜欢吃海鲜，如龙虾、海虾、海蟹、扇贝、金枪鱼、鳍科鱼、鲐鱼和贝壳等。炸香蕉和"阿尔比诺尔"泥（用肉末、烤干的玉米面、牛奶、蒜泥和盐搅拌合成的，用勺吃）也是人们爱吃的食物。

尼加拉瓜人通常喝牛肉蔬菜汤。这是一种杂烩汤，有马铃薯、洋葱、圆白菜、西红柿和牛肉。最爱喝的汤叫"嘎洛博"蔬菜肉汤，这是用一种类似松鼠的名叫嘎洛博的小动物肉与蔬菜"叶尔瓦卜埃纳"（yerba buena）烧成的。

尼加拉瓜人早餐多喝牛奶咖啡和各种果汁。平时最喜欢饮牛奶果子露和名叫"底斯特和瓦布尔"的饮料。这是一种装在木葫芦里用玉米、椰肉和糖调制而成的饮料，据说有解暑作用。饭后甜食丰富多彩，除各种冰淇淋外，常见的有菠萝汁和库尔瓦萨（curbasa）甜食。

尼加拉瓜男女老幼都爱喝冰镇啤酒。男人多嗜酒如命，最喜欢喝叫奇恰（chicha）的玉米烈酒。民间流传这样一句俗语："一杯酒下肚，能使哑巴说话，一瓶酒下肚，能使哑巴唱歌。"

居住　尼加拉瓜居民住宅的建筑风格多种多样。在首都马那瓜、格拉纳达和莱昂等大城市，至今仍可看到西班牙殖民时期新古典主义式、巴洛克式、加利西亚式的建筑。大城市一般分为老市区和新市区。老市区内有一个中心广场，其周围排列着市政府、大教堂、警察局办公楼、医院和商店。街道狭窄，由石头铺成，楼房大多为西班牙式。新市区有许多高楼大厦，如首都马那瓜的皇道宾馆、国际饭店和高达 16 层的美洲银行大厦。新建的房屋大多为白色水泥平房，红蓝相间的屋顶在阳光映照下，分外耀眼。市区有花园别墅，市郊有许多用木板、土坯、茅草和火山石搭建的贫民窟。

农村的房屋类型较多，大部分是砖瓦房，墙呈白色，房顶有的是一面坡，有的是两面坡。还有不少农舍是用木料或土坯盖成的。土坯砌成的房屋表面涂有一层灰泥，屋前有庭院。印第安人多住木板房和用稻草或苇草搭的茅屋。种植园工人的住房是建在木桩上的木板屋。

称谓　尼加拉瓜人继承西班牙的称谓习惯，姓名由教名、父姓和母姓组成。如国歌歌词作者萨罗蒙·伊巴拉·马约加，其教

名是萨罗蒙，父姓为伊巴拉，母姓为马约加。也有双名的，如前《新闻报》社长佩德罗·华金·查莫罗·卡德纳尔。其双名为佩德罗·华金，一般可省略第二个名字华金，或将其略为一个字头J，直称佩德罗，或佩德罗·J。其称谓熟人间可直呼其名，亲戚朋友间可昵称。正式场合或一般交往，则以父姓称呼后加先生或小姐。在父姓前加官衔、学衔或职称，表示尊重。妇女婚后仍保留其教名和父姓，但取消母姓，代之以前面加"德"的夫姓，表示某某夫人。如尼加拉瓜历史上首位女总统查莫罗夫人，全名为比奥莱塔·巴里奥斯·德查莫罗。这里比奥莱塔是教名，父姓巴里奥斯，德查莫罗表明她是查莫罗的夫人。简称查莫罗夫人，即 Señora de Chamorro。农村仍保留对已婚男子称"唐"（Don），对已婚妇女称"唐娜"（Doňa）的传统习俗。

礼节 尼加拉瓜的礼节与西班牙等欧美国家相似。不管是亲朋好友，还是互不相识的人之间，都要打招呼。常用的问候语是："你好"、"见到你非常荣幸"，或根据见面的时间，分别用"早晨好"、"下午好"和"晚上好"进行问候。在分别时，尼加拉瓜人一般都要告别："再见"、"明天见"、"回头见"和"我们还会见面的"。

尼加拉瓜人的见面礼节一般采取打招呼、握手、拥抱和亲吻四种方式。在同事和邻居之间可点头问声"你好"，不一定要握手。但在正式社交场合，两人初次见面，要边握手边问候。在宾主之间，主人先伸手；在男女之间，女子先伸手；握手时，男子不要太使劲；假如女子无握手之意，男子可说声"你好"；在亲属、朋友、熟人之间，根据友谊深度，可采取互相拥抱、亲吻或贴面方式。拥抱时可以正面贴身拥抱或搂肩拥抱。亲吻时根据关系的不同，具体部位也不同。夫妻或情人之间亲嘴，父辈与晚辈之间吻前额，亲友之间吻面颊。一般朋友和熟人间，则拥抱时互贴面颊。

婚姻 尼加拉瓜法律规定实行一夫一妻制。儿童成熟早，谈恋爱早，结婚也早，少女年满14周岁，少男年满15周岁，就可以结婚。家长一般不干涉子女的婚事。男女从交异性朋友、谈恋爱到结婚时间都较短，婚前发生性关系相当普遍。

尼加拉瓜人的婚姻分为世俗婚姻和宗教婚姻两类。世俗婚姻不在教堂举行婚礼，男女双方到民政部门登记并领取结婚证书。双方向有关官员表示愿意结为夫妻后，官员宣读法律相关条文，双方在结婚证书上签字，即确定夫妻关系。然后在男方家中或女方家中举行简单仪式：新婚夫妇喝交杯酒，向前来祝贺的亲朋好友分发蛋糕和糖果。接着众人和新婚夫妇一起进餐、跳舞，直至午夜。家庭中盛行大男子主义，男人是中心，女人从属于男人，承担全部家务劳动。婚姻关系不紧密，婚外性关系比较普遍。家庭成员中性暴力、性虐待相当严重，女性单亲家庭较多。

宗教婚姻是尼加拉瓜较为普遍采用的形式。多数城乡居民的婚礼按天主教习俗进行。天主教婚礼通常在当地教堂举行。在婚礼乐曲声中，新郎和新娘在男女傧相和亲友的陪同下，缓慢通过教堂的走廊走向祭坛。这时，负责撒花的女孩走在前面，将花瓣撒在走廊上。接着新郎站在左边，新娘站在右边，面向牧师站好。牧师分别询问新郎和新娘愿不愿意同对方结为夫妻，等新郎和新娘分别回答"愿意"后，牧师宣布："你们两人正式结为夫妻"。在婚礼上，新郎穿黑色礼服，白色衬衫；新娘一般穿白色婚纱服，披白纱巾，戴白手套，手捧花束。婚礼结束后，通常要举办婚宴招待亲友。

印第安人仍保持许多传统习俗。苏穆人盛行一夫多妻制，女子从小订婚。尼加拉奥人则实行一夫一妻制，他们的婚姻由父母包办，只要父母同意，子女就可以结婚。但是，酋长可娶两个妻子。

丧葬 尼加拉瓜的丧葬是西方式的，城乡的丧葬大多按天主教习俗进行。印第安人的丧葬还程度不同地保留着传统的做法。如尼加拉奥人的孩子死后，要把尸体用一块布裹上埋在自家房屋前面；成年人的尸体要同他的部分财产和装在葫芦里的玉米一起烧掉，并要在坟墓旁砸烂一些石头偶像，以便使人们在一个月内还能惦记着死者；酋长死了，其骨灰要装在罐子里，埋在自家门前。拉玛人首领死后被做成木乃伊，他们的这些习俗与南美奇布查人如出一辙。

二 节 日

尼加拉瓜是世界上节日最多的国家之一。无论生活多么穷困，人们都会忘却一切烦恼，欢度自己的宗教或民族节日，潇洒自如。具有历史、地方和宗教特色的节日有：

埃斯基普拉斯的主日（1 月 12 ~ 16 日，Día del Señor de Esquíplas） 俗称黑基督纪念日。1 月 15 日是危地马拉首任大主教佩德罗的遗骨迁入埃斯基普拉斯黑基督教堂的日子，每年这天前后，信徒们从四面八方云集蒂皮塔帕和埃斯基普拉斯教堂，以隆重的宗教仪式，向黑基督祈求福祉。

桑地诺遇难日（2 月 21 日，Aniversario de la Muerte de Augusto César Sandino） 法定全国纪念日。桑地诺 1895 年 5 月 18 日生于马萨亚省尼基诺奥莫村。1926 ~ 1932 年，他领导游击队同美国占领军奋战 7 年，终于将外国占领军赶出尼加拉瓜。1933 年同政府达成和平条约，1934 年 2 月 21 日从总统官邸返回驻地的路上，被索摩查警卫队杀害。死后被誉为"自由人的将军"。此后每逢这一天，人们就自发聚会怀念英雄，表示与独裁统治斗争到底的决心。1979 年革命胜利后被定为全国纪念日，人们举行各种活动缅怀英雄，寄托哀思。

耶稣受难日（3 月复活节前的星期五，Día del Sufrimiento de

Jesus） 宗教纪念日。这天全国主要城镇同时举行"黑色的弥撒"，禁食温血动物，以示对耶稣受难的怀念。

马萨亚朝觐节（3 月 16 日，Peregrinación de Masaya） 地方宗教节日。据传这天马萨亚圣母和宁迪里圣父双双降临马萨亚湖，湖水因此变得异常圣洁。当地居民每年这个日子都要集聚湖畔朝觐圣父圣母。

马萨亚玉米节（5 月 10 日左右，Fiesta de Maíz en Masaya） 地方性节日。届时全国各地的玉米烹调高手云集该市献艺，市场上蕉叶猪肉玉米粽子、烤玉米饼、肉汤玉米、玉米炒面、玉米辣椒肉馅饼、黄油牛奶玉米饼和炸玉米饺等各色玉米食品多达200 种。

尼加拉瓜革命胜利日（7 月 19 日，Día de la Victoria de la Revolución Nicaraguense） 法定全国节假日。1979 年的这一天，桑地诺游击队胜利开进首都马那瓜，标志独裁政权垮台，革命胜利。人们放假一天，举行隆重的集会游行和各种庆祝活动。

古斯曼节（8 月 1 ~ 10 日，Fiesta de Santo Domingo de Gusmán） 印第安人狂欢节，俗称 8 月节。古斯曼被尊为马那瓜市的保护神。8 月 1 日凌晨，市民们纷纷换上绚丽多彩的民族服装，手持各式旗幡，将多明戈神像从庙宇中隆重请出，由 4 人大轿抬着按指定路线行进，信徒们载歌载舞列队随神像游行。围观者陆续加入其中，队伍越走越大。人们祈盼守护神乔迁新寺庙后，会在新的一年里为市民带来好运。节日期间除教堂举行隆重庆典外，街头广场还有赛马、斗牛和斗鸡表演。夜幕降临，人流涌向城市广场，尽情狂欢，一连几天，热闹非凡。

独立纪念日（9 月 15 日，Día de la Independencia） 官方纪念日。1821 年危地马拉公开市政议会发表《中美洲独立宣言》。至今，中美洲 5 国仍将这一天作为自己的独立纪念日。尼加拉瓜全国放假一天，各地举行各种纪念庆祝活动。

圣赫罗尼莫节（9 月中至 10 月中，Fiesta de San Jerónimo）
马萨亚市传统宗教节日。除请神送神活动外，还有 9 月 30 日
土著印第安人祭奠马萨亚火山的"火神节"和传统的玩笑节，
届时市民们像过西方愚人节一样百无禁忌。

亡灵节（11 月 2 日，Día de los Difuntos） 悼念已故先人的
节日。有钱人前往墓地设祭野餐。人们按印第安人风俗，佩戴五
颜六色人兽假面，狂欢跳舞，饮酒吃供品，凌晨尽兴方归。

康塞普西翁圣母节（12 月 7～8 日，Fiesta de la Purísima）
法定全国节假日。康塞普西翁·玛丽亚为民族化的圣母，因其圣
洁而深受本国教民们的敬重。节前从 11 月 29 日至 12 月 7 日，
各家各户，街口村头，机关单位门口就开始忙着为圣母搭建灵
坛。孩子们又唱又跳，从一个灵坛到另一个灵坛为圣母祈祷，能
得到糖块和小食品等小礼物。7 日下午 6 时，人们打开自家房
门，摆放好康塞普西翁圣母像，去亲朋好友或邻居家串门。临行
前，随身带好甘蔗、糖果、面具等节日用品，以便同亲朋好友同
庆。到了大门口要先高声问一声："是谁给您带来了这么多欢
乐？"主人则在屋内作答："是康塞普西翁·玛丽亚。"进门后，
主人以巧克力、玉米可可茶等招待宾朋。入夜，殷实人家常模仿
墨西哥"客店节"，玩击打糖果罐（Piñata）游戏。人们将装满
水果、花生、糖块和玩具的彩罐用绳索悬吊半空，绳子一头固
定在高处，另一头被人拉着上下左右摇动。孩子们被蒙上双眼，
轮流用棍棒击打，围观者齐唱打彩罐歌助兴。有幸击碎彩罐者
受众人喝彩，这表明新年将交好运。罐内礼品散落一地，围观
者蜂拥哄抢，场面十分热闹。庆祝活动一直持续到午夜 12 点。
届时各家各户鞭炮齐鸣，人们从四面八方拥向街头广场，手捧
马林巴，边唱边跳，通宵达旦，尽兴狂欢。圣母节举国放假 10
天，各单位都要为职工准备好精致实用的礼物，其盛况超过圣
诞节和新年。

第五节 国旗、国徽、国歌和民族英雄

一 国旗

旗 面长与高之比为 5∶3。自上而下由蓝、白、蓝两色等分的长方形横色条组成，在中部白色长方形彩条的中央，绘有尼加拉瓜的国徽图案。国旗的蓝白两色取自原中美洲联邦国旗，蓝色代表公正，白色代表纯洁和统一，还代表尼加拉瓜是中美洲地峡的一部分，位于太平洋和加勒比海之间的地理位置。

二 国徽

徽 体呈圆形，中央为等边三角形，三条边分别象征平等、真理和正义。三角形中间有 5 座突出于海平面的青山，分别象征曾经构成原中美洲联邦的中美洲 5 国：洪都拉斯、危地马拉、尼加拉瓜、萨尔瓦多和哥斯达黎加。5 座绿色山峰矗立在两海之间，蓝色代表被中美洲地峡分割的太平洋和加勒比海。山顶的黄色表明地峡多火山的地貌特征，中央绿山代表尼加拉瓜位于中美洲 5 国中央，中间山顶上空竖立着一根"自由之杆"，杆头是一顶弗吉尼亚"自由之帽"。"自由之帽"放射出太阳般的光芒，上方罩有一道由蓝、黄、红等多种颜色构成的美丽彩虹，象征希望。环绕在等边三角形图案四周，有用西班牙文书写的"中美洲尼加拉瓜共和国"一圈大字。国徽图案由 1908年 9 月颁布的法令确认。

三 国歌

《尼 加拉瓜共和国国歌》的歌词创作于 1917 年，作者是萨罗蒙·伊巴拉·马约加。政府曾公开征求曲

27

谱，因始终未能选出令人满意的乐谱，最后配上了 1821 年前的一首佚名曲。1939 年 10 月对歌词作了些修改后，由政府以法令形式予以公布。乐曲庄严、坚定，歌词言简意赅，充分表达了尼加拉瓜人民渴望和平劳动，厌恶党派斗争兄弟相残的朴素感情。歌词译文如下：

> 欢呼你，尼加拉瓜，
> 大地上大炮的吼声已经沉寂，
> 从此兄弟的热血不再染红你的两色旗。
> 和平在你的上空大放光明，
> 你的荣誉将万古长春，
> 因为劳动是你的花冠，
> 胜利的旗帜将永享盛名。

四　民族英雄

社会公认的有：反对美国海盗入侵的民族英雄何塞·多洛雷斯·埃斯特拉达将军和安德烈斯·卡斯特罗士官；抗击美国军事干涉的民族英雄何塞·桑托斯·塞拉亚总统、本哈明·塞莱东和 A.C. 桑地诺将军；抵抗西班牙殖民统治的先驱者为尼加拉奥和迪里昂亨酋长。

第二章

历　史

第一节　欧洲人到来前的尼加拉瓜
（1523 年前）

西班牙殖民者到来之前，处在北方玛雅和南美奇布查两大文明融合处的尼加拉瓜，两种文明交汇，人口已相当稠密。

在公元前 4000 多年，乌托—阿兹特克人和奥托—阿兹特克人脱离墨西哥大玛雅故地，举族南迁，他们被称为大奇布查人。经过中央高原时，少数人滞留在马塔加尔帕和希诺特加一带，成为马塔加尔帕人的先人。其后在大湖流域和里瓦斯地峡定居的是米斯基托人、苏穆人和拉玛人的祖先。许多世纪后，拉玛人的祖先又陆续踏上南迁征途，他们在公元初年前后抵达哥伦比亚。数百年后，由于部族纷争和对尼加拉瓜故土的眷恋，一些人又经哥斯达黎加和加勒比海岛返回尼加拉瓜南部的拉玛角、孔达角、珍珠湖和布卢菲尔兹湾一带，成为今天拉玛人的先人。公元 10 世纪左右，随着乔卢特加人的进入，米斯基托人和苏穆人也被迫离开大湖流域，迁入加勒比海岸人迹罕至的丛林沼泽地带。他们便是最早生活在尼加拉瓜的土著印第安人。

　　乔卢特加人来自墨西哥中部的乔卢拉地区，深受玛雅文化熏陶，曾一度在恰帕斯定居，大约于公元 10 世纪进入尼加拉瓜，他们很快占据了整个太平洋沿岸和里瓦斯地峡。其部落与酋长同名，议事会是最高权力机构，成员由选举产生，代表家庭或村社，被称为"长老"，可出任各级行政长官或负责市场监督、军事远征和征收捐税等事宜。部落酋长或头人均由世袭继承。女子在部族中地位较高，不仅会做家务，还随同男人征战。乔卢特加人不论男女长幼都善使弓箭、长矛和权棒。根据 1997 年在莱昂东北 20 公里处发现的一座距今 1000 多年古代村落遗址断定，当时乔卢特加人的活动范围很广，同中美洲其他印第安部族发生过密切的接触和来往。

　　尼加拉奥人来自墨西哥北部，属于阿兹特克的纳瓦特部落。大约在公元 800 年，他们穿越索科努斯科地区，即今之韦拉克鲁斯、塔巴斯科和恰帕斯三州，经危地马拉和洪都拉斯进入尼加拉瓜，最后跨越西北火山带，进入里瓦斯地峡和尼加拉瓜湖流域。他们骁勇善战，于公元 11～13 世纪击败了乔卢特加人，战俘被用于祭神或充当奴隶。他们带来了墨西哥先进的历法、宗教、奴隶制和农耕技术，很快成为尼加拉瓜的主宰者。部族内法制严明，酋长可兼任祭司和僧侣。除酋长外，男子只能娶一个合法妻子。主要种植玉米、胭脂红和蓝靛，也种棉花和可可。可可豆既可充当货币，亦可制成一种名叫巧克力特尔的饮料。他们还善于将玉米粉加水发酵，酿制玉米奇恰酒。当时尼加拉奥部落中心设在卡里（今里瓦斯市），和墨西哥先人一样，他们的主神是塔马加斯达特（代表男性）和希巴托纳尔（代表女性）。社会结构呈金字塔形：奴隶和贫民在最底层；中间是僧侣、贵族、手艺人和平民；酋长和能征善战的贵族占据塔顶。

　　总之，史前的尼加拉瓜印第安社会，无论是从发掘出土的文物，还是从历史文献的记载中都充分证明，大湖流域和太平洋沿岸是当时的文明中心。中央高原和加勒比沿海因交通阻隔比较偏僻，土著印第安部落包括尼加拉奥人、乔卢特加人、马塔加尔帕人、米斯基托人、苏穆人和拉玛人，都不曾超过新石器时代。金和铜只被用作装饰品，其生产工具都是用石头、骨头、树枝或动物牙齿制造而成的。当时尚未出现金属工具，还处在原始或奴隶制部落社会，既没有出现城镇，也没有形成国家。

第二节　西班牙对尼加拉瓜的征服和殖民 （1523～1810）

一　哥伦布最早发现尼加拉瓜

1502 年 7 月 30 日，哥伦布在第四次环球航行中，首次抵达加勒比海湾群岛中的瓜纳哈岛。8 月 14 日，在洪都拉斯东北沿海第一次踏上中美洲地峡。3 天后，他决定逆风向东偏南航行。大约 9 月初，船队顺利抵达科科河出海口。他感谢上苍，将这里命名为神恩角，即格拉西亚斯－阿迪奥斯角（Cabo Gracias a Díos）。此后船队沿尼加拉瓜加勒比海岸继续向南行驶，在马塔加尔帕大河出海口停泊时，他将那里称之为灾难（desastre）。12 日继续南下，一路顺风在圣胡安河口北部的卡里亚利（今北圣胡安港）登陆。

二　西班牙殖民者的征服历程

希尔首次北征尼加拉瓜　1519 年希尔·冈萨雷斯·达维拉（Gil Gonzales Dávila）得到西班牙王室授予的征服权后，便纠集一班人马乘船越过大西洋抵达巴拿马首府达连（Darién）。当时巴拿马都督佩德拉里亚斯（Pedrarias）曾对其征服计划设置过重重障碍。因此，直到 1523 年初，他才率领百余

名西班牙士兵、400土著士兵和部分马匹，沿哥斯达黎加西海岸，进入尼加拉瓜乔卢特加尼科亚酋长统治区。

希尔热衷于用基督教义感化民众，收买人心。他对尼科亚酋长实施天主教洗礼，使其皈依基督教。当得知北方有个强大的部落后，继续北上，抵达"甜海"（尼加拉瓜湖）。尼加拉奥酋长在卡里总部友好地接待了他，并接受了洗礼。临别时还送给他3万件金饰物、棉织品、食品和许多五颜六色的羽毛。希尔为去诺恰里（Nochari）探宝，率部马不停蹄地到达马那瓜山脉以南的火山丘陵地区。通过谈判，迪里昂亨酋长答应3天之内接受洗礼。不料一天后他却秘密率领几千印第安勇士，袭击了西班牙军队。4月17日希尔在返回巴拿马途中，队伍又遭到尼加拉奥人的伏击。面对数千名土著士兵的围追堵截，西班牙军队寡不敌众，且战且退，仓皇返回达连城。事后，希尔将这一地区命名为尼加拉瓜并骄傲地宣称："没有人获得过像我这么多的财富，没有人和我一样，同如此众多的印第安人交过火。"[1]

征服者蜂拥而至 希尔暴富的消息不胫而走，尼加拉瓜很快成为周边殖民者竞相争夺的目标。1523年底，佩德拉里亚斯派其副官弗朗西斯科·埃尔南德斯·德科尔多瓦（Francisco Hernández de Córdoba）为北征先锋官进入尼加拉瓜，科尔多瓦率部边战斗边建设，先后建起了布卢塞拉斯、格拉纳达和莱昂等中美洲首批殖民城镇。与此同时，新西班牙（今墨西哥）总督科尔特斯先后派出阿尔瓦拉多和奥利德两支远征军，一支从海上，一支从陆路同时向尼加拉瓜挺进。另外两支西班牙远征军来自加勒比海的西班牙岛（今多米尼加）和古巴岛，分别是希尔·冈萨雷斯和古巴都督迭戈·贝拉斯科斯派来的队伍。几支远

---

① Jaime Wheelock Román: *Raíces indígenas de la lucha anticolonialista en Nicaragua*, Siglo XXI editores, tercera edición, 1979, p. 17.

征军在争夺对尼加拉瓜殖民主导权的同时，内部斗争也异常激烈。结果希尔战败，奥利德被同伴杀害，贝拉斯科斯的军队撤回古巴岛。1526年履立战功的科尔多瓦也以"臣服科尔特斯"的罪名，被佩德拉里亚斯斩首于莱昂广场。[①] 科尔多瓦1475年生于西班牙格拉纳达市，1514年追随佩德拉亚斯到达连，他率部从尼加拉瓜南方一直打到北部边境。生前主张给贫苦民众以尊重自己的机会，用勤劳的双手，建设一个繁荣昌盛的尼加拉瓜，他被民众视为国家的缔造者，货币冠以其名。佩德拉里亚斯最终成为尼加拉瓜的新都统，尼加拉瓜从此陷入西班牙殖民统治之下。

三 西班牙对尼加拉瓜的殖民

佩德拉里亚斯的"殖民和平"　佩德拉里亚斯在1527～1531年的5年中作为尼加拉瓜的都统，除按照委托监护制（encomienda）向征服者分配土地和印第安奴隶外，还在尼加拉瓜推行一种灭绝人性的"殖民和平"政策。他胁迫印第安酋长们每4～5个月向殖民当局上缴50名奴隶，否则就对印第安人施虐，如放狗咬、用火烧、服苦役或将酋长移居他地。中美洲地峡位于新西班牙和新格拉纳达（南美北部）之间，被视为"殖民边缘"。佩德拉里亚斯殖民当局以莱昂和格拉纳达为中心，驱赶印第安人像奴隶一样为他们采矿、务农、放牧和操持家务，同时还要将大批掠来的印第安奴隶卖到秘鲁、巴拿马和加勒比岛国。据不完全统计，仅1528～1540年间，就至少有20万印第安人成为这种奴隶买卖的牺牲品，这也是造成此后尼加拉瓜长期地广人稀的重要原因之一。

殖民时期的政治和经济　莱昂作为殖民首府，1532年后成

---

① Jaime Wheelock Román: *Raíces indígenas de la lucha anticolonialista en Nicaragua*, Siglo XXI editores, tercera edición, 1979, p. 18.

为主教区。1538年巴拿马设检审法院，尼加拉瓜属巴拿马总督区管辖。1544年在格拉西亚斯—阿迪奥斯角建立中美洲地区界务审议厅，统一协调地区的司法、立法和行政事务。1549年界务审议厅迁往危地马拉的圣地亚哥（今安提瓜市），1570年被取消，设危地马拉审议厅，统管地峡行政事务。尼加拉瓜及其他中美洲国家均为省级建制，从属于危地马拉总督区，获得了近两个世纪的和平。那时殖民当局将散居在边远村庄的印第安农户集中到马那瓜—马萨亚一带，由当局和教会共管。都统和市长由西班牙国王指派，镇长由审议厅选定。镇长辖区有5个，即莱昂、尼科亚、格拉纳达、马那瓜和新塞戈维亚。镇长在管区内享有特权，可额外征收赋税、管理费和指派劳役。审议长由都统或市长兼任，是国王的私人代表，起初多为文官。1665年和1670年英国海盗两次洗劫格拉纳达，于是西班牙国王改派军人担任审议长。他们权力很大，只受审议厅、市议会和任期届满时召开的评审会约束。

西班牙殖民统治使印第安人口下降很快，到16世纪中叶已死亡50多万人，统治区土著居民仅剩万余户。此后殖民当局加紧征服北方及中央高原，以充实奴隶市场。由于对米斯基托海岸的远征屡战屡败，最后不得不放弃对那里的征服。

殖民时期的经济以农业为主，玉米和菜豆是主要农作物。小麦种植先被引入太平洋沿岸和北部火山丘陵地区，中央高原被征服后才扩大到那里。早期的养蜂业很快被甘蔗种植取代，稻米和蔬菜种植技术也逐渐在太平洋沿岸普及。尼加拉瓜历来水果品种繁多，殖民当局引进西班牙李子和香蕉等新品种，橘子和柠檬也逐渐普及，使国内市场自给有余。尼加拉瓜殖民时期广泛种植希基草（Jiquilite），从中可提炼蓝靛，作为染料。早期曾出口墨西哥和秘鲁，以后扩大到西班牙和欧洲，18世纪成为主要出口产品。18世纪末被人工染料取代，产量急剧下降。尼加拉瓜还有一种胭脂树，可提取胭脂红，是食品和纺织业不可缺少的原料，殖民时期曾远销中国。雷阿莱霍（今科林托）港和尼科亚港的造船业有一定规模，只因宗主国限制殖民地间的贸易而未能得到充分发展。殖民时期畜牧业以饲养肉牛和骡马为主，皮革业也相当可观，西部太平洋沿海曾是著名的畜牧走廊，不断为殖民当局提供鲜美的牛肉，为巴拿马骡马大道输送大牲畜。1786 年尼加拉瓜被定为监政管辖区，莱昂为首府。同年西班牙与英国签署《伦敦协定》，英国承认西班牙对米斯基托海岸的控制权，暂时撤离，但仍坚持该地区自治，不受殖民当局管辖。

英国对米斯基托海岸的影响 16 世纪末，活跃在加勒比海的海盗以英国人为主，也有法国和荷兰海盗，曾经利用米斯基托海岸的土著人袭击西班牙殖民当局，为他们劫掠财物和奴隶；17 世纪初，被英国教会追捕逃到普罗维登西岛的英国商人，用棉布、砍刀、望远镜、铁环、朗姆酒和枪支弹药，与土著人的龟壳、独木舟、桃花蕊木做交易，怂恿他们协助英国士兵对北圣胡安、格拉纳达、里瓦斯、琼塔莱斯、马塔加尔帕和博阿科等殖民重镇发动武装袭击，甚至占领；17 世纪中叶，英国政府公开支持法国、荷兰等国海盗在米斯基托海岸的活动，并在土著印第安人中散布对西班牙殖民当局的仇恨。1655 年英国殖民主义者占领米斯基托海岸，1678 年宣布为英国的保护地。18 世纪建立首府布卢菲尔兹市，行政上归属牙买加政府管辖。在 1739、1759～1763 和 1779～1783 年历次英西武装冲突中，加勒比沿海的土著人都与英国人并肩作战，奋力与西班牙殖民当局抗争。自 1740 年起，布卢菲尔兹和北圣胡安等城市被英国确定为牙买加黑人移民区。此后，为了争夺在尼加拉瓜修筑运河的独霸权，英国将布卢菲尔兹港作为地区首府，公开支持奥尔德曼一世、二世和杰里米一世建立"米斯基托王国"，作为自己的保护国或自治保留地，与西班牙殖民统治分庭抗礼，并先后向内地发动过 20 多次

武装袭击。19世纪在美国的压力下，英国宣告米斯基托海岸隶属于尼加拉瓜和洪都拉斯，但仍要求两国当局承认其自治权。实际上，直到19世纪末，西班牙殖民当局从未在米斯基托海岸实施过立法，也未建立过村镇，广大加勒比沿海少数民族居住区始终处在英国人和土著印第安部落首领的影响和控制之下。

第三节　独立运动、两党斗争和英美争夺（1811～1857）

一　独立运动

18世纪末，宗主国的经济衰退震惊了尼加拉瓜省的地主和商人，他们开始认识到，殖民制度束缚了地方经济，只有摆脱殖民羁绊和获得独立，才能解放农业生产力。19世纪初，土生白人克里奥尔精英在法国革命思想的影响下，认识到不改变殖民制度，该省将被边缘化，因此开始积极寻求本地新的发展途径。

1811年末到1812年初，在墨西哥独立运动影响下，莱昂、马萨亚、格拉纳达和里瓦斯的土著印第安人和克里奥尔人纷纷要求罢黜殖民当局，公开提出印第安人不应超额纳税，彻底废除大授地制、分摊制和奴隶制等纲领。[1]尼加拉瓜的独立运动遭到殖民当局的残酷镇压。

1821年9月15日，新接任危地马拉总督的前陆军总监加维诺·加因萨，受到中美洲独立党等进步力量推动，召集"公开市政议会"，发表第一个《中美洲独立宣言》，允许各联邦省相对独立，选出自己的总统、参议院和最高法院。中美洲从此脱离

---

① *Raíces indígenas de la lucha anticolonialista en Nicaragua*, p. 8.

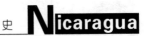

宗主国宣告独立。

1822年后，伊图尔维德窃取独立运动成果在墨西哥称帝，并派重兵企图吞并中美洲。10月，中美洲各省投票决定并入墨西哥帝国，对此莱昂拥护，格拉纳达开始反对，其后被迫同意。1823年，帝国在共和派的一致反对声中土崩瓦解，7月由各省代表组成的国民代表大会宣布，成立独立于西班牙和墨西哥的中美洲联合省（包括危地马拉、洪都拉斯、尼加拉瓜、萨尔瓦多和哥斯达黎加），次年更名为中美洲联邦。1824年11月生效的联邦宪法宣布，废除奴隶制，各省设立自己的正副总统。1838年中美洲联邦解体，4月尼加拉瓜率先脱离联邦，并于1839年正式建立尼加拉瓜共和国。

二　自由派与保守派的斗争

两党争权内战不断。尼加拉瓜自由派和正统派的斗争由来已久，西班牙殖民统治末期，自由派同情宗主国1808～1813年的资产阶级革命；而正统派则倾向西班牙保王派，效忠费尔南多七世。独立后，作为中美洲联邦的一个省，以省会莱昂为中心，代表工商业主、自由职业者、中小种植园主和自耕农利益的自由派（自由党前身），和以商业城市格拉纳达为中心，代表大庄园主、大商人和天主教会利益的正统派（保守党前身），两大政治集团的斗争更趋激烈。1825年首任总统曼努埃尔·安东尼奥·德拉塞尔达定都格拉纳达，他执政不足一年就被自由党副总统胡安·阿圭略逼迫辞职，将首都迁至莱昂。直到1830年，洪都拉斯自由派领袖弗朗西斯科·莫拉桑掌握中美洲联邦实权后，派迪尼西奥·埃雷拉担任尼加拉瓜邦政府首脑，建立尼加拉瓜、洪都拉斯和萨尔瓦多联邦，秩序才得以恢复。独立后的几届政府均由自由派控制。1845年国内保守派在洪都拉斯和萨尔瓦多保守派政府军队的支持下，推翻自由派政府，迁都马

萨亚，两党内战再度爆发。保守派政府难以控制局面，新任军队司令倒戈，自由派重新建都莱昂。1851年保守派再次在洪都拉斯军队支持下推翻自由派政府。1853年保守派弗鲁托·查莫罗将军召开立宪大会。1854年颁布新宪法自任总统，并决定迁都马那瓜；同年自由党马克西莫·赫雷斯领导莱昂民众将政府军逐出该市，年末政府军重新恢复了对国家的控制。

美国海盗乘虚而入。1855年初，为了挽回败局，赫雷斯同美国人签订《科尔—赫雷斯协议》，企图凭借外力恢复自由党对国家的控制。科尔将此事委托给威廉·沃克（William Walker）。1855年6月15日，沃克率领58名"不朽的长枪队"（Falange de los inmortales）在雷阿莱霍港登陆，很快控制了南圣胡安，并溯湖而上；10月13日与后续部队会合，攻克保守党大本营格拉纳达后自任军队司令，他将尼加拉瓜外长、大批政府官员和家属扣作人质，逼保守党政府解散军队与他签订城下之盟；30日他任命温和的保守党人帕特里西奥·里瓦斯为总统，得到美国政府承认。1856年6月，他废黜了里瓦斯；7月操纵"选举"，并"当选"总统，大选后沃克下令恢复奴隶制，确定英语为官方语言，并试图吞并整个中美洲，使之成为美国的一个蓄奴州，里瓦斯联合自由和保守两党呼吁中美洲各国紧急干预；9月，以哥斯达黎加总统胡安·拉斐尔·莫拉为首的中美洲联军向沃克宣战，14日尼军在圣哈辛托战役中重创沃克。1857年4月初，联军攻克里瓦斯；5月沃克向美国军舰"圣玛丽号"投降。1860年9月12日被处决于洪都拉斯特鲁希略海滩。

三　英美争夺尼运河独霸权

尼加拉瓜是穿越中美洲地峡修建通洋运河的最佳路线之一，历来为世界列强所觊觎。早在1815年9月，玻利瓦尔在其著名的《牙买加来信》中，就希望美国协助开通一条穿越中美洲地峡的运河，以造福世界。1825 年 2 月，中美洲联邦外长卡尼亚斯也曾邀请美国参加建造"经尼加拉瓜省"的运河计划。① 当时美国为南北战争所困，难有作为。英国以米斯基托海岸为基地，不断骚扰北圣胡安、格拉纳达和里瓦斯。1848 年再次占领北圣胡安，将其更名为格雷堡（Greytom）。尼政府强烈抗议，并请求美国出面干预。当时加利福尼亚发现了金矿，大批居住在东海岸的美国人急需找到一条越过中美洲地峡通往加利福尼亚的捷径。那时经过尼加拉瓜比经过巴拿马到达加利福尼亚近得多，于是美国警告英国人不要轻举妄动。1849 年经过外交努力，美国大西洋太平洋轮船运河公司获得了经过尼加拉瓜开办运输的专项合同。1850 年英美签订《克莱顿—布尔沃条约》，宣布两国均不谋求在美洲殖民，暂时搁置运河之争。此时，大西洋太平洋公司生意红火，收入颇丰。纽约摩根银行和哈里森银行企图取而代之，便资助沃克入侵尼加拉瓜。此后，美国独霸尼加拉瓜运河路线的图谋日渐清晰，1849 ~ 1914 年美国修建巴拿马运河前后，和尼加拉瓜签订过 10 项有关运河控制权的双边条约或协定，以确保其对地峡运河的独霸权。

第四节 保守党统治和塞拉亚执政时期
（1857 ~ 1909）

一 保守党统治 30 年

反 对沃克的斗争和对美国独霸地峡运河的恐惧使民族主义思潮在尼加拉瓜兴起，两党冲突日渐弱化。1857 年保守党人托马斯·马丁内斯（Tomas Martínez）为避免两党内

---

① Gregorio Sélser：*Nicaragua de Walker a Somoza*，p. 12.

战和派系斗争，与自由党领导人赫雷斯组成联合政府，结束了两党对峙的政治局面。次年尼哥签订《卡尼亚斯—赫雷斯条约》，尼方同意将瓜纳卡斯特省划归哥斯达黎加，并承诺未经哥同意将不在国内开凿地峡运河，同时给予邻国在圣胡安界河段内的航行权，以确保与南方邻国的睦邻友好关系。1858 年共和国首都永久迁至马那瓜。1859 年马丁内斯开始一人执政，1863 年平息了自由党暴动后，又再度当选连任，从而为保守党连续执政 30 年奠定了基础。此后，历届保守党政府始终保持政策的连续性，对内注重经济和社会发展，对外坚持和平睦邻外交政策。引进并鼓励咖啡的种植和出口，1871 年咖啡与蓝靛、橡胶和黄金并列为主要出口产品，十年后跃居首要出口产品。[1] 修筑太平洋铁路，使咖啡产地与全国主要城市及港口相衔接。与此同时，保守党推行经济、政治和社会改革，教育和卫生事业也得到了发展。1863～1893 年，被认为是共和国历史上最稳定和最繁荣的时期之一。

1889 年卡拉索总统死于任上，继任的罗伯托·萨卡沙总统是莱昂的保守党人，他试图将一些较重要的职位交给莱昂人时，以萨尔瓦多·马查多为首的保守党军人发动政变，将其推翻。这一事件削弱了保守党政府的执政能力。

二　塞拉亚执政 16 年

 93 年 4 月军人废黜民选总统的做法导致社会混乱，7月经过美国大使直接干预达成大草原协议，由马查多出任总统，内乱表面平息。几天后自由党领袖何塞·桑托斯·塞拉亚（Jose Santos Zelaya）召集青年军官，发动武装起义，推翻

---

① 　Pablo Gonzales Casanova：*América Latina：Historia de Medio Siglo 2. Cenfroamérica*，*México y el Caribe*，Siglo XXI editores，1981，pp. 377 – 378.

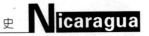

了保守党政府。9月15日，塞拉亚被立宪大会任命为共和国总统。

塞拉亚1855年生于马那瓜的一个自由派咖啡园主家庭。1869~1875年赴法国留学，深受自由主义革命思想熏陶，回国后曾担任自由党领袖和马那瓜市长。1884年晋升至将军，后因支持自由派被卡德纳斯政府放逐国外。次年加入危地马拉胡斯托·鲁菲诺·巴里奥斯领导的自由党军队。1886年获赦回国，因参加反对保守党政府的斗争再次遭放逐。1887年几经周折，站稳了脚跟。丰富的阅历和国际斗争经验，使他执政后十分重视推进民族自由主义改革，发展经济提高国力。他主张经济、政治和社会全面改革，扩大咖啡种植，为融入国际市场和国家现代化创造条件。任内两次修改宪法，三次担任共和国总统。塞拉亚政府倡导吸引国际资金，巩固了咖啡生产在国民经济中的主导地位；完成了太平洋铁路的建设；提倡宗教信仰自由，推行政教分离，颁布实施教育世俗法，废除死刑；建立了尼加拉瓜历史上第一支职业军队；1894年将米斯基托海岸收回尼加拉瓜版图，实现了国家领土的真正完全统一。塞拉亚的自由主义改革，使尼加拉瓜从地区弱国变成地区强国。其改革政策受到中下层民众的欢迎，但也遭到从事国内贸易和地区进出口贸易的大地主、大牧场主、大商人和格拉纳达保守党集团的反对。仅1896年和1902~1903年就发生过两次保守党和自由党反对派联合制造的反政府事件。

塞拉亚在政治上实行独裁统治，迫害反对派和不同政见者。为捍卫国家主权、统一中美洲和建立大共和国（República Mayor），他还创建了军事学校和军事科学院，并多次干涉中美洲其他国家的内政，尼加拉瓜成为当时中美洲地区自由派流亡者的聚集地。1907年他支持洪都拉斯反政府的自由派流亡者，酿成洪尼战争。经过墨西哥总统和美国总统出面调解和中美洲国家华盛顿会议的召开，战争才得以平息。塞拉亚始终坚持民族主义立场，从不屈服外国压力，坚持国家主权独立，反对外国势力控制国家的经济命脉。其政府只允许美国资本进入矿业、香蕉种植和木材开发及部分交通领域，严禁美国干涉内政，断然拒绝其通过本国银行发行抵押贷款的要求，还多次抵制同美国政府签订任何提供途经尼加拉瓜领土开凿地峡运河的条约。另一方面，他却主张由政府主导，同日本和德国等国际强国谈判共同建设地峡运河事宜。塞拉亚的民族主义政策已经成为美国独霸中美洲地峡运河的最大障碍。

第五节　美国对尼加拉瓜的军事干涉
（1909～1933）

一　美国的军事威胁和政治干预（1909～1910）

国从未停止对塞拉亚政权的干涉行动。1894年夏，美军曾以保护其公民利益为幌子在布卢菲尔兹港登陆。1896年再次以"保护侨民生命财产"为名，在科林托港登陆。1897年塞拉亚首次连任，美国就支持反政府力量制造政治危机。1898年美军又在南圣胡安登陆。1899年为了支持反政府起义，美军分别在北圣胡安港和布卢菲尔兹港登陆。1909年10月，保守派领袖埃米利亚诺·查莫罗将军在布卢菲尔兹港秘密登陆，企图推翻塞拉亚政权。上述计划得到塞拉亚省省长胡安·埃斯特拉达和美国矿业公司秘书阿道弗·迪亚斯策应，并受到中美洲各国政府和白宫的欢迎。塞拉亚总统逮捕并处决了两名非法入境协助叛乱者在圣胡安河布雷的美国人，白宫借此单方面中止了两国的外交关系，停止了对尼加拉瓜的经济援助，还派出多艘舰艇在尼加拉瓜太平洋和大西洋近海游弋。在美国的强大压力下，

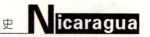

塞拉亚总统被迫辞职流亡，由何塞·马德里斯代行总统职权。

　　美国强调马德里斯是塞拉亚的朋友，始终拒绝承认其政府。1910年2月，政府军击败了从加勒比沿海发起进攻的叛军；5月，将集结在布卢菲尔兹的叛军团团围住，停泊在该港的美国舰艇宣布那里为中立区，政府军被迫撤离；8月，全国各地爆发更大规模的叛乱，政府军被迫向叛军代表交权，埃斯特拉达出任临时总统。年底立宪会议正式推举他担任总统，迪亚斯为副总统，并很快得到美国的承认。

　　内战使埃斯特拉达政府债台高筑，恢复财政平衡成为当务之急。1910年10月，美国原驻巴拿马公使道森受命到尼加拉瓜活动，就债务问题同尼政府达成几项协议，史称《道森协定》。该协定提出由美国银行家向尼政府提供贷款，用以偿付外债、合并债务、稳定货币和修筑通往加勒比海岸的铁路；作为补偿，尼加拉瓜政府总税务司主管人选，只能从曾经向政府提供贷款的美国银行家中挑选，经美国国务院认可后，再由尼政府任命。《道森协定》用美元贷款换取尼加拉瓜的税务、海关和铁路管理权，因此被公认为是美国在拉美推行"金元外交"的典型实例之一。

二　反对美国第一次武装干涉（1911～1925）

　　美国插手梅纳战争　埃斯特拉达政府面临着严峻的政治局面：塞拉亚的支持者公开反对政府，查莫罗控制着议会，军政部长路易斯·梅纳掌握军权。1911年4月，总统解散议会；5月，试图解除梅纳职务，使首都濒临武装冲突威胁。美国大使出面干预，逼迫总统辞职，由副总统接任；7月，迪亚斯总统企图罢免梅纳，由查莫罗接管军权，导致梅纳在马萨亚起兵，公开反对迪亚斯政权，并得到本哈明·塞莱东（Benjamín Zeledón）为首的自由党人支持。两党内战硝烟再起，史称"梅纳战争"。梅纳将忠于自己的军队调往首都，以撤换卫戍部队上层军官。迪亚斯携内阁部长躲入美国大使馆。美国大使答应保护迪亚斯，劝说梅纳撤军。梅纳因病将指挥权移交塞莱东，后者随即发动马萨亚起义。几天后，自由党人在马萨亚召开的国民议会上，拒不承认迪亚斯的合法性，并任命梅纳为共和国总统，两个政权并立的局面再度出现。

美国大使一面在迪亚斯和梅纳两人中居间调停，一面请求白宫火速以保护太平洋铁路的名义派遣舰艇在科林托港登陆，以确保傀儡政府要员的安全。在尼加拉瓜的美国海军陆战队由8月中旬的600多人增至9月的2350人。[①]

塞莱东将军为国捐躯　美国的武装干涉激起尼加拉瓜人民强烈的民族主义和爱国主义觉悟，塞莱东是领导抗击美国侵略军的杰出代表。塞莱东出身律师，曾任塞拉亚政府的陆军部长和外交官，还在马德里斯内阁中担任过要职。1912年8月初，他向政府军发出最后通牒，11日下令轰炸马那瓜；14日被迫退回马萨亚，等待梅纳的军火支援；8月22日，美国大使在督促国内紧急军事干预的同时，劝告梅纳和塞莱东停止轰炸，接受谈判。塞莱东拒绝谈判，决心与美国侵略者血战到底。9月1日，美国"丹佛号"炮舰驶抵南圣胡安，宣布该市为"中立区"；2日，克利夫兰巡洋舰满载援兵从旧金山出发；13日发表的美国塔夫脱总统信函宣称："美国政府不是反对塞拉亚个人，而是反对其制度，谴责一切复活塞拉亚主义的活动。"[②]

此后，美国海军陆战队公开介入尼加拉瓜内战。支持政府军守卫马那瓜，参加对莱昂和奇南德加等城市的争夺战，共同围困守卫马萨亚的起义军。慑于美国的警告，梅纳在格拉纳达按兵不

---

① Gregorio Sélser：*Nicaragua de Walker a Somoza*，Mex-Sur Editorial S. A. 1984，p. 100.
② 美国国会图书馆：《1912年的美国外交》，第1043～1044页。

动，并且对塞莱东封锁消息。塞军得不到援兵和军火补给，从3000多人减至800人，被迫以野菜和马肉充饥、塘水解渴。1912年9月24日，梅纳投降。美军向塞莱东发出最后通牒，限塞军在10月3日1时前放下武器。塞军10月3日被3000多名政府军包围，900多名美军封锁了通往马那瓜和格拉纳达的道路；4日凌晨义军伤亡数百人，塞莱东率残部向希诺特佩转移，途中与敌军骑兵遭遇。塞莱东受伤被俘，被绑在一架牛车上，因无人照顾而牺牲。① 至此，抵抗运动结束，美海军陆战队常驻马那瓜，美舰长期停泊在科林托港，尼加拉瓜沦为美国的保护国。

美国扶植傀儡政权 内战平息后，美国先安排迪亚斯出任总统，查莫罗出任驻美公使。1914年8月，查莫罗和美国国务卿在华盛顿签订《布赖恩—查莫罗条约》，明确规定尼加拉瓜内部事务受美国监督，美国将"永久地"取得在尼加拉瓜开凿运河的权力，并将丰塞卡湾和加勒比近海岛屿租让给美国，用以建立海军基地。美国为此付给尼加拉瓜300万美元作为报酬。条约的签订恰值巴拿马运河竣工通航之日，美国因此获得中美洲运河的独霸权，尼加拉瓜则永久地失去了与其他国家合作开发境内运河的权力。1916年美尼两国政府和议会，不顾中美洲舆论反对和哥斯达黎加、萨尔瓦多两国政府的抗议，批准了这项条约。

1917～1921年，查莫罗在美国的庇护下担任总统，任期届满后，又将叔父迭戈扶上总统宝座。1923年迭戈死于任上，权力落入合法继承人巴托洛梅·马丁内斯之手。他主持制定新选举法，使保守党人卡洛斯·索洛萨诺和自由党人胡安·包蒂斯塔·萨卡沙在1924年举行的全国大选中，以绝对优势分别当选为正副总统。两人于1925年初组成联合政府，并很快获得美国的承认，白宫还决定立即从尼加拉瓜撤军。但埃·查莫罗掌握着军

---

① *Nicaragua de Walker a Somoza*, p. 112.

权，他于 10 月 25 日率兵占领了首都蒂斯卡巴兵营。索洛萨诺总统被迫辞职，副总统萨卡沙流亡国外。查莫罗控制国会，并于 1926 年初篡权，美国拒不承认其政府，尼加拉瓜再次陷入政治危机之中。

三　反对美国第二次武装干涉（1926 ～ 1933）

26 年萨卡沙离美，寻机东山再起。5 月，自由党武装袭击布卢菲尔兹国家银行分行，在珍珠湖一带击败政府军。美国巡洋舰以保护侨民生命财产为名在布卢菲尔兹登陆，并宣布该市为"中立区"。5 月底，查莫罗军队收复加勒比海岸。8 月，两党战火重起，政府军再次失去对米斯基托海岸的控制权。9 月底，美国召集各派在科林托港谈判，明确支持迪亚斯。查莫罗和自由党的代表退出，谈判破裂。11 月，国会选举迪亚斯为总统，得到美国的承认。萨卡沙率领自由党护宪军在卡韦萨斯港登陆，12 月 7 日成立尼加拉瓜立宪政府，很快得到墨西哥的承认。两权并立的局面又一次在尼加拉瓜出现。

美国武装干涉　12 月 23 日美国政府应迪亚斯总统请求，派海军陆战队在卡韦萨斯港和马塔加尔帕大河河口登陆，并宣布上述两地为"中立区"。次年初美军占领科林托港。截至 1927 年 2 月底美军超过 6000 人，被美国宣布为"中立区"的城市增至 8 个。15 艘美国军舰在尼加拉瓜近海游弋，舰上 4500 名官兵整装待命。美国海军陆战队重新出现在马那瓜街头。美国政府还表示，无论护宪军是否控制尼加拉瓜，白宫都不会承认萨卡沙政府。3 月初，护宪军司令蒙卡达原则接受美国的和平条件。5 月 7 日，他与美国总统特使史汀生签署的《蒂皮塔帕条约》规定：两党各自解除武装向美军投降；迪亚斯总统将继续完成其任期；美国占领军将协助尼加拉瓜建立一支国民警卫队，留驻到 1928 年全国大选，并对大选进行监督；蒙卡达被内定为下届总统唯一候

选人。

　　桑地诺领导反美斗争　桑地诺将军是唯一敢于站出来拒绝蒙卡达投降令的护宪军将军，他在《5·12 通告》中发誓"宁愿战斗而死，绝不屈辱偷生"。奥古斯托·塞萨尔·桑地诺 1895 年 5 月 18 日生于马萨亚省尼基诺奥莫村一个小庄园主家庭，父亲是小咖啡园主兼商人，母亲是家中女仆。他自幼随母亲干杂活，闲时酷爱读书。1909 年小学毕业后随父经商。1912 年他亲眼目睹塞莱东将军的遗体被绑在牛车上游街示众，任人围观。1914 年又看到父亲因反对《布莱恩—查莫罗条约》被捕入狱；冷酷的现实深深地刺痛了少年桑地诺的心。于是，他决定辍学北上。1921～1926 年先后在洪都拉斯、危地马拉和墨西哥当仓库保管员，做香蕉种植园临时工，最后在墨西哥坦皮科美国石油公司担任机械师，并积极投身反帝斗争。1926 年 5 月，他毅然辞职回国。10 月，他用多年积蓄从尼洪边境购买武器，秘密组织 29 名矿工建立游击队，炸毁矿山，带领近百名游击队员进入北部山区开展反美游击斗争。12 月，他响应护宪军号召，乘独木舟抵卡韦萨斯，请求军火支持未果。在群众帮助下，打捞出一批被护宪军沉入卡韦萨斯港海底的武器弹药。次年初返回山区，继续领导游击斗争。在北圣拉斐尔建立游击根据地，队伍扩至 300 余人。1927 年 4 月，蒙卡达在马塔加尔帕被政府军包围，桑地诺率兵南下增援，救出蒙卡达，被任命为护宪军将军。其后又率部攻占希诺特加，并击溃守卫在木伊木伊地区的政府军，打通了进军首都的战略要道。5 月，桑地诺违抗蒙卡达指令，拒绝交出武器，决心同叛徒和占领军血战到底。7 月，他率部袭击美军据点奥克塔尔，遭遇美机轰炸，死亡 300 余人，游击队进攻受挫。

　　坚持持久游击战　1927 年 9 月，桑地诺在新塞戈维亚省的埃尔奇波特市创建了一支 1000 多人的"尼加拉瓜主权保卫军"。

11 月底，开始在北部山区坚持长期抗美游击战争。桑地诺在游击根据地推行一系列政治经济改革措施：宣布土地国有，没收外侨占有的土地，将没收的土地分给无地农民；成立"工农合作社"和开发本国资源等。1928，年他一面巩固游击根据地，一面率领游击队不断袭击占领军和警卫队，同时着手为国家独立和社会正义而斗争。

1929 年 6 月，桑地诺在助手法拉本多·马蒂陪同下，访问墨西哥争取外援。此时，世界性经济危机正在全球爆发，美国也处在收缩时期，占领军从 1928 年的 5673 人降至 1930 年的 1384 人[①]，桑地诺访问无果而终，回国继续领导反美武装斗争。1931 年下半年，主权保卫军突破封锁进入中央高原和加勒比沿海地区。1931～1932 年桑地诺游击队作战 50 余次，粉碎了美国占领军和国民警卫队多次进攻，整编为 8 个纵队；鼎盛时达 6000 人，控制了全国 8 个省广大农村地区，面积约占国土的 2/3。桑地诺领导的 7 年抗战，迫使美国在 1932 年将占领军人数降至不足 1000 人，并且交出了国民警卫队的指挥权。1933 年自由党总统萨卡沙就职的第二天，美国占领军全部撤离尼加拉瓜，反美民族战争取得彻底胜利，但索摩查执掌军权却为国家和民族的未来留下了后患。

桑地诺将军遇害 1932 年大选期间，自由党和保守党曾达成秘密协议，决定联合对付游击队。占领军撤离尼加拉瓜，国际上对游击队的支持也随之减少。在此背景下，桑地诺决定交出武器，放弃武装斗争。1933 年 2 月 2 日他与萨卡沙总统签订《和平条约》，决定解散游击队，只保留 100 名武装人员保卫科科河谷地的维维利移民区，使前游击队员及家属得以和平劳动。1934 年 2 月，为了减少与警卫队的摩擦，桑地诺第 4 次与萨卡沙总统

---

① 南开大学历史系：《尼加拉瓜史》，天津人民出版社，1976，第 274 页。

会晤。后者答应修改《警卫队组织法》，使之与宪法相一致。1934 年 2 月 21 日晚，在桑地诺将军及亲信随从离开总统官邸返回驻地途中，被索摩查秘密布置的 15 名心腹杀害，此事曾得到美国大使的首肯。[①] 当夜，索摩查警卫队又血洗维维利移民区，将 300 多名前游击队员及其家属斩尽杀绝。

第六节　反对索摩查王朝的斗争
（1937～1979）

索摩查王朝包括老索摩查（1937～1956），长子路易斯·索摩查（1956～1966）和次子安纳斯塔西奥·索摩查（1967～1979）三个时期，家族独裁长达 42 年。与美国保持密切的关系和手中握有军权是王朝的基础，利用反对党的合作是王朝得以延续的手段。尼加拉瓜人民反对索摩查独裁政权的斗争，从分散到有组织，最后发展到大规模的武装斗争，经历了艰苦漫长的过程。

一　反对老索摩查独裁的斗争

老索摩查，别称老塔乔，全名安纳斯塔西奥·索摩查·加西亚（Anastasio Somoza García）1896 年 2 月 1 日生于卡拉索省圣马科斯一个破落的咖啡园主家庭。早年在马那瓜和格拉纳达读书，青年时先赴西班牙留学，后转至美国费城商业学校。在美国，他掌握了地道的美式英语和社交手段。回国后加入自由党，还经常出入执政的保守党活动。先后从事会计、律师、翻译、税务官和汽车公司经理等职业。1926 年参加护宪军，次年担任蒙卡达的谈判翻译，深受赏识。1928～1931 年在蒙卡

[①] *Nicaragua de Walker a Somoza*, pp. 206－207.

49

达政府中担任莱昂省长、外交部长和国防部长等职。1932 年担任国民警卫队司令后，曾指挥清剿游击队的活动。1934 年剿灭桑地诺及其游击队，他把国民警卫队变成私家军，人称索摩查警卫队。1936 年索摩查创建蓝衣党寻衅滋事，发动兵变，围困莱昂，逼迫总统出逃。其后又胁迫议会任命哈尔金临时顶替总统。年底，他辞去警卫队司令一职，终于赢得候选人提名，并很快当选为总统。1937 年初，他兼任警卫队司令，开始了索摩查王朝的独裁统治。

尼加拉瓜国民警卫队是根据 1927 年尼美《关于建立警卫队代替保安队的协定》，由美国占领军一手帮助建立的。最初，警卫队军官全部由美国人担任。自从老索摩查接手后，警卫队变成他实现权力欲和财富欲的工具。1939 年老索摩查应邀访美，罗斯福曾对记者戏称索摩查是"我们的狗崽子"。二战期间，他紧随美国，使尼加拉瓜成为拉丁美洲最早向法西斯宣战的国家，为美军提供过大批战略物资。1944 年他利用自由党分裂，创建国民自由党，作为家族的御用工具，进一步强化其独裁统治。1951 年他借助同保守党达成的《将军协议》，修改宪法，第三次连任总统。任内发展棉花和橡胶生产以支持美国侵朝战争。1954 年同华盛顿签订《双边军事互助协定》，并积极参加美国反对危地马拉合法民主政府的"成功行动"。

老索摩查独裁 19 年，只有 1947～1950 年由其挑选的罗曼－雷耶斯代行总统职权。在此期间，桑地诺旧部阿尔塔米拉诺将军曾选定塞戈维亚和塞拉亚两省作为活动基地，开展反独裁武装斗争，不幸因叛徒出卖壮烈牺牲，头颅被挂在通向马那瓜的路口示众。① 此后，军内起义、反对派游行示威和工人学生运动都遭到

---

① Jesús M. Blandón: *Entre Sandino y Fonseca*, Editado por el Departamento de Propaganda y Educación Política del FSLN, 1982, p. 12.

残酷的镇压，人民的反抗怒火长期无法释放。1956 年 9 月 21 日晚，老索摩查在莱昂工人之家参加第 4 次被提名为总统候选人的庆祝舞会时，被青年革命诗人里戈维托·洛佩斯·佩雷斯（Rigoberto López Pérez）用左轮手枪刺杀。一周后死在巴拿马美军基地戈加斯医院，成为索摩查家族"独裁终结的开始"，重新唤起了尼加拉瓜人民的反独裁斗争觉悟。

二 反对路易斯·索摩查独裁的斗争

老索摩查死后，担任议长的长子路易斯·索摩查·德瓦依莱被议会指定为临时总统，次子小索摩查任国民警卫队首脑。他们逮捕了 300 多名"嫌疑犯"，进行秘密审讯。1957 年大选期间，小索摩查甚至派出警卫队，确保兄长当选。路易斯任内，继续实行家族独裁统治，镇压学生运动和一切反政府活动，支持美国雇佣军侵略古巴。同时在美国争取进步联盟政策主导下，他也曾修改宪法，禁止在职总统的直系亲属竞选总统，禁止总统蝉联，并推举雷内·希克为官方总统候选人，做出过一些民主姿态。1963 年卸任后路易斯任终身参议员，小索摩查继续任国民警卫队首脑。索摩查家族在幕后操纵，希克傀儡政府仍然奉行亲美、反共和反卡斯特罗的政策。这期间在古巴革命的影响下，尼加拉瓜的反独裁斗争出现了有组织有纲领的新局面。1958 年桑地诺旧部劳达莱斯将军领导的游击战和 1959 年的查帕拉尔武装行动虽然都失败了，但表明尼加拉瓜人民的反独裁觉悟空前提高。斗争实践使青年丰塞卡认识到，尼加拉瓜社会主义党被教条主义束缚已难有作为，他决心脱离该党，闯出一条尼加拉瓜特有的武装斗争之路。

卡洛斯·丰塞卡·阿马多尔（Carlos Fonseca Amador），1936 年 6 月 23 日生于马塔加尔帕市，父亲是美资矿山出纳，母亲是

家中的厨娘，他从小跟随母亲过着贫苦的生活。少年时在街头卖报，1950年小学毕业，为邮局送报，同年进入首都北方中学。1953年接触《共产党宣言》等马列书籍，次年中学毕业，加入社会主义党。1956年举家迁往莱昂，进入国立自治大学法律系，在该系创立全国第一个党支部，被国民警卫队以暗杀"嫌疑犯"罪名关押三个月，保释后被派往哥斯达黎加。1957年作为尼加拉瓜代表参加第6届世界青年与大学生联欢节，其间访问莫斯科和柏林。1958年发表小册子《一个尼加拉瓜人在莫斯科》，首次向国人介绍社会主义的真实情况。1959年在查帕拉尔武装行动中负伤，此后利用在古巴养伤的机会，研究古巴革命经验和本国革命传统，辑录《桑地诺将军的政治思想》，首次提出将马克思主义、桑地诺主义和基督教革命思想融为一体的新桑地诺主义，即所谓丰塞卡的桑地诺主义。20世纪60年代初，他把这种新思想带回国内，同战友们先后建立起"尼加拉瓜革命青年"、"尼加拉瓜爱国青年"和"新尼加拉瓜运动"等进步青年组织。1961年7月，他和博尔赫、马约尔卡在洪都拉斯首都特古西加尔巴，联合上述组织，创立了桑地诺民族解放阵线（以下简称桑解阵）。1962年在桑地诺老游击战士桑托斯·洛佩斯带领下，桑解阵在洪都拉斯帕图卡河两岸密林中，建立第一支63人游击队，次年潜回北部边界开展游击斗争。此次斗争因为得不到当地农民支持而失败，使桑解阵领导人开始认识到开展城乡民众工作的重要性。1963年索摩查的代理人雷内·希克任总统，桑解阵领导的游击斗争基地从国外转向国内，斗争方式也从模仿桑地诺游击队变为注重结合本国实际了。1966年年底，桑解阵拒绝参加于次年2月举行的全国大选，退出了共和动员联盟，在中央高原马塔加尔帕省潘卡桑地区，建立起自己的游击根据地。1967年2月，反对党组织的6万人反独裁大游行惨遭镇压，领导人被捕，200多人遇难。

三 反对小索摩查独裁的斗争

世界上最贪婪的暴君　小索摩查全名安纳斯塔西奥·索摩查·德瓦依莱（Anastasio Somoza Debayle），1925年12月5日生于莱昂省圣马科斯镇。少年时，在美国长岛拉萨列军事学院学习。16岁当警卫队上尉，第一营教官，后赴美国西点军校深造。1946年获少校衔。1947年任总统警卫营营长。1948年晋升上校，任军校校长。次年任警卫队参谋长，不久赴英国桑赫斯特皇家军事学院进修。回国后晋升少将，任警卫队总监，协助父亲管理军队。1955年赴美接受飞行训练，回国后任空军司令和警卫队代司令。老索摩查遇刺后，晋升中将，担任国民警卫队首脑。1967年为谋求总统候选人提名，暂时放弃警卫队司令之职。宣誓就职后，集党政军大权于一身。1969年组建陆军基础训练学校和反游击队别动队，为剿灭游击武装，修建马塔加尔帕—马蒂瓜斯公路。1971年小索摩查首任届满前，同反对党领袖达成《库比亚库米条约》，决定组成两党立宪议会，在两年内制定一部新宪法。在此期间，由代表自由和保守两党的三人执政委员会临时管理政府事务。小索摩查卸任后，不仅继续担任自由党领袖和警卫队司令，还被提名为下届唯一总统候选人。1972年年底，马那瓜遭遇空前大地震，小索摩查在美国的支持下，兼任紧急救灾委员会主席。他侵吞救灾物资，发国难财，甚至同美籍古巴流亡分子合作开设血浆库，低价收购穷人的血浆，加工成制药原料，再高价转卖到美国，支持侵越战争。截至20世纪70年代中，索摩查家族已拥有34家企业，霸占全国1/3可耕地，总资产近20亿美元，家族财产占尼加拉瓜全国财产的40%，成为尼加拉瓜首富，被美国舆论界称为"世界上最贪婪的暴君"。

桑解阵秘密积蓄力量（1967～1974）　"推翻独裁统治，建

立民主政权"是桑解阵一贯的奋斗目标。1967年5月，桑地诺游击队分成三组活动。8月底攻打潘卡桑时，同国民警卫队遭遇，马约尔卡一组全军覆没，20多名游击队员英勇牺牲。桑解阵在总结斗争经验，深入分析本国实际的基础上，制定出《人民争取权益的斗争纲领》、《先锋队章程》和《关于路线和战略的文件》等一系列重要文献。规定当前的主要任务是，在农村发动群众，建立人民军队，同时开展城市群众工作。这期间游击武装仅限于袭击监狱、抢劫银行和劫持飞机等小规模活动，为革命斗争筹集经费。

为全国起义做准备（1974~1977） 1974年9月，小索摩查宣布9个反对党非法，11月再度"当选"总统。天主教会谴责其镇压政策，反对派团结在以查莫罗为首的全国民主解放联盟周围。水门事件发生后，美国放弃了庇护独裁政权的立场。1974年底，桑解阵的一支突击队成功地袭击了农业部长库万特的住宅，迫使当局释放政治犯，交纳赎金以换取人质，沉寂了多年的武装斗争重新活跃起来。索摩查宣布戒严令，实施紧急状态和新闻管制，逮捕了数千人，一些桑解阵领导人相继牺牲。自1975年起，桑解阵内因战略分歧形成无产阶级派（Tendencia proletaria）和持久人民战争派（Tendencia de guerra popular prolongada）。前者受十月革命影响，主张首先建立无产阶级政党，把工作重点放在城市；后者效仿中国革命，主张建立农村根据地和人民军队，开展持久人民战争，推翻独裁政权，并得到古巴支持。这两派都认为起义的时机尚不成熟，反对同资产阶级反对派建立反独裁统一战线。1976年丰塞卡返回国内，企图调解两派矛盾，但不幸在游击战中牺牲。1977年桑解阵多数成员以奥尔特加兄弟为首组成第三派（Tendencia tercerista），又称起义派（Insurreccional），成员包括知识分子、学生、工人、农民，以及教士和工商业者。起义派主张尼加拉瓜革命应分阶段进行，全国起义的条件业已成熟，应该建立包括资产阶级反对派在内的反独裁联盟，推翻索摩查王朝，建立多党制民主政府。第三派与社会党国际关系密切，很早就同巴拿马的托里霍斯政府，哥斯达黎加菲格雷斯政府，特别是委内瑞拉佩雷斯政府建立了密切的联系，并且得到了资金和物质援助。起初，三派均以桑解阵的名义分别活动，各有自己的领导机构。桑地诺游击队也分成北部丰塞卡战线，中部洛佩斯·佩雷斯战线和南部塞莱东战线三部分。

　　1977 年卡特入主白宫，减少了对索摩查的援助，同以查莫罗为代表的资产阶级反对派频繁来往。5 月，起义派在《争取桑地诺人民革命胜利的政治军事总纲》中，正式提出"推翻索摩查暴政，建立人民民主革命政府是桑地诺人民革命的当前目标"。10 月，起义派同时向南部要塞圣卡洛斯和北方重镇迪皮尔多发动攻击，在中部袭击警卫队装甲营，并一度占领马萨亚市。同时，其外围组织"12 人集团"号召一切进步力量配合起义派的军事行动，为发动全国起义创造条件。

　　领导全国起义，推翻独裁政权（1978～1979）　　1978 年 1 月 10 日，索摩查雇凶杀害《新闻报》社长、反对党领袖查莫罗，点燃了全国起义的导火索。一时间，罢课、罢教、罢工、罢市风起云涌，全国经济和社会秩序陷入瘫痪。2 月，起义派攻克里瓦斯和格拉纳达，得到其他派别的积极配合。月底，莫宁博印第安村民起义，当局出动坦克、装甲车和直升机镇压，数百人惨遭杀戮。7 月，桑解阵三派在起义派纲领的基础上，达成统一战略、协调行动协议。反政府力量结成《反对派广泛阵线》，要求独裁者下台，并且得到桑解阵的支持。8 月 22 日，起义派的一支 25 人小分队装扮成国民警卫队，闯入议会大厦——国民宫，将内政部长莫拉等近千人扣作人质，经过马那瓜大主教斡旋，当局答应释放政治犯，支付 500 万美元赎金换取人质。奇袭国民宫的胜利，扩大了桑解阵在国内外的影响，全国起义的条件已经成熟。

9 月，桑地诺游击队向马萨亚、莱昂、埃斯特利和奇南德加等中心城市同时发起进攻，紧接着又在马那瓜和莱昂等 8 座城市组织起义，民众纷纷加入反独裁斗争。马塔加尔帕居民还在起义中创造出构筑街垒打击敌人的新方法。索摩查王朝摇摇欲坠，美国打出美洲国家组织的旗号，与危地马拉和多米尼加组成三方调解委员会，企图劝独裁者辞职，将权力交给反对派广泛阵线三人委员会。桑解阵揭穿了这种"没有索摩查的索摩查主义"伎俩，退出该阵线，又建立了人民团结运动和全国爱国阵线，作为自己的外围群众组织。同时，将分散的游击武装，整编为中部、西部、北部、东北部、东部、南部和新几内亚 7 条战线。1979 年 2 月，白宫停止了对尼的军事和经济援助。3 月 7 日桑解阵发表《团结宣言》，三派九大司令组成全国联合领导委员会，决定组织发动全国起义，为建立统一的桑地诺人民军创造条件。4 月发表的《桑地诺民族解放阵线基本纲领》决定发动推翻独裁政权的最后攻势。5 月底，7 条战线协同作战，再次吹响全国起义的号角。6 月，全国主要城市相继爆发民众起义或筑起街垒，独裁者宣布全国紧急状态，对起义军和城市街垒狂轰滥炸。中旬同警卫队的激战全面展开，一些城市被解放，警卫队损失惨重。美国总统卡特严禁向索摩查提供军火，并敦促盟国照此办理。17 日，尼加拉瓜民族复兴执政委员会在圣何塞宣告成立，次日获 15 国承认。20～23 日，美洲国家组织外长紧急会议，通过了 13 个拉美国家的提案，要求严格尊重不干涉原则，敦促索摩查下台，成立一个过渡的民主政府。会上，美国国务卿万斯提出的干涉主义方案被否决。7 月 9 日颁布临时政府施政纲领，15 日民族复兴临时政府在莱昂宣告成立。16 日索摩查辞职，次日飞往美国迈阿密。18 日国民警卫队宣布无条件投降。7 月 19 日，桑地诺游击队开进首都马那瓜，尼加拉瓜民族民主革命取得了全国性的胜利。

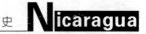

第七节 桑解阵执政的十一年
(1979～1990)

一 民族复兴政府时期 (1979～1984)

1979 年 7 月 20 日,民族复兴执委会和临时政府双双迁至首都马那瓜,临时政府更名为民族复兴政府。同日颁布的《尼加拉瓜共和国基本法》废除了 1974 年宪法,解散了参众两院、最高法院、上诉法院和最高劳动法院等旧国家机构,以及国民警卫队;规定新的国家权力机构是执政委员会、国务委员会和法庭。执政委员会既是行政机构,又是立法机构,同即将成立的国务委员会共享立法权。[①] 接着又颁布了《紧急状态法》,以对付反政府行为和社会犯罪。8 月 22 日,执委会颁布起临时宪法作用的《尼加拉瓜人权利和保障条例》,规定公民有宗教信仰、言论和出版等自由,废除死刑。同日桑地诺游击队被整编为统一的桑地诺人民军。

建国之初,政府突出政治多元化、混合经济和不结盟外交等建国三原则。政治上桑解阵在加强自身建设、确保领导权的条件下,允许各种政治组织自由活动,吸收其代表参加执委会、国务委员会和内阁,尽管人数和比例在逐年减少。1984 年 3 月,根据《政党法》成立的全国政党委员会,确保大选前具有不同色彩的党派都享有合法地位。经济上,约占国民经济 40% 的国营经济同私营经济"和平共处";土改后农村形成国营农场、合作经济、中小私有者与私人大地产并存的局面;国营部门在工商业

---

① 李春辉、苏振兴、徐世澄主编《拉丁美洲史稿》第三卷,商务印书馆,1993,第 233 页。

方面占据主导地位，但私营企业在第一和第二产业中分别占75%和60%，在第三产业中与国营企业各占50%。在内战和美国封锁禁运的大背景下，政府在土改和税收中的过激政策遭到私人企业主，特别是私人企业最高理事会的强烈反对，资金和技术人员外流，经济受到严重影响。80年代上半期，1980、1981和1983年经济分别增长4.6%、5.4%和4.4%，好于其他中美洲国家。1983年后开始债务危机，出现负增长。1979年9月，奥尔特加在第六次不结盟国家首脑会议上强调尼加拉瓜不结盟的外交政策，尼政府高级代表团访问美国、苏联、古巴、东欧、西欧、墨西哥和委内瑞拉等国时，再次重申这一立场。实际上尼同苏联和古巴的关系更为密切，高层互访频繁，签有各种双边合作协定，不仅得到苏联大批经援和军援，还得到大量古巴军事顾问、教师、医生和其他人员的直接指导和帮助。相反，尼加拉瓜革命在萨尔瓦多和危地马拉发生连锁反应，民族复兴政府同地区邻国的关系日趋紧张，尼美关系也日益恶化。1981年4月，里根政府停止了对尼加拉瓜的援助，中央情报局全力扶植盘踞在洪都拉斯的尼加拉瓜民主阵线，并怂恿聚集在哥斯达黎加的尼加拉瓜革命民主联盟的反革命活动。1983年美国不断加大对尼加拉瓜反政府武装的支持力度，参与他们对国内目标的轰炸、布雷和其他破坏活动，并和北方邻国一同进行针对尼加拉瓜的联合军事演习，还公然号召颠覆尼加拉瓜革命政权，致使中美洲成为美国"低烈度战争"的试验场，两霸争夺的全球热点之一。尼加拉瓜更是"热点中的热点"。同年，哥伦比亚、委内瑞拉、巴拿马和墨西哥四国建立《孔塔多拉集团》，为中美洲和平奔走斡旋。1984年尼美都面临大选，下半年两国接受墨西哥建议，举行了9轮副外长级直接谈判。里根总统连任后，美国单方面中止与尼加拉瓜谈判，代之以全面贸易禁运和对桑解阵政府赤裸裸的侵略政策，尼美关系进一步恶化。

在 1984 年 11 月 4 日举行的全国大选中, 桑解阵、独立自由党、民主保守党、基督教社会人民党、尼加拉瓜共产党、尼加拉瓜社会主义党和人民行动党（马列）等 7 党参选, 社会民主党、尼加拉瓜保守党、基督教社会党和立宪自由党 4 党抵制。结果, 桑解阵以 67% 的有效票获胜, 全国代表大会（即国民议会）取代了国务委员会, 桑解阵在全部 96 个议席中占 61 席; 奥尔特加总统组建的桑解阵新政府取代了执政委员会和民族复兴政府。

二 桑解阵政府政策的变化（1985～1990）

丹 尼尔·奥尔特加·萨维德拉（Daniel Ortega Saavedra）尼加拉瓜总统（1985～1990）, 桑解阵总书记, 尼加拉瓜最著名的革命家。1945 年 11 月 11 日生于琼塔莱斯省利维塔德镇一中产阶级家庭, 父母均为坚定的反独裁革命者。童年就读于家乡教会学校, 1959 年参加反独裁斗争, 后因组织"尼加拉瓜爱国青年"被捕。出狱后入中美洲大学法律系学习, 不久弃学参加革命运动。1962 年第二次被捕, 获释后加入桑解阵, 任城市抵抗运动负责人。其间曾组织抢劫美洲银行分行, 为革命斗争提供了第一笔启动资金。1965 年成为阵线领导成员。1967 年领导潘卡桑革命根据地武装斗争时, 第三次被捕。在狱中写下大量革命诗篇, 交诗刊编辑穆里略带出发表, 出狱后两人组建家庭。不久第四次被捕, 1974 年被桑解阵"圣诞节成功行动"营救后赴古巴。1975 年再度当选为桑解阵全国领导成员。1977 年率领起义派, 发动反独裁武装攻势。1979 年以起义派纲领为基础, 促成桑解阵三派联合, 发动全国起义, 推翻索摩查独裁政权。革命胜利后, 历任尼加拉瓜民族复兴政府执政委员会成员、桑解阵全国领导委员会协调员、民族复兴政府执政委员会协调员（政府首脑）和国务委员会委员。1985 年任尼加拉瓜第 35 届总统。在 1985 年 1 月的就职演说中表示, 新政府将

继续实行多元政治、混合经济和不结盟外交政策。在戈尔巴乔
夫新思维出台，苏联决定从中美洲等国际热点中抽身，冷战时
期两极格局面临崩溃的大背景下，新政府的首要任务是谋求国
内和平。为此，1985年和1988年政府两次颁布大赦法，决定释
放政治犯，赦免一切从事反政府活动的人，国内反政府武装活
动被平息。政府将50%以上的预算用于国防开支，30%壮劳动
力从事军事，桑地诺人民军突破6万人，挫败了尼加拉瓜民主
阵线（Frente Democrático Nacional，基地在洪都拉斯）和革命民
主联盟（Alianza Revolucionaria Democrática，基地在哥斯达黎加）
的南北夹击，使得到美国全力支持的反政府武装元气大伤，内部
分崩离析。1986年年底，里根政府也因"伊朗门事件"①败露，
被迫放弃"除掉"尼加拉瓜政府的"现行结构"的侵略政策。
1987年中美洲和平进程出现转机，8月7日中美洲首脑会议达成
《中美洲和平协议》。在此前后，尼议会和政府制定和实施1987
年宪法和自治法，在加勒比沿海地区建立南北大西洋两个自治
区，使民族问题得到了较好的解决；严格执行中美洲和平协议，
成立全国和解委员会，同反对派展开全国对话，取消没收外逃人
员财产的法令，放宽新闻管制。桑地诺人民军还一再推迟单方面
停火的期限，改变不与反政府武装谈判的一贯立场，双方代表从
间接谈判到直接谈判，最终于1988年3月达成《萨波阿和平协
议》。该协议要求，停火后反政府武装到指定地点集中，接受遣
散；政府方面保障他们重返和平生活并享有参加大选的权利。8
月22日全国代表大会通过新选举法，决定于1990年2月25日
举行全国大选。

　　美国连续5年（1985～1990）全面贸易禁运和多年内战使

---

① 1985～1986年美国中央情报局秘密向伊朗出售导弹，并将部分售款购买军
　　火支持尼反政府武装，美国国会追究政府违法责任，因此得名。

尼加拉瓜经济状况日趋恶化，国内生产总值除 1987 年增长 1.7%，其余年份均为负增长或零增长；通货膨胀率从 334.3% (1985) 增至 7778.4% (1988)，又跃至 13490% (1990)；外债也由 43.62 亿美元 (1984) 增至 67 亿美元 (1988)，又进一步升至 106 亿美元 (1990)①，人均外债为拉美之冠。1988 年政府被迫采取货币改革等非传统的经济措施，以维持经济和社会的平稳与和平。

为适应新形势，政府首先拉开了与苏联和古巴的距离，鼓励萨尔瓦多游击队与政府对话，不再向其转运苏制武器；努力加强同第三世界和西北欧国家的关系。1985 年 12 月与中国建交。

1985 年尼领导人访问西北欧 10 国，谋求政治支持和经济援助。1986 年 6 月奥尔特加总统访问中国、朝鲜、印度、加纳、刚果等亚非国家，并出席第 8 次不结盟国家首脑会议。与此同时，尼加拉瓜释放被俘的美国飞行员和间谍，以求恢复双边会谈，但尼方多次直接谈判的努力都遭到里根政府的拒绝。1989 年布什执政后，仍坚持禁运禁航等侵略干涉政策，但重点已从军事转向外交。而尼加拉瓜同中美洲其他国家的关系得到很大改善，尼政府领导人出席危地马拉和洪都拉斯新总统就职仪式，与哥斯达黎加达成边界问题协议，特别是奥尔特加总统连续 4 次参加中美洲 5 国首脑会议，努力推进埃斯基普拉斯进程，使尼加拉瓜重新融入地区事务。

1989 年年底，返回国内的前反政府武装领导人和美国支持的全国反对派 14 党联盟 (3 个自由党、3 个保守党、3 个基督教社会党、3 个社会民主党、正统共产党和中美洲联合党组成)，推举查莫罗夫人为总统候选人。1990 年初，苏联要求桑解阵履行承诺，接受大选的结果。布什总统则明确表示，即便桑解阵的

---

① CEPAL: Balance Preliminar, 1995, p. 67, Santiago de Chile.

总统候选人在大选中胜出，真正恢复美尼关系还需要一个"考验期"。2月25日在数千名国际观察员和外国记者监督下的全国大选中，大多数选民担心一旦桑解阵获胜，禁运、战争、义务兵役制和经济危机仍将继续，因此投了全国反对派联盟候选人的票，查莫罗夫人成为尼加拉瓜历史上第一位女总统。在两个月政权交接过渡期内，桑地诺人民军和新政府代表达成《政权交接行为准则》。《准则》确认桑解阵继续保持对军队、警察和情报机构的领导和控制，查莫罗夫人兼任国防部长，军队、警察和情报机构必须服从文人政府。桑解阵领导人还通过全国代表大会的相关法令获得了价值数亿美元的豪华住宅、肥沃土地等国有资产，史称"糖果罐丑闻"（Piñatas）。① 4月25日，尼加拉瓜历史上第一次实现了政权的平稳交接。上述变化反映在失去了苏古支持和美国单边主义盛行的条件下，桑解阵被迫放弃政权转而采用合法议会斗争形式，主张努力改善社会状况，寻求"第三条道路"，以此影响政府的政策和发展战略。

第八节　20世纪90年代以来政局的演变

一　查莫罗夫人执政时期（1990～1997）

查莫罗夫人，全名比奥莱塔·巴里奥斯·德查莫罗（Violeta Barrios de Chamorro），1929年2月18日生于里瓦斯市一个富有农场主家庭，欧洲人后裔。青年时赴美国弗吉尼亚州一教会学院专修文秘。1950年同《新闻报》社长佩德

---

① 1990年3月全国代表大会通过第85号法令将没收索摩查家族的住宅和土地分配给农民，但部分被桑解阵领导人私吞；第86号法令将索摩查家族被收归国有的部分资产转入政府部长、全国代表大会议员和高级军官名下。

罗·华金·查莫罗结为伉俪。1978 年初，继承丈夫遗志投身反独裁斗争。1979 年任民族复兴执政委员会成员，1980 年 4 月因政见分歧辞职，后任《新闻报》社长和反对派领导人。内战中她的 4 个孩子分别支持桑解阵政府和反对派，使她对战争造成民族对立家庭分裂有切肤之痛。执政之初，政府面临控制恶性通货膨胀、遣散反政府武装、削减桑地诺人民军、继续推进国内和平和民族和解进程，全面恢复和发展国民经济等繁重任务。

由于得到美国和国际社会的支持和桑地诺人民军的积极配合，经过同反政府武装领导人的多次谈判，政府于 1990 年 4 月废除义务兵役制；6 月中旬宣布将桑地诺人民军从 9 万人裁减到 4.1 万人，将警察部队由 8000 人削减至 5000 人，将桑地诺警察更名为国民警察，并撤换了警察司令；6 月底，17523 名反政府武装被迫接受遣散。1992 年政府进一步将桑地诺人民军削减至 1.4 万人，并收缴了散落在民间的 1 万多件武器，终于结束了长达十多年的内战。与此同时，政府在经济领域以外援为后盾，推出与美元等值的金科多巴，进行货币改革，遏制了猖獗多年的恶性通货膨胀；政府还将前政府收归国有的私人资产（索摩查家族除外）返还原主，或给予补偿，将 361 家国营企业私有化。此外，政府裁员 7000 人、暂缓调整在职人员的工资、实行严厉的财政政策、紧缩货币发行量、限制银行贷款、进行税制改革等，结束了经济混乱的局面。政府推出的 1993～1995 年《经济结构调整》三年计划，吸引了大笔外援、贷款和外资，使国内资金相对充裕，为经济复苏奠定了较好的基础。1994 年经济摆脱停滞衰退，进入恢复性增长阶段。

查莫罗夫人执政 6 年，国内各派政治力量展开了激烈的斗争。执政党右翼控制着议会和首都马那瓜，要求罢免军队司令温贝托·奥尔特加和总统府部长安东尼奥·拉卡约；政府代表中左翼，得到桑解阵的鼎力支持与配合。右翼企图凭借议会通过的

133 号财产法，制约政府，打击桑解阵等左翼力量。查莫罗夫人动用总统否决权，使议会决议归于无效，将议会领导权交给社会党人古斯塔沃·塔夫托。与此同时，社会上对立双方冲突不断，反政府的"北方阵线 380"和亲桑解阵的"主权和尊严第 40 突击队"制造连环绑架案酿成的人质危机，一度使国家陷入混乱。1994 年经过红衣主教和美洲国家组织代表的斡旋调解达成和平协议，冲突才得以平息。1995 年议会通过宪法修正案和新选举法，右翼失去了议会领导权；桑解阵失去了对军队和警察的领导和控制权；查莫罗夫人及亲属也失去了被提名为总统候选人的资格。桑解阵内发生分裂，改革派成立桑地诺革新运动。由于反对党联盟分裂，不再成为一支政治力量，立宪自由党在领袖阿莱曼倡导下与新自由党、民族统一自由党和国民自由党组成自由党联盟，以 51% 的得票率击败了桑解阵总统候选人奥尔特加，阿莱曼当选尼加拉瓜总统。

二 阿莱曼政府时期（1997～2002）

诺尔多·阿莱曼·拉卡约（Anoldo Alemán Lacayo）1940 年 1 月 23 日生于马那瓜，曾在法国里昂大学学习法律，1980 年任马那瓜咖啡种植园主协会主席，后任尼加拉瓜咖啡种植园主协会主席，兼尼加拉瓜私人企业最高理事会副主席。1990～1996 年任立宪自由党主席和马那瓜市长期间，因其坚定的反桑解阵立场博得美国、天主教会和迈阿密尼加拉瓜移民集团的鼎力资助。阿莱曼执政伊始，同桑解阵就解决国内冲突达成共识，签署了七项协议。下半年阿莱曼政府完成了对残余的反政府武装和复员军人武装组织的遣散和安置，使社会趋于稳定。1997 年年底，经济连续第 4 年获得恢复性增长。1998 年 10 月底米奇飓风肆虐中美洲，造成国内 3000 多人死亡，灾民上百万，直接经济损失 12.38 亿美元，尼加拉瓜成为仅次于洪都拉斯的第

二大受灾国。阿莱曼总统质疑灾害的严重性，拒不宣布紧急状态，还对国际救灾物资设置40%进入税，遭到强烈反对。次年，政府与国际货币基金组织达成的《促进增长，减少贫困》三年计划，赢得国际金融机构和咨询集团18亿美元资金和贷款的支持。阿莱曼继续其前任的新自由主义经济改革政策，同时为个人和执政党谋取私利，以便建立自由精英集团，与保守派精英集团抗衡。

　　阿莱曼任职期间个人财产翻了几十倍。阿莱曼贪污腐败由来已久，早在1990～1996年任首都市长期间，就网罗与迈阿密尼加拉瓜移民集团关系密切的拜伦·赫雷斯和马尔科·奥利奥斯作为他敛财的左右手，为其筹集政治活动和竞选资金。仅1996年就从美籍古巴人基金会主席马斯那里获得250万美元竞选赞助经费。1997年阿莱曼宣誓就职后，将前者任命为税务局长兼立宪自由党司库，后者为海关关长，开始了政府腐败合法化和制度化进程。同年3月，他操纵议会通过专项法令，给税务局和海关一定比例税收金自主使用和随机处置权。为讨好总统，地方官员纷纷压价为总统购置了多处土地，使总统拥有的庄园地产很快超过1000公顷；其现金资产也很快由担任市长时的74.3万科多巴，增至任总统初期的949.5万科多巴，进而升至2000年的1540.3万科多巴。[①] 赫雷斯一伙有恃无恐地鲸吞国家资产，酿成数十起"支票事件"，造成巨额国有资产流失。1998年国家总审计长阿古斯丁·哈尔金要求总统报告其个人财产，并说明国家预算、总统基金和国际救援资金的使用情况。阿莱曼千方百计阻止调查，1999年底他借总审计署同电台主持人的一份每月3000美元合同，反诬哈尔金侵害国家利益，将其投入监狱44天。改组后的新机构丧失了审查政府预算、私有化进程和公共工程的权

---

① *Envío*, Revista de Nicaragua, abril de 2000. p. 11.

力，甚至不许公布调查结果。直到 2001 年阿莱曼总统及其亲信还私吞了国家石油公司上缴的一笔 500 万美元税款。阿莱曼一意孤行导致党内分裂，部分持不同政见议员脱离执政党。

阿莱曼一伙的倒行逆施使政府国际信誉丧尽，其执政最后两年国外援助和贷款骤降。美国大使加尔萨一针见血地说，"在尼加拉瓜没有人会因为腐败被关进牢房……"，他还警告说："如果新总审计署无所作为，政府变得不可救药，美国就会把它像个孤儿似的丢弃，而决不会再像罗斯福时代那样，将独裁者当作'我们的狗崽子'保护起来。"阿莱曼政府已经成为尼历史上最腐败的政府，尼加拉瓜也因此成为拉美最腐败的国家之一。这表明白宫已改变立场，准备惩罚阿莱曼政府的腐败行为。

20 世纪末，因政府腐败和抗灾不力，立宪自由党面临执政危机；桑解阵也因缺乏长期斗争战略，在 1998 年大西洋两自治区议会选举中失利，内部出现分裂。养女控告奥尔特加性侵害，又使他十分被动。为了稳定阵线的地位和政治影响，把握好未来选举的走势，他决定利用执政党的信任危机，同立宪自由党进行政治交易。双方于 2000 年初签署了《阿莱曼—奥尔特加条约》（简称两党条约）。两党条约就修改宪法和选举法达成 5 项共识，并决定改组最高法院、最高选举委员会和总审计署等国家权力机构，新增选的领导成员和代表也均由两党提名决定。

在两党条约的庇护下，桑解阵在 2000 年的市政选举中，赢得全国 17 个省会城市中的 11 个；执政党在 151 个市政议会中占多数；保守党仅在少数几个城市取胜。而在 2001 年的全国大选中，执政的立宪自由党获 56% 选票，在议会中拥有 53 席，占绝对优势，前副总统博拉尼奥斯赢得组阁权；反对党桑解阵获 38 席；保守党只得 1 席，其余小党和政治力量完全被排除在国家权力之外。两党条约还使两党领袖的地位和安全受到特殊保障；奥尔特加因此获得议员席位，避免了对他性侵害指控的追究；阿莱曼也在卸任后自动成为国会议员，享受豁免权，避免了对其政府腐败的起诉。

三 博拉尼奥斯执政时期（2002～2007）

恩里克·博拉尼奥斯·赫耶尔（Enrique Bolaños Geyer）1928 年 5 月 13 日生于尼加拉瓜马萨亚市一个富裕家庭，天主教徒。青年时曾赴美国密苏里州圣路易斯大学学习工业工程，并在该校美洲企业管理研究所攻读商业管理。他是经营从棉花种植到纺织品生产一条龙的成功企业家。曾连续 11 年担任尼加拉瓜私人企业最高理事会主席。他一贯反对桑解阵，与执政党瓜葛不深。2000 年辞去副总统职务，2001 年加入立宪自由党，成为该党总统候选人。他反腐败的竞选口号获得选民支持，以 56.28% 选票当选第 38 届总统。2002 年 1 月 10 日宣誓就职。

在博拉尼奥斯执政的 5 年中，博拉尼奥斯（代表保守党精英集团）、阿莱曼（代表自由党精英集团）和奥尔特加（代表桑解阵主流企业集团）三人之间的斗争引起多次政治危机。阿莱曼卸任前，依仗议会多数，派亲信接管议长职务。10 天后他收回议长权杖，并利用执政党领袖和议长权力，阻挠政府开展反腐败斗争，并准备在 2006 年大选中再次获胜。

博拉尼奥斯的反腐败斗争 博拉尼奥斯总统执政之初，美国、欧盟和国际金融机构就向政府提供了大笔反腐败基金（仅欧盟就达 1.66 亿美元）并敦促将这场斗争同尼加入"重债穷国计划"（HIPC）挂起钩来。在此背景下，博拉尼奥斯利用民众对腐败强烈不满的情绪，依靠亲政府的蓝白议员团（立宪自由党持不同政见议员的组织）同桑解阵结成临时反腐败同盟，大刀阔斧地开展清算前政府腐败的斗争。2002 年 3 月底，法庭向前政府涉案高官、阿莱曼的助手和亲属共计 14 人发出逮捕令；8月马那瓜第二刑事法庭宣布受理前总统涉嫌洗钱和侵吞国家财产

案。司法调查从国家电视台 150 万美元资产流失入手，直击前税务局长拜伦·赫雷斯和前海关关长马尔科·奥利奥斯转移国有财产引发的大量"支票事件"。美国"迈阿密联合调查小组"直接参与调查，巴拿马情报部门也给予充分配合。据估计，阿莱曼执政期间，国库损失了 1 亿多美元。[①] 这笔资金被转入迈阿密的尼加拉瓜民主基金会和赫雷斯一伙在巴拿马的下属私人公司名下，再通过各种关系网，进行洗钱、购置房地产、购买股票和各种有价证券等跨国犯罪活动。9 月 19 日，蓝白议员团联合桑解阵议员罢免了阿莱曼的议长职务。12 月法庭宣布剥夺他的豁免权，将其软禁。2003 年 2 月，忠于阿莱曼的立宪自由党主流派声明与博拉尼奥斯总统决裂，成为反对党。8 月阿莱曼被捕入狱，9 月博拉尼奥斯总统公布了 2003~2006 年《全国发展计划》草案，决定建立一个由政府、私人企业和公民代表组成的公共开支评估委员会，对政府预算提出建议并进行监督。为此，议会通过了《刑事诉讼法》、《公共官员忠诚法》和《反洗钱条例》。12 月 7 日，法庭宣布对阿莱曼处以 20 年徒刑和 1000 万美元罚款的最后判决。2004 年初，尼加拉瓜顺利加入"重债穷国计划"。3 月，鉴于阿莱曼患有严重的心脏病，最高法院改判他在家软禁。

奥尔特加与阿莱曼再度联手向政府发难 2004 年初，美国国务卿和驻尼大使对政府施压，要求将桑解阵从行政和立法机构领导层中排挤出去。其结果适得其反，桑解阵中止了与政府的合作，转而与立宪自由党再度联手，反对修改宪法，维护两党条约的合法性。奥尔特加假手司法部门给软禁中的前总统以优厚待遇，并不断追究博拉尼奥斯总统非法挪用尼加拉瓜民主基金会和国库资金进行竞选活动的责任，迫使立宪自由党主流派让步，双方达成新的两党条约。2005 年桑解阵在失去政权后，首次获得

---

① Special Report：Nicaragua, Centroamérica Report, 9 june 2006.

议长职位。2004 年 11 月 25 日，议会以 81∶11 的绝对优势通过宪法修正案，规定总统在任免部长、副部长、自治区首脑及驻外使节时，需要先征得议会批准。博拉尼奥斯认为修正案侵犯宪法授予总统的权力，要求国际干预。通过美洲国家组织代表的斡旋和联合国驻尼办公室的协调，尼政府与两党代表举行全国对话。2005 年总统、桑解阵领导人和红衣主教协商后，共同签署了《1月 12 日协议》，决定相互妥协，将第二轮议会投票推迟到总统任期结束后进行。立宪自由党也签字并同意参加全国对话。6月，根据新两党条约，议会任命了公共财务总监署和财产总监署官员，还建立了一支从属于最高法院的法警队伍，以强制推行议会的决定，总统抗议议会独断专行，退出全国对话，宣布紧急状态，并呼吁国际社会干预。6 月 15～19 日，美洲国家组织新任秘书长何塞·米盖尔·因苏萨亲自率团赴尼，调解失败后，由阿根廷前外长以秘书长特派代表身份继续做工作。16 日马那瓜市爆发了有 4 万人参加的反对两党条约大游行，两党议员仍坚持弹劾总统，政府的合法性受到威胁。6 月底，其他中美洲各国总统齐聚洪都拉斯，发表联合声明支持尼总统和政府，反对任何违宪和改变行政权的做法。两党暂时放弃了修宪和弹劾总统的立场。10 月 10 日，博拉尼奥斯与奥尔特加达成了《新法律框架》，规定总统执政有效期至 2007 年 1 月 10 日，冻结修宪活动并同意批准《美国和中美洲自由贸易协定》。

四　桑解阵东山再起，重掌政权

2006 年 11 月 5 日，尼加拉瓜举行 5 年一度的大选，全国约 250 万选民参加了投票。选举结果翻开了尼加拉瓜历史新的一页，引起国际舆论的广泛关注。

桑解阵获胜的历史背景　此次大选与 16 年前通过选举迫使桑解阵和平交权的形势完全不同：国际上美国陷入伊拉克战争的

泥潭，共和党在国会中期选举中失利，丧失了多数党地位，曾经不可一世的新保守主义政策遭遇四面楚歌；美国推行的全球化、华盛顿共识等新自由主义政策，近年来在拉丁美洲日益不得人心，左翼和中左翼力量在率领民众反对社会贫困和不公的斗争中，重新崛起之势不可阻挡。尼加拉瓜国内形势也发生了根本性变化：在前三次选举中，右翼政党在美国支持下，共同推举一名总统候选人，得票比较集中，是造成桑解阵屡战屡败的重要原因；但在2006年选举中，美国撮合右翼势力共推一名总统候选人的努力，遭到立宪自由党抵制，导致右翼政党分裂，自由保守联盟和立宪自由党分别推出了自己的总统候选人，使右翼选票分散。2000年《两党条约》通过修改宪法和选举法，降低了总统候选人当选得票率门槛（最低为35%，同时要求领先者超过第二名5%），为桑解阵获胜奠定了法律基础。大选呈现左翼桑解阵和桑地诺革新运动，右翼自由保守联盟和立宪自由党四雄争霸的局面。从选民的心态来看，连续三届亲美政府在尼加拉瓜进行的新自由主义改革并没有给民众生活带来根本性的变化。尼加拉瓜依然是中美洲最穷，拉美最贫困的国家之一，选民们普遍对政府腐败不满，对亲美右翼政党无能失望，都希望通过投票改变政府，改变现状，改变自己的命运。

桑解阵获得胜利的直接原因 鉴于以往的教训，桑解阵改变了竞选的策略。为塑造亲民形象，奥尔特加身穿白衬衫牛仔裤，在竞选演说中声称自己已经放弃了当年的马克思主义理想。为了得到天主教选民的同情和支持，桑解阵改善了与教会上层人士的关系，奥尔特加坚持每周三次去教堂领圣餐；为了获取自由党支持者的选票，他特意选择亲美前索摩查企业家莫拉莱斯作为自己的副总统竞选搭档，并支持本党议员与极右翼同僚合作，促使议会通过反人工堕胎法。奥尔特加已经不是当年的革命领袖，桑解阵也不再是左翼革命政党了。当年桑解阵全国领导委员会九大司令中有 4 人脱离该组织；只有奥尔特加兄弟、巴亚尔多·阿尔塞和博尔赫仍然是阵线的领导成员，他们都是全国最大的企业家，业务遍布中美洲。桑解阵还改变了一贯的反对态度，表示支持《美国—中美洲—多米尼加自由贸易协定》（简称《中美洲—美国自由贸易协定》），希望加强同美国的关系，继续保持与国际货币基金组织、世界银行等国际金融机构的密切关系。奥尔特加夫人罗萨里奥·穆里略亲任竞选班子负责人，2005 年在与奥尔特加同居 27 年后，两人一同去教堂补办正式婚礼，以示家庭回归平民社会；为帮助丈夫平安度过养女指控难关，她甚至还亲口承认女儿"精神状况极不稳定"，使奥尔特加在竞选中避免了社会舆论和法律上的麻烦。

委内瑞拉 2006 年 4 月，奥尔特加访问委内瑞拉，与查韦斯总统签署了委内瑞拉向尼加拉瓜市政委员会提供能源协议，解决了尼面临的燃油危机，提高了桑解阵的威望。7 月 3 日，桑地诺革新运动总统候选人赫蒂·莱维特斯因突发心脏病猝死，导致一些原先支持该党候选人的选民转而将选票投给桑解阵。奥尔特加最终以 38.1%的得票率，以高出最低标准三个百分点的微弱优势获胜。

桑解阵获胜的影响和面临的挑战　桑解阵在和平交权 16 年后，通过民主选举，利用资产阶级民主体制重新上台，这在世界政治史上都极为罕见。美洲国家组织选举观察团确认，此次大选"投票过程平静、有序，符合法律规定"。美国前总统卡特，在会见获胜者时表示，"美国应该给老对手奥尔特加一个机会，以化解冷战时期与美国结下的旧仇"。美国舆论惊呼，尼加拉瓜大选"将格瓦拉用游击战役未能实现的革命，由拉丁美洲人民用选票实现了"。布什政府也表示尊重尼加拉瓜人民的决定，希望同奥尔特加及其政府建立一种"积极的关系"，同时强调"双边合作将以其支持尼加拉瓜民主未来行动为基础"。在 1 月 10 日的

就职演说中，奥尔特加谴责前三届政府追随新自由主义政策，没有改变国家的贫困和社会不公状况。次日，奥尔特加总统签署了尼加拉瓜加入委内瑞拉、古巴和玻利维亚三国的《玻利瓦尔替代计划》协议。再次执政桑解阵将面临六大挑战：不占议会多数，执政不受美国和传统企业家欢迎，政府信誉将经受考验；面对发展滞后、社会不公和极度贫困等社会痼疾，执政能力将经受考验；自由保守联盟和桑地诺革新运动进入议会，主张废除《两党条约》，执政基础将面临挑战；立宪自由党要求释放阿莱曼，桑解阵部分成员强烈反对同右翼合作，执政党能否顶住来自"左""右"两方面的压力将经受考验；经济上，尼加拉瓜作为《中美洲—美国自由贸易协定》和《玻利瓦尔替代计划》两个背道而驰的贸易集团成员国，发展前景将面临考验；最后，桑解阵能否正确对待和处理自身腐败和民主机制缺失等问题，也将面临一场严峻的考验。

第三章

政　治

第一节　宪法

尼加拉瓜是资产阶级共和国，实行总统制。从 1838 ~
1987 年先后颁布过 11 部宪法。

1974 年宪法　是在 1972 年修改宪法的基础上，由制宪议会
制定和通过的，于 1974 年 3 月正式生效。该宪法规定，总统行
使行政权，任期由 5 年延至 6 年，内阁由 11 名部长和 1 名总统
府部长组成，协助总统管理行政事务。立法权由两院制议会行
使。参议院 30 席，议员任期 6 年，卸任总统为终身参议员。众
议院 70 席，任期也为 6 年。司法权由最高法院、5 个中级法院、
16 个初级法院和 153 个地方法院行使。全国分为 16 个省、1 个
特区和 120 个市。省长和市长由总统任命。实行自愿兵役制。

1979 年尼加拉瓜民族复兴政府颁布的《尼加拉瓜共和国基
本法》废除了 1974 年宪法及相关国家机构。其后民族复兴政府
执政委员会又颁布了起临时宪法作用的《尼加拉瓜人权利和保
障条例》，规定公民有宗教信仰、言论和出版自由和废除死刑等
内容。有效期至 1987 年宪法生效之日。

1987 年宪法　为推翻索摩查独裁政权后第一部宪法。由

1984 年全国大选产生的全国代表大会起草并制定，1986 年年底
通过，于 1987 年 1 月 7 日生效。新宪法为实施桑地诺主义改革，
建立民主制度和混合经济奠定了合法基础。这部宪法由前言和基
本原则，国家，民族，人民的权利、义务和保障，国防，国民经
济，教育和文化，国家组织，国家行政区划分，宪法的修改和结
束语及临时条例等 11 个部分组成，共 202 条。宪法规定政治多
元化、混合经济、不结盟、独立、主权和民族自决、捍卫自主
权、保卫和平和建立公正的国际秩序是尼加拉瓜的基本原则；主
权在于人民。尼加拉瓜是自由、主权、独立和统一的国家；是民
主、参议制、代议制的共和国。国语为西班牙语。首都马那瓜。
不设国教，不设死刑。尼加拉瓜人民有言论、迁徙、思想意识和
宗教信仰自由；有提出要求、集会、结社、参加政党、劳动、休
息和罢工的权利。禁止任何形式的奴隶制和奴隶买卖。国家鼓励
各种形式的文学、艺术、手工艺、民间艺术的创作。公民有为祖
国服务和保卫祖国、服兵役、遵宪守法、交纳税收、有效和诚实
地履行公职等义务。通过有组织的人民参与来确保国防，反对国
内外的军事、政治和经济侵略。除桑地诺人民军外，不允许其他
军队存在。国家在国民经济中起主导作用，有计划地引导经济活
动以保障国家的发展。资产分人民所有制、私人所有制、混合所
有制和合作社所有制。土地改革是发展经济和进行革命变革的基
本工具，可保证农民有土地耕种。宪法认定外国投资对国民经济
发展起辅助作用，外资应遵守有关法律，不损害国家主权。教育
应使理论与实践相结合，使脑力劳动与体力劳动相结合并促进科
学研究。国家政权分为立法、行政、司法和选举四权。立法权由
全国代表大会行使，该机构由 90 名代表和 90 名候补代表组成。
代表由直选产生，任期 6 年。行政权由共和国总统行使，总统是
国家元首、政府首脑兼武装部队总司令。副总统行使总统授予的
职权，在总统缺席时，代替总统职务。总统、副总统由直选产

生，获得相对多数票即可当选。年满 25 岁的尼加拉瓜公民有资格当选总统和副总统。总统和副总统任期 6 年。总统有权任免各部部长、副部长、自治机构领导人、各省省长和首都市长；负责制定和批准国家总预算；领导外交事务、签订国际条约、协定；有权任免驻外使节；宣战等。司法权由最高法院和其他法院行使。最高法院的大法官由全国代表大会选举产生，任期为 6 年。选举权由最高选举委员会及其所属选举机构行使。最高选举委员会由 5 名委员和 5 名候补委员组成，由全国代表大会根据总统提名，通过选举产生，任期为 6 年。年满 25 岁的尼加拉瓜公民有资格当选为最高选举委员会委员。其职能是，负责有关选举的组织、领导和监督工作，直至最后宣布选举结果。尼加拉瓜行政区划分为地区、省和市三级，基层单位是市。承认大西洋沿岸地区的印第安人和村社享有自治权。

宪法规定，年满 16 岁为正式公民并享有以下基本权利：政治上男女平等，有选举权、被选举权和参加公共事务管理权，可以组织和参加政党，以谋取政治权利。公民的人格应当受到尊重，享有同工同酬、参加工作和本单位管理权。实行每天 8 小时工作制，周末和节假日公民享有同等待遇。所有尼加拉瓜人共享自由和平等受教育的权利。宪法是共和国的根本大法，部分修宪动议须由总统或议会 1/3 代表提出，并获 60% 议员同意方能通过；全部修宪动议须半数以上议员提出，2/3 多数赞成才能通过。总统公布修宪结果，但不得行使否决权①。

1995 年的宪法改革　1995 年初，国民议会对 1987 年宪法作出重大修改：总统不得连任，任期由 6 年减至 5 年；其亲属不得被提名为总统候选人；如无任何总统候选人获得 40% 选票则进行第二轮大选；桑地诺人民军正式更名为尼加拉瓜军，置

---

①　王晓民主编《世界各国议会全书》，世界知识出版社，2001，第 639 页。

于文人总统控制下进行职业化；扩大立法机构在财政预算方面的权力，所有经济和税收法案均需议会审查通过后，方可公布执行。在大西洋沿岸地区实行民族自治等。此次修宪剥夺了桑解阵对军队的领导权，将查莫罗总统及其亲属排除在总统候选人之外。

2000 年第二次宪法改革 2000 年立宪自由党和桑解阵在《阿莱曼—奥尔特加条约》的基础上，对 1987 年宪法又作出以下修改：最高法院大法官由 12 人增至 16 人；总审计署改由 5 名成员构成；最高选举委员会从 5 名成员扩大到 7 人；首轮总统选举获胜所需得票率从 45% 减少到 40%，并进一步降至 35%。条件是领先者的得票率必须超过第二名的 5%。同时两党还对选举法进行了修改，要求新党登记参选需递交上次全国大选总票数 3% 的有效票，并提供全部 150 个市市长候选人名单；任何在市政和全国大选中得票率不足 4% 的政党将失去登记参选的资格。

第二节 中央政府和地方政府

一 中央政府

现行宪法规定，在副总统协助下，行政权由总统行使。总统和副总统由选民直接选举产生，任期 5 年。现任总统是丹尼尔·奥尔特加·萨阿维德拉，副总统是海梅·莫拉莱斯·卡拉索。他们任期从 2007 年 1 月 10 日宣誓就职算起，任期内享有豁免权。

尼加拉瓜是单一总统制共和国，国家统一宪制，统一行政管理和司法审判制。地方行政机构不具政治独立性，由中央政府统一领导。2000 年修改后的宪法规定，"总统是国家元首和政府首脑，兼武装部队总司令"，代表国家，其职权如下：

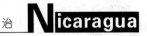

执行和监督执行宪法和法律；对内、对外代表国家；根据宪法规定行使法律创议权和否决权；颁布具有法律效力的财政和行政法令；制定国家总预算，并在国民议会视情况批准后予以公布；任命和罢免国家正副部长、总统府特派员、自治区和政府机构领导人或负责人；在国民议会休会期间行使委托立法权；领导国家对外关系，签订国际条约、协定和协议，并任命外交代表；如果出现世界大战或严重的国内动乱，总统在国民议会的同意下，可宣布某段时间内国家处于紧急状态，但总统需在45天内请求国民议会批准；为法律制定实施细则；授予国家荣誉称号和勋章；组织和领导政府并主持内阁会议；领导国家经济，决定社会经济政策和纲领；向国民议会提名最高法院大法官、最高选举委员会大法官和共和国总审计署大法官的候选人；亲自或通过副总统向国民议会作年度报告或其他报告和特别咨文；可在15天内，部分或全部否决议会通过的法案。

如遇总统暂时缺位，由副总统代行其职。若总统永久性缺位，由副总统在其所余任期内接任总统职务，国民议会应选出一位新副总统。如遇总统和副总统同时暂缺，由国民议会议长代行总统职责。倘若总统和副总统同时出现永久性缺位，则国民议会议长有权在72小时内任命继任者。

总统有权决定政府部门、自治地区政府机构的数量、组织和职权范围。现内阁由总统、副总统和14名政府部长组成，本届政府部长如下：

外交部部长萨姆埃尔·桑托斯·洛佩斯；财政和公共信贷部部长阿尔韦托·格瓦拉；内政部部长安娜·伊萨贝尔·罗莎莱斯；教育、文化和体育部部长米格尔·德卡斯蒂亚·乌尔维纳；卫生部部长胡安娜·马里特萨·匡；工商发展部部长奥拉西奥·布雷内斯；交通和基础建设部部长巴勃罗·马丁内斯；家庭部部长罗莎·阿迪莉亚·比斯卡亚；农牧林业部部长阿里埃尔·布

卡尔多；旅游部部长努比亚·阿西亚；环境和自然资源部部长暂缺；劳工部部长耶安内斯·查维斯；国防部部长暂由前国防部部长阿维尔·拉米雷斯·巴尔迪维亚以总统代表（delegado presidencial）身份代理；总统府部长暂缺；中央银行行长安特诺尔·罗萨莱斯。

现内阁是由桑解阵主导，吸收部分专家学者和立宪自由党持不同政见者参加的混合型政府。

与其他国家不同的是，尼加拉瓜还设有家庭部。该部是20世纪90年代为促进和平和民族和解而设立的。其职责是制定社会救助和服务计划，以巩固家庭团结、促进家庭整体发展，通过公民社会组织寻求关心和保护弱势群体的生活质量，监督并贯彻执行国家的社会救助政策。

二 地方政府

全国行政区划分为大区、省和自治区，基层为市镇。各大区的行政最高领导人均由总统直接任命。区长依照法律并按总统的命令和指示履行职责，是总统的当然代表。大区设发展委员会，确保区内各界代表积极参与公共事业。发展委员会由区长领导，包括所属各省省长、驻军及警察代表和公私机构代表，其中私人代表须占多数。该委员会是协助区长治理区内事务的咨询机构。一切区内发展规划和预算需经委员会同意，相关资金由该委员会筹措。

省政府和自治区政府分别设省长和区长一人，由总统直接任命。服从大区领导，按大区区长指示，负责本省或自治区内公共事务，并行使法律职责。中央政府还可根据情况和法规向地方派遣专员行使特别职能。

市政府是基层公共权力机构，享有法人地位和独立财权。市政府由市长和市政委员会组成，每6年改选一次。1990年和

1996 年市政委员会选举与全国大选同时举行。2000 年开始独立进行，每 4 年举行一次，各政党组织可自由提出自己的候选人，参选市长和市政委员。市政委员会是其所在地区履行国家职能的最高权力机关，对其所属地区行使管理权，对其直属的经济、生产和服务部门实行领导、开展工作。各市设市镇发展委员会，作为公共事业咨询机构，吸收各界代表参加，确保全市公民切实参与本地经济、社会、文化、教育和卫生的权利。市镇公共开支由中央财政下拨，2003 年后约占政府预算的 10%。市镇直接管辖到社区、村庄和每一户居民。

北大西洋自治区和南大西洋自治区成立于 1987 年 9 月，自治区政府（Gobierno Regional Autónomo）是自治管理机构，在矿业、渔业和林业方面享有一定税收优惠，可将税收的 30% 留作地方社会和经济发展基金，并从中央政府获得一定数额的政府开支补贴。自治区委员会（Consejo Regional Autónomo）是自治区最高权力机关，首届成员由中央政府和地方代表协商产生。1990年后每 4 年改选一次，代表任期 4 年，相当于 45 人的小型议会，有制定并批准通过地方性法规的权力，还有向国民议会提出法律动议权。同时对所属自治区的自然资源和土地拥有控制和使用权，中央政府和相关企业在签订征用当地土地和自然资源使用合同前，必须征得有关自治区委员会的许可。大西洋沿岸社区有权按其历史和文化传统的社会组织形式生存和发展。2006 年 3 月，在北大西洋自治区议会选举中，立宪自由党保持 16 席，亚塔马保持 13 席，桑解阵增加 1 席达 16 席，海岸多民族统一党失去其席位；在南大西洋自治区议会选举中，立宪自由党获 22 席，较上届少 7 席，桑解阵获 11 席，失去了 3 席，亚塔马获 6 席，增加 4 席，自由保守联盟首次获得 6 席。[①]

---

① E. I. U, Nicaragua Country Report, april 2006. p. 14.

第三节 立法、司法、选举和审计机构

尼加拉瓜的立法机构、司法机构和选举机构与行政机构四权并立，相互制约。

一 立法机构

根据 1987 年宪法规定，国民议会是最高国家权力机关，是行使一院制最高立法权的唯一机构。

国民议会 2007 年国民议会由 92 名议员组成，任期 5 年。90 名议员按比例代表制，通过普遍、平等、直接、自由和秘密投票选举产生，其中 20 名来自全国统一选区，70 名由 17 个省级选区选出。按照现行《选举法》卸任总统和大选落选者将分别占据剩下的两个议席。2007 年国民议会设议长 1 名，副议长 3 名和秘书 3 名。在这届议会中，桑解阵拥有 38 个席位，立宪自由党 25 席，自由保守联盟 22 席，桑地诺革新运动 5 席。桑解阵和立宪自由党分别担任议长，第一副议长和首席秘书等要职。

国民议会的立法权体现在以下方面：

制定和批准法律和条例，修改和废除法律和条例；对法律作出准确解释；批准或不批准国际条约；在国民议会休会期间，委托共和国总统行使立法职权；通过共和国总统要求部长或副部长、自治机构和政府机构负责人作工作报告；授予或取消世俗或宗教机构和组织的法人地位；听取总统和副总统所作的年度报告；审议国家经济社会发展政策和计划；从总统提名的三倍于应选名额的候选人中，选举最高法院大法官和最高选举委员会正式和候补大法官；从总统提名中选举共和国总审计长；批准最高法院大法官、最高选举委员会主席和总审计长的辞职或罢免；填补总统或副总统的永久性空缺；审议和处理对享有豁免权官员的指

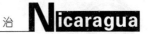

控，拥有 2/3 多数赞同可弹劾总统、最高法院大法官和最高选举委员会的成员。

在现议会中，桑解阵和立宪自由党支持现政府；自由保守联盟和桑地诺革新运动为反对党。

国民议会议长 尼加拉瓜国民议会议长任期一年，每年 1 月 9 日改选一次。2007 年初，根据新制定的《国民议会组织法》，议长的选举和任期改为两年。议长拥有下列职权：

监督和组织辩论；制定投票次序；主持会议，召集会议和中止会议；授权公众旁听会议；安排议事程序和表明议案是否通过；提名、晋升或更换议会行政人员；向国民议会提交议会的年度预算；批准代表的消费支出、工资以及议会工作人员的工资；与相关委员会秘书一起，在议会会议期间的各种文件上签名、盖章；将议案送交某专门委员会审议；审查有关设立某专门委员会的必要性；保障宪法和法律的实施；代表国民议会发表声明；对违反纪律的代表实施制裁；解释议事规则及其他有关国民议会的规章。

2007 年桑解阵成员雷内·努涅斯·特列斯当选为国民议会议长，任期两年。

二 司法机构

尼加拉瓜司法机构由最高法院、若干个上诉法院和一些共和国法庭组成。法院分三级：最高法院、省（自治区）上诉法院和地方上诉法院。1980 年 3 月尼加拉瓜政府决定由司法部取代总检察院，1990 年政权更迭后，又重设总检察院。现任总检察长是胡里奥·森特诺·戈麦斯，副总检察长是阿纳·胡利亚·吉多。

最高法院 最高法院行使最高司法权，其判决是终审判决。它是独立于政府的司法机构，在处理公民和刑事案件时，承担最高上诉法院职责，并监督国家依法行政。16 名大法官由国民议会

从总统和议会党团提出的名单中选举产生，任期7年。正副院长是从被选出的16名大法官中产生，总统任命。现任院长为曼努埃尔·马丁内斯，副院长为拉法埃尔·索利斯。最高法院行使下列职权：

组织并领导司法机构；根据法律程序，审理并裁决对上诉法院所作判决不服的普通和特别上诉案件；根据人身保护法审理并裁决因违犯宪法权利而提出的人身保护申诉案件；审理并裁决根据宪法和人身保护法提出的法律违宪申诉案件；根据法律程序任命上诉法院大法官和其他法院法官；制定本部门条例和任命所属工作人员。此外，还负责监督宪法的实施。

大法官和法官的选拔主要从政治方面考虑，在行政和立法机构的压力面前，司法独立性十分脆弱。

尼加拉瓜没有基于业绩的法官晋升制度，法官的培养机制也不完善，司法公信度很低。在诉讼和庭审辩护中出现不利时，外国和外地投资者往往对司法部门行贿和腐蚀拉拢，以影响判决。至今立宪自由党和桑解阵对最高法院大法官人选起决定作用，在16名大法官中，两党平分秋色，各占一半。2003年6月，最高法院的9名大法官任期届满，博拉尼奥斯总统曾提出一个候选人名单，希望改变两党垄断局面，遭到两党联手抵制，结果4名前总统亲信和5名桑解阵成员榜上有名。面对法院危机，政府提出《司法法》（Ley judicial），决定对司法制度实施彻底改革，但在两党占有议会绝对多数的情况下，任何改革都难以进行。

三　选举机构

最高选举委员会（Consejo Supremo Electoral）由7名大法官及同等数额的候补大法官组成，主席、副主席、大法官和候补大法官由国民议会从总统提名的候选人中选举产生。宪法规定选举权由最高选举委员会及其下属选举机构行使。最高选举委员会的职能是：依据宪法和选举法规定，组织和主持

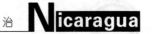

选举、公民投票和公民复决；根据选举法规定，任命其他选举机构成员；制定选举日程；执行有关选举进程的宪法和法律条文；了解并对下属选举机构作出的判决以及各政党提出的不服和责难作出最后裁决；依法制定适当措施，使选举能在有充分保障的条件下进行；责成有关部门为参加选举的政党提供安全保障；对选举、公民投票和公民复决进行最后计票并公布最后结果。

尼加拉瓜公民年满 16 岁享有选举权，年满 21 岁享有被选举权。现任最高选举委员会主席是罗伯托·里瓦斯。

四　审计机构

共和国总审计署（Contraloría General de la República）是独立于行政和立法机构的权力机关。有权依宪法对议会和政府的经费，国库和总统基金使用情况进行审计和监督。总审计长由总统提名，议会批准，总统任命，其职权不受政府换届影响。阿莱曼执政时，阿古斯丁·哈尔金担任总审计长。1999 年他要求总统报告其财产及经费使用情况时，总统借一份匿名合同，以"危害国家罪"将其罢免，关押 44 天，并操纵议会通过《共和国总审计署组织法》，改组总审计署。新总审计署的领导成员增至 5 人，由 3 名执政党和 2 名反对党代表组成，其审计国家预算、私有化进程和公共工程的权力被剥夺，丧失了独立性。反腐败斗争后，总审计署的部分权力得到恢复。现任总审计长为埃尔南·埃斯特拉达。

第四节　政党组织

一　主要议会政党

地诺民族解放阵线（**Frente Sandinista de Liberación Nacional**）为执政党，拉美较重要的民族主义政党

之一。现有党员 12 万人。主要代表工人、农民、城市中产阶级和知识分子的利益。1961 年 7 月 23 日成立,初期作为政治—军事组织模仿桑地诺斗争,1967 年建立根据地,独立领导反独裁游击斗争。1975～1977 年党内因战术和组织分歧形成三派,后以起义派为核心实现统一,获武装斗争领导权并发动全国起义,推翻了独裁政权。1979 年 7 月至 1990 年 4 月执政期间,在捍卫国家主权、领导复兴重建、颁布 1987 年宪法、实现大西洋沿岸民族自治、克服经济困难、推进地区和平进程和经济一体化方面成绩明显。但其过激的经济政策和强制义务兵役制及实行紧急状态法等独断专行的社会政策得罪了一些人,使社会不安,经济跌入崩溃边缘,最终被迫交权成为反对党。1991 年召开首次全国代表大会,奥尔特加当选为总书记,确认是"革命、民主和反帝政党",宣布放弃武装斗争,投身议会斗争。1992 年 9 月正式加入社会党国际,成为社会党国际拉美和加勒比委员会成员。1994 年分裂为正统派和改革派。1995 年全国领导委员会拉米雷斯等 7 名重要成员退党,成立新党"桑地诺革新运动"。当时最高权力机构是全国代表大会,5 年召开一次,闭会期间由 98 人组成的桑地诺大会行使职权。1996 年奥尔特加第二次参选失败引发党内第二次分裂,又有一些领导成员退党。1998 年第二次全国代表大会决定成立 200 人的桑地诺会议作为最高领导协商机构,18 名全国领导委员会成员多半为"新一代"领导人,奥尔特加和博尔赫分别任正副总书记。会议呼吁加强党的团结,使之成为竞选的得力工具。2000 年初,与执政党签订《阿莱曼—奥尔特加条约》和 7 个附件,同年桑解阵在市政选举中赢得首都和大多数省会城市的胜利。奥尔特加在 2001 年的全国大选中第三次落选,翌年初在党的第三次全国代表大会上,决定精简领导机构,由 40 人的桑地诺委员会取代桑地诺会议,8 人执委会取代全国领导委员会,奥尔特加任总书记,博尔赫为副总书记。新

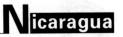

的思想方针是：革命、反恐、反帝，巩固同古巴和委内瑞拉的友谊。2004 年初，桑解阵被排挤出国民议会领导核心，并再度与立宪自由党合作，在市政选举中，获得多数地方政府权力。2005 年赢得议长职位，成为实力最强的政党。同年奥尔特加正式当选为 2006 年该党的总统候选人，并在 2006 年大选中以微弱优势获胜。

立宪自由党（Partido Liberal Constitucional） 支持政府的右翼党，党员数万人。1968 年反对索摩查连选连任，从国民自由党中分出，称立宪自由运动。1974 年不满索摩查家族独裁，主张同包括桑解阵在内的反对派对话，加入查莫罗领导的民主解放联盟。4 年后又参加反对派广泛阵线（Frente Amplio Opositor）。20 世纪 80 年代初参加国务委员会。1983 年成为合法政党，正式命名为立宪自由党。1984 年宣称政府政策缺乏透明和公正，抵制大选。1989 年成为全国反对派联盟（Union Nacional Opositora）重要成员，1990 年获议会 4 个席位，该党创始人阿莱曼当选马那瓜市长（1990~1995）。此后在迈阿密移民集团的资助下，1992 年建立首都地震死难者纪念碑，1993 年举行自由运动百年庆典活动，1994 年在大西洋自治区选举中获胜。上述活动赢得了民心，党员发展到近万人。1996 年取得全国大选胜利，阿莱曼当选总统（1997~2002），党员增至数万人。立宪自由党章程规定，权力分配要均等；统治者与被统治者享受同等法律保护；选举民主化和尊重市政自治；私人企业和投资是经济发展的基石，私人财产应得到尊重和保护，反对工联主义；增加就业机会，减少贫困和失业。主张削减公共部门，精简国家机构，倡导贸易自由化，取消贸易壁垒和控制权，提倡金融自由化，稳定货币；在主权独立的前提下，与各国和平合作，优先推动地区一体化。1997 年为平息罢工风潮，首次与反对党合作。1998 年因腐败和抗灾不力威信下降。2000 年第二次与桑解阵合作，签署

了《阿莱曼—奥尔特加条约》和 7 个附件。通过修改宪法、选举法和改组国家权力机构实现国家权力两党化。在 2001 年的大选中，原副总统当选为总统，立宪自由党的执政党地位得以延续。2002 年在反腐败斗争中，执政党分裂为支持博拉尼奥斯总统的蓝白议员团和忠于前总统的正统派。6 月，蓝白议员团改组了党的领导机构，9 月阿莱曼总统被剥夺议长职务，12 月又被软禁。2003 年初正统派放弃执政党地位，成为反对党，年底阿莱曼被判 20 年监禁。2004 年该党与桑解阵再度合作达成新两党条约。利用议会多数票通过了修宪法案，并连续制造多起政治危机向政府施压。目前阿莱曼仍是立宪自由党领袖，2006 年他顶住美国压力提名前副总统里索为总统候选人，保住了议会第二大党的地位。

尼加拉瓜自由保守联盟（**Alianza Liberal Nicaraguense-Partido Conservador**） 又称尼自由联盟，右翼反对党。为了迎接 2006 年全国大选，2005 年，前政府部长、银行家埃德华多·蒙特亚莱格雷与部分立宪自由党持不同政见议员，联合共和国联盟组成竞选联盟。共和国联盟成立于 2004 年，包括蓝白议员团、尼加拉瓜保守党、大自由联盟、尼加拉瓜民主运动、基督教社会党和民族团结运动等亲博拉尼奥斯政府的政党组织。自由保守联盟选举得票率 28%，仅次于桑解阵，获 22 席，是议会第三大党，蒙特亚莱格雷是该党领袖。

桑地诺革新运动（**Movimiento Renovador Sandinista**） 原为桑解阵内的民主派，于 1995 年与正统派分裂，脱离桑解阵建立桑地诺革新运动。此后不断有新人（包括 3 名前游击司令）加入，逐步发展壮大。革新运动的宗旨是恢复桑地诺主义的革命精神，走第三条路，倡导法制和公正，市场与社会统一，优先同贫困作斗争，维护公共福祉。其立场类似拉美民主左翼。1999 年建立桑地诺团结反条约委员会，组织发动过多起反对两党条约的全国性示威游行活动。2001 年前为议会小党，后为议会外反对党。2005 年推举马那瓜前市长赫蒂·莱维特斯为其总统候选人，民众支持率一度与奥尔特加不相上下。但 2006 年 7 月初莱维特斯突发心脏病猝死，由其搭档埃德蒙多·哈尔金接替，在 2006 年选举中获 6.3% 选票，成为议会反对党，占 5 个席位。党主席是多拉·玛丽亚·特列斯，执行书记是马里亚诺·菲亚略斯。

二 其他政党

择变革党（Alternativa Por el Cambio） 前桑解阵游击队司令、反政府武装革命民主联盟负责人伊登·帕斯托拉领导的反对派组织。2006 年 11 月，帕斯托拉作为该党总统候选人获 0.3% 选票，未获议席。为议会外反对党，成员不多，影响也不大。

尼加拉瓜抵抗党（Partido Resistencia Nicaraguense） 右翼政党。1990 年尼加拉瓜反政府武装被遣散后成立，代表被遣散人员利益。2001 年前在议会中占有 1 席。曾支持前政府，现在为议会外反对党。现任主席是萨尔瓦多·塔拉维拉·阿拉尼斯。

尼加拉瓜基督教道路党（Camino Cristiano Nicaraguense） 右翼政党。推崇代议制民主，主张多元政治和混合经济，反对暴力，倡导走基督教主义道路。2001 年前为议会第三大党，有 4 名议员代表。曾支持前政府亲美新自由主义政策，现为议会外反对党。现任主席是吉列尔莫·奥索尔诺·莫利纳。

此外还有基督教社会人民党、全国纲领党、独立自由党和国民自由党等。尼共产党、尼社会主义党和马列主义人民行动运动等左翼政党影响越来越小。亚塔马（YATAMA，含义为大地母亲之子）和海岸多民族统一党（PAMUC）是代表少数民族利益的反对派政党，仅在两个自治区有一定影响。

三　群众团体

尼加拉瓜的群众团体发端于20世纪70年代末反独裁斗争，80年代受桑解阵政治多元化政策的鼓励，曾出现大批桑地诺群众组织。但90年代以来，政府裁员、企业私有化，特别是立宪自由党执政后反对工联主义，部分革命群众团体从社会上消失或改头换面，目前较为重要的群众团体有：

私人企业最高理事会（Consejo Supremo de Empresas Privadas）　尼加拉瓜最重要的商业协会。1974年由一些职业行会和商会合并而成，最初称私人首创最高理事会。1978年农牧业生产者联盟、尼开发协会和尼联业协会加入后，实力壮大，改为现名。80年代与桑解阵摩擦不断。90年代前半期反对政府与桑解阵合作，后半期与政府关系改善，主张实行自由市场经济。支持博拉尼奥斯政府，对桑解阵现政府的经济政策不持异议。现任主席是艾尔文·克鲁格尔。

全国劳动阵线（Frente Nacional de Trabajadores）　全国最大的城市劳动群众组织，有会员30多万人。亲桑解阵，主张扩大职工民主待遇，反对市场化和私有化等新自由主义政策。

尼加拉瓜工人自治中央工会（La Central de Trabajadores de Nicaragua Autónoma）　亲立宪自由党，与资方关系密切，有会员20多万人，支持新自由主义改革，起软化职工斗争的作用。

农村劳动者协会（Asociación de Trabajadores del Campo）　农业劳动者组织，有会员6万多人。亲桑解阵，主张建立国家、业主和农业劳动者的新型关系，改善就业和生活待遇，反对实行新自由主义改革。90年代以来受自治总会影响，斗争性减弱。

全国妇女联合会（Coalición Nacional de Mujeres）　全国性妇女组织，总部设在马那瓜，曾派代表参加1995年北京世界妇女大会。

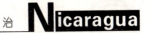

全国共有 13 个群众组织，其中 8 个亲桑解阵，4 个亲立宪自由党，1 个支持自由保守联盟。

此外，民间还有许多非政府组织：生产者联合会、合作者联合会、人民文化行动、反家庭暴力委员会、共同行动委员会以及基层工会、居民小组、家长联合会、企业主联合会和基金会等。在社会救助和防灾、减灾、抗灾等斗争中都发挥着积极的作用。在抵御米奇飓风灾害的斗争中，因为不信任腐败的阿莱曼政府，曾将 60% 的救援资金和物资交给当地的非政府组织。[①]

第五节　行政区划

一　概述

尼加拉瓜的行政区划经历过长期复杂的演变过程。殖民时期曾先后受巴拿马都督区和危地马拉总督区管辖，加勒比沿海在英国人控制下。独立后一度并入墨西哥帝国，后为中美洲联邦的一个省。1839 年建立独立共和国，米斯基托海岸在英国庇护下成为"米斯基托王国"，1894 年收回后称塞拉亚省。20 世纪 70 年代全国分为 14 个省，革命胜利初塞拉亚省由大西洋沿岸局管辖。1981 年政府将全国分为 6 个大区和 3 个特区。大区分管中西部各省；特 1 区和特 2 区以马塔加尔帕大河为界将塞拉亚省一分为二；特 3 区为圣胡安河省。1987 年特 1 区和特 2 区分别建立北大西洋自治区和南大西洋自治区，全国形成中央政府、省（自治区）和市三级行政管理格局。2000 年全国分为 6 个大区和 3 个特区，下设 15 个省、2 个自治区和 151 个市。2003 年又根据地质、气候、生态和地理特征，简化为 3 个

---

① *Envío*，abril de 1999, p. 7.

大区（región）、15 个省（departamento）、2 个自治区（Región Autónoma）和 153 个市（municipalidad）。

二　大区和省

平洋大区（Región Pacífica）辖太平洋沿岸 7 个省。

奇南德加（Chinandega）　西濒太平洋，北邻丰塞卡湾，面积 4926 平方公里，人口约 43 万（2002），城市人口占 61.7%。中部克里斯托瓦尔火山海拔 1780 米，为全国最高火山锥。波索尔德加市卡西塔火山位于火山链最脆弱处，1998 年米奇飓风裹挟暴风雨冲垮火山口湖形成的泥石流，掩埋了东麓的 3 个村庄，2000 多村民不幸罹难。行政上分为 13 个市，省会奇南德加年均气温 24～30℃，年均降水量 1200 毫米，盛产咖啡、甘蔗、玉米和棉花。有公路北连莫拉桑港，西南通科林托港，南接莱昂和马那瓜等中心城市。

莱昂（León）　西濒太平洋，南临马那瓜湖，面积 5107 平方公里，人口约 39 万（2002），城市人口占 58.5%。有一条平行于太平洋海岸的火山带从全省穿过。行政上分为 10 个市，省会莱昂为历史文化古都，年均气温 24～30℃，年均降水量 875～1800 毫米，主要生产咖啡、甘蔗、棉花和水果，是制造业中心。太平洋公路北通科林托港，南连首都马那瓜。

首都马那瓜（Managua）　西濒太平洋，北邻莱昂省，涵盖马那瓜湖的大部分，是全国政治经济和文化中心。面积 3672 平方公里，人口约 133.6 万（2002），城市人口占 92.7%。行政上分为 9 个市，省会马那瓜，年均气温 23～30℃，年均降水量 800～1200 毫米，咖啡、棉花、蔗糖和粮食为主要农产品，是制造业中心，工业门类齐全。泛美高速公路、马那瓜国际机场和马那瓜湖形成的水陆和空中立体交通网使本省交通十分便捷。

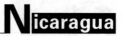

马萨亚（Masaya） 位于尼加拉瓜和马那瓜两湖中间，面积590平方公里，人口约31万（2002），城市人口占60.3%。是全国面积最小，人口密度最高的省份。行政上分为9个市，省会马萨亚是著名的手工艺和旅游城市。年均气温在20℃左右，年均降水量1335毫米，且集中在5～11月，主要农作物是玉米和咖啡。交通发达，是公路交通枢纽。

格拉纳达（Granada） 位于尼加拉瓜湖西岸，原为马萨亚省的一部分，1987年建省。包括萨帕特拉湖岛，面积929平方公里，人口约19万（2002），城市人口占64.4%。行政上分为4个市，省会为著名的历史旅游名城格拉纳达。年均气温24～30℃，山区年均降水量1500毫米，沿湖仅875毫米，主产咖啡、稻米和棉花。境内有泛美高速公路和尼加拉瓜湖，使全省交通四通八达。

卡拉索（Carazo） 西濒太平洋，北邻马那瓜和马萨亚省，南接里瓦斯省，1891年设省。面积1050平方公里，人口约18万（2002），城市人口占61%。行政上分为8个市，省会希诺特佩海拔760米，始建于1883年，年均气温20℃左右，年均降水量1812毫米。经济较发达，主产咖啡和棉花，高原植被保护较好，丛林中有成群吼猴出没。卡拉索省交通便利，泛美高速公路与全国主要城镇相连。

里瓦斯（Rívas） 西濒太平洋，东临尼加拉瓜湖，南界哥斯达黎加，位于同名地峡上。面积2155平方公里，人口约16.5万（2002），城市人口占36.4%。境内的火山锥从北部延伸至欧梅特佩湖岛。行政上分为10个市，省会里瓦斯市位于同名地峡中央，海拔62米，年均气温25℃，年均降水量1500毫米，是稻米、玉米和畜牧业生产区。气候宜人，交通便捷，有公路和水路通全国各地，是尼加拉瓜的长寿之乡。

中央大区（Región Central） 辖中央高原7个省。

新塞戈维亚（Nueva Segovia） 北与洪都拉斯交界，东与希诺特加省为邻，面积 3123 平方公里，人口约 21 万（2002），城市人口占 48.5%。莫戈东峰海拔 2107 米，是全国最高峰。科科河（又称塞戈维亚河）及其支流遍布全省。行政上分为 12 个市，省会奥科塔尔位于科科河谷地，海拔 611 米，年均气温 24.8℃，年均降水量 1182 毫米，经济以采矿、木材和玉米为主。有公路南连泛美高速公路，北通洪都拉斯，战略地位十分重要。北部边境有原始森林，富松柏等木材资源。

马德里斯（Madríz） 原为塞戈维亚省的一部分，1935 年单独设省。西与洪都拉斯为邻，南与埃斯特利和希诺特加两省交界，面积 1602 平方公里，人口约 13.1 万（2002），城市人口占 28%。塞戈维亚山由北向南纵贯全省，科科河支流密布。年均气温 16~25℃，年均降水量 2000 毫米以内，且集中在 5~10 月，咖啡和玉米为主要农作物。行政上分为 9 个市，分布在海拔 500 米以上的高原山区。省会索莫托有泛美高速公路南连内地主要城镇，北通邻国洪都拉斯。

埃斯特利（Estelí） 北邻马德里斯省，位于同名高原上，面积 2335 平方公里，人口约 21 万（2002），城市人口占 57.7%。属亚热带气候，年均气温 16~24℃，年均降水量 1300~2000 毫米，主要农作物是玉米和咖啡。行政上分为 6 个市，省会埃斯特利位于奥蒙河谷埃斯特利河畔，海拔 839 米。交通便捷，泛美高速公路纵贯全省，与全国主要城市相连接。

希诺特加（Jinotega） 隔科科河与洪都拉斯为邻，东连北大西洋自治区，面积 9755 平方公里，人口 29.2 万（2002），城市人口占 21.5%。行政上分为 8 个市，省会希诺特加市位于中央高原中部。高原年均气温 14℃，低地 22℃，年均降水量在 2000 毫米以下，集中在雨季 5~10 月，盛产玉米、金矿和木材。有公路通图马河水电站和马塔加尔帕市并与泛美高速公路相连。

马塔加尔帕（Matagalpa） 位于中央高原中部，北邻希诺特加省，面积 8523 平方公里，人口约 58 万（2002），城市人口占 63.6%。行政上分为 13 个市，省会马塔加尔帕位于同名河谷，海拔 678 米，是全国第 2 大城市，有公路连接全国主要城市。高原年均气温 16℃ 左右，低地 24℃ 左右，年均降水量 1000～2000 毫米，为尼加拉瓜咖啡、烟草和畜牧业主产省。

博阿科（Boáco） 北邻马塔加尔帕省，西界莱昂省和尼加拉瓜湖，面积 4271 平方公里，人口约 17 万（2002），城市人口占 32.1%。行政上分为 6 个市，省会博阿科市海拔 388 米，年均气温 16～24℃，年均降水量 1000～2000 毫米，经济以玉米、水稻和畜牧业为主。有公路与全国主要城镇相衔接。

琼塔莱斯（Chontales） 西濒尼加拉瓜湖，东部和南部分别与南大西洋自治区和圣胡安河省为邻。面积 6378 平方公里，人口约 17.8 万（2002），城市人口占 55.4%。行政上分为 10 个市，省会胡伊加尔巴市海拔 62 米，年均气温 25～30℃，年均降水量 1800 毫米以上，以玉米、畜牧业和金矿生产为主。西南距尼加拉瓜湖约 20 公里，有公路西连全国主要城市，东达特 2 区的拉玛市，再换乘轮船可达布卢菲尔兹港。

大西洋大区（Region Atlántica）辖 2 个自治区和 1 个省。

北大西洋自治区（Región Autónoma del Atlántico Norte） 东濒加勒比海，北界洪都拉斯，西与希诺特加、马塔加尔帕和博阿科为邻，面积约 32169 平方公里，人口约 24.4 万（2002），城市人口占 28.3%。行政上分为 7 个市，首府卡韦萨斯港是全国最大的木材出口港，与内地不通公路，只有机场与首都及其他大城市沟通。年均气温 24～26℃，年均降水量 3000 毫米。经济以矿业、林业和渔业为主，休纳 - 博南萨 - 罗西塔矿业三角金银矿生产约占全国 40%。主要河流两岸和沿海岛屿为米斯基托人和苏穆人世居之地。

南大西洋自治区（**Región Autónoma del Atlántico Sur**） 东濒加勒比海，西邻圣胡安河、博阿科和琼塔莱斯三省，面积27409平方公里，人口约36.4万（2002），城市人口占42.2%。行政上分为12个市，首府布卢菲尔兹港位于埃斯孔迪多河口，为著名渔港，原塞拉亚省省会。年均气温26～30℃，年均降水量3000～6000毫米。经济以玉米、渔业、林业和香蕉生产为主。有航班可达全国主要城市，但至今无公路与外界相连。白人、黑人和拉玛人为本区主要居民。

圣胡安河（**Río San Juan**） 西濒尼加拉瓜湖，东界南大西洋自治区，南隔圣胡安河与哥斯达黎加为邻。1949年建省，涵盖尼加拉瓜湖内的索林蒂纳梅群岛，面积7473平方公里，人口约9.3万（2002），是人口最少的省。行政上分为6个市，城市人口占23.7%。省会圣卡洛斯市位于尼加拉瓜湖与圣胡安河交界处，人口不足3万。全省北部较凉爽，年均气温20～25℃；南部为热带雨林气候，较炎热，年均气温25～30℃。年均降水量在3000毫米以上，北圣胡安港一带年均降水量超过6000毫米，是全国降水最集中的地区，畜牧业比较发达。加勒比沿海有大片香蕉种植园，产品专供出口。该省南端邻近哥斯达黎加边界是一望无际的希—阿巴斯热带雨林自然保护区。有公路连接全国主要城市，加勒比海、圣胡安河和尼加拉瓜湖使水路交通十分便捷。

第四章

经　济

第一节　概述

一　经济简史

尼加拉瓜是单一经济的落后农业国，经济对外依赖度很高。独立之初，两党内战严重地阻碍了经济的发展。19世纪下半叶，保守党长期执政，引进欧美资本修筑了第一条铁路。咖啡种植不断扩大，逐渐取代靛蓝和胭脂红，成为主要出口农产品。农民和村社社员失去土地，变成垦殖农、分成农和暂耕农。随着欧美资本大量进入，传统粗放的牧场渐渐被成片咖啡园所取代。19世纪末20世纪初，塞拉亚的自由主义经济改革进一步加快了尼加拉瓜前资本主义的发展。铁路运输和内河航运得到改善并不断扩大；咖啡进入国际市场，开始稳居尼经济首位；日益增长的外国资本为国内经济发展注入了活力。20世纪前半期，美国的武装干涉中止了尼加拉瓜经济自主发展的步伐，使之成为美国的保护国。美国资本在尼加拉瓜取得垄断地位，控制了国家的经济命脉。二战期间，尼加拉瓜成为美国战略物资的主要供应国之一。战后，国家大力发展棉花和天然橡胶生产，直接为美国侵朝战争服务。20世纪50年代，棉花取代咖啡成为最重要

95

的出口经济作物，带动国内生产总值以年均 6.6% 的高速增长；60 年代在中美洲共同市场的推动下，尼加拉瓜制造业迅速发展，经济以年均 7.3% 的速度增长，超过拉美平均水平近两个百分点。70 年代中美洲共同市场解体，尼经济增速减缓，年均增长率低于拉美平均水平。最后两年受内战影响，出现连续负增长。1950 ~ 1980 年间，尼加拉瓜的经济结构发生了很大变化：农业从占国内生产总值的 43.5% 降至 23.2%，与此同时，制造业却由 8.2% 上升到 24.3%，超过农业一个多百分点。①

桑解阵执政的十一年（1979 ~ 1990），由于受到内战的影响，尼加拉瓜经济每况愈下。1980 和 1981 年，依靠国际援助和政府加大投资，经济曾取得过年增约 5% 的较好成绩。此后，美国里根政府公开支持尼加拉瓜反政府武装进行骚扰破坏，国内经济开始下滑。1985 年里根连任后，采取经济封锁、贸易禁运和支持反政府武装进行军事颠覆等战争政策，尼加拉瓜经济更是雪上加霜，尼政府被迫实行"战时经济"，大量发行纸币，将国家主要财力用于支持反颠覆战争。1987 年《中美洲和平协议》的发表使尼加拉瓜的经济得到一个喘息的机会。1988 年政府实施严格的货币改革政策，大力调整金融制度和经济结构，力图遏制陷入混乱的经济状况，然而还是无法改变经济连年负增长和通货膨胀不断恶化的局面。1981 ~ 1991 年尼加拉瓜国内生产总值的年均增长率仅为 - 1.5%，人均增长率为 - 3.9%，位列拉美倒数第一②，最严重的 1988 和 1989 两年降幅达 18.6%；通货膨胀率从 1985 年的 3 位数增至 1987 年的 4 位数，1989 和 1990 年又升到 5 位数；外债从 1979 年的 16 亿美元涨到 1990 年的 100 多亿

① 毛相麟等：《中美洲加勒比国家经济》，社会科学文献出版社，1987，第 85 页。

② CEPAL, Balance Preliminar, 1997, Santiago de Chile.

美元。通货膨胀率和人均负债率高居拉美榜首，国民经济面临崩溃边缘。为了遏制恶性通胀和经济衰退的势头，20 世纪 90 年代以来，政府在美国和国际金融机构的指导下，连续推出 3 个经济结构改革三年计划，使国民经济逐步走上恢复和稳定发展的轨道。

二 发展水平

20 03 年 5 月，尼加拉瓜颁布了新记账法，将原先以 1980 年币值为计算基础改变为以 1994 年币值为计算基础。据此，将 2002 年的国内生产总值由 25 亿美元调整至 40.5 亿美元，年人均 GDP 也从 480 美元提高到 758 美元。计算方法上的变化使同年国际收支经常项目逆差达 3.95 亿美元，约占 GDP 的 9%；出口收入为 6.05 亿美元，进口额达 16.36 亿美元，贸易逆差达 10.26 亿美元，约占 GDP 的 25%，外债总额达 69.17 亿美元。税收占 GDP 的比重从中美洲最高的 22% ~23% 降至 16.3%，与其他中美洲国家持平。但不论用何种方法计算，固定投资占当年 GDP 的比重都保持在 26% ~28% 之间。2002 年以来，政府加大了吸引外资的力度，以业务流程外包等方式发展多元化经济，至今国民经济发展仍处于恢复期中。

三 经济结构

20 05 年在全国就业人口中，农业约占 40%，工业占 16%，服务业占 45%。与 20 世纪 80 年代相比，大农业（农、林、牧、渔）的比重上升了近 10 个百分点，回到了经济结构最重要的位置上。与此同时工业下降了约 10%，服务业的比重变化不大。进入新世纪，经济结构出现新变化，农业比重下降，工业和服务业比重上升。2001~2005 年，第一产业占 GDP 的 22%，农业吸纳 40% 劳动力，多集中在非正规部

门；同期工业占 28%，其中制造业从 GDP 的 19.5% 升至
20.4%；服务业比重一直稳定在 50% 左右，但政府所占比重有
所下降。

四　经济政策的调整和变化

20 世纪 70 年代末到 90 年代初，受内战影响，国民经济
经历了拉美持续时间最长和最深刻的危机。此后美国
取消经济封锁和贸易禁运政策，给予大笔资助并恢复了尼加拉瓜
在加勒比地区计划中的贸易地位和待遇，在国际多边金融机构直
接帮助下，尼历届政府均采取新自由主义的经济政策，不断加大
经济结构调整力度，在遏制恶性通货膨胀、减少财政赤字、推动
企业私有化、开放市场、促进国际贸易和重新安排债务等方面取
得了积极的成果。1993 年查莫罗政府与国际货币基金组织达成
三年《经济结构调整计划》，尼经济得以摆脱停滞，恢复增长；
但 1998 年米奇飓风使实际增长率降至 4.1%。1999 年在国际重
建援助推动下，经济猛增 7.4%。1994~2000 年国内生产总值年
均增长 4.8%。2000 年被世界银行和国际货币基金组织批准为
《重债穷国计划》（HIPC）[①] 成员国。2001 年是尼加拉瓜大选年，
因政府腐败和国际援助减少，国内经济增长率下降至 3.2%。
2002 年和 2003 年，在反腐败斗争中博拉尼奥斯政府实行财政紧
缩政策，同时又因国际农产品价格下跌等不利因素影响，经济增
长率分别降至 1.1% 和 2.3%。针对前政府腐败使国家财政、贸
易赤字、自然环境、社会贫困和政府机构都"难以为继"的情
况[②]，2003 年博拉尼奥斯推出《全国发展计划》，为推动全面改

①　1996 年国际金融机构针对 41 个重债穷国的优惠计划，旨在免除 80% 外债并
提供优惠的支付条件。

②　http//www. PND. gob. ni/ "Propuesta de Plan Nacional de Desarrollo"，p. 5.

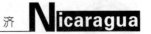

革，达到《重债穷国计划》标准和签署《中美洲—美国自由贸易协定》创造了有利条件。2004 年尼加拉瓜达标，开始享受《计划》规定免除 80% 外债的待遇。2004 年和 2005 年尼加拉瓜失业率下降，经济分别增长 5.1% 和 4%。2006 年 1 月，国际货币基金组织应尼政府请求，将第三个《减少贫困，促进增长》计划延期至年底。4 月尼议会批准《中美洲—美国自由贸易协定》。

第二节 农牧业

一 概况

尼加拉瓜的农牧业是国民经济基础和最重要的出口创汇部门。20 世纪 80 年代和 90 年代初，战争影响陷入困境，此后逐年恢复。1990～2001 年年均增长 5.2%。2001 年产值占 GDP 的 32.9%，出口收入占出口总额的 56%。全国约有可耕地 360 万公顷，占国土面积的 11%，约 20% 耕作不足。全国水浇地只有 10 万公顷。尼加拉瓜革命前，土地集中在以索摩查为代表的大庄园主手中。80 年代桑解阵政府进行了三阶段土改，将近 1/3 的土地（77.1 万公顷）分配给无地农民，使 45% 农村人口受益。90 年代初，查莫罗政府将土改和国有化的土地全部返还原主（索摩查家族除外）。然而个体农户、退役士兵和被遣散人员分到的土地得不到保障：约 1/3 小土地所有者没有地契，只有 6% 的业主有资格获得银行贷款，8% 能得到技术帮助。他们被迫廉价将土地出售给外国投资者和国内权势阶层，土地高度集中的现象重新出现。这种逆向土改在 90 年代愈演愈烈：占农民总数的 70% 的小农只拥有 10% 的土地，在 29.5 万个庄园中，大庄园（占庄园总数的 6%）占有 55% 耕地，而绝大多数

中小庄园的土地都不超过 3.5 公顷。大量土地集中在受阿莱曼庇护的海宁萨（Geninsa）、桑解阵支持的科纳格拉（Conagra）、保守党精英和美国资本 4 大集团手中。尼加拉瓜土地分配基尼系数为 0.75，不公平度高达 12。[①] 80 年代受内战、美国贸易禁运和国际价格下滑的影响，农牧业生产呈下降趋势。90 年代后，由于政府不断改善外部条件，着手基础设施建设，农牧业生产得到全面恢复，经济作物受到政府鼓励发展更快。1999 年海产品成倍增长。2004 年咖啡、海产品、牛肉和蔗糖出口额占出口总值的 35%。2000～2004 年农业在 GDP 中的比重提高了近两个百分点，吸纳的劳动力占全国经济自力人口的 40%，主要集中在非正规经济部门。

二 种植业

尼加拉瓜种植业分为经济作物和粮食作物两大类。经济作物面向国际市场，主要有甘蔗、咖啡、棉花和香蕉等，采用现代化集约经营。粮食作物主要用于内销，有玉米、稻米、高粱和菜豆等，分散经营，采用手工生产。2002 年种植业产值占国内生产总值的 23.4%。受资金、技术、交通和电价等制约，种植业处于中美洲最低水平，2003 年每公顷农业产值仅为 100 美元。

（一）经济作物

咖啡 咖啡是尼加拉瓜最重要的传统出口产品。19 世纪 70 年代开始引入咖啡种植。20 世纪 70 年代末到 80 年代初，咖啡产量比较稳定：1977 年为 5.5 万吨，1978 年增至 6.5 万吨，1979 年降至 5.1 万吨，1980 年保持在 5.5 万吨。1984 年后受内战、美国贸易禁运和国际价格不利的影响，咖啡种植面积和产量

---

① "Propuesta de Plan Nacional de Desarrollo", p. 172.

明显下降。当时小生产者占咖啡生产 50%，私人大生产占 30%，
国营农场占 20%。90 年代初产量降至最低点，私有化后实行咖
啡种植更新，1996～2004 年间产量提高 39%。2000 年生产咖啡
200 万担（相当于 9.2 万吨）。后两年因国际价格下跌和投资不
足，咖啡产量下降。目前尼加拉瓜咖啡种植业以大庄园主为主，
中小生产者只占不足 40%。主要产地集中在中央高原的埃斯特
利、马塔加尔帕和希诺特加三省，咖啡产量占全国总产量的近
80%，优质咖啡产自马那瓜省和卡拉索省的丘陵地带。2003～
2004 年有种植园 3.3 万个，收获面积 9.87 万公顷，产量达 8.28
万吨。科纳格拉的子公司阿格莱萨米（Agresami）是最大的咖啡
出口企业，1999 年出口咖啡 40 多万担（1.84 万吨），占出口总
量的 40%。咖啡出口额从 1993 年的 3000 万美元升至 1998～
2000 年的年均 1.7 亿美元。此后几年受国际价格下跌影响，降
至不足 1 亿美元。2001～2005 年咖啡季产量在 5 万～8 万吨。
2005 年出口额达 1.24 亿美元，居农产品之首。2005～2006 年收
获季产量达 9.7 万吨（见表 4－1）。

表 4－1 主要经济作物产量（2002～2007）

单位：万吨

收获季	2002/2003	2003/2004	2004/2005	2005/2006	2006/2007
花 生	6.10	9.50	10.56	12.30	12.42
咖 啡	6.20	8.40	5.80	9.70	6.90
甘 蔗	343.1	456.6	423.0	419.8	491.3

资料来源：尼加拉瓜中央银行。

棉花 棉花曾经是尼加拉瓜最重要的出口产品，生产始于第
二次世界大战后。1949 年种植面积为 1 万多公顷，1950 年扩至
1.7 万公顷，到 1955 年又扩至 8.8 万公顷，出口额也由 1950 年

占出口总额的 5% 增加到 1955 年的 44%，取代咖啡成为首要出口产品。1976 年种植面积达 28 万公顷，主要集中在太平洋沿岸的马那瓜、莱昂和奇南德加三省。这一时期由于国际价格看好，棉花种植使土地高度集中，用工人数占农业劳动力的 46%。采用资本主义大生产、高技术（农药、农机和化肥）和精细管理，使农民无产阶级化。1978 年年产量达 20 万吨。70 年代末，受化纤产品冲击国际对棉花需求不旺，1980 年产量猛降至 3.7 万吨，占出口总额的比重也由 23%（1977）降至 6.7%（1980）。当年播种面积为 12 万公顷，大中农场占 80%，约 10 万公顷，小生产者仅占 1.6 万公顷。1979～1981 年年均籽棉产量为 14.3 万吨，1983 年增至 23.3 万吨，1986 年又降至 13.3 万吨。90 年代后，国际棉花市场疲软，棉花生产逐渐被咖啡取代。1998 年仅余棉田 1800 公顷。产量为 90 年代初的 1/10。此后，受飓风破坏，生产一蹶不振。2000 年棉花出口额只有 10 万美元，不再是主要经济作物。

香蕉 香蕉曾是尼加拉瓜主要出口产品之一，种植始于 20 世纪 20 年代，为美资跨国公司垄断。产地集中在奇南德加省和圣胡安河省南部及大西洋沿岸的布卢菲尔兹周边地区。70 年代末产量在 15 万吨左右。1980 年达 16 万吨，占世界总产量 2%。80 年代上半期，香蕉年均产量保持在 20 万吨左右，下半期受美国贸易禁运影响降幅较大。20 世纪 90 年代以来，香蕉种植面积逐年下降，从 1750 公顷（1995）减至 480 公顷（2004），产量随国际价格浮动：头两年保持在 10 万多吨，1993 年猛降至 4 万吨，1996 年恢复到近 10 万吨，2000 年又跌至 5.7 万吨。2002 年发生在尼加拉瓜的内马宫（Nermagón）事件引人注目。它是香蕉线虫杀虫剂商标，这种杀虫剂外文名 Dibromocloropropano，溶水后使用伤肾致癌，还影响妇女生育。美国早在 1979 年已禁用。在哥斯达黎加和洪都拉斯，每个受害者可获得 10 万～15 万美元

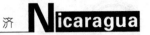

补偿金。尼加拉瓜香蕉工人对受到不公正待遇提起诉讼，尼政府怕得罪美资公司，息事宁人决定每年出资数百万美元用于治疗和补偿受害者。此后，香蕉产量和出口额大幅下降，香蕉已不再是主要出口农产品。

甘蔗 甘蔗是尼加拉瓜重要经济作物。蔗糖生产发端于第二次世界大战后，产地集中在太平洋沿岸和两湖平原。奇南德加省的圣安东尼奥糖厂是全国最大糖厂。60 年代美国对古巴实行经济封锁，古巴糖无法进入美国市场，尼政府在美国支持下扩大甘蔗种植面积，发展蔗糖生产。1977～1979 年年产蔗糖 20 多万吨。80 年代受美国经济封锁和贸易禁运影响，糖厂开工率只有50%～60%，蔗糖生产和出口都不景气，末期产量和出口减半。90 年代初美国恢复了对尼加拉瓜蔗糖的进口份额，甘蔗收割面积扩大到 4.5 万公顷，产量稳定在 240 万吨。1995 年为 320 万吨，2000 年升至 370 万吨，近几年产量超过 400 万吨。2005 年产量 423 万吨，出口额 6030 万美元（见表 4 - 1）。

花生 是 90 年代以来发展较快的非传统出口农作物，90 年代下半期面积和产量增长很快，近几年出口量稳步上升，花生已取代香蕉成为主要出口农产品（见表 4 - 1）。

（二）粮食作物

玉米 玉米是尼加拉瓜主要粮食作物，多用作居民主食和牲口饲料。70 年代末至 80 年代初，玉米产量比较稳定：1977 年为18.1 万吨，1979～1981 年年均产量为 18.4 万吨。1980 年玉米种植面积达 8.75 万公顷，主要由小农耕作。80 年代中后期产量呈升势：1985 年为 23.4 万吨，1986 年升至 26.4 万吨。1988 年政府提高粮价，鼓励生产，玉米产量高达 35 万吨，创历史最高水平，进口也由 1986 年的 4.3 万吨减少到当年的 0.73 万吨。80年代末产量下降，90 年代初收割面积和产量略有恢复。但 1995年后因国内粮食定价过低，每担进口玉米到岸售价仅 5.17 美元，国内生产成本却高达 5.59 美元①，农民生产积极性不高，收割面积虽然增加了，产量却不足 10 万吨，每年都需大量进口。进入新世纪，政府提高收购价，玉米产量大幅稳步上升，2002～2007 年玉米年产量一直保持在 45～59 万多吨（见表 4－2）。

表 4－2　主要粮食作物产量（2002～2007）

单位：万吨

收获季	2002/2003	2003/2004	2004/2005	2005/2006	2006/2007
稻　米	19.30	17.60	17.30	20.83	18.97
菜　豆	19.93	20.31	17.53	21.45	20.92
玉　米	50.54	59.55	44.91	56.23	50.51
高　粱	8.98	7.98	6.71	5.90	5.50

资料来源：尼加拉瓜中央银行。

稻米　稻米是尼加拉瓜人的主食之一。稻米生产很受重视，技术水平较高，有良好的灌溉系统，以大生产为主。1980 年水稻种植面积达 2.8 万公顷，其中国营农场占 57.8%。1979～1981 年稻米年均产量 13.1 万吨。1983 年产量为 17.1 万吨，1986 年降至 14.2 万吨，80 年代末年产量达 10 万吨左右。90 年代初稻米产量先降后升：1991 年为 7.35 万吨，1992 年降至 7.13 万吨，1993 年升至 8.45 万吨。1995 年后，政府提倡种植水稻，种植面积从 5.4 万公顷增加到 8.1 万公顷。稻米产量也由 10 万多吨提高到了 2003/2004 年的 17.60 万吨，2005/2006 年产量近 21 万吨（见表 4－2）。

豆类　豆类是尼加拉瓜人重要的副食之一。主要生产菜豆、红豆和黑豆。70 年代末菜豆产量逐年减少：1977 年为 6.4 万吨，1979 年降至 5.2 万吨。1980 年菜豆种植面积为 5.15 万公顷，

---

① Revista de Venezuela, Nueva Sociedad, No. 189, p. 50.

1979～1981年菜豆平均年产量为3.9万吨,1983年升至5.7万吨,1986年减少到1.1万吨。80年代末受社会混乱影响,豆类生产不振。90年代生产恢复:1991年、1992年和1993年产量分别为5.5万吨,5.87万吨和5.68万吨。1995年收割面积扩大到10.7万公顷,总产量达7.5万吨。此后,面积不断扩大,产量也不断提高,每年向邻国出口。2005/2006年菜豆收割面积为28万公顷,总产量达21.45万吨(见表4-2)。此外,每年生产油棕果5万吨。

高粱 主要用作饲料,耕作粗放。近10多年来收割面积虽不断扩大,产量却不断下降,2002/2003年近9万吨,2006/2007年则降至5.5万吨。

近年来政府大力促进农业发展,加快农技推广,扩大蔬菜、水果和花卉等非传统作物的生产和加工,以推动农业生产多样化。但每年仍需3亿美元进口食品,桑解阵新政府提出"零饥饿计划",增加对小农贷款,促进粮食生产,以减少对进口的依赖。

三 畜牧业

尼加拉瓜畜牧业历史悠久,是中美洲最大的畜产国,素以出口上等牛肉著称。主要牧场集中在中部马塔加尔帕、博阿科和琼塔莱斯以及南方与哥斯达黎加交界的省份。牛存栏数1960年为146万头,1977年增加到230万头,1978年创最高纪录达280万头,成为美国快餐业原料主要供应国之一。80年代受内战影响,1986年牛存栏数降至160万头,牛肉出口也由1979年的3.3万吨降至1986年的3万吨,80%出口到加拿大。当年政府提出挽救畜牧业口号,打击投机买卖和滥杀母畜,增加对畜牧业的投资,生产有所恢复,但80年代末反政府武装越境劫掠牲畜,使畜牧业又遭到重创。90年代初(1991～1993)

牛年均屠宰量约为 34 万头，猪约 14 万头，年均生产禽肉近 2 万吨。1995 年因国际肉价下跌，牛存栏数减少 7.9%。2000 年欧洲和南美暴发疯牛病和口蹄疫，国际肉价上涨，当年尼加拉瓜牛肉和活牛出口额增长 25%。1999~2004 年牛肉出口值从 1570 万美元升至 3580 万美元，活牛出口从 5.5 万头升至 10.4 万头。鲜奶产量翻番，奶酪出口到中美洲市场。[1] 2002 年畜牧业总产值 34.79 亿科多巴，占国内生产总值的 6.9%，其中牛肉产值为 21.06 亿科多巴，猪肉产值为 1.36 亿科多巴，禽肉产值为 12.38 亿科多巴。牛肉和奶制品已被《全国发展计划》列为重点发展的"拳头产品"。2005 年养牛业发展最具活力，牛肉出口额达 1.13 亿美元，仅次于咖啡。

四 林业

尼加拉瓜森林资源丰富。历史上森林覆盖率曾达 52.2%。1969~1979 年 10 年间森林和林地面积由 583 万公顷减至 460 万公顷。1982 年原木产量为 329.1 万立方米。80 年代末因乱砍滥伐和战争破坏，森林覆盖率降至不足 27%。90 年代初随着经济秩序的恢复，乱砍滥伐受到扼制。1997 年政府禁止出口桃花蕊木和王雪松等珍贵木材。1998 年米奇飓风后，政府决定在未来 20 年内，将林木年砍伐量限制在 4200 公顷。1999 年政府又规定对珍贵木材出口课以 7.5% 的附加税。90 年代，除 1998 年林业产值占国内生产总值的 0.2% 外，其余年份都在 0.1% 以下，年均采伐 400 万立方米。据官方统计，近几年来每年均有 12 万公顷森林被非法砍伐。2002 年约 3 万公顷松林遭受虫害。2003 年议会通过的《新森林法》鼓励绿化和林业资源的可持续开发利用，森林植被重新获得恢复增长，

---

① E. I. U. , Nicaragua Country Profile 2005, p. 25.

目前有林地面积 480 万公顷，其中 220 万公顷为森林保护区，森林覆盖率为 38%。2005 年砍伐原木 23 万立方米，燃木 579 万立方米，盗伐木材 13 万立方米。2006 年 5 月，总统宣布林业 4 省区进入经济紧急状态，并动用军队收缴了 1.5 万立方米被盗木材，刹住了乱砍滥伐之风。

五　渔业

尼加拉瓜有太平洋和加勒比海近海 200 海里的辽阔海域和 2 万平方公里江河湖泊水面，发展渔业潜力很大。渔业以捕捞海鱼、海虾和龙虾为主。1979 年尼加拉瓜仅有 210 条小渔船，1987 年泛美开发银行贷款 2200 万美元，用于购置捕捞设备，使尼加拉瓜拥有 90 艘渔轮。80 年代海产品捕捞量逐年下降。1985 年渔业产量仅为 1975 年的 1/3，出口量为当年的 1/6。1992 年海产品捕捞量降至 90 年代最低点：海虾捕捞量为 852.4 吨，龙虾 793.4 吨，各类鱼 3272.8 吨。1993 年后，产量增长很快并跃居主要出口农产品行列。1994 年海产品捕捞量增加 65%。1995 年海虾和龙虾捕捞量分别增长 45% 和 57%。1998 年海虾捕捞量为 6709.6 吨，龙虾 1380 吨，各类鱼 6871 吨。2002 年海虾捕捞量 9871 吨，龙虾为 4120 吨，海鱼为 5361 吨。2006 年这三种海产品捕捞量分别为 13127 吨，3464 吨和 5335 吨（见表 4 - 3）。海产品出口总值逐年下降，由 2000 年的 1.2 亿美元降至 2004 年的 9260 万美元，其中海虾产值因受国际市场价格下跌影响，由 2000 年的 5400 万美元减少至 2004 年的 3700 万美元；由于过度捕捞，同期龙虾出口额也由 5700 万美元跌至 4300 万美元。[1] 2005 年海虾和龙虾出口达 8200 万美元，在出口农产品中排名第三。

---

① E. I. U. , Nicaragua Country Profile 2005, p. 26.

表4-3 海产品产量（2002~2006）

单位：吨

年　份	2002	2003	2004	2005	2006
海　虾	9871	10639	10870	13264	13127
龙　虾	4120	3592	4008	3335	346
海　鱼	5361	5016	4877	5746	5335

资料来源：尼加拉瓜中央银行。

第三节　工业

一　概况

尼加拉瓜没有重工业，制造业基础薄弱，在经济中不占重要地位。1926年开办尼加拉瓜啤酒公司，1939年建立第一家纺织厂，二战期间又建立了第二家。50年代末，进口替代工业随中美洲共同市场的建立兴起。初期手工业产值曾占工业总产值的80%，10年后降至10%。60年代在中美洲共同市场的拉动下，工业进入高速发展期，年均增长率为11%。

70年代上半期，年均增长率为5.9%，下半期猛降至-0.9%。革命胜利后，政府把索摩查集团以及抽走资本的其他资本家的企业，大约120家收归国有，归人民工业公司管理。工业部负责协调国营和私营企业的进口和筹集资金，与私人厂商签订生产合同，向他们提供贷款、实行减免税收和鼓励生产等措施。80年代初，工业生产有所恢复。但好景不长，80年代后半期受美国封锁禁运影响，工业生产陷入停顿或倒退。90年代初，政府将被没收的工厂企业归还原主并对国营企业实行私有化。此后工业生产以年均2.5%的增速平稳恢复。90年代下半期，许多民族工业被跨国公司和本国大资本收购，工业年均增长5.3%。2001~

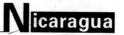

2006 年年均增长率为 4.9%，客户工业（即出口加工业）、食品饮料和服装增速较快。

二 制造业和出口加工业

尼加拉瓜制造业始于 20 世纪 30 年代。1950～1962 年以年均 7.8% 的速度增长。60 年代随着中美洲共同市场的建立，尼加拉瓜制造业的结构也起了变化，进口替代工业取代手工业成为工业的主体。在 1967 年制造业产值中，食品加工占 42.4%，化学制品占 10%，饮料占 8.9%，服装和鞋占 8.7%。制造业产品在全国出口商品中的比重由 1960 年的 15% 升至 1966 年的 25%。1961～1965 年年均增长速度为 14.3%。1960～1970 年产值由 1.45 亿美元增加到 4.16 亿美元。[①]

70 年代因中美洲共同市场解体和世界性资本主义危机，制造业发展速度明显放慢。1970～1975 年年均增速为 5.9%。1978 年产值达 6.38 亿美元，创历史纪录。1979 年由于战争影响，100 多家工厂企业受到严重破坏，制造业出现了 27.3% 的负增长。革命胜利后，尼政府采取企业国有化政策，通过确定价格、分配外汇、控制流通和进口原材料及配件等一系列措施调节工业生产，使制造业得到一定程度恢复。1980 年和 1981 年增长率分别为 7.3% 和 9%。80 年代企业国有化后，技术人员和工人大量外流，私人投资减少，导致生产萎缩。受美国经济封锁和贸易禁运影响，1986 年制造业生产仅增长 1.9%，1987 年降至 1%，1988 年无法保证工厂和企业正常开工，降幅达 26%。90% 以上产品来自太平洋沿岸和两湖流域的工厂企业，其余产品由中央高原和东部沿海广大地区企业生产。2/3 企业集中在首都马那瓜和

---

① 毛相麟等：《中美洲加勒比国家经济》，社会科学文献出版社，1987，第 90 页。

莱昂,其产值占制造业总产值的63%。

90年代前半期,政府推行私有化,后半期许多传统工业产品厂家和企业被私人或外国资本收购。除自由贸易区产值外,1997~2004年制造业实际年均增长超过3%,约80%的传统产品为国内需求服务。2006年制造业占国内生产总值的19%。为了鼓励制造业发展,90年代初政府实行了一系列优惠政策:(1)鼓励兴建更多自由贸易区,以激励外国制造厂商前来投资竞争;(2)支持中小企业按国家竞争计划实现其既定目标;(3)简化对投资者和出口商的审批手续,引进提高产品品牌的机制。

2003年和2004年制造业附加值增长较快,自由贸易区尤为突出:除2002年因9·11事件影响出现负增长外,其余年份增长率都在20%以上(见表4-4)。2005年制造业仅增长3%,其中酒精饮料增幅较大达11%。

表4-4 2001~2004年制造业附加值增长

单位:%

年　份	2001	2002	2003	2004
食品加工	-2.2	2.2	2.0	9.4
饮料	7.5	1.9	9.0	4.4
烟草	0.0	0.0	2.0	2.7
纺织	1.9	2.0	3.3	7.3
木材和软木	1.2	5.8	-1.7	0.5
化工产品	4.5	3.0	0.7	9.8
自由贸易区	26.6	-3.5	20.7	34.3
年　均	2.7	2.3	2.5	6.6

资料来源:尼加拉瓜中央银行2001年和2005年年度报告。

出口加工业70年代有成衣厂12家,用工8000人。80年代工厂被收归国有,其中只有5家继续生产,产品为内需服务。为了充分利用外国资本、国内廉价劳动力和美国市场,1992年新建17家客户工厂，用工9000人。自1994年出口加工业在政府鼓励政策下迅猛发展。1996~2001年工厂增至几十家，用工3万多人，出口加工业主要集中在自由贸易区。目前全国现有9个自由贸易区，最大自由贸易区梅塞德斯设在首都机场附近，为国家所有，其余8个属私人资本。首都自由贸易区内共有59家工厂企业，主要来自美国、韩国、意大利、中国台湾、墨西哥、哥斯达黎加等国家和地区，主要产品有服装、制鞋、香烟、假发、饰品、纸箱、铝制品和汽车电子零配件等。在自由贸易区各企业可享受尼《工业园区法及条例》规定的优惠政策：（1）开业15年内免交所得税；（2）免交不动产的资本盈利税；（3）重建公司免交印花税；（4）区内生产所需进口的机器、设备和中间产品免交进口税，免税还包括个人在区内所需进口设备的关税；（5）免除交通设备进口税；（6）免除营业税和选择消费税；（7）免除市政税。向美国出口纺织品的厂家还可享受美国807和807A条款所规定的优惠待遇。截至2003年年中，全国共有62家成衣工厂，用工5.2万人。[①] 截至2006年7月，自由贸易区的出口加工业用工人数已达7.5万。中国台湾在尼加拉瓜各自由贸易区建有27家纺织和服装厂，尼加拉瓜近几年自由贸易区的产值和就业状况见表4-5。

表4-5　2000~2004年自由贸易区产值和就业

单位：百万美元

年 份	2000	2001	2002	2003	2004
总产值	250	296	347	403	600
出口附加值	75	94	111	134	180
直接就业（千人）	28	36	46	60	66

资料来源：Comisión Nacional de Zonas Francas，2005。

① *América latina en movimiento*，Revista de Ecuador，No. 383，28 de abril，2004.

三　采矿业

尼加拉瓜矿业在经济中不占重要地位，以开采黄金和白银为主，产地集中在北部山区。20 世纪 30 年代，美国和加拿大资本先后进入太平洋沿岸的埃尔利蒙地区，其后扩大到大西洋沿岸的罗西塔—博南萨一带。目前主要金矿产区在埃尔利蒙、罗西塔—博南萨和休纳—塞罗多拉多。除金银矿外，还有铜、铁、锌、镉、镁、铅、锑、铝和非金属石灰石、石膏、膨润土和大理石等矿可供开采。1952 年金产量达 25.4 万盎司，此后黄金开采便逐步衰落。1978 年银产量达 60.3 万盎司，创历史纪录。1981 年锐减到 14 万盎司，只有 1978 年的 1/4。铜产量由 1968 年的 1.2 万吨降至 1977 年的 500 吨。1975 年铅和锌产量分别为 6000 吨和 1.7 万吨。1979 年矿业国有化，因资金匮乏和技术人员短缺，产量大幅下降。整个 80 年代金产量仅达 43 万盎司，银 67 万盎司。1986 年后，在瑞典、苏联、捷克和保加利亚帮助下，金产量由 80 年代初的 3.4 万盎司增加到 3.9 万盎司（1987）和 4.5 万盎司（1988）。

90 年代初，政府将矿业经营权归还美国和加拿大矿业公司，矿业生产得以恢复。1990 年矿业在国内生产总值中占 0.4%，1994 年占 0.6%。90 年代中期，矿业由金银、铜、铁、盐、大理石、石料和采沙七部分组成。1994 年金产量为 3.4 万盎司，1996 年增加到 6.7 万盎司；同期银产量分别为 8.5 万盎司和 2.4 万盎司。1998 年金产量达 12.3 万盎司，矿业产值占国内生产总值的 1%。1999 年全国 8 家金银矿中，只有休纳—博南萨、拉利维尔达特和埃尔利蒙 3 家在生产。90 年代约有 6000 万～7000 万美元私人资本投入矿藏勘探和矿产工艺现代化。

进入 21 世纪以来，金产量逐年增加：2000 年为 11.8 万盎司，2001 年增至 12.4 万盎司，2002 年达 12.55 万盎司。同期银

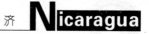

产量分别为5.1万盎司，8.1万盎司和7万盎司。2002年生产较上年增长16.8%，主要是琼塔莱斯省埃尔莫洪（el mojon）金矿重新开工投产并稳定增长的结果，但矿业在GDP中的比重却降至0.8%。盐矿产地在里瓦斯、卡拉索和莱昂三省；大理石矿在新塞戈维亚和里瓦斯两省；马那瓜省产石料和沙子。矿业为国家所有，目前采取长期对外租赁方式，以解决政府资金短缺的矛盾。在国际金价不断暴涨的刺激下，2001年国家颁布了《矿业法》。工商发展部鼓励以多种方式出让土地开发矿产。2003年的《全国发展计划》要求矿业占GDP的比重从1%提高到2.6%；年出口额由2100万美元增加到5000万美元，矿产税从130万美元升至230万美元。仅2004年上半年全国矿业公司从4家猛增至29家，27.2%国土被用于开发矿业。2004年金银矿产量均增长3万盎司，分别达13.9万盎司和9.5万盎司，创90年代以来的纪录。2005年3月，尼议会又通过《矿业勘探开采法》，决定征收2000万~4000万科多巴矿产开发特别税，以弥补当年的财政赤字。[1] 同年国际金价达20年来最高水平，尼虽有3家金矿投产，但因劳动争议和民众抵制扩大新矿特许权，金产量较上年下降14.8%，仅为11.8万盎司；银矿产量达9.6万盎司，为5年来最高水平；全年矿业产值占GDP的1.2%。此外，尼每年采砂50多万立方米，石灰石25万立方米，石膏3万吨。

四 电力工业

尼加拉瓜火力发电超过总发电量的70%，主要燃料靠石油；水力和地热发电受气候和投资等因素影响，仅占不足30%。1952年全国总装机容量为1.85万千瓦，1955年在首都建立了一座3万千瓦火电厂，当时是中美洲第二大发电

---

① E. I. U., Nicaragua Country Profile 2005, p. 18.

厂。1964 年装机总容量达 4.5 万千瓦。水电贮量高达 170 万千瓦，60 年代在科科河和图马河建立一系列水电站，其中图马河水电站装机容量为 5 万千瓦。1979 年全国总装机容量达 36.8 万千瓦，其中火力发电占 72%。在电力工业中国营企业占 84%，私营电厂占 16%。70 年代末至 80 年代初，尼加拉瓜石油由墨西哥和委内瑞拉提供。1984～1990 年由前苏联和华约组织国家供给。尼地热资源丰富，储量在 100 万千瓦以上。1984 年苏联帮助建立的莫莫通博地热电站装机容量为 26.2 万千瓦，年发电量达 12 亿千瓦时，可满足全国 22% 电力需求。80 年代末苏联减少援助，发电能力随之下降，拉闸限电常有发生。1996 年地热电站年发电量为 5 亿千瓦时。受飓风破坏和资金短缺影响，1999 年降至 0.447 亿千瓦时，2000 年后恢复生产。2000～2004 年年均发电量增长 7.2%，耗电量增长 3.3%。2004 年全国总装机容量达 60.1 万千瓦，因为供电设备不足仅覆盖全国居民的 52%。尼加拉瓜的能源结构很不合理，丰富的水力、地热和风力资源未能充分开发，每年却需要进口大量石油以维持占发电总量 64% 的热电站。仅此一项，2005 年石油进口额就高达 55 亿美元，为出口总额的 60%。

尼加拉瓜电力公司（Empresa Nicaraguense de Electricidad）成立于 20 世纪 40 年代，负责尼电力生产和分配。2000 年 9 月，因电力公司 1/3 的电能流失，其配电网被私有化。截至 2004 年，电力公司 6 家发电厂中两家被拍卖。水电站私有化因遭到反对而停顿。随着私有化进程的深入发展，电力公司在分配电能方面的主导作用越来越小。2004 年全国发电量达 26 亿千瓦时（水电 3.2 亿千瓦时，地热 2.5 亿千瓦时，火电 20.7 亿千瓦时），其中私人电厂供电 14 亿千瓦时，而电力公司仅供电 11 亿千瓦时。2006 年下半年，桑解阵管辖的 78 个城市出资 40%，委内瑞拉石油公司出资 60%，创建尼加拉瓜玻利瓦尔替代计划石油公司，年供油 100 万桶；还新建了 16 座发电厂，解决了国家能源匮乏的燃眉

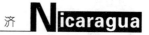

之急（严重时每天仅供电 12 小时）。2007 年夏，为缓解全国性电力危机，政府规定除医院等特殊部门外，职工每天上班 6 小时。

五　建筑业

革命前主要靠私人投资，20 世纪 80 年代前半期，由政府和公共工程支持，年均增长率达 8%，后半期资金匮乏，增速减慢，甚至出现负增长。90 年代初，政府紧缩公共投资，基础建设缓慢恢复。自 1996 年，开始吸引外资开发旅游项目和自由贸易区建设，建筑工人从 5000 人增加到 1 万人，翻了一番。1999 年国际救灾重建资金给建筑业注入活力，当年从业人员增加到 3 万多人，年产值猛增 47%。此后增速降至 10% 以下。2000～2004 年，建筑业产值占 GDP 比重从 4.7% 降至 4.2%。2004～2005 年增长率超过 8%，主要得益于公共工程经费增幅较大。然而国内建筑公司施工质量差，政府主要同外国建筑公司签订公共工程承包合同。

第四节　商业和服务业

一　商业

尼加拉瓜商业由工商发展部负责。随着城市化进程的发展，农村人口大量涌入城镇，特别是首都马那瓜。城市人口快速增长，商业在国内生产总值中的比重逐年上升，70 年代达 40%。从事商业工作的人数占全国总劳动力的比例由 50 年代的 5% 增至 80 年代的 12%。城市居民消费水平远远高于农村居民，因此桑解阵执政的 10 年中，在财政十分困难的情况下，始终把缩小贫富和城乡差别放在经济政策中心地位，将大笔资金用于补贴社会福利事业。1986 年政府实行战时经济政策，将面包、肥皂等 46 种生活必需品的补贴压缩到最低限度，只保留对某些药品和城市交通的补贴。这一时期突出的问题是供应短缺、市场萎缩和黑市猖獗。1982 年流动摊贩、临时店主和投机倒把者占首都就业人口的 35%。有人出售走私货，有人在黑市用美元购进商品，再以高价卖出。面对美国全面贸易禁运，1985～1989 年，政府对私有经济和小生产者采取宽松的政策，使非正规经济迅速蔓延。90 年代初，私人大商场和跨国公司大超市在马那瓜和全国主要大城市兴起。从 1992 年起，私人消费成为主要消费方式。1998 年私人消费额达 203.95 亿科多巴，政府公共部门仅为 36.57 亿科多巴，2004 年分别升至 265.6 亿科多巴和247.6 亿科多巴。近 10 年来，银行对商业部门的贷款比重从32.4% 增至 63.4%。无论是收紧银根还是扩大贷款额度，都保持着商业和服务业的信贷优先地位。商业主要集中在全国 6 大城市。

受外资和移民汇款大量增加刺激，近些年来进口消费品增长很快，外商也争先恐后地进入尼加拉瓜。我国台湾和萨尔瓦多商家在马那瓜建起了大批现代化商业和销售中心；哥斯达黎加零售商主导着首都的商贮和超市零售业；美国统一标准、特许经营的快餐业已在尼加拉瓜各城市扎根；但廉价商品和走私货仍然主宰着马那瓜东方市场，制约着正规商业潜力的发挥。1999 年以来，从亚洲进口的各种型号汽车数量猛增，目前首都马那瓜正在修建一家亚洲进口汽车销售中心，商品从原产地直接进口。2004 年国际货币基金组织投资 1000 万美元，用于马那瓜地下购物中心扩建工程，增加了 2.1 万平方米营业面积和一个三层停车场。

二　服　务　业

尼加拉瓜服务业相对发达，包括商业、交通运输、银行保险、水电和家政服务等部门。1980 年从业人数占经济自立人口的 22%，1992 年升至 31%，当年服务业在国内生产

总值中占 34.7%。1990~1996 年商业增幅达 1.6%~5.7%，供水供
电增长 3.4%~5.8%。1993~1996 年银行保险业增长率为 3.4%~
5.8%。1998 年服务业从业人员达 40 万人，约占经济自立人口的
36%。经过 8 年经济结构调整，2001 年服务业用工已占劳动力总
数的 42.5%，产值占 GDP 的 45.2%，1990~2001 年年均增长
1.8%。从事家政服务者占服务业员工总数的比重已由 1992 年的
12.3% 增至 2000 年的 16.7%，其中女性占 76.5%。尼加拉瓜服务
业涉及面广，就业人数比例高。此后几年金融服务年增率几乎都
保持两位数，仅 2005 年增长 5.7%，年增率较上年下降 20 个百分
点。作为经济改革的一部分，服务业大部分已实行私有化。服务
业产值及其在国内生产总值中所占的比重见表 4-6。

表 4-6 1998~2002 年尼加拉瓜商业和服务业产值及占 GDP 比重

单位：百万科多巴

年 份	1998	1999	2000	2001	2002
商业	5149.3	6005.7	6294.0	7629.7	8266.0
占 GDP(%)	23.5	23	22.4	22.3	23
政府部门	1645.0	2226.2	2615.2	3021.3	3085.6
占 GDP(%)	7.5	8.5	8.5	8.8	8.6
交通和通信	767.3	839.8	1030.5	1135.9	1230.5
占 GDP(%)	3.5	3.4	3.3	3.3	3.4
银行和保险	590.2	683.3	785.9	867.2	943.9
占 GDP(%)	2.7	2.6	2.5	2.5	2.6
供电和供水	265.9	297.6	338.7	370.2	399.8
占 GDP(%)	1.2	1.1	1.1	1.1	1.1
家庭服务	576.4	663.9	772.4	856.4	935.8
占 GDP(%)	2.6	2.5	2.5	2.5	2.6
其他服务	1227.2	1418.7	1650.3	1832.5	2007.4
占 GDP(%)	5.6	5.4	5.3	5.4	5.6
国内生产总值	21881.4	26143.9	30883.6	34199.5	35937.0

资料来源：尼加拉瓜中央银行 2003 年经济指数。

第五节　交通运输

尼加拉瓜的交通运输业比较落后，目前没有铁路，主要依靠公路、水路和航空。

一　铁路

原有的太平洋铁路从太平洋沿岸的桑地诺港到科林托港，全长345公里，始建于1878年。20世纪50～60年代曾经对尼加拉瓜棉花生产出口和促进国民经济繁荣发挥过重要作用。自70年代以后，随着棉花生产的衰退，作用不断下降。1987年旅客周转量为2500万人/公里，货物周转量为6800万吨/公里。1991年客运218万人次，货运仅2.1万吨。1994年因财政拮据，年久失修，被迫停运，机车和铁轨均被当作废品卖掉，铁路运输至今未能恢复。

二　公路

公路全长18711公里，是交通运输的主要线路。1993～1998年公路网增加18%，其中约1万公里为全天候柏油路，1957公里是铺石公路。泛美高速公路全长384公里，是纵穿全国的公路大动脉，北接洪都拉斯，南连哥斯达黎加。可将内地新鲜水果直接运抵洪都拉斯的科尔特斯港和哥斯达黎加的利蒙港出口。1996～2002年机动车快速增长，客车数量增加一倍多。2002年全国拥有各种机动车辆28.8万辆，其中轿车8.3万辆、轻型商用车8.4万辆、重型卡车2.2万辆、公共汽车7万辆和摩托车2.9万辆。90年代公路客货运输量翻了4番，1996年公路客运达4.5亿人次。1999～2001年，政府用灾后国际重建基金修复被风灾损毁的中西部公路干线，但二级和农村公路依

然破旧不堪。2003 年尼加拉瓜总统访美获得美洲开发银行 1.8
亿美元贷款，政府计划用这笔款项修建一条穿越东部地区的高等
级公路。2005 年公路客运达 1.17 亿人次（1999 年后，城市公交
和出租人次不计），货运 500 多万吨。

三 水运

内陆水运航线主要有拉玛—布卢菲尔兹，圣卡洛斯—北
圣胡安以及两大湖各湖港、湖岛间三条路线，总长
2220 公里。全国主要国际商港有太平洋沿岸的科林托港（水深
超过 13 米）、桑地诺港和南圣胡安港；大西洋沿岸布卢菲尔兹
港、拉玛港和卡韦萨斯港（水深不足 5 米，美国公司已出资 2 亿
美元进行改造）。2003 年有商船 26 艘，注册总吨位达 3.6 万吨。
1996 年水路客运 64 万人次，国际货运 174 万吨，国内货运 14.7
万吨。2005 年客运 51 万人次，国际货运升至 251 万吨，国内货
运 21 万吨。2006 年 10 月，尼政府宣布其运河计划：在 12 年内
投资 180 亿美元，凿通里瓦斯地峡，再经圣胡安河和尼加拉瓜湖
97 公里自然水道，修建 100 多公里长的第二条地峡运河，为国
际巨型油轮开辟新航道。

四 航空

全国有大小机场 20 多个，其中 11 个有较好的机场跑
道。国内机场多集中在中西部城市，大西洋沿岸的布
卢菲尔兹市、卡韦萨斯市和马伊斯岛三个机场，除担负国内客货
运输外，还有国际空中货运业务。首都的桑地诺机场是最重要的
国际机场，面积 1000 多平方公里，跑道长 3047 米，可供波音
747 等大型客机起降。每天有国际航班往来于迈阿密、墨西哥
城、哈瓦那和中美洲各国首都之间。2005 年首都国际机场进出
港旅客 92 万人次，装卸货物 21.6 万吨。尼加拉瓜航空公司和尼

加拉瓜人航空公司是两家最大的航空公司，经营国内和国际客货业务。为适应国际航运发展的需要，首都马那瓜、布卢菲尔兹和卡韦萨斯机场都在扩建之中。

第六节　财政与金融

一　财政收支

财政和信贷部负责领导、执行和监督国家和政府财政、金融、税收、物价和保险政策的贯彻和实施。政府财政收入包括税收收入和非税收收入两部分。税收收入分为间接税和直接税两种。20 世纪 80 年代前半期，二者比重为 70∶30，后半期为 75∶25；90 年代这一比重从 85∶15 变为 86∶14，又变为 87∶13，间接税比重不断攀升。2000 年间接税比重开始下调至 84.3∶15.7，2001 年为 82∶18。80 年代通货膨胀造成的损失主要由国家承担，90 年代后变为由纳税人自己承担。90 年代税收改革幅度不大，重点是简化税制。阿莱曼政府支出明显高于收入，1999 年政府收入仅 65 亿科多巴，支出高达 95 亿科多巴；2000 年政府收入为 75 亿科多巴，支出却高达 105 亿科多巴。同期地方政府支出占政府总收入的比重却由 2% 降至 1.5%，又降至 1%。[①] 20 世纪末，拉美经委会的一份报告称，"尼加拉瓜的财政税收率居本地区之首，达国内生产总值的 20% 以上，同期拉美国家的平均税收率为 GDP 的 14%"。

80 年代政府财政赤字年均为国内生产总值的 25%，1980 年和 1983 年分别为 GDP 的 11.2% 和 31.3%；中期 50% 以上财力用于支持与反政府武装的战争。后期政府的调整和稳定计划及货

---

① *Envío*, No. 213, diciembre de 1999, p. 33.

币改革，虽然暂时扼制了恶性通货膨胀，但 1989 年外债达 97 亿美元，为革命胜利初期的 6 倍，政府财政拮据到无法维持正常生产和支付贸易进口的程度。

1990 年政府在美国和国际金融机构资助下，实施严格的财政政策：控制货币发行，压缩财政赤字，禁止中央银行向政府贷款，并限制对商业银行提供信贷，使恶性通胀迅速得到遏制。国防开支从 1989 年占政府预算 50% 被削减到 1996 年的 5.12%。1992～1996 年年均财政赤字只占 GDP 的 2% 左右。1996 年中央银行发行 2 亿美元 5 年期可兑换投资债券，年利率为 3%～5%，头两年利息可转换为本金。同时政府加速工厂和企业私有化，鼓励外国投资，实行税制改革。税收改革的主要内容是：颁发税收法令，减少进口免税项目，扩大征收奢侈品税，提高公共服务和燃料价格，建立反走私委员会，加强反偷税漏税。这样做的结果使税收占国内生产总值的比重从 20.1%（1993）提高到 21.3%（1996）。为了保护国内工厂企业，海关设立临时保护性关税，并逐年降低其税率，以增强民族工业参加国际竞争的适应力。由于措施得力，1992 年后通货膨胀率被控制在 2 位数以下，外债经过重新谈判和安排，也由 1990 年的 100 多亿美元降至 1997 年的 60 多亿美元。

1997 年为了偿还公共债务，尼政府紧缩财政，精减预算，取消了 350 项公共工程。3 月通过的《税收和贸易公平法》取消了部分税种，压缩税收减免项目。该法决定从 1998 年 1 月起的 2 年内，逐步降低进口关税和临时保护性关税税率，最终使消费品进口关税降至 10%；将中美洲地区不能生产的原料、中间产品和资本货进口税率降至零；将能够生产的上述三种产品进口税率降至 5%。[①] 此后，税收占国内生产总值的比重从 1998 年的 25.8% 降至 2001 年的

---

① 苏振兴：《拉丁美洲的经济发展》，经济管理出版社，2000，第 183～184 页。

21.6%。1999年政府增加灾后重建资金，使财政赤字达国内生产总值的20.6%。阿莱曼政府末期，停止实施财政改革和企业私有化，2000年和2001年外国援助和贷款减少，财政赤字从1997年的10亿多科多巴，猛增至42.3亿科多巴（2000）和56.1亿科多巴（2001），分别为当年GDP的13.8%和19.0%。这期间为弥补银行破产损失，央行又增发了大量可兑换投资债券。外汇贮备从1999年的5亿多美元跌至2001年的3.8亿美元，不足3个月进口所需。造成财政拮据的主要原因是政府腐败，管理不善。

2002年博拉尼奥斯政府在美国和国际金融机构的支持下，向前政府的腐败宣战，将前总统及涉案前官员和亲属绳之以法，为整顿改革财政创造了条件。政府的首要目标是进行财政调整，完善征税机制，取消免税，扩大税基，紧缩公共开支，削减财政赤字。2002年公共赤字降至35.4亿科多巴，为GDP的4.1%；次年进一步减至31.3亿科多巴，占GDP的2.3%。尼连续3届政府为压缩公共开支，将公务人员从1990年的21.9万人减至2002年7万多人。2004年财政赤字占GDP的百分比降至5.4%，尼加拉瓜获得《最穷负债国计划》减免债优惠待遇。

尼加拉瓜的税收结构很不合理，2002年，20%低收入者需要支付人均税收的96%~116%，相反20%高收入者则只需支付人均税收的70%~80%。[1]中央政府主要征收进口关税和印花税、货物消费税、进口临时性保护关税、货物和服务销售税、公司和个人所得税等。市级政府对销售和服务公司征收2%从价税。财政年度定在每年6月30日，企业需在30天内完税。2001~2005年政府财政状况见表4-7。

---

① E. I. U. ，Nicaragua Country Report，july 2003，p. 17.

表 4 - 7　中央政府财政状况（2001～2005）

单位：百万科多巴

年　份	2001	2002	2003	2004	2005
总收入	7654.0	11450.0	13412.6	160984.1	19193.5
税收收入	7354.5	8123.2	9878.8	11815.3	14302.3
资本收入	8.4	0.0	0.0	0.0	0.0
总支出	13266.0	13887.4	16738.5	19173.8	22445.9
内债付息	549.0	934.0	1518.8	1196.5	1130.2
外债付息	735.9	353.0	400.0	285.5	431.2
资助和转账	5050.4	2504.2	3050.4	4202.4	5201.8
总结算	-3900.0	-915.4	-1247.91	-701.9	-527.8

资料来源：尼加拉瓜中央银行。

　　90 年代以来，尼加拉瓜先后颁布过《税收法》、《财政公平法》和《新财政公平法》等法令。2005 年秋，议会又通过了《新税收法》。最近几年，在税基全面好转的带动下，政府财政赤字逐渐下降。2005 年财政收入达 11.3 亿美元，支出 13.4 亿美元。赤字仅 2.1 亿美元，占 GDP 的 4.2%，为 5 年来最低水平。但 2006 年财政支出又出现上升趋势：政府将预算的 20%，即 49.2 亿科多巴用于支付债务，包括中央银行的投资可兑换债券（CENIS）和财政部补偿债券（BPIS），同时还提高了偿还外债的比重；将拨给地方政府的经费比例从 7% 提高到 10%；2007 年为了贯彻社会保障制度改革法案，还需多支出 2100 万美元。对此国际货币基金组织已经向桑解阵新政府发出财政赤字可能扩大的警告。

二　金融

尼加拉瓜的金融体系是中美洲规模最小，实力最弱的。第一家银行——尼加拉瓜国家银行（Banco Nacional

de Nicaragua）是 1912 年政府联合美国布朗兄弟公司和 J. W. 塞利格曼公司建立的。1924 年政府收购了这两家美国公司的股份。1940 年国家银行分为银行部、货币发行部和海外贸易公司三部分。1961 年政府改组国家银行，货币发行部单独分出，组建中央银行（Banco Central），负责管理票据资金，监督商业银行活动，主管货币发行与投资政策。银行部改组为国家发展银行（Banco Nacional de Desarrollo）；海外贸易公司改名为对内对外贸易公司。20 世纪 50 年代初，一些大家族集团为发展出口农产品和加工制造业组成银行集团，以满足其资金需求。以查莫罗和佩亚斯为首的保守党集团组成美洲银行；以蒙特亚莱格雷和萨卡沙为代表的自由党集团开办尼加拉瓜银行。此后尼加拉瓜的金融体系逐渐形成三大财团：依附于美国曼哈顿银行和摩根银行的尼加拉瓜银行集团；从属于韦尔斯·法戈银行和第一花旗银行的美洲银行集团和以国家发展银行及其他国有金融机构为代表的中美洲银行集团。中美洲银行集团以索摩查家族为首，位居三大财团之首。[①] 1979 年独裁者将中央银行洗劫一空，卷走 10 亿美元，只剩下 350 万美元准备金和 16 亿美元外债，使金融业濒临崩溃边缘。

1979 年下半年，民族复兴政府将所有本国银行收归国有，形成统一的全国金融系统，中央银行主管货币发行和协调金融系统业务，国有商业银行负责存贷款和日常账目往来。1980 年政府改组金融系统，委托中央银行制定信贷和货币政策，严禁外国银行经营国内存款业务，一切外汇交易需经央行及其分支机构核准。政府采取的主要金融措施是举借外债、控制货币发行、奖励储蓄、控制物价和实行价格补贴，以及扩大国内信

① Jaime Wheelok Román; Imperialismo y dictadura; Crísis de una formación social, México, Siglo Veintiuno editores, 1975, pp. 113 – 168.

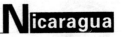

贷。头两年银行存款略有增加，但是存款利率缺乏吸引力，私人投资状况不断恶化，资本外流难以扼制。政府财政入不敷出，大量印发和投放货币，最终导致通货膨胀失控，金融秩序混乱。1988～1989年因无力支付外债本息，尼加拉瓜被国际货币基金组织定为"被动违约国"，并且按照该组织要求进行货币改革。

90年代上半期，政府授权建立私人银行，实施货币改革，发行金科多巴，紧缩货币发行量和国有银行贷款，中央银行和国有商业银行的金融活动都受到严格限制。政府停止向国家开发银行、工商银行和人民信贷银行等国有商业银行注资，削弱其信贷职能；委托中央银行用美国国际开发署提供的资金购买私人银行发行的债券，还授权私人银行将获得的款额用来发放长期贷款或购买国有银行债券，刺激私人银行快速发展；减少公共赤字，使货币美元化，金融体系逐步得到恢复和发展。

1995年后，传统的寡头资本集中在中美洲银行（Banco de América Central）和尼加拉瓜出口银行（Banco Nicaragüense de Exportación），桑解阵资本控制着洲际银行（Banco Intercontinental）和投资银行（Banco de Finanzas）；立宪自由党则以尼加拉瓜银行（Banco de Nicaragua）作为其资本的大本营。

1999年9月，政府颁布《银行总法》（Ley General de Bancos），规定新建私人银行的最低资金为1000万美元，私人银行股东持有的股份额不得超过该行股份总量的20%，每笔贷款数额都被限制在总资本的15%以内。尼加拉瓜金融系统规章制度不健全，贪污腐败，暗箱操作，存贷款秩序混乱，致使世纪交替银行倒闭成风。1996年中美洲欧洲银行因资本流失，储蓄下跌，率先倒闭；1998年国家发展银行被转让；1999年工商银行实行私有化，随后南方银行也被迫关闭；2000年人民信贷银行、洲际银行和咖啡银行三家停止了金融业务；2001年商业银行停

业。多年来银行破产给国家造成的经济损失高达 5 亿美元。2002
年后，政府遵照国际货币基金组织的要求，减少内债，增加贮
备，整顿金融秩序，使中央银行信誉得以恢复，金融状况开始好
转。

倒闭风潮前，尼加拉瓜的银行同经济财团关系密切，数量过
多，与其经济规模不符。洲际银行倒闭具有普遍性和典型性。
2000 年全国最大的咖啡出口企业——圣米格尔农牧复兴集团利
用与洲际银行领导层的特殊关系，为刺激咖啡生产，违规借贷
5200 万美元（相当于该行资本金的 250%，大大突破了 1999 年
银行总法规定的 30% 上限）。不料国际咖啡价格猛跌，使贷款无
法收回，导致该行破产。

目前尼加拉瓜的金融体系受财政和信贷部领导，由银行监管
局（Superintendencia de Bancos）具体协调金融业务。国家金融
体系由 6 家银行和 3 家私人投资公司组成，是公共部门和私人部
门寻求贷款的主要渠道。1992 年建立的尼加拉瓜投资基金
（Fondo Nicaraguense de Inversiones）是获取投资的第二条渠道。
2000 年后，银行存款的 70% 以上为美元，业务集中在私人银行。
资金匮乏历来是尼经济发展的主要障碍之一。广大农村缺少银行
机构和分行，信贷主要靠非政府组织和高利贷者调节。抵押资本
比较活跃，但发展缓慢，急需银行和金融机构扩大其信贷能力。
目前信贷投放的顺序是：个人贷款第一，商业、农牧业和住房抵
押贷款其次，最后是工业贷款。

近年来，尼加拉瓜的贷款利率不断下调，已由 18.6%
（2000）降至 11.6%（2006），这在一定程度上降低了企业的融
资成本，促进了国内产业的发展。2006 年流通货币供应量 M1 为
66.4 亿科多巴，较上年增长 20%；准货币（债券等）M2 达
361.7 亿科多巴。2007 年桑解阵新政府计划建立社会发展银行，
为地方小生产者提供贷款。委内瑞拉已决定为该行注资 2000 万

美元。

尼加拉瓜证券交易所开办于 1993 年，现有 9 家获准从事证券交易。2001 年开放保险市场，迄今已有 4 家外资保险公司进入尼加拉瓜。

三 货币和汇率

尼加拉瓜的货币单位是科多巴（Córdoba），政府发行的纸币面值分 1、2、5、10、50、100 和 1000 科多巴几种；硬币有 1、5、10、25 和 50 分，1 科多巴 = 100 分（Centavos）。1955 ~ 1978 年科多巴与美元的汇率为 7∶1。1979 年 4 月本币贬值，汇率变为 10∶1，1981 年 9 月后又变为 28∶1。1983 年 5 月，政府取缔外汇交易所，黑市汇价猛涨。1985 年 5 月，交易所重新合法化，汇率浮动，黑市汇率达 650∶1，1986 年后汇率暴跌，1987 年达 3000∶1。1988 年 2 月，汇率升至 44000∶1。货币市场出现官价、平行市场交易所价和黑市价三种汇率并存的混乱局面。同年，政府进行第一次货币改革，将旧科多巴更换为新科多巴（Córdoba Nueva）。限期 3 天，以 1000 旧科多巴兑换 1 新科多巴的比例，每人最多可兑换 1000 万科多巴旧币，致使大量旧币被废弃。改革之初新科多巴同美元的汇率为 10∶1，随着经济形势的恶化，货币贬值难以控制，1990 年 8 月汇率高达 560000∶1。当年，政府在国际援助资金支持下，进行了第二次货币改革，将新科多巴更换为与美元等值的金科多巴（Córdoba Oro）。1991 年汇率为 5∶1，1993 年升至 6∶1。此后采用爬行盯住汇率，1999 年年底贬率由 12% 逐步降至 6%，2004 年又降至 5%，并维持至今。前后两次货币改革使本币美元化，扼制住了货币贬值和通货膨胀的势头。1996 年汇率为 8.44∶1，1999 年为 12.30∶1，近几年更趋平稳，2003 年为 15.14∶1，2006 年为 17.58∶1。

第七节　对外经济关系

尼加拉瓜是联合国、国际货币基金组织、世界银行和世界贸易组织等国际机构成员国；还加入了美洲开发银行、美洲国家组织、77 国集团、中美洲议会和中美洲共同市场等区域性组织。

中美洲共同市场成立于 1960 年 12 月，20 世纪 80 年代因地区动乱爆发危机，末期重新启动。1993 年中美洲首脑会议达成《危地马拉议定书》，《议定书》决定将中美洲共同市场更名为中美洲一体化体系，实行"开放的地区主义"战略，采取共同对外低关税，扩大包括农产品在内的区域贸易自由化，允许成员国单独或集体同第三方谈判自由贸易及签约问题，使地区经济尽快融入全球经济和国际竞争之中。中美洲 5 国，1998 年同多米尼加，1999 年同智利，2002 年同巴拿马达成自由贸易协议。2003 年 12 月，尼、萨、危、洪 4 国同美国完成了自由贸易谈判；2004 年 3 月，上述 4 国结束了与哥斯达黎加和加勒比共同体的自由贸易谈判；同年 5 月，中美洲 5 国与美国正式签署了相关协议。2005 年 8 月，美国批准《美国—中美洲自由贸易协定》；同年 10 月，尼加拉瓜议会通过该协定。上述文件已于 2006 年 4 月生效，第一年尼获得 5 亿美元外国直接投资，出口额增加 4400 万美元。欧盟是尼加拉瓜第三大贸易伙伴，双边自由贸易谈判正在进行中；2006 年 6 月，尼加拉瓜同我国台湾当局签署了自由贸易协定；尼加拉瓜同巴拿马的谈判因牛肉出口问题而停滞；尼加拉瓜还因加勒比海的领土分歧，拒绝出席中美洲 4 国集团与哥伦比亚的自由贸易谈判。

2001 年墨西哥倡议建立的《普埃布拉—巴拿马计划》，简称 3P 计划，旨在借助多边发展银行的资助，进行区域电力联网、建立区域能源市场、发展区域公路基建和扩大人员交往，以实现中美洲与墨西哥的区域一体化战略。尼加拉瓜在 3P 计划中占有重要地位。2007 年 1 月，尼加拉瓜又参加了委内瑞拉、古巴和玻利维亚三国《玻利瓦尔替代计划》。3 月与国际货币基金组织谈判新发展计划。

一 对外贸易

尼加拉瓜的主要出口产品种类不多，但在国民经济中的地位十分重要，约占国内生产总值的 25%～30%。革命前在索摩查家族控制下，棉花、咖啡和蔗糖占出口总额的 70% 以上，主要进口消费品、中间产品、资本货和燃料。美国是主要贸易伙伴，约占尼进出口贸易的一半以上。80 年代进出口贸易由国家垄断，进出口产品结构变化不大，但受内战、美国全面贸易禁运和进出口产品国际价格不利的影响，尼加拉瓜的对外贸易额逐年下降。1983～1987 年，出口额由 5 亿美元跌至 2.5 亿美元左右，下降 50%，进口额始终保持在 8 亿美元上下，外贸逆差在 3 亿～5 亿美元之间徘徊。1979～1980 年同美国、西欧、拉美及不结盟国家和社会主义国家的贸易平分秋色，各占 1/4。80 年代下半期，与美国的贸易下降为零，同苏联、华沙条约成员国以及中国、朝鲜、越南等国家的贸易升至 30% 以上。

1990 年，美国解除了对尼加拉瓜的贸易禁运，重新将其纳入加勒比地区计划和享受普惠制国家名单中，外贸状况开始好转。尼加拉瓜政府实行贸易自由化政策，棉花出口锐减，咖啡、蔗糖、海产品和制成品成为主要出口产品，进口额逐年增加。美国再次成为首要贸易伙伴和投资国，同时尼加拉瓜恢复了同欧洲国家、日本、加拿大等西方国家的传统贸易关系。90 年代初，出口贸易额徘徊在 2 亿美元左右。据中央银行经济指数报告，

1994 年国际咖啡价格上涨，非传统出口产品和出口加工业发展势头看好。当年咖啡出口额较上年翻了一番，由 0.32 亿美元增至 0.73 亿美元。进出口贸易总额达 12.25 亿美元，其中出口额为 3.5 亿美元，进口额 8.75 亿美元[①]，国民经济也因此摆脱停滞，进入平稳增长期。1998 年前外贸赤字不足 10 亿美元，此后升至 10 亿美元以上。2000 年出口额增至 6.3 亿美元，较 1994 年增长近一倍。2005 年进出口贸易总额达 34.53 亿美元，其中出口额 8.58 亿美元，进口额 25.95 亿美元，赤字 17.37 亿美元。进口消费品，特别是石油产品价格上涨是产生巨额赤字的主要原因。半个多世纪以来，尼加拉瓜进出口贸易额的变化见表 4-8。进入新世纪，因为传统出口产品国际价格再度下跌，尼主要出口产品咖啡的出口额下降。相反，非传统出口产品如水果、蔬菜、海产品和出口加工产品的出口额明显上升。2000 年非传统产品出口额为 2.35 亿美元，2002 年则升至 2.97 亿美元。2006 年 4 月《中美洲—美国自由贸易协定》生效，尼加拉瓜每年可将本国生产的 1 亿平方米布料加工服装免税进入美国市场，对中国产品构成挑战；其蔗糖、花生和牛肉大量出口美国；美国的玉米、鸡肉、奶粉和稻谷也在尼加拉瓜国内市场占据较大份额，对其国内产品形成压力。2006 年尼加拉瓜出口总额首次突破 10 亿美元。对美出口占 30.8%，从美国进口占进口总额的 20.1%；相反，中美洲邻国在尼出口总额中比重却升至 34%。萨尔瓦多已经成为尼加拉瓜第二大贸易伙伴，占尼出口额的 14.3% 和进口额的 6.7%。此外，还增加了从墨西哥和委内瑞拉进口石油的比重。1950~2006 年尼加拉瓜进出口贸易额见表 4-8，2006 年主要进出口商品和进出口对象国分别见表 4-9 和表 4-10。

① E. I. U., Nicaragua Country Profile, 1997-1998, p. 67.

表 4 - 8　1950 ~ 2006 年尼加拉瓜进出口贸易额

单位：百万美元

年份	进出口总额	进口额	出口额	差 额
1950	60	25	35	10
1960	135	72	63	- 9
1970	378	199	179	- 20
1975	892	517	375	- 142
1978	1242	596	646	50
1980	1337	887	450	- 437
1982	1130	724	406	- 318
1984	1186	800	386	- 414
1986	973	726	247	- 479
1992	1077. 4	855. 1	22. 3	- 632. 8
1994	1255	874. 7	351. 3	- 523. 4
1995	1492	961. 7	530. 3	- 431. 4
1996	1810. 1	1135. 2	674. 9	- 460. 3
1997	2026. 5	1449. 8	576. 7	- 873. 1
1999	2401. 8	1861. 7	540. 1	- 1321. 6
2000	2448. 3	1805. 5	642. 8	- 1162. 7
2001	2364. 7	1775. 3	589. 4	- 1185. 9
2002	2314. 7	1753. 7	561. 0	- 1192. 7
2003	2483. 9	1879. 4	604. 5	- 1274. 9
2004	2967. 9	2212. 2	755. 6	- 1456. 7
2005	3453	2595. 1	857. 9	- 1737. 2
2006	3779. 4	1027. 5	2751. 9	- 1724. 6

资料来源：毛相麟等：《中美洲加勒比国家经济》，第 94 页；尼加拉瓜中央银行经济指数。

表 4 - 9　主要进出口商品（2006）

单位：百万美元

主要出口商品	出口额	主要进口商品	进口额
农产品	397.0	消费品	875.6
海产品	98.9	中间产品	719.3
制成品	489.8	资本货	498.6
矿产品	59	石油及副产品	654.1
总　计	1044.7	总　计	2747.6

资料来源：尼加拉瓜中央银行。

表4-10　主要进出口对象国（2006）

单位：%

主要出口对象国	占出口总额的	主要进口对象国	占进口总额的
美国	30.8	美国	20.1
萨尔瓦多	14.3	墨西哥	13.5
洪都拉斯	9.5	哥斯达黎加	8.5
哥斯达黎加	5.6	委内瑞拉	7.6

资料来源：尼加拉瓜中央银行。

90年代以来，政府始终承诺主动降低关税壁垒。在多年单方面降低关税后，2001年5月为与地区邻国协调同步，重新将关税税率提高至15%。作为中美洲一体化体系成员国，尼政府一贯将促进地区贸易一体化视为应尽义务。1998年同墨西哥签署自由贸易协议，1999～2000年与邻国一道同多米尼加和智利达成自由贸易协议。近年来同中国台湾当局的贸易投资关系不断发展。2005年10月，议会批准了《中美洲—美国自由贸易协定》，并且通过了相应的一揽子改革方案。该协定于2006年4月正式生效。

二　国际收支和外汇储备

巨额贸易赤字使国家的经常项目结算长期无法平衡。2004年年底，贸易赤字超过11亿美元，经常项目赤字达8亿美元，占GDP的17.5%，成为最重要的结构性经济缺陷。通过谈判，1995年和1996年部分债权方向尼提供实质性减免所欠债务，1998年尼开始支付外债债息。2001～2003年尼曾获得美洲开发银行、世界银行和一些债权国给予的临时减免债息优惠，年均减免1.86亿美元。2004年支付的外债债息金额高达1.22亿美元，同年尼加拉瓜正式享受《高负债穷国计划》免债

待遇，债务负担大幅降低，但经常项目赤字只有在贸易赤字大量减少的情况下，才会得到根本好转。尼加拉瓜经济一向对外依赖度很高，国际收支无论是贸易结算、经常项目结算还是总结算均有巨额赤字（见表4-11）。国内经济增长对资本货进口需求上升，进口增长，贸易逆差也随之扩大。尽管2005年转移支付大幅攀升（仅劳务收入就达6亿美元），经常项目赤字年终仍达9.4亿美元，占GDP的19%。

表4-11 尼加拉瓜的国际收支

单位：百万美元

年 份	2001	2002	2003	2004	2005
商品出口	894.7	916.8	1049.6	1364.8	1551.5
商品进口	-1804.3	-1834.4	-2021.3	-2439.6	-2865.2
贸易结算	-909.6	-917.6	-971.7	-1074.8	-1313.7
服务贷款	223.1	225.5	257.6	285.8	309.1
服务债务	-352.1	-337.2	-363.4	-387.5	-426.4
收益贷款	14.7	9.2	6.7	9.3	22.3
收益债务	-255.0	-209.6	-197.4	-201.6	-141.5
转移贷款	479.4	531.1	617.1	673.2	750.4
转移债务	0	0	0	0	0
经常项目结算	-799.5	-698.6	-651.1	-695.6	-799.8
外国直接投资	150.2	203.9	201.3	250.0	241.4
其他资产投资	55.2	22.2	79.9	-22.6	2.9
其他证券投资	-41.8	166.0	-297.7	-114.7	-18.0
金融结算	163.6	392.1	-16.5	112.7	226.3
资本账贷款	194.4	307.2	296.3	397.7	312.2
错误与遗漏	-141.3	-299.5	37.4	-3.6	-203.4
总结算	-401.9	-395.2	-455.8	-492.5	-401.0

资料来源：国际货币基金组织。

尼加拉瓜的外汇储备历来很少，主要依靠外援支撑。1993年只有6000万美元，1997年升至3.7亿美元。此后上下波动，

1999 年借助国际救灾资金增至 5.1 亿美元，2001 年降至 3.8 亿美元最低点。2002 年恢复到 4.5 亿美元，此后逐年上升到 5 亿美元（2003），6.6 亿美元（2004）和 7.28 亿美元（2005）。①截至 2006 年 8 月中旬，尼外汇储备已达 8.7 亿美元，足够 3 个月进口所需，年末达 9.22 亿美元。

三　外国援助

中央政府财政历来对外部资金依赖度很高，索摩查家族统治时期主要依靠美国援助。1979～1988 年桑解阵政府共获得外部援助 66.68 亿美元，其中 97% 来自苏联等经互会国家。1987 年后，苏联面临深刻的社会变革，古巴也面临资金短缺等问题，减少了对尼加拉瓜的援助。1990 年 4 月政权更迭后，美国、欧盟、日本和加拿大等西方国家恢复了对尼加拉瓜的援助。1990～1991 年美国援尼 6.14 亿美元。1992 年尼加拉瓜获得了 3.43 亿美元国际贷款，其中 2.45 亿美元已兑现。政府获得的国际贷款主要来自美国、日本、欧盟国家、委内瑞拉和中国台湾等国家和地区，以及世界银行、美洲开发银行、中美洲一体化银行和美国国际开发署等国际金融机构。1995 年尼加拉瓜宪法修正案规定，所有外国援助都必须作为中央政府预算的一部分，进行统一管理。当年国际金融机构和支持尼政府的发达国家提供了 5.7 亿美元的双边或多边援助。1996 年外国援助使政府预算增长 59.3%，从 29 亿科多巴增加到 47 亿科多巴，相当于中央政府经常收入的 47%。1998 年美国倡议建立了五国援尼集团，翌年日本加入该集团。1999 年 5 月斯德哥尔摩会议后，尼加拉瓜政府又得到国际金融机构和咨询集团 20 多亿美元灾后重建援助资金。20 世纪 90 年代以来，尼加拉瓜政府和国际货币基

---

① E. I. U., Nicaragua Country Report, april 2006, p. 16.

金组织先后达成过 3 个《促进增长，减少贫困 3 年计划》，每次都得到大量贷款和援助。90 年代外部援助见表 4 - 12。

表 4 - 12　外部对尼加拉瓜的援助（1990~2000）

单位：百万美元

出资国家和机构	1990~1995 年	1996~2000 年
美　国	663.1	240
日　本	209.6	91.6
西班牙	135.3	243.3
瑞　典	139	
丹　麦	91.2	146.1
德　国	96.7	74.3
荷　兰	88.9	
芬　兰	87.1	47.1
澳大利亚		70.8
联合国	139.8	
世界银行	249.1	507.3
美洲开发银行	397	890
中美洲一体化银行	134.7	
欧　盟	75.1	102
总　计	3197.2	2595

资料来源：Ministerio de Cooperación Externa. Inforpress Centroamericana, 12 de julio, 2002.

2006 和 2007 年，委内瑞拉向尼加拉瓜提供大量优惠石油；中国台湾当局应尼政府要求，答应捐赠价值 3000 万美元的发电设备，帮助克服能源和电力危机。

四　外国资本

19 世纪，英国伦敦·蒙特利尔银行最早进入尼加拉瓜。20 世纪 20 年代，美国和加拿大资本先后控制采矿和

木材加工业。1910～1933 年美军长期武装占领尼加拉瓜，其资本在铁路、金融、矿业和林业中占有较大股份，确立了在尼加拉瓜的垄断地位。1929 年对尼投资 1300 万美元，1930 年增至 4380 万美元，此后美资增长加快。

50 年代美国拉美农业开发公司完全垄断了中美洲的农产品和出口，联合果品公司和标准果品公司等美国跨国公司在尼加拉瓜得到扩张。1955 年政府颁布的新《外国投资法》规定，外国资本可以不受限制地自由进入尼加拉瓜。50～70 年代进入的外国资本达 1.3 亿～1.7 亿美元，其中 3/4 来自美国。1956 年美国贷款 300 万美元，修通了胡伊加尔巴—拉玛第一条进入大西洋沿岸地区的公路。1957 年，美国在尼加拉瓜建立中美洲第一家现代化牛肉加工厂。1979 年政府已将 4 家外资银行和美国、加拿大的矿山及木材加工企业收归国有。1981 年政府同美国标准果品公司达成协议，以 1300 万美元买断其资产和设备。80 年代外资在尼加拉瓜降至最低点。

90 年代美国和加拿大资本重新掌握了尼加拉瓜的采矿和木材加工业。香蕉种植也被美国资本垄断。1991 年政府颁布《工业园区法及条例》，决定建立自由贸易区，区内公司可享受免除部分关税和所得税等税收优惠。1994 年投入自由贸易区和旅游业的外资达 4000 万美元。1995 年颁布的《外资法》规定，外资可 100% 不受限制地进入尼加拉瓜所有领域；注册外资随时均可全部或部分被提取；所获利润可自由汇出；外资购置的机器设备可再输出或转让；销售利润可随时自由汇回；允许外国投资商在所有经济部门独资经营。当时这些待遇在中美洲是最优惠的。1996 年进入尼加拉瓜的外资达 9200 万美元，1997 年后外国直接投资加速涌入，1999 年升至 3.37 亿美元。[①] 为进一步鼓励外资

---

① E. I. U., Nicaragua Country Profile 2005, p. 23.

投向出口加工和旅游业，2000 年尼政府又颁布了新《外国投资法》，规定外国投资者可以随时将其资本提回；可将 100% 的利润、利息和红利汇回母国；可随时将资本和利润自由兑换成外汇寄回祖国。2001 年颁布的《临时准入法》规定，出口产品超过 25% 的厂家，其进口原材料和资本货可免除所有关税和市政税。2001 年为选举年，入尼外资回落到 1.5 亿美元。2002～2004 年外国直接投资年均达 2.43 亿美元，主要集中在无线通信、出口加工业和旅游项目上。2005 年吸纳外资 3.6 亿美元，较上年增长 4.2%。实行私有化十多年来，银行和保险业已大部为外资控制；海产品加工基本落入外资手中；中国台湾、丹麦、荷兰和日本投入旅游宾馆资金的比重越来越大；自由贸易区的纺织业分属于韩国、加拿大、美国和中国台湾资本；埃索、壳牌和德士古等跨国石油公司包揽了炼油和燃料分配；国家电力公司 49% 的股份已被出售给外资，剩余部分也正在准备出售。20 世纪 90 年代以来，美国一直是尼加拉瓜最大的外资来源地。

目前政府已同美国、加拿大、墨西哥、西班牙、丹麦、荷兰、智利、韩国、厄瓜多尔、英国和中国台湾等国家和地区缔结了双边投资保护协定，正在同委内瑞拉、德国和俄罗斯等国进行同类协定的谈判。

缺少金融中介、财务争端久拖不决、司法腐败、周期性金融动荡和劳动力素质不高是影响外资流入尼加拉瓜的主要原因。

五 外债

尼加拉瓜的外债始于 20 世纪初，70 年代特别是 1972 年大地震后，增长较快。索摩查政权垮台时，留下 16 亿美元外债。1981 年欠国际金融机构的债务占外债总额的 27.7%，欠苏联和华约成员国的占 7.4%，西欧国家占 14.1%，拉美国家占 14.1%，利比亚占 10.1%。80 年代内战和经济危机

使外债迅速攀升：1985 年外债达 40 亿美元，1989 年跃至 97 亿美元，人均负债 2156 美元，居拉美之首，也是全世界人均负债最重的国家之一。

90 年代初，外债升至 107 亿美元，政府加紧与债权方谈判，重新安排外债。1990 年，西方国家帮助尼政府偿还所欠世界银行和美洲开发银行 3.27 亿美元债务。1991 年民主德国免去其 7 亿美元债务的 78%。1992 年外债总额高达 112 亿美元，负债率 816.6%，偿债率 31.8%，成为拉美 9 大债务国之一。1995 年巴黎俱乐部免除其所欠 13 亿美元债务中的 6.33 亿美元；1996 年俄罗斯免去尼加拉瓜欠前苏联 35 亿美元外债的 95%；墨西哥免去 11 亿美元债务的 91%；年底尼加拉瓜外债降至 92.87 亿美元。1997 年中美洲经济一体化银行免去尼加拉瓜 1.01 亿美元债务；1998 年 11 月受灾后，古巴、法国和奥地利免除尼 1.57 亿美元外债；2000 年底，国际金融机构批准尼加拉瓜加入《高负债穷国计划》。2001 年西班牙帮助尼加拉瓜偿还了所欠危地马拉 5.75 亿美元中的 3.99 亿美元债务；2001 年尼加拉瓜外债为 63.91 亿美元，2002 年升至 65 亿美元，2002 年 12 月至 2003 年 6 月，双边债权国免除了尼官方外债 5.75 亿美元，同年尼外债总额又降至 62 亿美元。2004 年在尼满足各项要求后，世界银行和国际货币基金组织同意向其提供一揽子援助计划，逐步免除约 65 亿美元外债的 80%[①]，允许尼政府将每年外债还本付息额减半，如果该款项仍超过当年出口总额的 15%，则将超出部分减免。2005 年国际货币基金组织免去尼到期未付的全部债息，尼外债降至 51.44 亿美元。其中，中长期 44 亿美元，短期 4.95 亿美元，约 40 亿美元仍需同巴西、哥斯达黎加、匈牙利、印度等 15 个国家和地区通

---

① 王成家主编《美洲·大洋洲》（新版各国概况），世界知识出版社，2004，第 176 页。

过双边谈判得到解决。尼加拉瓜的外债多半用于社会开支和平衡财政（社会和公共部门占 27.5%，弥补财政赤字占 23%），少半用于生产部门（农业占 17.7%，能源和自来水占 13.2%，建筑占 10.2%）。2006 年该组织再次免去其到期的债务，使尼外债降至 38 亿美元。外债占 GDP 比重也从 2001 年的 155.4% 降至 2005 年的 76.8%。1992～2005 年外债状况见表4－13。

表 4－13　1992～2005 年尼加拉瓜的外债

单位：百万美元

年　份	1992	1995	1997	1999	2001	2003	2005
外债总额	11200	9287	6229	6909	6391	6917	5144
其中							
中长期外债	8937	7937	5364	5889	5560	5900	4405
短期外债	2073	1311	837	865	674	595	538
支付债息	104	282	326	186	337	187	118.7
负债率(%)	816.6	589.7	316	312	175.4	168.5	104.8
偿债率(%)	31.8	38.7	33.9	15.9	19.7	10.6	6.9

资料来源：World Bank, Global Development Finance, 见 E. I. U., Nicaragua Country Profile 1997 - 1998, p. 70. and E. I. U., Nicaragua Country Profile 2006, p. 47.

第八节　国民生活

尼加拉瓜是世界上最贫困的国家之一，同时又是拉美营养最缺乏的国家，经济状况排在倒数第二，仅仅好于海地。按照世界银行每人每天一美元的最低生活水平，1998～2001 年尼加拉瓜贫困率虽然下降了 6 个百分点，但贫困人口的绝对数却增加了 3.5 万人。拉美经委会《拉丁美洲社会概览，2001～2002 年》披露，2001 年尼的贫困率为 67.4%，赤贫率达41.5%，较同年拉美平均水平（44% 和 20%）高出 20% 以上。

尼加拉瓜农村居民 2/3 生活在贫困线以下，城市贫困居民约占 1/3。国内生产总值只及拉美平均水平的 1/3。国内生产总值和识字率等各项经济社会指数几乎都处在中美洲最低水平，是唯一人均 GDP 不足 1000 美元的国家（见表 4－14）。为谋生计，近百万人被迫移居国外，其中近 50 万人滞留在哥斯达黎加（占 53%），其余散居在美国（占 35%）、墨西哥和其他中美洲国家。全国约 1/5 的家庭靠移民汇款生活，每年汇回现金总计在 6 亿～ 8 亿美元，超过农产品出口总额。对于尼加拉瓜来说，出国移民不仅减轻了国内就业压力，而且成为摆脱贫困的重要手段之一。据统计，截至 2001 年，已有 48% 移民家庭脱贫。

表 4－14　中美 5 国经济社会指数比较

国　　别	尼加拉瓜	洪都拉斯	萨尔瓦多	危地马拉	哥斯达黎加
经济指数(2005)					
国内生产总值(亿美元)	49	84	170	319	200
GDP 增长率(%)	4.0	4.2	2.8	3.2	5.9
人均 GDP(美元)	850	1163	2467	2534	4634
人均 GDP(美元平价购买力)	2715	2890	3602	5394	9495
通货膨胀率(%)	9.6	8.8	4.7	9.1	13.8
经常项目赤字(亿美元)	－8	0	－8	－14	－10
经常项目赤字/GDP	－16.3	－0.5	－4.6	－4.3	－5.0
出口额(亿美元)	16	18	34	37	71
进口额(亿美元)	－29	－42	－64	－81	－93
外债总额	51	58	71	53	50
社会指数(2002)					
人口(万人)	533.6	660	640	1200	409
成人识字率(%)	66.8	75.6	79.2	69.2	95.1
小学入学注册率(%)	81	88	81	84	91
人均医疗费(美元)	108	165	391	192	4740
人均寿命(岁)	69.5	68.9	70.7	65.8	78.1
贫困率(%)	67.4	79.1	49.9	60.4	21.7

资料来源：E. I. U. , Costa Rica Country Profile 2006 and Honduras Country Profile 2004.

一　物价

近 30 多年来，尼加拉瓜的物价经历过"稳定—波动—
再稳定"的过程。革命前物价比较稳定，通货膨胀
始于 1972 年大地震，1979 年通胀率为 65%，1980～1981 年稳
定在 27%。为了抵御美国的全面贸易禁运，确保大多数居民的
日常生活，政府从 1986 年开始对城市居民 46 种基本消费品，
如玉米、大米、面包、菜豆、肉类、鸡蛋、植物油、白糖、食
盐、火柴、肥皂、洗衣粉、牙膏和卫生纸等实行官价，凭证定
点定量统一供应和分配。由于政府大量印发纸币，弥补财政赤
字，1985～1988 年通货膨胀率由 219% 猛增至 10206%。同期
因生产下降，商品匮乏，造成黑市猖獗，投机倒把盛行。面对
混乱的经济社会状况，政府被迫采取货币改革等一系列应急措
施，1989 年底通胀率被控制在 1689%，1990 年通货膨胀率再
度反弹至 13500%。政府在国际援助下进行第二次货币改革，
实行严格的财政货币政策，停止滥发纸币，以爬行盯住的浮动
汇率为物价锚，使货币逐步美元化。由于不断强化财政与货币
纪律，物价很快得到控制。1991 年通胀率降为 775.4%，物价
上涨初步得到控制。此后降至两位数以下，1995 年为 10.9%，
次年主要受燃料、电力、交通和食品价格上涨影响升至
11.6%。90 年代后半期国际咖啡价格上涨，尼加拉瓜经济发展
比较平稳，通货膨胀率由 1995～1999 年的 11.2% 降至 2000～
2004 年的 7.3%。这主要得益于政府紧缩财政、强化货币纪律
和缩小爬行盯住汇率等措施。2003～2005 年因国际油价上涨，
通胀率又略有上浮，但财政当局牢牢把握汇率这个爬行盯住物
价锚，使本币贬值率逐渐下降。2005 年尽管燃料价格上涨，通
货膨胀率依然保持在 1 位数水平，2006 年又有所下降（见表
4－15）。

表 4 - 15　物价指数变化

年　　份	1990	1992	1994	1998	2000	2002	2004	2005	2006
通胀率(%)	13500	23.7	7.8	13.1	9.9	3.7	8.5	9.6	9.1

资料来源：英国经济情报部：《国别估计》（2007）和尼加拉瓜中央银行经济指数。

二　就业

尼加拉瓜人口出生率高，劳动力增速较快。20 世纪 80 年代末经济自立人口达 100 万，约为人口总数的 30%，90 年代中期升至 150 万，占人口总数的 33.8%。1999 年全国约有劳动力 170 万人，其中 37% 务农，17% 从事制造业，在服务部门工作的占 46%。2002 年又升至 200 万，占全国人口的 36.5%，城市中从事非正规职业的劳动力占经济自立人口的 52.5%。

90 年代初失业问题十分严峻。政府裁员、大幅度削减军队和遣散反政府武装，失业率一度高达 20% 左右，失业和不充分就业者（每周工作少于 40 小时）占经济自立人口的 50% 以上。1994～1997 年，出口加工业、旅游业、商业、建筑业和服务业吸纳的劳动力不断增加，失业和不充分就业率略有下降。1999 年的一项调查表明，马那瓜约 48.1% 的居民无稳定工作或完全失业。2000 年全国 5～17 岁的童工达 31.4 万人，占该年龄段人口的 17%。进入新世纪，随着电力和电信等公司实现私有化，失业和不充分就业率又有所反弹。2001 年失业和不充分就业率高达 53.1%，就业者中 57% 为非专业和服务人员。在不充分就业的人员中，妇女占 59%，男子占 39%。

近 10 多年来失业率明显下降，2005 年已降至 5.6%，但不充分就业率仍在 30% 以上（见表 4 - 16）。就业总人数 208.1 万，其中正规就业 76.3 万人，非正规就业 131.8 万人，每年非正规部门提供的岗位占全部新就业岗位的 60% 以上，2006 年达 64%。

表 4 – 16　劳动力状况

单位：千人

年份	劳动力总数	失业人数	失业率(%)	不充分就业者	不充分就业率(%)
1992	1346	240	17.8	438	32.5
1996	1537	249	16.2	541	35.2
2000	1815	178	9.8		42.1
2003	2077.4	164.7	7.7		46.5
2005	2203.4	122.5	5.6		33.1
2006	2204.3	114.5	5.2		

资料来源：劳动部、社会保险协会和中央银行 2003~2005 年年度报告。

三　工资

19 98 年以来，随着尼加拉瓜经济的平稳发展，职工工资也逐年增长。2004 年政府对工资进行了全面调整，平均月工资提高了 10%，2005 年进一步将所有部门的基础工资上调 15%。2007 年 5 月中，政府又将最低工资上调 18%，目前全国职工平均最低月工资为 1401 科多巴（合 77 美元），但仍处于中美洲最低水平。2006~2007 年不同部门最低月工资见表 4 – 17。

表 4 – 17　全国职工最低月工资

单位：科多巴

	2006	2007		2006	2007
农业	869	1026	渔业	1371	1618
政府	1125	1327	矿业	1620	1911
制造业	1213	1431	商业和公共服务	1654	1952
社区服务	1264	1492	建筑和金融	2018	2382

资料来源：E. I. U.，Nicaragua Country Report，july 2007，p. 20。

国际上根据基尼系数高低将社会收入不公状况分为轻微（0.25 以下）、一般（0.251～0.35）、严重（0.351～0.45）和很严重（0.45 以上）4 种。2003 年尼加拉瓜的基尼系数为 0.56，属于很严重的第四类，为中美洲乃至全世界收入分配最不合理的国家之一。2006 年 2 月 27 日《中美洲新闻》透露，2004 年尼政府职工工资占 GDP 的 4%，而只占职工人数 0.7% 的高官却占有工资总额的 25%。

据联合国发展计划《2000 年人文报告》，尼加拉瓜 20% 最低收入者仅占有国民收入的 4.2%，而 20% 最高收入者却占有国民收入的 55.2%。2003 年中央银行年度经济指数表明，尼加拉瓜名义工资与实际工资相差很大（见表 4 – 18）。

表 4 – 18　基本生活成本及工资

单位：科多巴

年份	月基本生活成本*	名义工资	实际工资变化（%）
2000	1852	2585	1.5
2001	1980	2897	4.4
2002	2120	3135	4.3
2003	2312	3388	2.6
2004	2565	3686	0.3

资料来源：Banco Central de Nicaragua, Indicadores Economicos。
* 马那瓜 53 种基本商品成本。

2004～2006 年全国职工名义工资提高了 30.8%，扣除物价上涨等因素，实际收入增长了 9.2%；2006 年受大选影响增长率下降，名义工资和实际工资分别为 13% 和 3.6%。

四　住房

尼加拉瓜的居住条件是中美洲较差的国家之一。1973 年马那瓜大地震后，索摩查家族将美国提供的 6600

144

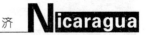

万美元紧急住房基金大多用于为警卫队军官建造豪华住宅，少部分为灾民搭建木板房。

20 世纪 80 年代政府资金匮乏，没有大规模住房建设计划。当时的住房政策是，保护出租者和租房者的利益，控制和适度降低房租；为建设新住宅提供基础设施、技术和组织帮助；打击城市房地产投机活动。法律允许征用建房所需的闲置土地，并在农业生产中心建起了大批简易住宅。

1990 年政权和平交接后，尼加拉瓜住宅抵押银行得以重新开业，但最初几年政府紧缩财政，限制发放银行贷款，每年只允许为 4000 套新住宅建设提供住房抵押贷款。1995 年后，随着国民经济逐步恢复增长，私人住宅建设需求趋旺，住宅抵押银行放宽了发放低息抵押贷款的条件，开始出现私宅建设热潮，每年均有数以万计的新房落成，城市居民的住房条件得到一定改善。

农村住房相对简陋，大多为砖瓦房，屋顶为一面坡或两面坡。屋顶上竖立一个十字架，表明房主信仰罗马天主教。低收入者的房屋为棕榈树叶或茅草搭成的圆顶草房，墙体用四根木柱和一些细木棍编成篱笆，外面再糊上一层泥巴，也有用棕榈树叶或苇草做围墙的。联合国发展计划《1999 年人文发展报告》称，尼加拉瓜"68% 贫困人口集中在农村，那里 33% 的住房无厕所，56% 不通电，94% 用柴草做饭"。大西洋沿岸土著印第安居民的住房条件更差，他们大多就地取材，住在有许多木桩支撑的简易木板房或茅草屋中，过着自给自足的封闭生活。根据 2003 年尼加拉瓜卫生部在网上公布的材料，目前全国 32.1% 的住房建在地质危险区，43% 用柴火做饭，55.6% 饮用水未经处理，51.3% 无室内厕所，28.3% 附近不设垃圾站。

由于近半数居民收入过低，失业率相对较高，政府腐败软弱，缺乏统筹规划，人口特别是农村人口增长过快，拉大了住房缺口，加之住房抵押贷款门槛高（需 2.5 万美元担保），尼加拉瓜住房数量和质量都严重不足，2003 年全国缺少 50 多万套住宅。政府成立了城乡住宅局，以解决最贫困阶层的住房问题。按照 30～36 平方米标准，为新建房补贴 1300 美元，旧房修缮扩建补贴 600 美元。2004 年第一阶段已发放 4142 笔集体新建住房补贴，2063 笔个人新建房补贴，3860 笔集体扩建修缮补贴和 1935 笔个人补贴，总计 1.82 亿科多巴（其中国库出资 2780 万科多巴，外国赠款 430 万科多巴，外国贷款 1.5 亿科多巴）。此外，政府已拨 520 万科多巴，用于培训技术工人，协助居民自建住宅。截至 2004 年上半年，已完成自建住房 200 多幢。2006 年在全国 44 座城市中，居民自建住房达 2 万多幢。

第九节　社会保障

一　社会保险制度的沿革

尼加拉瓜第一部社会保险法颁布于 1955 年。采取传统的现收现付制，涵盖面广，包括职业险、疾病和生育险以及养老、残疾和丧葬险。该法确定社会保险事业由尼加拉瓜社会保险协会（Instituto Nicaraguense de Seguridad Social）具体负责。

革命胜利后，1982 年颁布第二部社会保险法，三个险种由国家统一管理。该法实施之初，交费者多，退休者少，尚有经费结余。从 20 世纪 80 年代中起，大量社会保险基金被用于卫生设施、食品贮备、救济营养不良儿童和城市交通建设等非社保项目，造成社保基金严重流失。90 年代初，社保基金又被用来安置退役士兵，战争牺牲者，以及前反政府武装人员的转业、养老和抚恤等方面。加之立宪自由党管理人员腐败，人口增长过快，

人均寿命提高，失业和不充分就业增多，社保基金出现入不敷出的情况。2000 年社保基金支出超过收入的 1.5 倍，赤字达 1.8 亿科多巴，占国内生产总值的 0.81%。据官方统计，2000 年初只有 25 万人投保，社保覆盖率占全国经济自立人口的 14.3%，总人口的 5.25%。95.5% 投保人集中在马那瓜、奇南德加、莱昂和马塔加尔帕四省。从事农业、林业和渔业的投保人只占全国投保人口的 3.8%。这些数字表明尼加拉瓜是拉美地区社保覆盖率最低的国家之一。[①] 旧保险制度的改革势在必行。

二 旧社会保险制度的构架

尼加拉瓜旧的社会保险制度涵盖职业险、疾病和生育险以及养老、残疾和丧葬险三方面。

（1）职业险。投保人不交保险费；雇主交工资总额的 1.5%；政府只负担作为国企雇主的保险费。因工致残者可领取最近 8 周投保收入的 60% 作为临时残疾补助。完全残疾者可领取全额抚恤金的 60%；残疾 20% 或以上者可获得一定百分比，与残疾程度成正比；残疾 10%～19% 者可一次性得到相当 5 年的抚恤金。此外还可享受不固定的医疗补助和年金的 20% 作为经常护理补贴。

（2）疾病和生育险。投保人交收入的 2.25%；雇主交工资总额的 6%；政府作为雇主交收入的 0.25% 保险费。投保人患病可享受最近 8 周平均收入的 60% 作为疾病补助。产妇可领取最近 8 周收入的 60%。

（3）养老、残疾和丧葬险。投保人需交纳收入的 1.75%；雇主交工资总额的 3.5%；政府作为雇主交纳 0.25% 的保险费。待遇分为养老金、伤残抚恤金和遗属抚恤金三种。

---

① *Envío*，mayo de 2000，p. 25.

三 社会保障制度的改革

2000 年 4 月政府颁布《养老金储蓄制度法》（Ley del Sistema de Ahorro para Pensiones），即 304 号法，作为社会保障制度改革的法律依据。新法只包括养老和丧葬险，因为 90 年代初，职业险已转由企业负责，实行市场化，直接与保险公司挂钩；疾病和生育以及残疾险随着医疗保险企业的出现，1993 年已经实现了私有化。90 年代中期这两个险种都已脱离尼加拉瓜社会保险协会，进入市场运作。304 号法规定，尼加拉瓜社会保障制度改革将按照智利模式进行，建立养老基金管理公司（Administradoras de Fondos de Pensiones，简称 AFPs），接管尼社会保险协会的部分工作。养老基金监管局（Superintendencia de Pensiones）代表国家对即将成立的上述各管理公司进行监督和管理。新制度规定的退休年龄仍为 60 岁，保险费所占工资的比例由过去的 5.5% 增至 10.5%，其中雇主交 6.5%，投保人交 4%，政府不再交纳保险费；交纳保险费的年限从 15 年提高到 30 年。2000 年社会保障制度被一分为二：老年投保者仍留在旧制度中，43 岁以下投保者必须转入新制度，并按照新比例交纳保险费，他们有权自由选择和随时更换管理公司。新机构是管理养老金的私人股份公司，为投保人设立个人账户，提高养老基金的投资盈利率，使其更加安全可靠。按照新制度，养老金的使用可采取计划年金、终身年金和混合年金三种方式。（1）计划年金：投保人退休后，每月可从退休基金管理机构领取一定比例的生活费，数额由所在管理公司按其投保金额、基金盈利、利息率和投保人寿命预期计算决定；（2）终身年金：投保人退休时，将其积存在管理公司的全部养老金转入某家保险公司，再由该保险公司向投保人支付终身年金；（3）混合年金：是前两种年金的混合形式。为获得计划年金，投保人需将部分基金存放在原管理公司中，余额用来购买某保险公司养老服务。当计划年金用完时，再将结余款额全部转入某保险公司，享受其提供的终身年金。

第304号法颁布至今已逾6年，由于国内各界对社会保障制度是否有条件按照智利模式进行改革分歧较大，又因为新法一些相关条款尚未制定或仍需完善，加之前养老基金监管局局长涉嫌腐败等原因，改革进程步履蹒跚。2003年5月，反腐败斗争中享有盛誉的拉米罗·萨卡沙当选新局长。同年8月，尼加拉瓜4大银行——中美洲银行、中美洲信贷银行、生产银行和金融银行对成立养老基金管理公司提出建议。2004年根据304号法新模式进入试运营阶段，2005年初进入全面试运营。据估计，尼加拉瓜社会保险协会赤字2005年达10亿科多巴，照此速度2009年赤字将突破100亿科多巴，这些都需要政府预算补贴，改革已不能再拖延了。目前，尼养老基金监管局已批准建立了三家养老基金管理公司，它们分别得到拉菲塞－班森特罗财团、佩亚斯财团和生产银行的支持。

尼加拉瓜养老基金管理公司运营的第一年，收入350万美元，其中3%为管理费。养老基金的70%被投入本国经济建设，30%用于购买国外股票和各种证券。2004年国民议会通过《资本市场法》，开辟二级证券市场，进一步增加了养老基金在抵押债券和房地产方面的投资机会。

军队的社会保障制度仍采用现收现付分摊制，自成体系，由军事社会保险局领导。养老基金1/3来自投保人，2/3由政府拨款，其使用和管理受军队最高领导和共和国总审计署双重指导和监督。现任尼加拉瓜保险和再保险局局长为爱德华多·哈耶斯莱温斯·阿塞韦多。

第五章

旅 游 业

第一节　旅游业发展概况

一　丰富的旅游资源

“**火**山湖泊之国”尼加拉瓜，以其旖旎的湖光山色、宜人的气候、迷人的湖滨海滩和独特的人文景观，每年吸引着数十万美洲和世界各地的游客前往观光旅游。尼加拉瓜是中美洲著名的旅游胜地之一，分布在太平洋沿岸和两湖流域世界著名的火山有：马萨亚火山（又称圣地亚哥火山）是美洲唯一能看到沸腾的火山熔岩的火山口，被称为“地狱之门”（boca del infierno）；每天冒着袅袅白烟的莫莫通博火山，被土著人看作诸神居住的灵山；还有被茂密的丛林包裹着的科西圭纳火山。在境内大小近百个湖泊中，尼加拉瓜湖是世界第十、拉美第二和中美洲第一大湖，还是世界上唯一有淡水海鱼的湖泊，约400个湖岛，如串串珍珠，千姿百态。东部大西洋沿岸的珍珠湖是尼第三大湖，沿湖长满茂密的红树林，水中浮游生物十分丰富。此外，全国还有几十个大小不同的火山口湖，形状各异，水质清纯。西部的太平洋海岸和东部加勒比海岸，都有广阔美丽的海滩。连接尼加拉瓜湖和加勒比海的圣胡安河，更是欣赏热带雨

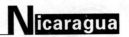

林风光的最佳水道。马那瓜城郊阿卡瓦林卡凝固的熔岩化石、老莱昂的废墟、马萨亚市街道两旁琳琅满目的印第安手工艺品和莱昂城里的鲁文·达里奥故居，还有大西洋沿岸自治区的热带雨林、海岛风光和土著民俗文化更使人耳目一新，这些都是发展旅游业的丰富资源。尼加拉瓜发展旅游业的潜力很大，但因资金匮乏至今未获充分开发。

二　旅游业的发展和政策

1976 年成立全国旅游协会。1979 年革命胜利前，尼加拉瓜每年接待 10 多万游客，其中以美国人和其他中美洲人居多，每年旅游收入约 5000 万美元。20 世纪 70 年代末和 80 年代，内战使交通和旅游设施遭到严重破坏，游客锐减。旅游收入由 1980 年的 2220 万美元，猛降至 1982 年的 280 万美元，其后一直不景气，直到 90 年代初实现了和平和解，旅游业才开始恢复。1992 年旅游收入达 700 万美元。1993 年政府将索摩查家族的豪华度假别墅——蒙特利马尔卖给西班牙旅游开发商，兴建综合性旅游度假中心，旅游业迅速发展。1995 年创收 2000 万美元，接近 80 年代初水平，但旅游资源仍未得到充分开发。据统计，1990～1998 年 8 年间，尼加拉瓜的游客增加了 258%，远远高于中美洲地区游客平均增长率 84.3%。只因尼旅游基础设施不足，服务水平不高，游客逗留的时间短，消费支出有限，其旅游收入只占中美洲旅游总收入的 4.6%，约为哥斯达黎加旅游收入的 1/10，洪都拉斯的 1/2。1998 年成立尼加拉瓜旅游局，2000 年政府颁布 "振兴旅游法"，即第 306 号法。该法规定，投资旅游业的企业可以享受一系列减税退税待遇：如业主将盈利税的 7% 投资于旅游业，可成为拥有旅游证券、股票和债券的法人；政府将酌情减免其盈利税。此后，游客从 2000 年的 48.6 万人增至 2003 年的 52.6 万人，旅游收入由 2000 年的 1.13

亿美元增加到 2003 年的 1.67 亿美元。为了促进旅游业发展，2002 年尼政府在太平洋海岸、加勒比海岸、奥梅特佩岛、圣卡洛斯镇和北圣胡安港建立了 5 个小型旅游机场，还投资 5700 万美元，实施首都机场现代化工程。2003 年全国共有旅游宾馆 108 家，床位 5161 个；8 家星级宾馆，其中 7 家建在首都马那瓜。同年全国宾馆入住率达 50%，首都和格拉纳达市高达 65%。2004～2005 年新建宾馆客房 732 间。1999～2004 年，政府通过了《旅游促进法》并投资 2.34 亿美元，用于开发 280 个旅游项目。尼加拉瓜国际饭店（Hotel Internacional）高 9 层，是中美洲最豪华的饭店之一。2005 年游客达 71.2 万人，其中约 61.4% 来自中美洲，25.7% 来自北美，12.9% 来自其他地区[①]；旅游收入为 1.83 亿美元，比上年增长近 10%，超过海产品和矿产品出口总额。2005 年已开通马那瓜至亚特兰大直达航班，2006 年又开通了马那瓜到马德里的航线。

第二节 首都及其周边主要旅游景点

一 首都马那瓜览胜

首都马那瓜市（**La Ciudad de Managua**） 全国最大城市，人口约 126.3 万（2005），占全国 1/5。位于马那瓜湖南岸，蒂斯卡巴火山北麓，海拔 40～150 米，因湖得名。依山傍水，三面被火山和火山口湖环绕。终年绿树成荫，景色秀丽，年均温度 26.9℃，年降水量 1207 毫米。5～10 月为雨季，全年都适合旅游，是拉丁美洲最诱人的旅游城市之一。早年曾是印第安渔村，1855 年弗鲁托·查莫罗总统为避免正统派和

---

① E. I. U. , Nicaragua Country Profile 2007, p. 46.

自由派内战，曾决定将首都迁至位于格拉纳达和莱昂之间的这座渔村，因沃克入侵未果。1858 年托马斯·马丁内斯将军就任总统时，颁布宪法，正式确定马那瓜为共和国首都。这里地处太平洋火山带东侧，地质松软，火山地震灾害频繁，是世界上地震灾害最多、危害最重的首都之一。仅 20 世纪就发生过 4 次大地震，1931 年和 1972 年曾两度被摧毁重建。1972 年 12 月 22 日发生的里氏 7.2 级大地震使全市 90% 房屋建筑倒塌，造成 1 万多人死亡，2 万多人受伤，30 多万人无家可归，直接经济损失约 8 亿美元，占当年国内生产总值的 50%。重建时打破传统的建筑格局，采用分散安全防震方案，减少人口密度，降低建筑高度（5 层以上的建筑物很少见），使如今首都市内街道宽敞，公园广场遍布。一幢幢红蓝相间，明亮别致的砖瓦平房和花园别墅，错落有致地掩映在片片绿树鲜花丛中，漫步其间，宛如置身于美国南方的乡间城镇。

马那瓜是全国政治、经济、金融、交通运输、文化教育和旅游中心。城市以老火车站、中央公园和蒂斯卡巴湖为南北中轴线，两旁有总统府、国民宫等政府权力机构；尼加拉瓜银行和美洲银行等金融大厦；以及国际饭店、皇道宾馆、体育馆、电影院、西班牙广场、7·19 广场等休闲娱乐场所。国际饭店位于中央公园南侧，外观呈玛雅金字塔形，气势恢弘，是首都的标志性建筑。沿湖的国家博物馆、鲁文·达里奥大剧院和阿卡瓦林卡遗址博物馆散发着浓郁的文化气息。这里还是全国高等院校最为集中的地方，有中美洲大学、天主教大学、科技大学和国立自治大学分校等。公路、航空、水上交通都十分便捷。泛美高速公路由西向东穿过全城；首都国际机场坐落在东郊，机场附近建有全国最大的自由贸易区。制造业主要有食品、纺织、咖啡加工、木材、卷烟、炼油、化工和皮革等。

徜徉在首都大街小巷，人们会发现这里除几条主要大道有名

字外，绝大多数街道无名，住宅无号。这里居民习惯称面向马那瓜湖为北，往上为东，往下为西，向南为南。

市内最吸引游人的景点有：

中央公园（Parque Central）　位于首都中部偏北，马那瓜湖畔小山坡上，隔老火车站与该湖相望。园内建有鲁文·达里奥纪念塔，塔上天使缪斯和主管文艺、音乐和天文等九位女神和白天鹅的大理石群雕栩栩如生，每天都吸引着大批游客。中央公园周围还有老教堂、邮电总局和国民宫等重要建筑物。

老教堂（Vieja Catedral）　原称马那瓜大教堂，1940年马那瓜市被提升为大教区时建立，是首都唯一的一座新古典主义巴洛克式建筑。主体由大石块砌成，堂内为蓝漆木雕装饰，正中是庄严肃穆的布道台。布道台两旁有两个大理石洗礼池，祭坛后面摆着一个精致的银龛盒，盒内供奉着1856年尼加拉瓜解放者埃斯特拉达的灵位。大地震后，老教堂天顶裸露，杂草丛生，满目疮痍，现作为地震遗址保留。1993年在蒂斯卡巴湖东南500米处又修建了一座新教堂。距老教堂不远处，耸立着美洲银行大厦（高16层）。这幢大厦的设计师是著名美籍华人建筑结构大师——林同炎教授。他在施工中首次采用框筒结构，能够抵御八级以上大地震。经过1972年大地震的考验，它是没有遭到破坏的最高建筑，创造了世界建筑史上的奇迹。

阿卡瓦林卡遗址博物馆（Museo de las Huellas Acahualinca）里面陈设着5000多年前（太古时期），人兽逃避火山喷发时留下的火山灰熔岩足迹化石，是尼加拉瓜史前土著人活动的实物例证，遗址发现于1874年。

马那瓜湖（Lago de Managua）　呈胚胎形，长50公里，宽8~25公里，东西两头较宽。中间最窄处南岸是方圆约百平方公里的奇尔特佩半岛，北边是面积达50平方公里的韦特角。靠近西北岸莫莫通博火山的一个小岛上，有一座389米高的小莫莫通

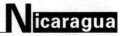

博死火山。乘船畅游马那瓜湖不仅可以观赏整日冒着白烟的莫莫通博活火山和首都风景，还可从近处领略千姿百态的湖岛风光。

二 首都周边的主要旅游景点

洛阿湖（Laguna de Xilóa） 是一座火山口湖，位于首都西北部16公里，扼守奇尔特佩半岛入口处。湖面呈圆形，面积约10平方公里，水质清澈见底，湖边私人水上俱乐部、饭店和旅馆等旅游休闲设施齐备。游客在这里可垂钓重牙鲷和瓜波达鱼，也可以进行潜水、游泳和划船等各种水上体育活动。

埃尔特拉比切浴场（Balneario El Trapiche） 距首都东南17公里，是一个现代化和宽阔的天然浴场。浴池连片，由多眼泉水注入，周围花园环绕，餐馆、娱乐厅和健身房比比皆是，成为人们休闲度假的好去处。

蒂皮塔帕温泉浴池（Baños Termales de Tipitapa） 位于马那瓜东南21公里的蒂皮塔帕市，由多组不同温度和矿物质含量的浴池组成。水中丰富的硫黄等矿物质有利于治疗各种皮肤病、关节炎和风湿病。已有百余年历史，深受本国居民和外国游客的欢迎。在那里人们可以根据不同需求，选择适合自己的浴池。

波乔米尔海滨浴场（Balneario de Pochomil） 是全国最受欢迎的海滨浴场，位于太平洋海岸中部，距首都仅60公里。一年有300个蓝天。和煦的阳光、平静的海水、柔软的沙滩，完善的娱乐和服务设施，以及低廉的费用每年吸引数十万游客。旱季是旅游旺季，游人可以充分品尝从马萨恰巴港运来的棘鬣鱼、鲭鱼、石首鱼和鳎鱼。10月夜幕降临，在海滩上，人们有时还能看到成群结队上岸产卵的海龟。

蒙特利马尔旅游中心（Centro Turístico de Monterimar） 位于波乔米尔海滩南面，曾是索摩查家族豪华的海滨别墅。1988

年意大利投资 1000 万美元用于建设旅游设施。1993 年被西班牙开发商买断，建成世界一流的海滨度假中心。除豪华别墅外，还设有高尔夫球场、停机坪、网球场和赌场等，供国内外富豪们享用。

第三节　太平洋沿海及中央高原旅游城市

一　太平洋大区旅游城市

格拉纳达（Granada）　尼加拉瓜最古老和最美丽的城市，被誉为"中美洲的夏威夷"。1524 年由尼加拉瓜缔造者科尔多瓦仿照其故乡同名城市建立。17～18 世纪屡遭欧洲海盗焚毁，后经多次重建，始终保持着西班牙卡斯蒂利亚传统建筑风格，为全国最受旅游者青睐的城市之一。

格拉纳达位于尼加拉瓜湖西北岸，是最大的湖港。距首都 47 公里，城市人口约 18.5 万，海拔 55 米，年均温度为 26℃，年均降水量 1500 毫米，气候十分宜人。城南有蒙巴乔火山（海拔 1345 米），山坡上丛林密布，野兰花遍地。站在山顶上向东南望去，密密麻麻的小岛犹如绿色珍珠撒满湖面。市中央广场上矗立着高大的科尔多瓦纪念碑，向人们诉说着这座城市近 500 年的漫长历史。广场南侧是市政大厦；北侧有著名的弗朗西斯科修道院；东西两侧是格拉纳达大教堂、瓜达卢佩和梅塞德斯教堂。这些都是西班牙殖民时期遗留下来的具有古典主义风格的高大建筑。沿湖的参天棕榈树四季常青，道路两旁餐馆和酒吧鳞次栉比。在宽阔的湖滨大道上，时而可听见街头马林巴乐队演奏的世界名曲。

弗朗西斯科修道院历尽沧桑，曾先后作为西班牙殖民军和海盗沃克兵营，一所大学和一个研究所。20 世纪中叶，由瑞典政府捐资，改建成一座历史博物馆。馆内陈列着从尼加拉瓜湖萨帕

特拉岛挖掘出来的 28 具人兽石雕，或立、或坐，头上顶着巨蜥、美洲豹、海龟和鳄鱼头像。展品中还有几辆当年使用过的牛车和一座古冢。据考证这些均为公元 800～1200 年的文物。

格拉纳达东南 3 公里处的阿塞塞港，是通往尼加拉瓜湖的旅游码头。从那里出发，游人可乘小船自由自在地在 350 多个小湖岛中穿梭，宛如进入热带水上天堂。大多数小岛都被高大的椰子树和芒果树覆盖，树荫下坐落着 1 间或几间茅草小屋，显得格外幽静。游客们可选择自己钟爱的小岛，在树荫下或乘凉，或垂钓，或到湖里游泳，充分享受新鲜空气和日光浴；然后到餐馆尽情品尝尼加拉瓜湖中的鲜鱼美食。小船由北向南行至这片小岛尽头，便可影影绰绰地看见萨帕特拉岛（面积 52 平方公里），那里是早期印第安人的祭祀中心。岛上长满原始森林，现在几乎无人居住。民间至今流传着这样一个动人的故事：据说 100 多年前，尼加拉瓜湖边住着一个绰号叫"美洲虎"的英俊青年罗伯托·华金。在萨帕特拉岛上，生活着一位名叫卡洛丽纳的美丽印第安姑娘。两人在湖边一见钟情，并很快坠入爱河。每晚黄昏时分，一个骑马，一个划独木舟，到湖边幽会。一天姑娘依约去湖边为华金贺岁，青年在湖边直等到深夜也不见姑娘倩影。遂驾舟赶往姑娘家，不见了姑娘的独木舟。大家找遍湖岛和岸边，仍不见踪影，最后才在湖中发现了倾覆的独木舟、姑娘衣服的碎片和断发。原来她在雾中迷失方向，不幸葬身淡水鲨腹中……随着岁月的流逝，人类活动破坏了淡水鲨的生存环境。如今淡水海鱼在尼加拉瓜湖和圣胡安河已濒临绝迹，难觅踪影。

莱昂（León） 文化古都，位于国土西部，莱昂河畔，太平洋沿岸草原上。南距首都马那瓜 88 公里。殖民时期为全国最大城市，1858 年前多次成为首都。现是莱昂省首府，人口约 35.6 万（2005），居全国第四位。

莱昂市历史悠久，1524 年始建于马那瓜湖北岸莫莫通博火

山南麓。1609 年毁于火山地震，1610 年向西迁移 32 公里，按西班牙殖民风格重建于现址。1983 年被定为国家最重要的历史文化名城。市内保存着大量殖民时期的古建筑，如莱昂大教堂，建于 1745～1880 年，被誉为"美洲热带阳光下最雄伟的建筑"。1860 年由罗马教皇比奥九世命名为巴西利卡大教堂，大厅内金碧辉煌，装饰华丽，在教堂的地下室里有一座 145 厘米高，以印度白玉为顶盖的精美神龛。正中是一尊象牙雕刻的基督像，12 个门徒的雕像排列在两旁。鉴于尼加拉瓜著名诗人鲁文·达里奥生前长期在莱昂生活工作，1916 年又于当地辞世，他的骨灰被作为上帝的使臣，安放在其中一个门徒雕像的脚下。市区还有两处诗人的故居，其中一处被开辟为鲁文·达里奥博物馆。市内不仅完好地保存着许多著名的天主教堂，还保留有土著印第安苏蒂阿瓦人的社区教堂。这座教堂是尼加拉瓜印第安人保留下来的唯一祭日坛，是全国最古老的教堂之一。1530 年著名的印第安传教士卡萨斯曾多次来此布道。20 世纪末，在拉美纪念 500 周年委员会监督下，对教堂屋顶进行了翻新改造。早期的武器广场位于莱昂大教堂对面，如今已改建为赫雷斯中央公园，园内有 19 世纪自由党领袖赫雷斯铜像。公园大门口有 4 只铜狮看守，两旁墙上的一幅巨型壁画展示着尼加拉瓜从史前到革命胜利的历史进程。城内弯曲的小巷、低矮的土屋和陈旧的欧式建筑保留着古城的风貌。市郊的瓜达卢佩桥被称为殖民时期杰作之一。城市四周多火山，其中内格罗火山景色最为诱人。市内有全国著名高等学府尼加拉瓜国立自治大学、莱昂神学院和许多科研机构。交通便捷，有公路直通首都、国内主要城市和科林托港。

2000 年 5 月初，在老莱昂的废墟中发现了埃尔南德斯·科尔多瓦和尼加拉瓜首任都督佩德拉里亚斯的遗骨。后者正是 1526 年将前者斩首并开始在尼加拉瓜实行血腥殖民统治的暴君。2000 年 6 月 28 日，联合国教科文组织在法国宣布，将老莱昂遗址列入人类文化遗产名录。[1] 遗址所在地莫莫通博火山上，有尼加拉瓜最美丽、最陡峭的火山锥，被印第安人视为诸神居住的灵山、英雄酋长尼加拉奥的化身，也是登高观光游览的绝好去处。由于出海打鱼的人从很远便可根据火山的烟柱判断方位，该火山又被称作"太平洋的灯塔"。

马萨亚（Masaya） 位于两大湖之间，马萨亚火山东麓。全国第五大城市，北距马那瓜29公里，东距格拉纳达8公里，气候炎热，干湿两季分明，为马萨亚省首府，人口约29万（2005），是印第安民间手工艺之都，手工艺品约占全国总产量的45%。

在艺术品商店和街头摊点均可以欣赏和购买到各式各样的手工艺品，如绣花鞋、吊床、棕榈帽、木雕小人、木躺椅、陶瓷器皿、龙舌兰绳索、黑珊瑚和藤编制品等。城郊的东方圣胡安村以制作精致陶瓷品闻名。一条天然步行街从村中穿过，两旁一排排雪白的农舍中，陶瓷作坊掺杂其间。村里还有一所陶工学校，参观者不仅可亲眼目睹制陶工艺的全过程，还可买到价廉物美的陶瓷工艺品。

城西的马萨亚国家火山公园（Parque Nacional de Masaya Volcano） 包括圣费尔南多、圣胡安、圣佩德罗、宁迪里和圣地亚哥五座火山。宁迪里和圣地亚哥（即马萨亚）是两座孪生活火山。前者海拔590米，后者海拔615米，分别有自己巨大的火山口。圣地亚哥火山是目前美洲大陆唯一可看到沸腾熔岩的活火山。火山口长570米，宽450米，深180米。四壁为整块岩石，底部的黑色平台依稀可见，中央有一个直径为30~40米的大井口，井口内熔岩温度高达1015℃，被誉为"美洲炽热熔岩井口"。白天近处仍可看见缕缕白烟从火山口冒出，夜晚金色的

---

① *Envío*，agosto de 2000，p. 13.

火焰在天空中时隐时现。离火山口不远处，还可以看到一个巨大的十字架。据说那是 16 世纪德巴博迪利亚神父，为纪念早期深入火山口寻找黄金遇难的两位西班牙殖民者而竖立起来的。当地的土著印第安人则将火山喷发当作"上帝发怒"，每年 9 月底均要集体上山祭拜，请求"上帝息怒"。1975 年这一地区被开辟为全国第一座火山公园，位于公园大门口的马萨亚火山博物馆中，陈列着许多有关火山演变及其与人类发展关系的模型和图片。

奇南德加（Chinandega） 西北名城，同名省会，全国第三大城市，人口约 37.9 万（2005）。位于埃尔比耶霍火山西南，太平洋沿岸低地上，1894 年建城。气候炎热，干湿两季分明，南距马那瓜 123 公里。近郊有大片棉田、甘蔗田和香蕉种植园。全国最大的圣安东尼奥糖厂（创办于 1890 年，现有职工 3500 人）坐落在城南通往莱昂的泛美公路旁。西南十余公里便是全国第一大港——科林托港。港口位于阿塞拉多雷斯半岛南端，从这里出口的商品占全国出口总量的 60%，主要有咖啡、蔗糖、木材和畜产品等。半岛北部的希基利略海滩，海水平缓，海沙柔软白细，是天然的海滨浴场。从奇南德加沿公路北行约 60 公里，可达丰塞卡湾沿岸的莫拉桑港和著名的科西圭纳火山。1835 年的一次大喷发和地震，将 3000 多米高的火山锥拦腰截断，只剩下 859 米和一个巨大的火山口湖。如今的火山口湖清澈见底，山坡被茂密的原始森林覆盖着，林中栖息着珍禽异兽，现已被开辟为国家火山公园。攀登科西圭纳火山的小路蜿蜒曲折，山坡杂草丛生，有毒蛇出没，需要导游指引，携带砍刀，结伴前行。

里瓦斯（Rívas） 位于国土西南里瓦斯地峡的中央，为同名省会，东距尼加拉瓜湖和西距太平洋均不足 5 公里，城南地峡最窄处是开凿运河最理想的地方。北距马那瓜 106 公里，人口约 5 万（2002）。年平均气温 25℃，年降水量 1500 毫米左右，气候宜人，风光旖旎，是尼加拉瓜的长寿之乡。这里史前曾是尼加拉

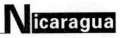

奥部落的统治中心，如今是农牧林渔产品的加工和集散地。泛美高速公路由北向南纵穿全省，交通便捷，可北通全国重要城镇，南连邻国哥斯达黎加。该市东北约 5 公里是宽阔美丽的拉维尔希湖滨浴场和圣豪尔赫湖港。乘船约十公里可达全世界最大的湖岛——欧梅特佩岛，该岛由两座孪生火山锥构成，占地 276 平方公里，形状像一只不对称的哑铃。北岛大，有海拔 1610 米的康塞普西翁活火山；南岛小，不足北岛的一半，中间是海拔 1394 米的马德拉死火山。两岛中间由一段 3 公里长的地峡连接，两岛四周多城镇，各城镇之间均有公路相连，交通十分方便。游客在岛上还可以租到马匹、自行车和汽车，去湖滩游泳或到热带森林探险。身强力壮的旅游者可以在向导的带领下，穿越热带丛林，欣赏林中的鹏鸟、吼猴、山南的陨石坑、咸水湖和大瀑布，最后登上康塞普西翁山峰，一睹全国第二高火山锥的风姿。一般游人则可以在导游带领下，攀登马德拉火山。那里山坡较平缓，在茂密的热带森林中，偶尔可见吼猴、王蛇和美洲豹等动物的身影。山顶有神秘的凉咸水火山口湖，西南坡是 110 米高的圣拉蒙瀑布。山脚下马格达莱纳庄园附近，还能看到印第安古石画和文字。

　　驱车沿泛美高速公路南行 28 公里便可到达著名的旅游城市——南圣胡安港。该港位于太平洋沿岸最南端，人口不足 3 万，坐落在一个呈马蹄形的海湾上，有太平洋洪堡洋流经过，使湾内海水清凉宜人。年平均气温 30℃，游人可尽情享受这里的阳光、碧海、清风和柔沙，被誉为休闲者的天堂，避暑者的胜地。在著名的"逆风宾馆"，游客们每天都可以品尝龙虾、海虾、海蟹、重牙鲷、红鱼、扇贝、海螺和海龟蛋等时令海鲜。每年 10 月，成千上万只海龟爬上岸边产卵，景色蔚为壮观。由于海湾周边遍布礁石，抵御着海浪的冲击，使海湾内风平浪静，游人可钓到维拉（vela）和狼鲈（robalo）等罕见鱼种，还可乘帆船观赏海湾风景或潜入海底探宝。

二　中央大区旅游城市

马塔加尔帕（Matagalpa）　全国第二大城市，马塔加尔帕省首府，人口约 46.9 万（2005）。南距马那瓜 150 公里，位于达林塞山脉马塔加尔帕河河谷内。海拔 678 米，气候干燥，空气新鲜宜人，雨季在 10～11 月。是全国最大的优质咖啡、小麦、烟草和畜牧产区。咖啡不仅产量高，而且质量可与哥伦比亚咖啡相媲美。肉类和奶制品占全国总产量的 60%，烟草 100% 出口到古巴，是制作哈瓦那雪茄的优质原料。

马塔加尔帕历史悠久，考古发掘表明，早在石器时代就有印第安马塔加尔帕人在马塔加尔帕和埃斯特利一带居住，是西半球古文明发祥地之一。为主教区，现仍保留着许多殖民时期富有特色的古老教堂。西行约 20 公里可达马塔加尔帕泛美公路旁的塞瓦科城，由此沿高速公路南下 20 多公里是著名的旅游城市——达里奥城。那里是尼加拉瓜诗人鲁文·达里奥出生的地方，其故居已被改造为博物馆。在达里奥城东的埃斯基普拉斯小镇，有一座 18 世纪中叶建立的埃斯基普拉斯教堂，里面供奉着一尊黑基督圣像。传说 1735 年，危地马拉首任大主教佩德罗·帕尔多·德菲格罗亚因病被迫留住在该镇一座印第安人寺庙中，他每天向上帝祈福，很快病愈。为此大主教决定按天主教堂样式翻修寺庙，将耶稣基督塑造成有色人种形象供奉在寺内。于是，基督在大主教身上显灵一事不胫而走，小镇因此成为闻名遐迩的宗教圣地，每年都有数以万计善男信女从国内各地来此朝拜。1 月 15日是大主教遗骨迁入教堂的纪念日。每年这一天，信徒们都远涉千山万水前往寺庙祈求福祉。12～16 日还要举行盛大的"埃斯基普拉斯的主的祭奠仪式"，场面壮观、隆重、肃穆。从塞瓦科沿高速公路北上 60 公里，是同名省会埃斯特利市，人口 20 多万（2005）。郊区山间偶尔可见云雾缭绕的高山宾馆，还可以欣赏

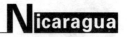

闻名遐迩的埃斯坦舒拉（Estanzuela）瀑布、连片的岩画和特立尼达的古石雕。市内销售的墨玉黑瓷等工艺品，颇受游客青睐。

马塔加尔帕位于中央高原中部，农牧商贸十分发达，近郊多山间旅舍。每逢节假日，游人在广场和村头，都能观赏到反映西班牙和印第安两种文化相互交融特色的民间舞蹈：男子头戴草帽，脖系鲜艳围巾，上身着各色长衫，下身穿彩色长裤，脚蹬一双土著凉鞋；女子身穿微露前胸的花色多褶连衣裙，在吉他和马林巴伴奏下，捉对跳舞。该市西南有公路与泛美高速公路相连，可直通中央高原各省省会和马那瓜、莱昂等中心城市，交通便利。

第四节　大西洋地区旅游景点

一　圣胡安河生态之旅

圣卡洛斯（San Carlos）　位于大湖和圣胡安河连接处的小山坡上，是圣胡安河省省会，扼守大湖的出入口，曾为兵家必争之地。16世纪西班牙人为抵御海盗入侵，曾在此建立要塞。至今仍可看见一尊尊古炮静静地摆在临河高地的炮台上，供游人参观。这里人口只有1万多人，乘车可达全国主要城市，乘船向西可达尼加拉瓜湖的索林蒂纳梅群岛。该群岛由芒卡隆和圣费尔南多等26个小湖岛组成，犹如当年鲁滨孙漂流在远离人世的孤岛，岛上栖息着犀鸟等珍贵鸟类。70年代埃内斯托·卡德纳尔神父曾在芒卡隆岛上举办神学讲习班，为革命培养反独裁的神职青年。索林蒂纳梅群岛与世隔绝，风光旖旎，欧洲文艺复兴运动早期，一些画家曾来此定居，创作出许多世界著名的绘画作品。

乘船沿圣胡安河东下，可直达印迪奥—马伊斯生态保护区，是进行生态旅游和观赏热带雨林风光的最佳路线。上游蜿蜒曲折，风急浪高，乘船飞渡，游人可亲身体验惊险刺激的漂流生活；中游宽阔平缓，水面宽 300 米，布满大浮萍和布袋莲。水中多鱼，最重的王鲱鱼可达 200 磅，长 3 米。两岸是茂密的参天大树，爬树仙人掌、爬藤和各种凤梨科植物挂满树梢。林间犀鸟、朱黄鹂甚至还有格查尔鸟飞来飞去，鳄鱼、蜥蜴、黑猴、犰狳和蟒蛇爬行跳跃出没其间。在圣胡安河下游大转弯处的小山丘上，有一座老要塞村。400 多年前，英国海军大将纳尔逊曾率领舰队到此，与西班牙守军发生炮战，最后纳尔逊战败而归。至今山顶仍保留着一间破草房，名叫纳尔逊屋，作为这位海军大将入侵的见证。村中的客栈饭厅中，挂着一幅醒目的油画，画中一个美丽的姑娘手举火把，正在指挥炮兵作战。她是西班牙守军司令的女儿，因父亲和主要指挥官先后牺牲，便挺身而出，指挥守卒与英国海盗大将纳尔逊的舰队作战。她负伤不下火线，使军心大振，终于击退了来犯者。如今要塞村临河一面仍有两道残破的石墙，外墙上的炮眼和步枪射孔全部指向圣胡安河下游。要塞山顶还有一个圆形阵地，炮筒可旋转 360°，以便打击四面来敌。

二　米斯基托海岸民俗之旅

　**卢菲尔兹（Bluefields）**　是米斯基托海岸最大港口，位于大西洋海岸南部，埃斯孔迪多河口，16～17 世纪曾为海盗集结地。主要出口细木、香蕉、冻鱼、海虾和龙虾。荷兰海盗亚伯拉罕·布拉乌维尔德最早到达那里，发现埃斯孔迪多河口，并溯河而上抵达拉玛。为纪念他，人们将海湾和城市冠以其名。这里炎热多雨，属热带雨林气候。曾先后作为英属米斯基托海岸保护地首府、塞拉亚省省会和南大西洋自治区首府。是加勒比黑人之都，如今有居民约 10 万，机场距市中心有 3 公里，陆路与首都和其他城市联系需先乘船逆行 96 公里到拉玛城，再乘车前往。市内著名的景点有可可海滩、市中心广场和加勒比海岸自治大学等。居民人种混杂，英国文化传统浓重，每年 5 月都

要载歌载舞欢度狂欢节。

从布卢菲尔兹北行 80 公里即可抵达珍珠湖，考古发掘出来的鱼骨、磨制玉米的石器、居民点和渔场遗址表明，1000 多年前这一带已经有早期人类的种植和捕猎活动。珍珠湖方圆 518 平方公里，上接库林瓦斯河和格兰德河，下游与加勒比海连成一片。岸边分布着许多土著印第安人和混血人的村庄，库林瓦斯河流域野生动物丰富，游人可猎捕小鹿、野猪、野兔和石鸡，还可以观看猴群嬉戏打闹。格兰德河旁的拉克鲁斯镇，据说是 1922 年由来尼香蕉园的中国苦力创建的，城里还有一座美国方济会传教士创办的美丽教堂。1943 年建立了印第安人研究所。著名的马伊斯群岛，位于珍珠湖以东海面约 60 公里处，由一大一小两个海岛组成，岛上长满可可树和椰子树。每年 3~4 月旱季，都引来成千上万游客。那里是国家级海洋生态保护区，海滩上白沙、碧水和蓝天令人心旷神怡，恍如进入世外桃源；海底遍布千奇百怪的白珊瑚；潜入海底欣赏那光怪陆离的海洋世界，更令人乐不思蜀，流连忘返。岛上生产的上等椰肉和椰油，几乎都被运往尼加拉瓜湖沿岸湖港加工出口。

卡韦萨斯港（Puerto Cabezas） 为木材出口港，位于米斯基托海岸北部，瓦瓦河口与巴恰拉湖之间，人口约 5 万，是北大西洋自治区首府。历史上曾经是苏穆人聚居地，称比尔维（Bilwi），100 年前被米斯基托人占领后改为现名。居民中通行米斯基托语，西班牙语为第二语言，也会点英语。乘车北行 100 多公里可以抵达"科科河首府"——瓦斯潘（Waspán），那里是土著米斯基托人的活动中心。科科河两岸的红土地上长满茂密的松林，是米斯基托人的世居之地。他们与外界隔绝，至今仍保留着部落群居习惯，过着种植、游牧和捕猎的自然生活。驻瓦斯潘的国际机构和"科科河之子"基金会可以提供向导、食宿和独木舟等交通工具，帮助游人实现民俗之旅的美好愿望。

第六章

军　事

第一节　军队简史

尼加拉瓜军（Ejército de Nicaragua），前身为桑地诺人民军（Ejército Popular Sandinista），是在反对索摩查独裁统治斗争中成长和壮大起来的。尼加拉瓜武装力量历来党派色彩浓重，1927 年美国占领军收缴自由党和保守党武装，帮助建立了一支统一的国民警卫队（Guardia Nacional）。占领军撤离尼加拉瓜前，将警卫队指挥权交给索摩查。1934 年桑地诺被杀害，游击队惨遭血腥剿灭。警卫队成为唯一合法武装和索摩查家族统治的工具。60 年代初至 70 年代末，桑解阵领导的游击队从 10 人的小分队发展到数千人的游击武装。1979 年他们推翻旧政权，建立民族复兴政府，解散了国民警卫队，将游击队整编为桑地诺人民军。1980 年组建桑地诺空军和海军。1983 年实行爱国义务兵役制，1985 年实行军衔制。在同反政府武装斗争中，兵力快速增长，1986 年总兵力达 13.4 万人。其中正规军 6 万多人，民兵 6 万多人。在此期间，反政府武装得到美国支持，在南北边界和沿海地区不断进行骚扰、破坏和颠覆活动。1986 年桑地诺人民军向反政府武装发动战略进攻，使其内部分崩离析。年底伊朗门丑闻曝光，里根政府支持的非法武装遭受重创；尼国内民众对长年内战和经济危机的厌倦情绪高涨，反政府势力上升。在美国的压力下，国际对交战双方减少资助，中美洲和平进程出现转机。在此背景下，桑地诺人民军开始减员。1987 年新宪法规定，军队的重点转向国防建设。同时人民军不断延长单方面停火时间，呼吁反政府武装坐下来谈判。1988 年 3 月，通过直接谈判，双方达成永久停火协议。1990 年 2 月，政府颁布《桑地诺人民军组织法》。同年 3 月底，人民军司令与新总统代表签署《尼加拉瓜共和国执政权移交程序议定书》，规定在权力交接前必须完成对抵抗力量的遣散工作。4 月废除义务兵役制，实行 18 ～ 26 个月的自愿兵役制。第 181 号法规定，军队应服从文人当局，其权力由作为国家防务安全力量最高长官的共和国总统行使。其后，政府对桑地诺人民军进行职业化改革，将兵力从 9 万人削减到 1.4 万人。1995 年政府通过修改宪法和颁布《军事法典》，军队正式改名为尼加拉瓜军。随着大规模的裁军和遣散反政府武装，军队开支也迅速下降，从 1985 ～ 1990 年年均数亿美元降至 1995 年的 3110 万美元，占政府预算比重也由约 50% 减至 7.99%。2003 年军费达 3220 万美元，占政府预算的 3.55%，相当于国内生产总值的 1%，低于拉美平均水平。

第二节　国防体制和国防政策

一　国防体制

尼加拉瓜独立初期曾设作战部。革命胜利后，根据执政委员会第 6 号法令，国防部作为当时 15 个政府部级部门之一，由一名桑解阵全国委员会成员担任部长兼人民军司令，负责军事指挥。查莫罗夫人执政时期，总统兼任国防部长，

但从未设置相关机构，也未进行人事任命。

1997 年，根据第 290 号法令，国防部历史上首次正式成为执政机构的组成部分。目前尼加拉瓜国防最高决策机构由总统、国民议会和部长会议组成。现行宪法规定，总统是全国武装力量最高统帅，有权任命国防部长，宣布战争和紧急状态；国民议会是立法机构，有权接受或拒绝条约和协议，授权或拒绝尼军出境或外国军队进入尼加拉瓜；部长会议责成国防部主管军事。1998 年第 44 号法令规定，国防部的职能如下：（1）代表总统领导和制定国防政策和计划；（2）根据总统的指令支持内政部国民警察的行动；（3）协调国内防务，领导防灾救灾行动；（4）领导并协调国防情报的收集、分析和评估工作，定期及时向总统报告；（5）支持并参与保护环境和自然资源的活动；（6）协调领导军队预算的制定，并监督其实施；（7）关心军队复员转业人员，依法参加军队社会保险局的活动；（8）参加制定和协调与航空和航海相关的政策；（9）向总统递交驻外武官人选建议，并监督其工作；（10）参加制定、协调和掌握与国土资源调研有关的政策和基本情况。正副部长和秘书长组成国防部最高领导委员会，下设防务政策部、防务情报部、国际协调部和全国扫雷委员会等。武装部队总司令部为最高军事指挥机构，由军队总司令、总参谋长和总监组成，行使对三军的军事指挥权。司令部下设总参谋部、各军兵种指挥部和指挥援助机关（包括总秘书处、公共外交关系处和法律顾问处）。此外还设有国防情报处、反间谍处、后勤部、军医队、军校（总参高等军校、最高军事研究中心、全国士官学校和步兵基础训练学校）、总监署、审计署、军史中心和武官处等机构。

二　国防政策

20 05 年尼加拉瓜《国防白皮书》指出，国家安全是国家主权、独立、领土完整、和平和社会公正的基本条件。国防政策的基点是在国防制度和法律框架下，对国内外国防和安全情况进行政治战略分析；遵守对地区和西半球的集体安全承诺；积极防御和不断加强同地区和西半球邻国的互信；面临国家根本利益受到威胁时，国家能动用全国一切力量作出快速和有效回应；根据当前形势，继续深化军队的职业化和现代化，恢复了自愿兵役制。国防政策受两个基本条件的制约：一方面要随着国内外形势变化，采取灵活机动和有效的政策，另一方面国防政策必须体现其一贯性和连续性，不以政府更迭而改变，以符合国家的长远利益。国防政策与国家人口、领土和政府机制相联系，提倡爱国主义、团结互助精神、民族团结和文化统一的理念。扫雷工作已成为尼加拉瓜国防政策的一个重要组成部分。20 世纪80 年代，内战遗留下 991 个布雷区，总计约 13.6 万枚地雷，对居民的生活、生产和社会安全构成极大威胁。政府从 1988 年开始排雷。1990 年工程扫雷队开始进行小规模行动，同时争取国际合作。1997 年尼加拉瓜参加渥太华禁雷协议。1998 年国防部成立扫雷委员会，计划 10 年内完成 1.3 万平方公里的排雷任务。截至 2004 年 8 月，已清除 8000 平方公里雷区。尼加拉瓜的扫雷工作取得了联合国、美洲国家组织和其他国家及国际组织的大力支持和帮助。根据目前国内外实际情况的变化，尼加拉瓜国防安全范围已由捍卫领土主权和国家军事安全扩大到反海盗、反非法捕鱼、反走私和有组织犯罪、反恐、反毒、维和、国际人道救援、维护国内和平秩序、环境资源保护和抵御自然灾害等非传统领域。

第三节　军种和兵种

2004 年尼加拉瓜军总兵力为 1.21 万人。武装力量分陆、海、空三军。

一　陆军

现有1.01万人。设6个军区，3个在太平洋区，3个在中央区。在南北大西洋自治区各设有1个分遣队。分成大小两个军事单位：大单位包括旅、军区司令部、团和别动队；小单位有班、排、连、营、省指挥部和地方指挥部。陆军分为步兵、装甲兵、特种兵、炮兵、侦察兵、工程兵、通信兵、后勤兵、医疗兵和军警等兵种。编有1个炮兵旅，武器装备有火炮785门、牵引炮142门和迫击炮607门；1个装甲兵旅，有坦克137辆、装甲车186辆；1个摩托化步兵旅；1个特种兵营（包括1个空降兵连和3个特种兵连）和10个步兵连。

二　海军

尼加拉瓜海军建立于1980年。兵力从20世纪90年代的3000人减至现在的800人。分为航海、雷达和技术保障三个兵种。编有基地守卫、海洋巡逻和舰艇3个中队，下分班、排、连。海军基地分别设在太平洋沿岸的科林托港和南圣胡安；大西洋沿岸的布卢菲尔兹和卡韦萨斯港。武器装备有3艘猎雷舰、7艘扫雷艇和11艘巡逻艇。

三　空军

尼加拉瓜空军是在1979年接收索摩查警卫队空军设施和人员的基础上建立起来的。20世纪90年代兵力为2000人，现有1200人。军兵种司令部分别设在首都马那瓜，桑地诺港、布卢菲尔兹和卡韦萨斯港。有蒙特利马尔和桑地诺港建有航空、雷达和地面技术保障三个兵种基地。编有小队、中队、大队和空军团。武器装备有武装直升机16架、运输机15架、教

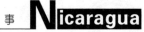

练机 12 架、直升机 16 架、空对地导弹 200 枚和高射炮 36 门
（122 毫米和 152 毫米）。

四 军衔制度

尼加拉瓜军队由军官、士官、士兵和辅助人员组成。按
现行军衔制度，将官分为 3 级（中将、少将、准
将），校官 3 级（上校、中校、少校），尉官 4 级（上尉、中尉、
少尉、准尉），军士 3 级（上士、中士、下士）和列兵。

军队司令是奥马尔·哈耶斯莱温斯（Omar Halleslévens）将
军。

第四节 对外军事关系

近 15 年来，尼军加速了融入地区和半球军事体系的步
伐。1991 年参加中美洲安全委员会；1997 年出席中
美洲武装力量会议和美洲军队会议，次年恢复了泛美国防委员会
成员国地位。1999 年又成为中美洲人道主义救援队成员国。
2000 年重新加入美洲军法委员会和泛美海军会议。2004 ~ 2005
年担任中美洲武装力量会议轮执秘书长期间，尼方首次提出了关
于武装人员、武器清单最高限额和控制武器倡议。

目前尼军同邻国军队保持着较好关系。90 年代以来，同洪
都拉斯和萨尔瓦多军队达成合作备忘录，协调在丰塞卡湾的巡
逻，共同对付跨国犯罪，确保了丰塞卡湾及周边地区的安全。
1999 年底，尼加拉瓜和洪都拉斯对加勒比海的海域权发生争端，
双方均向边界增兵。12 月 7 日两国遵照美洲国家组织第 757 号
决议，签署了合作谅解备忘录，使军事冲突得以缓解。2000 年
初，两军停止在加勒比海的军队和警察活动，并决定互通边界军
事情报。目前两军设有奖学金和军官交流计划。同时尼军还与萨

尔瓦多军共同进行海上巡逻、搜救和打击犯罪等军事合作。

尼军还同古巴武装部队和俄罗斯军方达成了向尼军提供设备援助的合作纪要。与巴西、墨西哥和智利军方订有军事人员交流和培训计划。2003年7月，尼加拉瓜曾派出一支115人组成的人道主义救援队赴伊拉克，参加工程、医疗、安全和后勤方面的工作。目前还同台湾军方保持着奖学金和人员交流计划，并得到半价的武器弹药和无偿后勤设备援助。

20世纪90年代以来，同美军的关系不断发展，两军互派武官，恢复了高层往来，并共同参加美、尼、洪和萨4国联合举行的《新地平线演习》和加勒比海国际反毒联合演习。双方定期进行军事人员交流，举行军事研讨会。美军还帮助尼加拉瓜建立了边境反毒检查站，培训了一支1200人组成的精锐反恐、反毒队伍。但时至今日，双方在销毁尼方80年代遗留苏制萨姆－7型地对空导弹问题上仍分歧严重。尼方希望保留其中的400枚，用于合理自卫，而美方则坚持全部销毁，避免对美国的安全构成威胁。2007年初，美议员访尼时再次要求销毁导弹，尼总统拒绝上述要求，白宫竟以中止230万美元军援相威胁。

此外，尼军还同加拿大、英国、法国和西班牙军方保持着良好的军事合作关系，共同组织各种军事演练、人员交流和专业培训等。

第七章

教育、科学、文艺、卫生

第一节　教育

一　概况

尼加拉瓜最早的教育是由基督教传教士开始进行的。莱昂神学院 1821 年建立，是中美洲第二所有权授予学位的高等院校。

19 世纪末，尼加拉瓜主要城镇建起了首批中等教育中心，随后东部沿海地区也出现了一些新型学校。20 世纪初，马那瓜公共教育事业发展迅速，一批有才能的青年被派往外国学习。1912 年，初等和中等教育在中小城镇和广大农村开始兴起。1950 年宪法第 121 条规定"小学实行免费义务教育"。50 年代上半期共有小学 522 所，学生人数增长 3 倍，识字率为 40%；高等教育也得到了发展。这期间，教师队伍迅速壮大，人数超过士兵总数。70 年代末，文盲率高达 50.35%。1980 年桑解阵在全国开展大规模扫盲运动，全国约有 16 万人参加扫盲大军，接受扫盲教育的人数多达 50 余万，占全国人口的 1/6。经过 5 个多月的努力，文盲率降至 12.6%，荣获联合国教科文组织"娜杰日达·克鲁普斯卡娅"奖。1988 年教育和文化事业经费占尼

政府总开支的 8.5%，大学教育经费占 6%。1989 年文盲率又升
至 24.6%。1993 年政府颁布一系列教育改革措施，包括免除学
费、出租空闲校舍、增加学校自主权和教师安置等九个方面。
2000 年尼政府开始在大西洋米斯基托海岸成立双语学校，分为
西语和土著印第安语（米斯基托语、苏穆语和拉玛语），以及西
语和加勒比英语（克里奥尔语）两种。根据尼加拉瓜统计和普
查局数字，2001 年尼文盲率为 18.1%。

尼加拉瓜正规技术和职业教育不发达，只有 4% ~5% 的居
民接受过专业培训。2000 年制定的教育计划决定全面修改中小
学教科书，增加技术和职业培训科目，并在农村小学教材中加入
了农业技能方面的内容。教育界工资差别很大，最高收入是最低
收入的 100 倍，远远超过其他中美洲国家。2002 ~2003 年教育
经费占政府预算的 15%，2006 年教育经费为 28.4 亿科多巴，占
政府预算的 12%。2007 年初，桑解阵新政府废除了节省政府开
支的"学校自主制度"，代之以免费教育的"零收费"政策，增
加补贴，确保贫困家庭的孩子都能上学；同时在全国推广古巴
"我准会"（Yo si puedo）扫盲模式，该模式 2006 年已在 100 多
座城市实验成功。

二 教育体系

尼加拉瓜教育体系包括学前教育、普通教育（初等、
中等和高等教育）、特殊教育、成人教育、中等专业
技术教育和师范教育等。

学前教育 招收 3 ~6 岁儿童（以城镇儿童居多），学制 3
年（分小班、中班和大班）。沿用费勒贝尔和蒙泰索里教学法。
教师多为幼师毕业。90 年代入学率不断提高：1990 年为适龄儿
童的 12.4%，到 1999 年增至 26.6%。学习任务重点放在大班，
占全部教学内容的 60%，目的是使孩子们能顺利地升入小学一

年级。90年代入学儿童男女性别相等。1992年中途辍学学生比例占63%，1999年升至86.7%。2004年在校生20多万人，入学率为30.8%。平均每26个学生有1名教师。

初等教育　为免费义务教育，一般儿童7岁入学，学制6年。包括正规、复式和超龄三种教育模式，有公立、市立和私立三类学校。大多数儿童在公立小学读书，使用统一教学大纲。城镇小学分为初小（3年），肄业（4年）和毕业（6年）三种结业方式。农村小学以初小和肄业为主，欲升初中者还需完成小学六年学业。课程有语文、数学、美术、音乐、社会和宗教等。

90年代教育大纲要求"增加适龄儿童入学率，提高肄业和毕业比例，减少留级和辍学率，让更多的学生升入六年级"。在这个目标指引下，初等教育获得较快发展：1995年有小学校4526所，学生76.5万人。2000年在校生83.8万人，其中正规学校学生61.1万人，平均每35个学生有1名教师。教员主要来自师范学校。

尼加拉瓜教育，特别是小学教育，深受辍学和留级现象的困扰。80年代辍学率在15%~22%之间，1992年降至18%左右。1993年教育部一份报告估计，每年约半数一年级学生留级，完成六年学业的学生只占学生总数的1/4。在捐赠国家和组织的帮助下，留级率由1990年的29.5%降至1996年的22.4%。

1998年教育部颁布公立学校自动升级和优秀任课教师跟班制的法令后，留级比例从1997年的11.6%减至1998年的7.6%。1999年肄业率达52%，约有20万适龄儿童失学，占学龄儿童总数的20%。1/10在校生无课桌椅，学校每月向学生收取20~30科多巴（合2美元）课桌椅使用费。2000年政府把劳动和技能教育纳入《全国教育计划》。2003年有8251所小学，学生92万人，人均教育经费仅98.7美元。2004年小学入学率达82.6%，仅有41%学生能坚持读完6年，毕业率为70%。

中等教育 实行免费义务教育,学龄在 13 ~ 18 岁。包括全日制中学(初中和高中)、夜校中学(主要对象是青少年和劳动者)、远程中学(年满 18 岁以上的青年)、成人中学(年满 20 岁以上,以自学为主)和中等技术学校。学制为初中三年,高中两年。公立中学占 60%。学习科目有语文、外语、数学、物理、化学、历史和地理。

90 年代下半期,由于政府改善学校基础设施,获得国际和私人部门的援助,以及开展电视教学,中等教育有较大提高。但肄业率仍不断增加:1990 年为 86.5%,1999 年升至 90.9%。教师多毕业于国立人文学院或私立大学。2000 年中学生达 31.6 万人,其中日校生 25.2 万人,夜校生 3.8 万人,远程教育 2.6 万人,平均每 32 个学生有 1 名教师。中等学校学生升入大学预科的比例由 1990 年的 12% 增至 2000 年的 42%。2003 年有中学1249 所,注册学生 36.4 万人,正规教育教师不足 6 万人,代课教师比重较高,学生年人均教育费 69 美元。2004 年中学入学率只有 40.1%。夜校中学多集中在城市,学生学习成绩评定制度与全日制中学一样。及格率由 1990 年的 60.35% 升至 1999 年的70.4%,远程教育通过广播电视等媒体进行。中等专业学校学制为 2 ~ 5 年。农业专科学校为 5 年,师范学校 5 年,音乐学校 4年,商业专科学校 3 年,技术学校 3 年,艺术学校 2 年。

高等教育 高等院校由国家授权建立,学制 4 ~ 7 年。现有列登普托里斯·马特天主教大学、美洲大学、伊比利亚美洲科技大学、中美洲大学、国立自治大学(莱昂)、国立自治大学(马那瓜)分校和加勒比海岸自治区大学等 10 多所高等院校。①

尼加拉瓜国立自治大学创建于 1812 年,由 1804 年成立的东南大学和 1806 年成立的西北大学合并而成,校址在莱昂。设有

---

① http//www. cancillería. gob. ni/, julio de 2004.

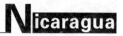

医学、法律、社会科学、化学、牙科学等学科，各科系都有自己的图书馆。国立自治大学（马那瓜）分校主要学科有物理、数学、经济和人文科学等。中美洲大学建于1962年，下设三个研究所，三个中心和一所博物馆。学习科目有工程、商业管理、经济、法律、人文、教育和兽医学等。1964年由美国哈佛大学资助，在首都马那瓜建立了中美洲工商管理学院，开设两年制工商管理硕士学位课程。加勒比海岸自治区大学总部设在布卢菲尔兹，分校分别设在卡韦萨斯港和休纳－博南萨－罗西塔矿区，宗旨是为自治区培养少数民族人才。1999年全国高校学生占适龄青年的14.3%。高等教育自治性较强，由10所大学校长和一名教育部代表组成的全国大学委员会负责协调管理。2002～2003年度毛入学率达18%，在校生为10.03万人，平均14名学生有一名教师，高等教育经费占教育费总额的37.7%，居拉美各国之首，但教师月工资（152～212美元）仍为本地区最低水平。2003年高等教育开支占政府总预算的8.8%，大学生年人均教育经费928.2美元。2007年政府计划将GDP的6%用于高等教育。

特殊教育　包括对弱智、聋哑、盲人等残疾人的教育。分为正规特教和非正规特教两种。正规特教学校招收0～18岁儿童和青年，教室、学校和劳动统一安排，统一规划；非正规特教生年龄为0～4岁，没有固定学校，以家庭为单位。通过家访，教员向家长提供咨询，以便使父母参与残疾儿的早期教育。

1979年以前只有几所为少数残疾儿童提供服务的私立特教学校，并且收费昂贵。20世纪80年代，建立了国家资助的残疾人特殊服务机构，专门负责特教工作。后来教育部成立了特殊教育司指导全国特教推广工作，同时还建立了一个为特教服务的诊所和一个文献中心。1980年特教学校猛增2倍。1991年在

校生达 2792 人，其中 80% 是正规特教生。1995 年全国有特教学校 24 所，31 个非正规特教班，学生为 3009 人，1999 年达 3065 人。

1990 年政府颁布了《关于尼加拉瓜特殊教育制度一体化的建议》。《建议》将特殊教育工作分三个阶段：首先将残疾儿童及其家庭纳入社会生活，然后将残疾较轻的孩子送入正规教育学校，最后再帮助他们找到一个谋生岗位。1998 年开始实行"专门学校"示范方案和社区帮助计划。该计划有利于提高残童的入学率：1999 年特教生入学率比 90 年代前 8 年平均数增长了 1.58%。

尼加拉瓜特教取得良好成效与国外资助分不开。从 90 年代起，挪威巴尔那网在尼推行社区康复计划。根据该计划，社区特殊教育学校招收 5 ~ 18 岁的残疾儿童和青年（重残除外），学习计划同正规小学的学习计划类似。

教员大多是接受过不脱产培训的小学教师。培训工作由政府和非官方组织负责，部分教师参加国内举办的培训班，少数被派往古巴、北欧和其他欧洲国家深造。1995 年教育部已将《特教导论》列入普通教师培训计划，以满足对特教师资的需求。特教老师中 97% 为女性。

成人教育　尼加拉瓜成人教育历来不受重视。1985 年全国文盲率为 24.9%，1995 年升至 25.8%，1998 年 15 岁以上的居民文盲率仍达 23.4%。为了提高识字率，政府重点抓对父母的教育，采取灵活多样的教育方式。成人教育由家庭、社区、单位和企业共同负责，四方签订合作协议。成人教育委员会向协议方提供咨询和技术服务。2000 年接受成人教育者计 4 万人，其中接受扫盲教育的人数为 3.6 万人。近年来西班牙和伊比利亚美洲国家都曾给予尼加拉瓜成人教育以巨大的帮助，每年组织为期半年的各种专业培训班，成人教育得到较快发展。2003 年西班牙

马德里集团资助尼加拉瓜马德里斯省 688 名青壮年参加 30 个劳动技能培训班。同年西班牙合作机构还帮助尼 14 个省共 5.3 万名学生接受各种技能培训。2003~2004 年成人教育计划覆盖全国，除布卢菲尔兹和卡韦萨斯两市外，全国共举办 4370 个学习班，使 8.2 万名 10~60 岁学员受益。

第二节 科学技术

一 科技体系

尼加拉瓜经济不发达，科学技术水平较低。国家科学技术体系包括政府科研机构、高等院校研究部门、私人企业实验室以及其他从事科学技术活动的组织和个人。工商发展部下属的科学和技术委员会专门负责科学和技术的组织和推广工作。国家技术、标准化和计量局具体协调和组织全国科技活动，以贯彻政府的科技决策。全国大学理事会统筹协调各大学及其研究中心的科技研究和试验活动。私人企业则通过各自的质量控制实验室对产品进行试验和取样，成为整个科技活动不可分割的组成部分。

长期以来，内战和经济衰退使国内生活水平下降，失业率较高，科技人员流失严重。1970 年有 813 名科技人员移居美国，1980 年增至 1696 人，增长率 108.6%。80 年代流失的科技人员成倍增长。直到 90 年代，流亡国外的科技人才陆续返回，1997 年全国约有科技人员 1702 人，其中从事研究工作的仅 799 人。平均每一千经济自立人口有半个科研人员，全年科技经费 540 万美元，人均 1.7 美元，占国内生产总值的 0.27%。[①]

---

① RICYT. Buenos Aires, Argentina, 2001, p. 231.

二 科研机构

集中于高等院校，如尼加拉瓜科技大学（Universidad Politécnica de Nicaragua）下设农村综合培训和开发研究所和人文发展研究所。中美洲大学的科研机构最多，主要有国家技术开发研究所、尼特拉潘研究所、尼加拉瓜和中美洲历史研究所、大西洋沿岸综合开发中心、分子生物学中心、软体动物和生物多样性中心和自然科学博物馆。

尼加拉瓜和中美洲历史研究所（Instituto de Historia de Nicaragua y Centroamérica）是国内外研究尼加拉瓜和中美洲历史最重要的机构之一，其任务包括研究和传播尼加拉瓜和中美洲历史；收藏和保护尼加拉瓜的历史和文化遗产；用新信息和新技术修复、保存和传播历史文献和资料。分为历史研究、图书资料、历史档案和信息分析4个研究室。学术刊物《恩比奥》（Envío）月刊（西班牙文和英文两种版本），在国内外发行。

大西洋沿岸综合开发中心（Centro del Integral Desarrollo de la Costa Atlántica）建立于1981年。是第一个，也是唯一一个以地方历史、文化、经济、自然资源和政治社会制度作为研究对象的机构。下设土著语言信息库和米斯基托及苏穆语翻译部，宗旨是维护土著少数民族的权益。中心曾参加制定大西洋沿岸自治计划，普及双语教育和挽救土著语言文化等工作。出版32种学术刊物。其科研成果《尼加拉瓜东南飓风带森林监测》曾荣获环境和自然资源部颁发的森珀·维林斯（Semper Virens）奖。

分子生物中心（Centro de Biología Molecular）是1999年1月由毕业于美国旧金山加利福尼亚大学的分子生物学博士豪尔赫·A. 韦特－佩雷斯创办的。研究内容涵盖药品开发、微组织生物技术、分子诊断和传染病理学等方面，目的是用分子生物学等现代技术解决农业、环保和传染病领域面临的紧迫问题。该中心同

加利福尼亚大学、佛罗里达大学和哈佛大学都保持着密切的学术联系。

中美洲大学自然科学博物馆（Museo de Ciencias Naturales de La UCA）1999年建立，存有大批爬行动物、软体动物、鱼类和鸟类的实物标本。本土动植物研究是尼科研工作的强项，最早的鸟类标本是1936年由贝尔纳多·庞佐尔（Bernado Ponsol）教授采集的，他是尼加拉瓜动植物研究的奠基人，代表作是《尼加拉瓜动植物生物地理学分布志》。他制作的每份标本都注明动物的属性、形态、演变和分布状况。伊格纳西奥·阿斯托基（Ignacio Astorqui）曾任中美洲学院院长，1949年开始对尼加拉瓜湖中的鱼类进行研究，共发现16种鱼，其中尖嘴重牙鲷（mojarra picuda）和箭重牙鲷（mojarra flecha）被证明是尼加拉瓜湖独有的两种淡水海鱼。

三 国际合作

19 86年尼加拉瓜同中国签订过科技合作协定。1989年意大利投资65万美元，帮助建立了一个植物研究中心，下设三个现代化实验室。植物组织培养实验室采用最先进的试管技术培育良种；食物学实验室对粮食、饲料和牧草成分进行生化分析；综合实验室则负责总结科研成果，向有关部门推荐。中心建立20年来，尼加拉瓜农业减轻了对外依赖度，减少了高粱、玉米、花生、大豆和蔬菜等良种的进口。

1990年全国有国际合作科技出版物12种，地区合作出版物5种。1992年政府同古巴签订了科技合作协定。1995年申报专利的科研成果达35项。1996年高科技出口额达8800万美元，占制成品出口的40%。1998年尼加拉瓜国土规划局和布拉格地理研究所合作，共同进行尼加拉瓜的火山地质研究。内容包括观察和搜集马萨亚和格拉纳达地区的火山岩和火山灰等相关实物资

料，深入研究尼加拉瓜凹陷火山区的地质结构，对马那瓜、马萨亚、格拉纳达和楠达梅等城市及周边地区地理自然险情作出评估，并对火山地震等地质险情发布预报。合作研究还涉及火山地质、火山成因、土壤学和岩石地层学等领域，要求用城建地质标准建立并普及防灾机制，预防泥石流和道路塌方，以减少毁灭性地质灾害对社会带来的风险和损害。2000 年年底，中心的一套现代化火山监测系统正式投入运行。每隔 55 分钟该系统便会对所监测的 4 座活火山自动拍摄一张火山活动的照片，并立即将其传真发往尼加拉瓜国土研究所，供研究人员使用。中心还设有一个完整的资料库，一旦火山活动出现异常，观测人员就会立刻与资料库中的照片进行对比研究，以便得出该火山是否正处在喷发期的科学论断。

第三节　文学艺术

一　文学

尼 加拉瓜文学是中美洲和整个拉美文学不可分割的组成部分。独立运动后，较有名的文学家有百科全书派代表米格尔·拉雷纳加（Miguel Larrenaga，1771～1847）和罗曼蒂克派代表安东尼奥·梅德拉诺（Antonio Medrano，1881～1928）。他们渴望摆脱西班牙殖民主义的影响，创造出自己独特的民族风格。在老殖民主义刚被赶走，新殖民主义又打着门罗主义旗帜到来的严酷现实面前，拉美文人陷入迷茫和沮丧之中，渐渐放弃了脱离现实的浪漫主义而沉醉在诗歌王国中。他们转而追求构思的新奇，用词的典雅和韵律的自由和谐。在此背景下，拉美现代主义应运而生。尼加拉瓜诗人达里奥便是这一运动最杰出的代表人物。

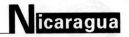

鲁文·达里奥（**Rubén Darío，1867～1916**） 原名费利克斯·鲁文·加西亚·萨米恩托（Felix Rubén García Sarmiento），生于马塔加尔帕省的梅塔帕镇（今达里奥市）。自幼父母离异，家境贫困，由姑母抚养。11 岁开始发表诗作，14 岁在马那瓜国立图书馆落成典礼上曾向总统华金·萨瓦拉奉献长诗《书》。15 岁应邀在国会朗诵 100 首十行诗，故有"诗童"之称。1882 年他侨居萨尔瓦多，结识了当地诗人弗朗西斯科·加维迪亚，两人开始致力于西班牙语诗歌革命。次年回国，在莱昂《西方之声》杂志任编辑工作，1885 年出版首部诗集《初吟》。1886 年前往智利，在《时代报》工作，结识了该报文艺批评编辑曼努埃尔和智利总统之子巴尔马塞达，受到法国帕尔纳斯派和象征主义的深刻影响。1887 年先后发表了诗集《牛蒡》和《智利光荣颂》。1888 年 7 月出版的重要诗集《蓝》（Azúl）是诗人的"初春"之作，现代主义文学成熟的标志，他因此赢得"天鹅"诗人桂冠。1889 年后，他数次作为阿根廷《民族报》记者游历北美和欧洲。1892 年作为尼加拉瓜官方代表参加了在马德里举行的"发现美洲 400 周年"庆典，结识了许多世界文化名人。1893 年被哥伦比亚政府任命为驻布宜诺斯艾利斯领事，赴任前曾去纽约会见了现代主义另一位杰出代表何塞·马蒂。任职期间发表的《世俗的圣歌》（Prosas profanas）是诗人的"仲春"之作，作品突破了国家和民族的界线，使作者成为拉美现代主义文学的当然领袖。其后在阿根廷创办《美洲杂志》。1904 年任尼加拉瓜驻巴黎领事。次年在马德里出版诗集《生命与希望之歌》（Cantos de vida y esperanza），这是他最杰出的诗集，是诗人"秋天的精髓和元气"，也是他从逃避主义向新世界主义转化的标志。1908 年任尼加拉瓜驻西班牙公使。次年发表诗集《尼加拉瓜之旅和热带间奏曲》。1912 年出版《鲁文·达里奥生平自述》。1915 年在美国哥伦比亚大学首次公开朗诵《和平》一诗。1916 年 2 月 6

日在莱昂病逝。

鲁文·达里奥毕生致力于诗歌创作，从未放弃对超越前人，独辟新径的追求。前期作品渴望"纯粹的美"，后期潜心于新大陆和土著民族等题材的创作。其中大部分诗作具有韵律新颖、形象优美、语言典雅、异国情趣等现代主义特征。其诗风突破了殖民文学的羁绊，形成拉美独特的诗歌风格，对西班牙的诗歌创作产生过巨大影响。是现代主义和世界主义诗歌的巨星和整个西班牙语文学的"诗圣"。

圣地亚哥·阿圭略（Santiago Arguello，1872～1940） 是尼加拉瓜从现代主义向当代文学转变的承启人。先锋派代表阿萨里亚斯·H. 巴亚依斯神父（Azarias H. Pallais，1886～1954）和诗人萨洛蒙·德拉塞尔瓦（Salomón de la Selva，1893～1959）都对宣传和推动尼加拉瓜当代文学发挥过重要作用。

巴勃罗·安东尼奥·夸德拉（Pablo Antonio Cuadra，1912～） 是尼加拉瓜当代诗人，先锋派的杰出代表。其诗作从内容到形式都根植于家乡的沃土，体现对民族尊严的维护，对帝国主义干涉的蔑视和对农民大众的同情，具有浓郁的地方色彩，被称为"天主教的美洲主义"。他撰写的《尼加拉瓜人》一书很有名。代表诗集《尼加拉瓜的诗篇》（1934）、《美洲豹与月亮》（1959）和《一个西班牙人的美洲之夜》（1965）充分表达了人们的欢乐和痛苦之情。他和何塞·科罗内尔（Jose Coronel，1906～）着迷于尼加拉瓜的神秘世界，曾于1961年创办文学杂志《鱼和蛇》，向西班牙美洲宣告尼加拉瓜新文学的诞生。这种新文学寻求将现代表达技巧（特别是美国诗歌创作技巧）与中美洲自然和历史传说融为一体。

埃内斯托·卡德纳尔（Ernesto Cardenal，1925～） 融神父、诗人和革命者于一身。生于格拉纳达书香之家，从小受到良好的文化熏陶。7岁开始写诗，17岁中学毕业进入墨西哥国立自

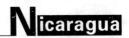

治大学学习拉美文学，开始在文学刊物《手册》上发表诗作。他早期创作的抒情长诗《没有居民的城市》，使他在中美洲诗坛上崭露头角。1947年获文学硕士，同年赴美国哥伦比亚大学研究拉美文学。50年代初他模仿唐诗风格，创作出《政治诗集》。作品简洁明了，追求生动真实的形象，讲究内容形式和音韵的统一。1954年参加武装起义，偷袭总统府失败。在凄风苦雨的漫漫长夜中，他酝酿出不朽的自由体长诗《午夜零时》。该诗感情激越，爱憎分明地刻画了民族英雄桑地诺被叛徒出卖和惨遭暗杀的经过。1957~1965年曾在美国肯塔基修道院和哥伦比亚神学院研究神学。他创作的长诗《生活在仁爱中》（1957~1961）和《为玛丽莲·梦露祈祷》（1965）将天、地、神、人融为一体，开创了美洲一代新诗风，将对上帝的爱融入对全人类的博爱之中。1965年被任命为马那瓜神甫，1966年在尼加拉瓜湖中的索伦蒂纳梅群岛创办天主教公社，一边宣传宗教理念，一边揭露独裁者的反人权罪行。1970年访问古巴并发表诗集《古巴》，公开宣传古巴革命。此后，革命成为他创作的主题，先后出版了《向美洲印第安人致敬》（1969）、《马那瓜的预言》（1973）和《索伦蒂纳梅的福音》（1975）等诗集。这些作品热情讴歌印第安人的光荣历史，谴责殖民者对土著人的残暴和蹂躏。革命胜利前，他曾是桑地诺民族解放阵线的发言人和《12人集团》的联络人。80年代长期担任革命政府文化部长。1980年获德意志联邦共和国和平奖。他被公认为20世纪用诗歌颂扬革命并对拉美文学作出最突出贡献的革命神父和诗人。

在"文学风格创新"口号下，尼加拉瓜出现了叙事体文学革新运动。埃尔南·罗夫莱托（Hernan Robleto，1882~1971）是这一运动的杰出代表。他的小说《被勒死者》和《热带地区的血》享誉美洲大陆。

塞尔希奥·拉米雷斯（Sercio Ramíres，1942~） 是当代

作家和桑解阵著名领导人。其代表作有长篇小说《神灵的惩罚》、《光辉的时代》和短篇小说集《人民与违法》。《神灵的惩罚》在 1989 年举行的第一届世界侦探文学作家代表大会上，曾荣获侦探文学最高奖——哈米特奖（Premio Hamiter）。《人民与违法》1971 年获拉美短篇小说奖。1977 年他的力作《你害怕鲜血吗?》一经问世，立刻在社会上引起了强烈反响，该作品思想性和艺术性的圆满结合对 70 年代后期的"新一代"作家产生过积极的影响。

二　戏剧、电影和电视

加拉瓜戏剧、电影和电视业不发达。革命前没有自己的剧团和制片厂。演出节目 95% 来自国外，主要是美国。《冈冈斯》（Cóncons）是尼加拉瓜传统剧目。每逢 9 月 13 日圣赫罗尼莫节，各地都要上演这部西土双语喜庆剧。除了这部双语话剧外，其他则是一些自编自演乡土剧目。革命胜利后，新政府创建了尼加拉瓜电影局，拍摄过一些新闻和纪录片，还与古巴等国合拍过故事片《边境的女人》（1986），全部角色均由非职业演员担任。一批电影工作者在外国同行帮助下，曾成功地将危地马拉作家阿斯图里亚斯的小说《总统先生》搬上银幕，作为第一部国产故事片在拉美引起轰动。在 1985 年的电视节目中，20% 来自国内，59% 来自美国，3% 和 18% 分别来自社会主义国家和世界其他国家。[①] 80 年代末由于尼经济困难，连拍摄电视片的经费都难以筹措。

近年来尼国内电影市场再度被外国影片垄断，各地影院纷纷上演美国、法国、意大利和墨西哥电影，电影院已由 20 世纪 80 年代初的 150 家减至 90 年代末不足 40 家。大批影院倒闭或变成

---

① Entrevista con Oscar Miranda（SSTV），20 de junio，1985.

咖啡厅和酒吧。首都马那瓜影院上座率每况愈下，观众寥若晨星。相反80年代后期兴起的录像带出租业因利润丰厚，生意十分红火，已成为影院的强劲竞争对手。录像带大多涉及裸体、武打、枪战、恐怖和虚幻等内容，严重地毒害着人们的精神世界，导致青少年犯罪率不断攀升。

三 音乐舞蹈

音乐 尼加拉瓜音乐受西班牙、印第安和非洲等多种文化影响，具有混合音乐的特性。地域性较强，中西部地区以西班牙和印第安混合音乐为主；东部沿海地区含有非洲、加勒比海和土著印第安各种音乐成分。

史前遗传至今的古乐器丰富多彩。主要打击乐器有"马拉卡斯"，那是一种里面装着一些小石子的葫芦，西班牙沙球便是由这种土著传统乐器演变而来的；一种名叫"奇尔奇尔"的原始小铃，音质悦耳，至今仍在土著印第安人中广泛使用；原始鼓"胡科"，在一只木桶上蒙张鼓皮，鼓皮上系一根弦，用手先将弦线拉紧，再放松，让弦线击打鼓面，如此一紧一松发出牛吼似的嗡嗡声，因而亦称"牛吼器"；此外还有众多大小不同、形状各异的鼓。管乐器有"齐里米亚"，是一种原始单簧管；"苏尔"是五孔或六孔的原始笛子；而"卡乔"则是一种用兽皮制成的原始小号。弦乐器"基洪戈"结构简单，将一根弦绷在一只椭圆形音盒的两端，弦下方有个活动的琴桥支撑，是一种原始单弦琴。此外还有至今广泛流行于尼加拉瓜和其他中美洲国家，深受人们喜爱的"马林巴"琴等。

路易斯·A. 德尔加迪略（Luís A. Delgadillo，1887～1965）是尼加拉瓜最著名的音乐家和作曲家，生于马那瓜。早年表现出杰出的音乐才能，青年时被政府派往意大利，在米兰音乐学院学习，后在欧洲深造5年。曾先后担任马那瓜"最高权力乐队"

指挥，并曾担任音乐学校校长。1943年在巴拿马国家音乐学院任教，并在音乐杂志《和声》做编辑工作。主要作品有交响曲：《中美洲交响曲》、《印加交响曲》和《山民交响曲》；管弦乐曲：《十二月》、《田园景色》和《延科斯》；舞曲：《祈月》、《古柯之舞》和《箭舞》；主题曲：《特奥蒂瓦坎》和芭蕾舞曲《婴儿舞》。还曾为大型歌剧《规范之终结》和《马瓦尔塔扬》创作过主题曲，并为达里奥的诗词谱写过14首《浪漫曲》。

70年代歌唱家和作曲家卡洛斯·梅西亚·戈多伊（Carlos Mejía Godoy）等创作的革命歌曲，曾经伴随和鼓舞着在街垒斗争中的尼加拉瓜青年一代，在反独裁战争中发挥过重要作用。

舞蹈　哥伦布的史官曾描述过史前尼加拉瓜和哥斯达黎加一带印第安人的"阿莱托"（Aleto）舞：一种约80～100名印第安人在广场上演练的集体舞。舞者三人一组，四组一排，排列整齐，退三步，一转身。击鼓者领唱，领舞人应答，众舞者跟随领舞人边唱边跳。一些人手持羽扇，一些人手持"马拉卡斯"；有的头戴翎毛，有的在手臂或腿上绑着一串串贝壳，人们就这样不停地又唱又跳，直至深夜。

尼加拉瓜流传至今的印第安舞蹈有：

"耶圭西塔"（yeguecita），意为小牝马，因舞者手持木制小马头而得名。舞曲3/4拍，节奏中速欢快，音调简洁平直。舞蹈表现小雌马无忧无虑，自由玩耍的情景。

"洛斯卡瓦里托斯"（los caballitos），意为小马驹群，舞者均扮成小马驹形象。舞曲3/4拍，节奏快速活泼，旋律流畅。舞蹈描述群驹嬉戏蹦跳、狂奔、自得其乐的动人场面。

"埃尔索比洛特"（el zopilote），字义为秃鹰，舞者身着鸟装，舞曲3/4拍，旋律高昂悠扬，表现秃鹰展翅翱翔蓝天的健美英姿。这种舞蹈经久不衰，已被确定为尼加拉瓜的国舞。

如今仍在尼加拉瓜农村流行的"飞人舞"场面十分壮观：5

位舞者扮作飞鸟羽人，爬上约 15 米高的立杆，中间一人站在木杆顶端的圆筒上吹笛、击鼓朝拜四方，其余 4 人则系着连接圆筒的绳索展翅飞翔，并各自旋 13 圈后徐徐落地。5 人一组，象征东南西北中；4 人飞翔，象征一年四季；每人 13 圈，象征一个世纪（玛雅人认为 52 年为一个世纪）。舞蹈反映出尼加拉瓜的民族舞渊源和玛雅印第安人的生活哲理。

"恰－恰－恰"（cha-cha-cha）和"萨尔萨"（salsa）于 20 世纪 70 年代从古巴传入尼加拉瓜。"恰－恰－恰"为拟声语，指的是舞蹈中的跺脚声，采用 2/4 拍，节奏感强；"萨尔萨"又称热歌舞，是古巴混合舞，节奏有快有慢，有张有弛。

"共比雅"（combia）源自哥伦比亚，由于节奏明快，旋律流畅，深受尼加拉瓜人民所喜爱。舞者一手捧腹，一手弯曲半举，两臂和臀部随节拍扭动，舞者之间完全没有身体的接触，男女老幼均可即兴自由发挥。

四 美术

雕塑 尼加拉瓜考古工作者在太平洋沿岸和两湖岛上发现了众多史前单色和多色陶器，器皿底部有三足支撑，表面绘有蛇、美洲豹、鳄鱼和猴子等动物形象，图案黑白线条分明，色彩鲜艳。在萨帕特拉岛的墓室中，出土了许多刻有人和动物形象的小石柱；奥梅特佩岛挖掘出来的石雕守墓人像，威严、神勇，头和肩上盘着一条鳄鱼。中央高原遗址出土的石雕群像栩栩如生，姿态各异：有的左手持斧，右手托个人头；有的左手高举秃鹰，右手握一条蛇；还有的骑在美洲豹身上。

绘画 尼加拉瓜早期著名画家有罗伯托·德拉塞尔瓦（Robelto de la Selva，1912~1957）和阿希利亚·纪廉（Asilla Guillén，1887~1962），他们对尼加拉瓜的绘画艺术产生过巨大影响。后者的作品主要描绘尼加拉瓜火山和湖岛风景，使人们过

目难忘。他的《英雄们和艺术家们来到泛美联盟接受祝圣》（1962）是拉美稚拙艺术的代表作。

画家阿曼多·莫拉莱斯（Armando Morales） 毕业于马那瓜国家美术学校。早期作品着力于描绘尼加拉瓜湖畔的热带风光，反映他对故土的眷恋之情。在20世纪70年代反索摩查独裁斗争中，成为著名的现代画家。他公开宣称："我希望成为一个来自于人民，又能够教育人民，引导人民的人。"他的油画《告别桑地诺》（1985），堪称当代罕见的群像杰作，寄托着画家对民族英雄及其生死与共亲密战友的深切怀念。被他命名为《卡韦萨斯港的少女》的系列海滨浴女图（1985～1986）描绘出桑地诺反美斗争的一个片段：一批武器被秘密运抵卡韦萨斯港，为了避免引起美国占领军的注意，人们将它们全部沉入海底，黄昏时一群纯情少女佯装沐浴，潜入海底将枪支捞出交给桑地诺将军。莫拉莱斯1993年创作的《桑地诺将军最后的晚餐》和《在混凝土搅拌机前逮捕桑地诺将军》两幅油画，充分说明画家对献身人民事业的民族英雄怀有最崇高的敬意。

80年代在尼加拉瓜首都和主要大城市的街道上，歌颂自由解放和人民当家做主的巨型壁画随处可见。

第四节　医疗卫生

一　医疗卫生状况

尼加拉瓜是拉丁美洲医疗卫生水平最低的国家之一。1993～2003年人年均卫生支出仅59美元，在中美洲居倒数第二位。2004～2015年《全国卫生计划》揭示，2003年全国饮用水覆盖率为73.2%，仅一半居民有室内饮水设备，城市排污管道覆盖率只占34.6%，全国每天产生1793吨垃圾，城

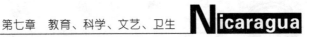

市中仅一半垃圾被清除，另一半则乱堆乱放；农村环境更差，粪便清洁率只占 69.5% 。2000 ~ 2005 年年均人口死亡率为 5.2‰，婴儿死亡率达 33.5‰。尼加拉瓜仍然是西半球婴儿死亡率最高的国家之一。据美国农业部估计，20 世纪末尼全国 80% 居民营养需求得不到保障，20% 儿童患营养不良症，身高与年龄不符者占 20% 。4% 孕妇营养差，6 个月至 5 岁的贫血儿占儿童总数的 33.5% （2000）。医疗投资少，卫生支出低于其他中美洲国家。医药资源分配不合理，过度集中于城镇，特别是首都马那瓜。医疗卫生机构的作用有限，医保覆盖面很小，全国只有 6% 的人参加医疗保险。1993 年医保制度私有化改革后，投保人必须定期向医疗保险企业交纳保险费，本人及家属方可享受医疗保健服务。偏远农村、山区，特别是希诺特加省、新塞戈维亚省和南北大西洋自治区缺医少药情况更加严重，很多人看不起病，买不起药。加勒比沿海两个自治区的面积占全国总面积的一半，而国家投入的卫生经费只占全国卫生总预算的 8% ~ 9% 。

二 地方病和常见病

由于尼加拉瓜地处热带，疟疾、肺病和登革热是这里的常见病和地方病。前两种病多发于中部和加勒比海地区，后一种多发生在人群密集的城市，并有向北蔓延的趋势。糖尿病、心脏病、高血压、癌症、艾滋病、呼吸系统疾病、泌尿系统疾病、肠道感染、寄生虫病、扁桃体炎、风湿性关节炎等是威胁尼加拉瓜居民健康的主要疾病，也是导致死亡的重要原因。呼吸道感染、痢疾和脑膜炎已成为儿童死亡率最高的疾病。2002 年妇女宫颈癌患者达十万分之十三点九，乳腺癌患者为十万分之五点八。据卫生部统计，2002 年入院治疗 1.8 万人，其中糖尿病并发症患者占 24% ，泌尿系统疾病患者占 23.9% ，心脏病患者占 12.8% ，高血压患者占 11.7% 。1987 年全国发现首例艾滋

病人，20世纪末患者人数迅速上升，到2003年6月，达469人，其中死亡248人。近几年国家每年拨款100多万美元，用于肿瘤和艾滋病的研究和治疗。

三 医疗保健体系

尼加拉瓜卫生部是全国医疗保健最高领导机构，下设全国卫生委员会（作为卫生部顾问和咨询机关）、全国诊疗和咨询司、一级诊疗司、二级诊疗司、医务人员和药品管理司，以及卫生环境和流行病学司。一级医疗服务是基层医疗服务单位，直接把基层医疗服务对象（个人、家庭和社区组织）同全国卫生体系结合起来；二级医疗服务是一级医疗服务的补充，主要为入院病人的治疗服务。各省和各自治区都设有地方卫生综合服务体系（Sistemas Locales de Atención Integral en Salud），将当地的医疗保障和医疗服务网（包括公立、私立、营利和非营利的一级、二级医疗服务机构同社区社会组织网整合在一起），实行统一管理，以便改善人民的卫生条件和提高医疗服务水平。

四 医疗保健水平

尼加拉瓜的医疗保健水平很低，2002年全国只有医生2066人，职业护士1550人。平均每千人有医生3.9人，护士2.9人，病床0.9张。年人均医疗费为100美元。

目前全国共有54所医院，其中公立医院34家，私立医院20家。分布很不平衡，首都马那瓜有13所公立医院和医疗中心，占全国医院总数的1/3强，马那瓜全国康复中心建立于1958年，其规模、医疗设备和治疗水平在全国处于领先地位。卡拉索省有3家公立医院，奇南德加、莱昂和埃斯特利三省各有2家公立医院，其余各省和自治区只有1家公立医院。私立医院

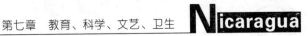

主要集中在大中城市。公私诊所大多分布在中小城镇，少量在中西部农村，在北方高原和加勒比沿海广大农村山区却寥若晨星。20 世纪 90 年代中期，卫生部推行《儿童免费接种计划》，截至2000 年，已为 90% 儿童接种了脊髓灰质炎疫苗，为 85% 儿童注射了麻疹、破伤风、白喉、百日咳等疫苗。2003 年全国抗麻疹疫苗接种率达 93%；抗其他大范围传染病疫苗普及率达 86%。2005 年尼加拉瓜人均寿命达 69.4 岁，其中女性平均寿命 71 岁，男性 68 岁。经费短缺、药品不足、医疗设备陈旧是卫生部门面临的最大难题。从 1995 年起，政府加大卫生投入，同年医疗卫生预算为 7810 万美元，2003 年增至 1.2 亿美元。2004 年尼卫生部投资 2.32 亿科多巴，用于扩建卫生服务站、培训医务人员、增加设备和加强网络信息等基础建设。2006 年尼加拉瓜医疗卫生预算达 1.7 亿美元，占政府预算的 11%。

五　卫生医疗政策

尼加拉瓜宪法第 59 条规定，"全体尼加拉瓜人享有同等健康权利。国家负责领导和组织卫生计划和医疗服务等各项活动；推动民众参与并维护自身健康。公民有义务遵守国家确定的卫生措施"。国家先后颁布了《卫生总法》和《全国卫生计划》（2004～2015）。《总法》尊重文化多样性和广泛参与原则；关注弱势人群的卫生服务；改善卫生条件和提高医疗水平。《全国卫生计划》提出的卫生工作总方针是扩大卫生医疗覆盖面；改组卫生部领导机构，加强一级门诊工作，提高医药管理水平；巩固全国卫生医疗体系；开发人力资源；强化卫生综合能力；在自治区和边界城市实施卫生创新战略。《计划》要求调整全国卫生体系，促进专业化；确定审计、财务、资源管理和医疗保健界限；卫生部应加大放权的力度，授权民族自治区建立自己独立的卫生管理机构，推广卫生综合服务模式。此外，还确定了

2004～2015 年卫生事业发展的阶段性指标[①]。2006 年年底，总统签署《禁止堕胎法》，尼加拉瓜成为拉美第三个立法禁止堕胎的国家。

第五节　体育

尼加拉瓜人酷爱体育活动，体育运动有广泛的群众基础，节假日参加或观看各种体育比赛更是必不可少的活动内容。体育运动受教育、文化和体育部领导，棒球、拳击、足球、排球、自行车、摩托车、划船和游泳比赛在尼加拉瓜较为普及。棒球运动风靡全国，男青年都以会打棒球而自豪。棒球运动于 19 世纪 70 年代从美国传入尼加拉瓜。即使在偏远山村，也有自建的棒球场供爱好者进行练习和比赛，有的场地还搭起了简陋的看台。棒球比赛经常被用来为婚礼庆典助兴。1977 年第三届世界棒球锦标赛在马那瓜举行。1995 年尼国家棒球队参加了奥运会棒球选拔赛，同年查莫罗夫人出席尼加拉瓜全国棒球甲级联赛开幕式，并亲自为比赛开球。1996 年获泛美运动会棒球银牌，首届太平洋运动会棒球冠军和洲际比赛铜牌。拳击也是尼加拉瓜的竞技体育强项。1987 年尼拳王罗森多·阿尔瓦雷斯（Rosendo Alvarez）曾远赴曼谷进行其第四次世界最轻量级冠军卫冕战。尼加拉瓜拳王亚历克西斯·阿圭略（Aléxis Aguello）也曾获得过世界轻量级冠军。至今，尼加拉瓜在轻量级和最轻量级拳击项目上，仍保有相当实力。

2001 年中美洲体育组织确定马那瓜为 2005 年第 8 届中美洲运动会举办城市。为此马那瓜市政当局斥资 4000 万美元兴建了一个奥运村，一个多功能体育中心，其中包括一个可容纳 4 万名

---

① Plan Nacional de Salud，pp. 114－128.

观众的综合性体育场，内设田径、英式足球、橄榄球、篮球、排球和自行车等比赛场地。

第六节　新闻出版

一　通讯社

尼加拉瓜新闻社（Agencia Nicaraguense de Noticias）地址在首都马那瓜，创办于 20 世纪 90 年代初，是唯一官方通讯社。社长是罗伯托·加西亚（Roberto Garcia）。驻尼外国通讯社有：美联社、埃菲社、德新社、拉丁社、墨新社、塔斯社和新华分社。

二　报纸、网络公司

尼加拉瓜新闻出版业不发达，报刊发行量低，书籍出版数量少，而且质量较差。书籍和报刊发行量仅等于哥斯达黎加的 1/4。

尼加拉瓜全国性报纸主要有：《新闻报》（La Prensa）、《新日报》（Nuevo Diario）和《消息报》（Novedades）。《新闻报》为全国第一大报，发行量约 10 万份，由查莫罗家族创办，佩德罗·华金·查莫罗 1952 年继承父业，任社长。该报曾是反独裁统治的喉舌，1978 年佩德罗·华金被害后，由其遗孀查莫罗夫人接任。80 年代初，她退出民族复兴政府执委会，《新闻报》成为反对派舆论工具，曾屡遭关闭。1990 年查莫罗夫人就任总统，《新闻报》成为官方报纸，发行量跃至首位。目前由查莫罗夫人的长子小佩德罗·华金·查莫罗担任主编。《新日报》为全国第二大报，发行量在 5 万份左右，主编是查莫罗夫人次子卡洛斯·费尔南多·查莫罗。《消息报》发行量约 3 万份。《街垒报》80

年代曾是桑解阵机关报，发行量在 6 万份以上。90 年代桑解阵成为反对党，该报变成反对党的喉舌，发行量一度高达 9.5 万份。后因内部分裂和经费拮据，发行量下降。1998 年由私人不定期出版发行。2000 年为迎接大选，改为周刊，发行量减至 2 万份，现已停刊。此外还有许多政党办的报纸杂志，发行量都不大。

全国有 22 家国际互联网公司为客户提供服务，用户 2 万多人，约占全国人口的 0.4%。2000 年政府投资 2000 万美元用于普及互联网计划。近年来用户以每年 10% 的速度增长。自实施私有化以来，电讯业已被墨西哥和洪都拉斯私人公司收购，移动电话市场也被美国、墨西哥和西班牙公司垄断。2004 年全国有固定电话 21.4 万户。近年来移动通信费下降，用户增至 73.8 万人。

三　广播、电视

全国共有中央和地方广播电台 178 家，分别由执政党、反对党和天主教会管理。有私人电视台 11 家，国家电视台 1 家。第 2、第 5 和第 8 频道属于国内私人电视台，第 4 和第 10 频道是墨西哥独资或合资开办的。此外还有桑解阵企业家开设的私人电视台。第 6 频道为国家电视台，2002 年 4 月因涉嫌 150 万美元资金流失案被政府关闭，现已恢复播放节目。

四　刊物、图书馆和出版社

主要刊物有《法人》杂志和《恩比奥》月刊。刊物总发行量约 10 万份。查莫罗夫人的一个孙子担任《法人》杂志主编。《恩比奥》在国内外享有较高声誉，用西班牙语和英语两种文字出版，向国内外发行。主要介绍尼加拉瓜和中美洲各国历史和现状研究的最新成果。

国家图书馆（Biblioteca Nacional）创建于 1882 年 1 月。建馆之初，得到过许多国家的支持和捐赠，其中值得一提的是当时尼驻法领事曾经从巴黎获得大批捐赠书籍和刊物，使馆藏图书达 2106 册，报刊 592 份。随着国内文教事业不断发展，政府颁布法令，动员知识分子向国家图书馆捐书，并派人员赴欧美和其他拉美国家收集和采购书刊，以充实馆藏。70 年代初，尼加拉瓜建立了图书馆专门学校。1981 年增建国家图书馆新馆，面积为 1250 平方米，馆内设有专供儿童和残疾人使用的阅览室。现有藏书 80 万册以上。尼加拉瓜国家图书馆是伊比利亚美洲国家图书馆协会会员，与西班牙、葡萄牙和拉美各国家图书馆保持着业务上的联系。各高等院校和研究机构均设有自己的专业图书馆。

全国较重要的出版社有 16 家，包括尼加拉瓜语言科学院、美洲出版社、新尼加拉瓜出版社、中美洲大学出版社和尼加拉瓜国立自治大学出版社等。

第八章

外　交

第一节　外交政策

尼加拉瓜的外交政策基于人民间友好团结和国家间相互尊重的原则；反对一切形式的侵略和对国家内部事务的干涉；主张依据国际法和平解决国际争端；禁止在国际和国内冲突中使用核武器和其他大规模破坏性手段。尼加拉瓜同中美洲其他国家保持高层互访，定期举行首脑会议，就地区和国际事务交换意见并保持一致行动，积极推动地区一体化，以力争重建大中美洲祖国。20 世纪 90 年代初查莫罗夫人执政后宣布，政府愿在遵循主权、自决和互相尊重的原则下与所有的国家建立和发展关系，并称将继续奉行不结盟的外交政策。尼加拉瓜政府重视加强同拉美其他国家的政治经济关系，已经同世界 100 多个国家建立了外交关系。连续几届政府都主张不结盟运动应顺应国际新政治经济潮流；加强南南合作，改善南北关系；支持联合国改革；支持所有旨在缓和国际紧张局势、制止军备竞赛和推动裁军的行动。

阿莱曼和博拉尼奥斯两届政府继承了前总统的外交政策，重点发展同美国的外交关系，支持美国侵略伊拉克战争，在反恐、

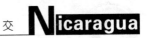

反毒、反走私和反腐败领域同白宫进行广泛合作。积极参加地区和平和一体化进程，与中美洲邻国及其他拉美国家保持良好的外交关系。桑解阵新政府仍保持着外交政策的连续性，在重视尼美关系，继续同中国台湾当局保持双边关系的同时，努力加强同古巴和委内瑞拉等友好国家的关系，并期望与中国发展经济和贸易往来。

第二节 同美国的关系

19 79 年 7 月 20 日，桑解阵推翻索摩查独裁统治，建立民族复兴政府。7 月 25 日美国政府承认尼加拉瓜新政府，并提供价值 300 万美元粮食和 120 吨应急食品和药品。9 月 24 日卡特总统接见尼执委会三成员，决定向尼提供 7500 万美元贷款。1980 年白宫拖延拨付援尼贷款，并支持中央情报局收罗溃散的警卫队残余成立反政府武装"康特拉"，两国关系开始紧张起来。

1981 年初里根上台后，宣布冻结了未支付的援尼 1500 万美元贷款，减少尼蔗糖进口份额，通过外交途径切断美洲开发银行原定给尼的 3000 万美元贷款。拨款 8000 万美元对尼进行空袭和间谍活动，并在洪都拉斯南部边境建立反政府武装训练营地，以便对尼革命政权进行干扰和破坏。1982 年里根政府拨给中情局 1900 万美元，支援在洪境内的"康特拉"返尼破坏桥梁和发电厂等基础设施。同年 3 月，奥尔特加在联合国安理会和不结盟国家首脑会议上谴责了美国这一侵略罪行。1984 年 2 ~ 4 月美国怂恿反政府武装对尼沿海和内湖主要港口布雷，造成尼直接经济损失达 3.5 亿美元，为此尼政府把美国告上海牙国际法庭。下半年尼美举行 9 轮副外长级直接会谈。年底里根派军舰和飞机入侵尼领空领海，尼美关系再度紧张。1985 年里根连任后，单方面中

止了双边直接会谈，企图颠覆尼政府"现行结构"。5月签署对尼加拉瓜实行经济制裁和贸易禁运的命令：中止双边贸易和美尼友好条约，关闭尼在美的6个领事馆，停止航班和轮船往来。里根政府的霸权行径遭到尼政府和国际组织一致谴责，国际法庭支持尼加拉瓜政府的诉求，安理会要求美国立即停止对尼封锁和禁运。1985年底，美国拨给反政府武装非军事援助6500万美元并提供萨姆－7地对空导弹。尼加拉瓜召回驻美大使，德斯科托外长在联大揭露美战争升级行动。1986年美众议院批准里根向反政府武装提供1.1亿美元援助提案。8月初奥尔特加访美，提出改善双边关系的八点建议，对此里根公开声明，如果尼政府不同反政府武装对话，美则拒绝恢复同尼直接谈判。同年11月"伊朗门事件"被曝光，里根被迫改变其侵略政策，提出7项和平计划，企图阻止中美洲和平进程地区化。1987年《中美洲和平协议》签订后，里根多次接见反政府武装领导人，表示继续提供军援。1988年白宫对尼经济封锁和贸易禁运再延长一年。

1989年布什上台后，美国国会通过了关于中美洲政策的两党协议，政府每月向反政府武装提供450万美元"人道主义"援助。布什决定第四次延长对尼贸易禁运，并要求盟国将对尼援助推迟至1990年大选后。1989年3月和10月，布什两次接见尼总统候选人查莫罗夫人，并向尼加拉瓜反对派联盟提供1200万美元竞选资金。查莫罗夫人当选的第二天，布什表示承认尼新政府。1990年3月，布什宣布取消对尼加拉瓜的封锁和禁运，建议政府提供5亿美元，用于尼经济重建，并呼吁西方盟国恢复对尼的援助。尼加拉瓜重新获得在加勒比盆地计划和普惠制中的地位，美国增加了尼加拉瓜的食糖进口份额。同时美国故意拖延反政府武装遣散期限，迫使查莫罗夫人在裁军和更换警察司令等问题上作出让步。"康特拉"被遣散后，布什又借口尼治军不力，没有解决美国公民的财产问题，一再冻结对尼援款。1991年4

月，查莫罗夫人访美。根据同年9月达成的美尼协议，美国免除尼所欠2.5亿美元债务。1992年美承诺向尼提供2.09亿美元援助。翌年1月，两国签署《友好合作协议》。

1993年克林顿入主白宫，美政府对尼援助由上年的2亿美元减至1.07亿美元，次年又减至9000万美元。1995年在尼军改名并更换了军队司令后，美国才解除了对尼援款的冻结。当年7月，美国前总统卡特和伯利兹总理普赖斯在尼加拉瓜共同主持有关没收美国公民财产问题讨论会，与尼各方代表达成共识。美国决定继续保持每年给尼9000万美元援助。8月美尼两国又签署了三个发展计划，美向尼提供总值为1.225亿美元援助。9月查莫罗夫人赴美，参加美国民主中心成立十周年活动，承诺1997年前解决涉美财产问题，白宫再次延长对尼经济特别待遇。11月，查莫罗夫人与美洲开发银行达成7500万美元贷款协议，以资助尼公路计划。1993~1997年期间，尼每年派代表参加美国同中美洲国家举行的联合军事演习。1997年1月，美尼签署关于保护和相互促进投资协议。5月中美洲各国首脑与美国总统克林顿签订《圣何塞声明》，在尼加拉瓜总统阿莱曼倡议下，双方达成《美国和中美洲航空协议》。1998年1月，美尼签署《知识产权协议》。3月美国泛美事务副国务卿访尼。5月阿莱曼总统访美。10月两国政府达成《减少和重新安排2500万美元债务协议》。年底尼遭遇米奇风灾后，克林顿夫人、前总统卡特夫人和副总统戈尔夫人先后访尼，免去尼所欠美的5400万美元债务；美国还倡导建立了5国援尼集团（美国、加拿大、德国、西班牙和瑞典）。1999年和2000年春，克林顿两次访问尼加拉瓜卡西塔米奇飓风重灾区，答应向尼提供2亿美元援助，并敦促国际金融机构和协商集团向尼提供紧急救灾援助。2000年3月，两国政府签署双边警务新协定和双边引渡条约。7月，又达成反毒合作协议，尼决定参加美国21世纪全球反毒战略。月底美国国会通过提案，允许政府每年给尼 6500 万美元资金支持，鼓励国际金融机构对尼贷款，条件是尼必须每年按比例解决部分遗留的美公民财产问题。2001 年 11 月，尼当选总统博拉尼奥斯访美，受到布什总统接见。在双方会谈中，鲍威尔国务卿表示将全力支持尼新政府，协调国际金融机构向尼私人企业投资，帮助尼尽早享有《高负债穷国计划》待遇，以减少尼的财政赤字，改善卫生和教育落后状况。2003 年尼总统第二次访美，表示全面支持美国入侵伊拉克，美方则承诺支持尼政府的反贪斗争，并力促美洲开发银行向尼贷款，以解决尼东部和西部隔绝不通公路和城市交通拥堵等问题。同年 11 月，美国国务卿鲍威尔访尼，要求政府将桑解阵排除在立法和行政领导之外，12 月两国结束自由贸易谈判。2004 年 5 月，中美洲 5 国与美国正式签署了《中美洲—美国自由贸易协定》，2005 年 10 月尼议会批准该协定。2006 年 12 月，美国拉美事务助理国务卿香农访尼，会见当选总统时表示，尊重尼加拉瓜人民的选择，将同新政府保持"积极的关系"，期望继续发展双边贸易关系。奥尔特加则希望进一步改善两国关系。2007 年初桑解阵新政府成立后，香农和负责经济私有化事务助理国务卿丹尼尔·沙利文相继访尼，软硬兼施以争取尼加拉瓜为布什政府的拉美新战略服务。

第三节　同欧盟、加拿大和日本的关系

莫罗夫人执政后，欧盟恢复了对尼援助，双方高层互访不断。1991 年 3 月，欧盟在《经济联合公报》中许诺，向尼提供 2000 万美元出口援助。次年 10 月，查莫罗夫人访问北欧 4 国，先后签署了贷款、捐赠和免除尼债务等多项协议。1995 年 11 月，欧盟同尼达成在尼境内设立办事处协议。90 年代欧盟共向尼提供了 3.3 亿美元资金援助。1991～1995 年西

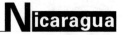

班牙对尼资助达 1.84 亿美元。1995 年 2 月，西班牙首相冈萨雷斯访尼，双方签署了两国 1995～1996 年第三次技术合作混委会纪要。1997 年阿斯纳尔首相访尼，两国达成旅游协议。2001 年西班牙免去尼所欠 3.99 亿美元债务。同年 3 月，阿莱曼总统访问意大利和西班牙。11 月瑞典向尼提供 600 万美元救灾和重建款。自 20 世纪 70 年代以来，尼加拉瓜一直是瑞典外援的重点对象国之一。1995 年 4 月，德国建设银行给予尼 1420 万美元，用于尼经济结构调整。8 月德国高级官员代表团访尼，同尼签订 7690 万美元贷款协议。1996 年德国总统赫尔佐克访尼。四年来，德国向尼提供贷款达 1.9 亿美元。1995 年 3 月，尼加拉瓜莱亚尔外长访问丹麦，该国政府决定免除尼外债 2050 万美元。5 月，查莫罗总统同英国宗教团体签署援尼 100 万美元协议，用于解决圣胡安河流域和大西洋沿岸的通信以及边远地区的基础医疗设施。1990～1999 年，丹麦向尼提供援助共计 1.6 亿美元。1999 年 10 月，尼加拉瓜与荷兰签署政府间合作最终协定书，主要内容是：（1）荷向尼提供 925 万美元，用于支付世界银行债务；（2）免除 1995 年双边债务利息 590 万美元；（3）荷向尼提供 620 万美元，支持尼购买商业外债。截至 1995 年底，荷方向尼提供的援助达 3 亿美元。1998 年米奇风灾后，法国和奥地利分别免去尼所欠的 7130 万美元和 4000 万美元债务。德国、瑞典和西班牙参加 5 国援尼集团。1999 年尼地热电站在瑞士资助下重新启动。2000 年欧盟将中美洲重建计划基金的 4090 万欧元拨给尼加拉瓜，其中 1090 万欧元用于莱昂和奇南德加等 6 城市扶贫和环境治理。欧盟是尼第三大贸易伙伴，尼每年向欧盟出口额 1.34 亿美元，进口额 2.2 亿美元。2006 年欧盟与中美洲自由贸易谈判未果，但承诺 2007～2013 年将提供 2 亿欧元（2.48 亿美元）援助，以发展尼教育，提高其农业生产和政府管理水平。

尼政府同加拿大的经济关系近年来也得到加强，1998 年米

奇风灾后，加成为援尼集团成员国。1999年尼向加出口额达700万美元，2000年超过2500万美元；1999~2000年每年从加拿大进口额都在2000万美元以上。2002年2月和4月，两国分别在马那瓜和渥太华举行第2轮和第3轮自由贸易谈判。2005年11月双方进行新一轮谈判。

近10年来，日本向尼加拉瓜提供重建资金总额达6亿多美元，87%为赠款。1998年11月，日给尼7000万美元救灾款项，次年加入五国援尼集团。1999年5月，尼总统访问日本和韩国，日本允诺将给予6900万美元经济援助，韩国也答应提供550万美元援款。同年夏，日本向尼政府赠款660万美元，用于支持其儿童健康计划和重建内格罗河大桥。2005年8月，尼总统访日参加中美洲—日本峰会。

第四节　同苏联、俄罗斯和东欧的关系

19 79年10月13日，尼加拉瓜和苏联建立外交关系。紧跟着实现了与东欧社会主义国家关系正常化。20世纪80年代，两国高层交往频繁，尼连续多年获得苏联免费供应石油。1983年尼成为华沙条约组织观察员后，又与华沙条约成员国组成混合委员会，得到过东欧国家大量经济和技术援助。截至80年代中期，苏联共向尼提供14亿美元的经援，22亿美元的军援。[①] 奥尔特加先后4次访问苏联。1989年苏联停止向尼供应武器。1990年尼政府更迭后，苏表示继续向尼提供经援。次年9月3日，尼宣布承认波罗的海三国独立并与它们建交。12月26日，尼加拉瓜承认苏联解体后的俄罗斯联邦。1992年9月俄罗斯免除尼所欠外债的82%。1993年俄向尼首批拨付6000万

---

① 李明德主编《拉丁美洲和中拉关系——现在和未来》，第382页。

美元，用于尼地热电站重建工程。1994 年 2 月，两国签署外交部协商议定书，同年 12 月，俄罗斯同意免除尼加拉瓜所欠俄 35 亿美元债务的 85% ~ 90%。1996 年 4 月，两国政府再次签署减免尼所欠前苏联债务的 98% 的协议。10 月尼加拉瓜与土库曼斯坦建立外交关系。1997 年 11 月，尼俄签署《互免外交、官员和公务签证协议》。2007 年 2 月 26 日，尼加拉瓜与乌兹别克斯坦建立外交关系，同年 5 月，奥尔特加总统会见了来访的俄罗斯外长拉夫罗夫。

第五节 同中美洲邻国的关系

20 世纪 60 年代，尼加拉瓜同本地区其他 4 国共同创建中美洲共同市场。70 年代哥斯达黎加和巴拿马政府曾支持尼加拉瓜人民反对索摩查独裁的斗争。桑解阵执政期间，尼同洪都拉斯、萨尔瓦多、哥斯达黎加等邻国的关系时紧时松。1990 年 4 月，查莫罗夫人当选总统，尼同邻国关系明显改善。1992 年尼主动撤销 1986 年在海牙国际法庭对洪支持尼反政府武装的指控。1993 年 4 月，尼加拉瓜与萨尔瓦多、危地马拉和洪都拉斯组成 4 国集团，允许商品和人员在 4 国间自由流动。1997 年初，尼政府首次派 20 名代表参加中美洲议会。

90 年代初，进入哥斯达黎加的尼加拉瓜移民与日俱增。1995 年 1 月，两国外长就移民问题达成协议。4 月 3 日两国政府又签署双边公报，就巩固和加强双边关系并解决边界问题表示了良好的愿望。1999 年米奇风灾后，又有 16 万尼难民涌进哥斯达黎加，两国关系紧张起来。2000 年夏，两国总统就圣胡安河航行权问题达成协议。2001 年 10 月，两国界河航行冲突加剧，尼方表示将对哥进口产品征收 35% 关税，哥政府将尼单方面行为告上海牙国际法庭。2005 年 9 月，哥议会通过法案，要求控制进入该国的尼非法移民，并将两国关于非法移民和圣胡安河航行权分歧提交海牙法庭，双边关系一度紧张。2006 年 5 月，哥新总统阿里亚斯呼吁改善两国关系。

历史上尼加拉瓜同洪都拉斯的边界冲突不断，20 世纪 50 ～ 80 年代发生过多起武装冲突。1995 年 4 月，两国签署了丰塞卡湾海域浮标定界工作协议，但双方在该区域的领海主权和水资源问题上仍存有严重分歧，为此经常发生摩擦。同年 10 月，两军签署军事协议，内容包括双方互派武官、加强边界工作和共同与走私活动斗争等。当月萨尔瓦多国防部长访尼，双方签署军事协议，这是萨军领导人 15 年来首次对该国的访问。1996 ～ 1997 年，尼洪两国基本解决了在丰塞卡湾和大西洋米斯基托海岸的边界争端。1998 年 5 月，两国外长共同主持丰塞卡湾浮标定界仪式。9 月尼政府简化危地马拉、洪都拉斯和萨尔瓦多游客的入境手续。1999 年 11 月底，洪议会批准《洛佩斯－拉米雷斯海洋界定条约》，该条约涉及尼加拉瓜与哥伦比亚有争议的 6 万平方公里的海域问题，引发尼洪两国边界冲突，双方形成军事对峙局面。尼决定对洪进口商品征收 35% 关税，两国关系再度紧张。2000 年双方同时将争端告到海牙国际法庭。2001 年 6 月，两国签署了《华盛顿协议》。8 月尼、洪、哥首脑就停止边界争端达成协议，并表示尽快签订互不侵犯条约。2003 年 3 月，尼加拉瓜议会取消对洪进口商品征收 35% 关税，两国关系暂时得到缓和。2004 年 6 月底，中美洲首脑会议发表《联合声明》支持尼总统和政府，反对任何违宪和反政府行动。截至 2005 年底，美国、危地马拉、萨尔瓦多、洪都拉斯和尼加拉瓜都已完成了《中美洲—美国自由贸易协定》的审批手续，该协定已于 2006 年 4 月正式生效。同年 1 月，洪总统曼努埃尔·塞拉亚就职后，尼洪关系全面改善；尼加拉瓜要求 6000 吨牛肉进入巴拿马市场遭到拒绝，尼加拉瓜同巴拿马的自由贸易谈判中断。2007 年 1

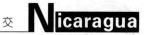

月，洪都拉斯和巴拿马总统出席尼新总统就职典礼，奥尔特加宣布将进一步改善同地区邻国的外交关系。

第六节 同其他拉美国家的关系

19 79年尼加拉瓜革命胜利后，立即与古巴复交。1980年7月，卡斯特罗率党政代表团出席尼加拉瓜革命胜利一周年庆典活动。80年代上半期，两国签有多个合作协定。古巴向尼派出军事安全顾问、医生、教师和其他专业技术人员数千名，以帮助尼加拉瓜民族复兴政府重建工作。1985年初，卡斯特罗出席奥尔特加总统就职仪式，决定向尼增派100多名军人和国防顾问，6700名扫盲教师和多批医疗队。80年代末两国关系降温。1990年3月，卡斯特罗宣布停止对查莫罗新政府军援，只保留医疗和建筑合作。查莫罗夫人执政后，两国曾一度中断外交关系。1991年9月，尼政府表示欢迎古巴重返美洲国家组织。1992年5月，两国恢复外交关系。从1993年2月起，古巴不再向尼加拉瓜患者提供免费医疗，12月尼副外长应邀访古。1995年两国奥委会主席签署扩大体育交流双边协定。1998年12月，古巴外长访尼，减免尼所欠5010万美元债务，决定提供紧急卫生救灾援助。1999年底，尼政府拒绝参加在哈瓦那举行的第九届伊比利亚美洲首脑会议，并无端攻击古巴的外交政策，尼古关系一度紧张。2002年博拉尼奥斯执政后，尼古关系恢复正常。

20世纪90年代，尼加拉瓜同其他拉美国家的关系普遍改善。1990年9月和10月，查莫罗夫人分别出访墨西哥和委内瑞拉。1991年2月，尼墨就重新安排尼所欠的10.5亿美元债务达成协议。4月委内瑞拉总统访尼，双方签署了能源合作协议。6月尼外长访问哥伦比亚，两国签署一项反毒合作协议。1992年3

月，尼总统出访巴西、阿根廷和智利三国。阿根廷承诺免除尼所欠债务的93%，即6500万美元。10月尼总统访问委内瑞拉，声援佩雷斯总统。1993年2月，墨总统正式访尼，两国签订了引渡、互免外交和公务签证及关于金融、技术、贸易和社会安全等7项协定；7月两国达成缉毒双边合作协议，9月墨向尼贷款1000万美元。在此期间，尼总统出席了在厄瓜多尔首都举行的香蕉出口联盟首脑会议。1994年4月，查莫罗夫人第六次访问墨西哥，双方签署了卫生、医疗和社会保险合作协议。次年8月，她还出席了加勒比海国家政府首脑会议，积极主张促进地区贸易一体化。1997年初，墨免去尼所欠近10亿美元债务。4月两国政府重开自由贸易谈判，9月达成双边自由贸易协定，次年1月生效。1998年4月，尼总统赴智利参加美洲国家首脑会议；8月出席哥伦比亚总统就职仪式，同时派代表参加厄瓜多尔新总统就职典礼；同月尼总统正式访问阿根廷，同阿签订双边促进和保护投资协议；顺访乌拉圭时，双方达成科技、旅游和文化等5个双边协定；10月墨总统夫人访问尼灾区时，捐款290万美元；与此同时，巴西宣布免去尼所欠1.79亿美元债务，以支持其灾后重建工作。1999年尼加拉瓜和多米尼加自由贸易条约生效。同年，通过谈判，尼加拉瓜政府和智利政府决定只保留5个级别的双边关税，并在13年内取消全部进口关税。2000年6月，墨西哥福克斯总统与尼加拉瓜阿莱曼总统举行特别会谈；9月福克斯访尼，双方就《普埃布拉—巴拿马计划》（3P计划）达成共识。尼加拉瓜和墨西哥自由贸易协定生效两年来，尼对墨出口额翻了一番，进口额增长1000多万美元。2001年6月，尼成为三P计划成员国。2005年11月尼加拉瓜同智利进行了新一轮自由贸易谈判。2006年4月，奥尔特加访问委内瑞拉，获优惠能源援助；7月访问古巴，12月参加卡斯特罗80寿辰庆典。2007年1月，墨西哥当选总统破例首访尼加拉瓜，尼宣布参加《美洲玻

利瓦尔替代计划》；奥尔特加和查韦斯相互出席就职典礼；1～3月，奥尔特加总统先后访问委内瑞拉、古巴、厄瓜多尔和玻利维亚。3月5日尼委联委会在马那瓜召开，委农业部长率60名代表与会，不久查韦斯总统回访尼加拉瓜；4月底，查韦斯决定以5折优惠价向尼出售石油；6月奥尔特加总统在其首次出访中，正式访问了古巴和委内瑞拉。

第七节　同其他国家的关系

20世纪80年代，作为不结盟会议成员国，尼加拉瓜同亚非发展中国家交往密切，曾接受过利比亚等国多笔增款和贷款。1995年1月，为了促进尼农产品出口，尼加拉瓜与石油输出国组织的国际发展基金会签署援尼1200万美元贷款协议，此前尼已接受该会5笔共4400万美元贷款；同年4月，尼外长访问了印度和印尼；8月，尼军购买了以色列若干艘海岸防卫艇。2007年1月，伊朗总统内贾德访尼，承诺提供援助，帮助尼加拉瓜修建水电站、港口和灌溉系统，促进渔业和农牧加工业发展；5月，奥尔特加总统在首都马那瓜接见了来访的伊朗外长，并接受了朝鲜民主主义共和国大使递交的国书；6月，他在出访利比亚和阿尔及利亚时，拜会了卡扎菲等老朋友，并对伊朗进行了回访。

第八节　同中国的关系

中尼两国交往的历史不长。1930年中国开始在尼加拉瓜设领事馆，但尼长期限制中国人进入。为处理此事，1934年尼萨卡沙政府曾派副总统访华，开拉美首脑访华之先河。1946年，尼给予中国移民平等权利，两国外交关系升格

为大使级。新中国成立后，尼政府仍保持同我国台湾当局的
"外交关系"，与中国大陆只有少量贸易和民间往来。1976年桑
解阵创始人卡洛斯·丰塞卡曾应邀访华。1979年6月，中国外
长发表讲话声援尼加拉瓜人民的反独裁斗争；7月，中国政府致
电尼民族复兴政府，对革命胜利表示祝贺，并宣布承认新政府。
1980年8月，尼外贸部长访华，与中方签订出售1100吨原棉的
协定。1981年，中国外贸代表团访尼。1982年，中国代表团在
联合国安理会审议中美洲局势时，要求尊重尼加拉瓜的独立、主
权和领土完整。1983年2月，中国在马那瓜设立新华社分社。
1985年12月7日，尼党政代表团访华，中尼建立外交关系。
1986年，两国互设大使馆；6月，签署中国向尼提供贷款协定；
9月，奥尔特加访华，曾与邓小平同志会谈，双方签订经济和科
技合作、贸易、贷款三个协定，并组成经济合作混合委员会。
1988年11月，中尼混合委员会第一次会议在马那瓜召开，双方
签署合作议定书。1985～1989年中国向尼提供多笔人民币无息
贷款。1989年，中尼贸易额为528万美元，中方向尼出口额达
486万美元，进口额42万美元。1990年4月，中国卫生部部长
陈敏章以特使身份参加查莫罗夫人就职典礼；10月，中国经济
代表团访尼，双方签署中国向尼贷款3000万元人民币协定，团
长受到尼总统接见；同月尼议长访华，中国全国人民代表大会常
务委员会委员长和国家主席分别接见了他。

　　1990年11月6日，查莫罗政府宣布同台湾当局"复交"，
9日中国政府宣布中止同尼加拉瓜的外交关系，并停止所有双
边协定和协议，只保留新华社分社和中国共产党与桑解阵的党
际关系。1995年8月，中共代表团应桑解阵邀请访尼，受到
奥尔特加总书记接见；同月尼妇女代表团来华，参加在北京举
行的联合国第四届世界妇女大会。1998年5月，李连甫代表
中联部出席桑解阵第二次全国代表大会，8月，尼中工商会成

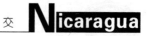

立。2003 年 7 月，中国贸促会代表与尼中工商会主席签署了贸易合作协定。2004 年，尼向中国出口额达 360 万美元。2006 年，中尼进出口贸易额为 16349 万美元，较上年增长 27.6%，其中中国出口额达 16273 万美元，同比增长 42.8%，进口额 76 万美元。目前，约有 1101 名中国人在尼从事劳务合作。

近 17 年来，台湾当局需要尼政府帮助拓展"国际空间"，而尼急于获得台湾的资金和技术援助，双方高层互访不断。台湾已成尼重要的贸易合作伙伴和资金供应地。1992 年查莫罗夫人访台，次年 9 月 20 日，她在联合国大会上首次率先提出台湾"重返联合国"的提案。1994 年 5 月，李登辉以"总统"身份访尼，签订向尼提供 3000 万美元贷款协议，并免除尼所欠台湾的 1650 万美元债务。1995 年 7 月 20 日，尼外长在中美洲—台湾第四次"混委会"上重申，尼政府将一如既往支持台湾"重返"联合国。1996 年 5 月，尼总统参加李登辉"总统"就职仪式。1998 年 5 月，尼代表带头提议，让台湾以观察员身份参加世界卫生组织会议。1999 年 9 月，尼总统赴台参加中美洲—台湾"首脑会议"。2000 年尼再次抛出台湾以"观察员"身份参加世界卫生组织提案；同年阿莱曼第 3 次访台，参加陈水扁就职典礼；8 月陈水扁访尼，宣称将尼加拉瓜的农产品加工、旅游、电信等列为台投资首选项目，并向尼提供 1 亿美元援助。

跨入新世纪，尼台关系发生了微妙的变化，尼《新闻报》和《新日报》批评台湾的"金元外交"和尼政府高官"中饱私囊"。双边贸易额由 1999 年的 5845 万美元降到 2000 年的 850 万美元，2002 年在前总统阿莱曼基金账目中曾发现 150 万美元台湾汇款。据报道，博拉尼奥斯在竞选总统时也曾接受过台湾的"政治献金"490 万美元。台贿赂尼前总统丑闻曝光后，尼政府与台湾当局的关系随之降温，博拉尼奥斯政府后两年与台湾官方

的联系明显减少，也不愿继续为台湾参加世界卫生组织出力。2004 年 8 月，台"行政院院长"游锡坤访问尼加拉瓜空手而归。2005 年 9 月，陈水扁怀揣 2.5 亿美元"荣邦基金"，出席在尼加拉瓜举行的《第五届台湾—中美洲—多米尼加峰会》，最后在《联合公报》上签字的只有台湾、尼加拉瓜和多米尼加三方。2005 年和 2006 年，尼加拉瓜继续同台湾当局进行自由贸易协定谈判，双方还就提升小企业生产力和竞争力达成共识，台当局决定对尼水力发电等项目投资。2006 年 6 月，尼台自由贸易协定签订，待双方立法机构批准后生效。年底桑解阵在大选中获胜，台湾当局立即派"外交部长"、"国安局长"和"总参谋长"等高官相继访尼，并允诺投资 1.08 亿美元。2007 年 1 月就职前，奥尔特加在桑解阵总部接见陈水扁时表示，尼新政府将继续保持与"中华民国台湾政府"的正式"外交关系"；陈宣布台方将投资尼高科技和高附加值产品项目；奥尔特加总统就职后，要求台当局将对尼投资提高到 4.95 亿美元，以支持新政府的多项发展计划。此后尼外长推迟了原定于 3 月底的访台计划，尼代表又在 5 月 16 日的世卫大会上缺席逃票，25 日，尼加拉瓜等中美洲 5 国均派副外长代替外长出席在伯利兹举行的第 13 届中美洲—台湾混合外长会议，令台方十分尴尬。8 月 23 日，尼副总统赴洪都拉斯参加中美洲—台湾峰会。

附 录

一 重要统计资料

附表 1-1 基本统计资料

国土面积			121428 平方公里
其中	最大湖泊	尼加拉瓜湖	8264 平方公里
	最高山峰	莫戈顿峰	海拔 2107 米
	最长河流	科科河	680 公里
	最高火山锥	克里斯托瓦尔	海拔 1745 米

附表 1-2 人口和社会统计数

人口(2004 年估计)	563 万
人口密度	45.1 人/平方公里
城市人口占总人口比重	59%
人口年增长率	2.6%
经济自立人口(劳动力)	211 万(2004)
就业人口	197 万(2004)
平均年龄	17 岁
人均寿命	69 岁(2003)
婴儿死亡率	31‰(2002)

续附表 1-2

平均每个医生照顾病人数	7339(2001)
文盲率	18.1%(2001)
死亡率	5.2‰(2002)
贫困率	45.8%(2001)
政府公职人员平均月工资	3686 科多巴(2004)
首都 53 种商品基本消费需求	2565 科多巴(2004)
通货膨胀率	8.5%(2004)

附表 1-3 经济统计指数

	2001	2002	2003	2004	2005
国内生产总值(亿科多巴)					
按现行价格	551.55	573.76	626.74	726.03	821.6
按不变价格(1994)	279.09	281.97	288.51	303.22	314.82
折合亿美元	41.25	40.26	41.50	45.56	49.10
年增长率(%)	3.0	1.0	2.3	5.1	4.0
对外部门(亿科多巴)					
经常项目	-7.966	-7.672	-7.491	-7.72	-7.99
出口(离岸)	5.894	5.610	6.045	7.556	8.58
进口(到岸)	-17.753	-17.537	-18.794	-22.123	-25.95
外债	63.91	65.00	69.17	54.00	51.00
旅游					
旅游收入(亿美元)	1.090	1.164	1.518	1.667	1.83
游客人数(万人)	48.29	47.16	52.58	61.48	71.2
政府财政(亿科多巴)					
收入	76.54	114.50	134.13	160.94	191.94
支出	-132.66	-138.87	-167.39	-191.74	-224.46
赤字	-56.2	-24.37	-33.26	-30.75	-32.52
货币流通(亿科多巴)					
货币供应	32.67	33.68	42.08	48.07	57.85
存款总额	207.30	234.99	268.11	311.86	
贷款总额	90.85	104.59	137.58	167.94	
存款利率(%)	11.6	7.8	5.6	4.7	4.0
贷款利率(%)	18.6	18.3	15.6	13.5	12.1

附表 1 – 4　2006 年国内生产总值的来源与构成

单位：百万科多巴

国内生产总值		93100(合 53 亿美元)	
来　源	占总量(%)	构　成	占总量(%)
农业、林业和渔业	17.2	私人消费	84.1
工业	25.9	政府消费	8.3
服务业	44.5	固定投资	22.9
		商品及劳务出口	33.1
		商品及劳务进口	48.4

资料来源：E. I. U. , Nicaragua Country Profile 2006, p. 43 and Country Report, january 2007, p. 5。

附表 1 – 5　经济结构的统计数字 （2001 ~ 2006）

	2002	2003	2004	2005	2006
国内生产总值(亿科多巴)	573.76	626.74	726.03	821.6	931
国内生产总值(亿美元)	40.26	1.02	44.96	49.10	53
GDP 增长率(%)	1.0	2.3	5.1	4.0	3.7
通货膨胀率(%)	3.7	5.3	8.5	9.6	9.1
人口(万人,估计数)	534.2	548.2	562.6	580	590
出口(亿美元)	5.61	6.05	7.56	8.58	10.28
进口(亿美元)	− 17.54	− 18.79	− 22.12	− 25.95	− 27.52
经常项目结算(亿美元)	− 7.67	− 7.49	− 7.72	− 8.00	− 9.09
外债总额(亿美元)	65.00	69.17	54.00	51.44	39
外债偿还率(%)	9.9	10.6	5.8	6.9	5.1
官方汇率(美元∶科多巴)	1∶14.25	1∶15.1	1∶15.9	1∶16.7	1∶17.57

资料来源：E. I. U. , Nicaragua Country Profile 2007, pp. 40 – 48。

二 尼加拉瓜历届国家元首

姓 名	任 期	备 注
埃瓦里斯托·罗查	1838	
帕特里西奥·里瓦斯	1838	
伊拉里奥·乌略亚	1838～1839	
华金·科西奥	1839～1840	
托马斯·比利亚达雷斯	1840～1841	
巴勃罗·布伊特拉戈	1841～1843	
曼努埃尔·佩雷斯	1843～1849	
诺韦尔托·拉米雷斯	1849～1851	
劳雷亚诺·皮涅达	1851～1853	
弗鲁托·查莫罗	1853～1855	
帕特里西奥·里瓦斯	1855～1857	
托马斯·马丁内斯	1857～1867	连任两届
费尔南多·古斯曼	1867～1871	
维森特·夸德拉	1871～1875	
佩德罗·华金·查莫罗	1875～1879	
华金·萨瓦拉	1879～1883	
阿丹·卡德纳斯	1883～1887	
埃瓦里斯托·卡拉索	1887～1889	
罗伯托·萨卡沙	1889～1893	
何塞·桑托斯·塞拉亚	1893～1909	连任三届
何塞·马德里斯	1909～1910	
胡安·何塞·埃斯特拉达	1910～1911	
阿道弗·迪亚斯	1911～1917	
埃米利亚诺·查莫罗	1917～1921	
迭戈·曼努埃尔·查莫罗	1921～1923	
巴托洛梅·马丁内斯	1923～1925	
卡洛斯·索洛萨诺	1925	被查莫罗政变推翻

续表

姓　名	任　期	备　注
阿道弗·迪亚斯	1926～1929	
何塞·玛丽亚·蒙卡达	1929～1933	
胡安·包蒂斯塔·萨卡沙	1933～1936	
卡洛斯·布雷内斯·哈尔京	1936～1937	
安纳斯塔西奥·索摩查·加西亚	1937～1947	连任两届
莱昂纳多·阿圭略	1947.1～5月	
本哈明·拉卡约·萨卡沙	1947.5～8月	
维克托·罗曼－雷耶斯	1947～1950	
安纳斯塔西奥·索摩查·加西亚	1950～1956	再度竞选时被刺杀
路易斯·索摩查·德瓦依莱	1956～1963	
雷内·希克·古铁雷斯	1963～1966	
洛伦索·格雷罗·古铁雷斯	1966～1967	
安·索摩查·德瓦依莱	1967～1972	
三人执政小组	1972～1974	实权在小索摩查
安·索摩查·德瓦依莱	1974～1979	
五人执政委员会	1979～1981	
三人执政委员会	1981～1985	奥尔特加为协调员（国家元首）
丹尼尔·奥尔特加·萨维德拉	1985～1990	
比奥莱塔·巴里奥斯·德查莫罗	1990～1997	
阿诺尔多·阿莱曼·拉卡约	1997～2002	
恩里克·博拉尼奥斯·赫耶尔	2002～2007	
丹尼尔·奥尔特加·萨维德拉	2007～	

主要参考文献

中文参考书目

张友渔主编《世界议会辞典》，中国广播电视出版社，1987。

宗教研究中心编《世界宗教总览》，东方出版社，1993。

外交部政策研究室：《中国外交》，世界知识出版社，2002。

李春辉、苏振兴、徐世澄：《拉丁美洲史稿》第三卷，商务印书馆，1993。

南开大学历史系：《尼加拉瓜史》，天津人民出版社，1976。

苏振兴主编《拉丁美洲的经济发展》，经济管理出版社，2002。

李明德主编《简明拉丁美洲百科全书》，中国社会科学出版社，2001。

李明德主编《拉丁美洲和中拉关系——现在与未来》，时事出版社，2001。

李春辉、杨生茂主编《美洲华侨华人史》，东方出版社，1990。

〔苏〕叶菲莫夫、托卡列夫主编《拉丁美洲各族人民》上册，李毅夫等译，三联书店，1978。

〔苏〕斯洛尼姆斯基：《拉丁美洲的音乐》，吴佩华译，人民音乐出版社，1983。

王晓民主编《世界各国议会全书》，世界知识出版社，2001。

毛相麟等：《中美洲加勒比国家经济》，社会科学文献出版社，1987。

徐世澄主编《帝国霸权与拉丁美洲——战后美国对拉丁美洲的干涉》，世界知识出版社，2002。

吴德明：《拉丁美洲民族问题研究》，世界知识出版社，2004。

外文参考书目

Gregorio Sélser：*Nicaragua de Walker a Somoza*，Mex-Sur Editorial S. A. ，1984.

Gregorio Sélser：*Sandino general de hombres libres*，Editorial Diogenes，S. A. México，1979.

Jordi Soler Insa：*Nicaragua*，Ediciones Anaya，S. A. ，1988.

Ministerio de Cultura：*Ministros de Dios, ministros del pueblo*，Empresa Nicaraguense de Ediciones Culturales，1985.

Rosa Maria Torres：*Transicion y Crisis en Nicaragua*，Editorial del Departamento Ecumenico de Investigaciones，San Jose-Costa Rica ，1987.

Fernando Carmona：*Nicaragua：La estrategia de la victoria* ，Editorial Nuestro Tiempo，1983.

Pablo Gonzales Casanova：*America Latina：Historia de medio siglo*，Tomo 2，Siglo XXI Editores，S. A. ，1981.

Carlos Fonseca: *Bajo la bandera del sandinismo*, Editorial Nueva Nicaragua, Segunda Edicion, 1982.

Jaime Wheelock Román: *Raices indigenas de la lucha anticolonialista en Nicaragua*, Siglo XXI Editores, 1979.

Imperialismo y dictadura: *Crisis de una formacion social*, Mexico, Siglo XXI, 1975.

Jesus M. Blandón: *Entre Sandino y Fonseca*, Departamento de Propaganda y Educacion Politica del FSLN, Managua, 1982.

Hector Díaz-polanco: *Diez anos de autonomia en Nicaragua*, Servicio Informativo No. 258, 1997.

Thomas W. Walker: *Nicaragua*: *The Land of Sandino*, Westview Press, inc, 1991.

The Europa World Year Book, 2005.

巴拿马
（Panama）

张凡 编著

列国志

第一章

国土与人民

第一节 自然地理

一 地理位置

巴 拿马位于连接南、北美洲的中美洲地峡南端最狭窄的部分，整个国土呈"S"形，介于北纬 7°~10°、西经 77°~83°之间，面积 85517 平方公里，国土东西长约 772 公里，南北宽在 60~177 公里之间。北部濒加勒比海，南部临太平洋，东部接哥伦比亚，西部连哥斯达黎加。巴拿马运河纵贯国境，沟通加勒比海（大西洋）和太平洋，但由于地理位置和国土地形的特征，从太平洋穿过运河奔加勒比海不是由西而东，而是由东南而西北。

巴拿马南北海岸线长约 2000 多公里，其中加勒比海沿岸 767 公里，太平洋 1234 公里，拥有多处天然良港。西北部加勒比海沿岸的阿尔米兰特港（Almirante），是香蕉出口的重要门户，港外博卡斯 - 德尔托罗（Bocas del Toro）等岛屿形成了一道天然的屏障，并为进出港船只提供了重要的锚地。东部加勒比海沿岸圣布拉斯（San Blas）群岛岛链长达 160 公里，约有 350 个小岛。太平洋沿岸主要港口是巴尔博亚（Balboa）。太平洋沿海岛屿约有 1000 余个，包括西部奇里基湾中的科伊巴岛

（Coiba）和东部巴拿马湾中的珍珠群岛（Archipielago de las Perlas）。这两个海湾多为浅水，只有距海岸 70 公里以外才是水深 180 米左右的深海。

二　地形特点

巴拿马地形的突出特点是，山脊和高原横亘中央，将国土分为南北两部分，沿海地带则多为平原。这一山脊和高原带由海底火山熔岩形成，在东部毗邻哥伦比亚处与南美洲安第斯山系连接，西部延伸至哥斯达黎加境内，中部形成地峡地势较低的"鞍口"部分，巴拿马运河就通过这一"鞍口"。在与哥斯达黎加接壤的地带有多座休眠火山，其中最著名的为巴鲁火山，是巴拿马境内的最高峰，海拔 3477 米，虽然已休眠近千年，但仍被称为"火山"，火山周围地区是巴拿马土地最肥沃的区域。

三　河流与湖泊

在巴拿马起伏不平的国土上，纵横交错着 500 多条河流，多为发源于高原并沿山谷蜿蜒流淌的小溪，虽无法开展航运，但在出海口处形成众多三角洲地带。较大的河流有切波河、图伊拉河和恰格雷斯河。切波河流入太平洋，可用于水力发电。图伊拉河注入太平洋沿岸的圣米格尔湾，是巴拿马唯一可通行较大船只开展航运的河流。恰格雷斯河流入加勒比海，其部分河段筑坝形成加通湖，为巴拿马运河两端船闸的主要航道。加通湖和马登湖（也是由恰格雷斯河筑坝蓄水调节）为巴拿马运河区提供了主要的水电来源。

四　气候

巴拿马地处热带，但由于濒临两洋，雨量充沛，气温和湿度变化不大。太平洋沿岸气温较加勒比海沿岸为低，山区较平原为低，西部山区偶有结霜天气，全国大部地区每日温差较小，黄昏过后有海风吹拂。沿海地区平均气温 29℃，平均相对湿度 90%。巴拿马城旱季的温度在 24～29℃，一般不会超过 32℃。全国降雨按地区分布，年降水量从 1700/1300 毫米到 4000/3000 毫米不等。雨季通常为每年 5～12 月，来自北部和东北部加勒比海以及西南部太平洋的海风所带来的大量水蒸气，是影响降雨的主要因素。加勒比海沿岸降雨量远远多于太平洋沿岸，巴拿马城的降雨量一般为科隆的一半左右。雨季降雨虽然较多，但通常每次仅持续 1～2 小时，且总是在午后。

第二节　自然资源

巴拿马有开采潜力的矿产资源有金、银、铜、锌和钼。20 世纪 70 年代，在一些地区发现了丰富的铜矿，其中最大的位于奇里基的科罗拉多山，储藏量估计为 14 亿吨（含铜量达 78%），为世界上储量最大的未开采铜矿之一。贝拉瓜斯和达连的金矿以及贝拉瓜斯的锌矿也是重要的矿产资源。另外，东部加勒比海沿岸还有一条 50 多公里的锰矿脉，其他资源还包括博卡斯 - 德尔托罗、达连和运河沿岸的煤和石油，以及业已开采的石灰石。

巴拿马地处热带，各种热带植物繁茂，热带植物种类超过 1 万种，其中兰花达 1200 种。热带雨林广泛分布于加勒比海沿岸、中央山脊的北部缓坡以及达连和奇里基的山地。虽然由于 20 世纪下半叶的砍伐和开发，森林覆盖率大幅度下降，但全国仍有 40% 左右国土为热带雨林，其间还散布着许许多多的草原、灌木以及农作物。草原面积约占国土面积的 20%，耕地为 9% 左右，自耕自给式的农业生产遍布从东北至西南的丛林和草原，主要由生产谷类、豆类和块茎作物的小农场或小农户构成。沿海地区还有一些生长红木的湿地。靠近哥斯达黎加的三角洲地带则是香蕉

的主要产区。另外，许多偏远、未开发地区被辟为国家公园或保护地，为野生动植物的栖息场所。

巴拿马生物多样性特点突出，仅鸟类就多达 900 余种。

巴拿马濒临两大洋，海域辽阔，渔业资源丰富，生产各种鱼类和甲壳动物。虾是渔业及其出口的主打产品，同时还出产鳗鱼、鲱鱼、青花鱼、金枪鱼等，以及龙虾、珊瑚、珍珠、玳瑁等海产品。

第三节　居民与宗教

一　人口

21 世纪初，巴拿马人口总数超过了 300 万。根据 2003 年的数字，人口为 312 万，增长率为 1.8%，人口男女比例基本均衡，男性占 50.5%，女性占 49.5%（2002），城市人口占 61.4%（2001）。自 1911 年第一次人口普查以来（当时人口约为 33 万），巴拿马人口增加了 850%。人口增长率起伏较大，在经济处于衰退时期的 20 年代，年增长率低于 0.5%；60 年代则超过了 3%；世纪之交，除 2001 年高达 5% 以外，其余年份一般为 1.8% ~ 1.9%。人口密度为每平方公里 37.6 人（2000），人口主要聚居于从科隆到巴拿马城的原运河区走廊地带。其中首都巴拿马城人口约为 127 万（2000），科隆为 17 万。农村人口主要聚居于南部运河以西的地带。人均预期寿命男 71.5 岁，女 76.3 岁（世界卫生组织，2000）。

二　种族和语言

一般而言，巴拿马社会主要由三大种族构成：讲西班牙语并信奉罗马天主教的梅斯蒂索人，占人口多数；讲英语并信奉新教的安的列斯黑人；以及土著印第安人。另外，来自世界各地的移民包括华人、犹太人、阿拉伯人、希腊人、南亚人、黎巴嫩人、西欧人和北美人。移民主要居住在大城市，从事商业活动。在奇里基，还居住着一些美国公民（主要是前运河区退休官员）。华工是 19 世纪跨地峡铁路建设的主要劳动力来源，后来一部分人前往美国加利福尼亚淘金，留下来的人主要以零售商业为生。

巴拿马官方语言为西班牙语，也是约 87% 的居民的母语；安的列斯人约占 8%，主要讲英语；占人口 5% 左右的印第安人有自己的语言，但多以西班牙语为第二语言。属于印第安人的两个最大的部族是居住在巴拿马西部的圭米人（Guaymi）和东部大西洋沿岸圣布拉斯地区的库纳人（Kuna）。

三 宗教

巴拿马宪法明文规定，宗教信仰自由，所有宗教活动均得到认可。但是，宪法同时承认罗马天主教为国家的主要宗教并在公立学校设置有关课程。这种规定以及其他有关宗教活动的规定不具有强制性。宪法没有特别规定政教分离的原则，但包含有宗教活动与政治应各自独立运作的内容。例如，神职人员不得担任政府或军队职务，但涉及社会福利或公共教育的职位除外。宪法规定，教会高层神职人员必须由巴拿马本土出生的公民担任。

大多数巴拿马人为罗马天主教徒，安的列斯黑人主要信奉新教，印第安人则遵循着自己传统的信仰。就文化和宗教意义而言，罗马天主教势力强大，已渗透到社会各个角落。虔诚的教徒将宗教活动（如上教堂、履行宗教义务）视为日常生活的有机组成部分，即使不经常去教堂的居民也须按照宗教的规范和习俗安排和调整自己的日常生活。例如，几乎每个家庭都为婴儿实施洗礼，而许多并没有按宗教信条生活的居民将临终仪式作为生命历程的最后一站。城乡居民间对宗教的态度也有所不同。农村居民往往具有一种明确的报应意识，例如相信死人在万圣节的时候会受到上帝和魔鬼的审判，每个人的良好行为或不良行为都将在罗马天平上加以衡量，并据此决定一个人来世的生活。另外，社会氛围鼓励妇女更多地参与宗教生活，这也是妇女在家庭以外的主要社会活动之一。

第四节　社会结构

在巴拿马人的社会生活中，家庭和家族发挥着重要作用。对家族的忠诚是重要的传统价值，血缘关系至关重要，对父母和兄弟姐妹的义务要超过对配偶的责任。家庭纽带是家庭成员与外部世界交往的保障和基础，每个人生活中的主要阶段都是在家庭成员相互照应中度过的。

一般家庭包括共同生活的父母和子女，但家族和亲属关系与家庭同样重要，每逢年节甚至家族成员的生日，包括祖父母、叔伯舅姑姨乃至堂（表）兄弟姐妹等等具有血缘或婚姻关系的成员常常聚集一堂。结婚的子女经常回访父母。在一些阶层和村落，数代人的相互通婚形成了复杂的关系网络。很多婚姻是双方同意自愿结合的产物。对于许多梅斯蒂索和安的列斯人夫妻而言，正式的结婚典礼常常表明家庭经济状况已经有了较大改善，共同生活步入了新的阶段。但对于城市中产阶级和上流社会，以及一些境况较好的农民和牧场工人来说，法律上的正式婚姻是常态。上流社会的婚姻关系需要考虑血统、种族和财富。因此，上流社会通过婚姻关系也形成了自己的社会圈子。

在巴拿马，孩子的出生和施行洗礼是家庭的一件大事。同时，为孩子选择教父或教母也是对孩子未来产生重要影响的一个步骤，并形成带有道德和宗教意义的准亲属关系，从而拓展了家庭纽带。

由于19世纪跨地峡铁路的建成和20世纪初巴拿马运河的开通，巴拿马社会的分化日趋明显。基本的社会分野包括城市居民与农村居民、大牧场主与小自耕农、地主与无地农民等。城市上流社会不仅把持着国家政治生活，而且在农村拥有大量的土地和其他不动产。同时，食品的加工和运输业为城市居民所控制。历史上，由于人口与土地的关系并不是十分紧张，城市上流社会对于资源的控制也没有引发特别尖锐的矛盾。

巴拿马传统农业以刀耕火种为特征。自20世纪中叶起，随着人口压力增大、养牛牧场的迅速扩张以及其他商品作物的生产，传统农业开始发生变化：大地产逐步强化，小自耕农流离失所。随着使用雇佣劳动的农场开始得势和自耕农数目的逐步下降，土地纠纷也开始增加并逐步激化。20世纪下半叶，农民越来越深地被卷入商品化的农业生产之中，小农被迫在市场上与大农场或大牧场竞争。在许多地区，工业消费品取代了传统的家庭手工制品，雇佣劳动取代了早期的家庭间的换工和帮工，与外部市场的共同联系取代了过去邻里之间的交换和依存纽带。

货币经济对农村人口产生了不同程度的影响。年轻人、受过教育的人以及经过培训的农工有能力参与竞争，寻找更好的工作，并在收入上超过了自己的父母。然而，一般而言，父母习惯上并不试图操纵自己已成年的子女，年青一代经济状况的不同对于家庭生活的冲击并不十分严重；在某种意义上，由于年青一代收入的改善，能够更多地帮助自己的父母，从而使家庭生活状况趋于好转。随着商业和市场的拓展，妇女的处境也得到了改善。例如，越来越多的地区能够直接购买商品粮，妇女们也就不再从事繁重的碾米等体力劳动了。妇女们还在乡村小学建设中得到了更多的就业机会。20世纪中叶以来，除了农场、牧场的农业工人以外，巴拿马农村还出现了一个受过良好教育的中间阶层。这些家庭境况较好的自耕农或小商贩大多将子女送往贝拉瓜斯等省的师范学校接受教育。上述社会变化所产生的后果，在巴拿马20世纪后半叶的政治生活中有所体现。新的社会中间阶层仍长期被排斥在国家政治生活之外，当托里霍斯将军（1968～1981年巴拿马实权人物）实施带有民众主义色彩的改革时，他们成为改革政策的坚定支持者。

20世纪中叶以后，巴拿马城市化进程步伐加快。1960年，约有1/3的居民为城市人口。1980年，城市人口的比例超过了50%。世纪之交，城市居民已超过人口总数的60%（2000年为55.9%，2001年为61.4%）。城市人口增长率高于总人口增长率，例如20世纪70年代，巴拿马总人口年均增长率为2.5%，但城市人口年均增长率为2.8%，其中巴拿马城、达维德为3.7%，圣地亚哥更高达4.1%。城市化进程最为集中之地是从大西洋沿岸的科隆到太平洋沿岸的前巴拿马运河区地带。自80年代中期以后，这一地带聚居着巴拿马半数以上的人口，占全国城市人口的2/3。巴拿马的非农产业和制造业、建筑业、交通运输业以及通信等行业基本上都集中于这一地带。伴随着城市化的步伐，各主要城市都出现了众多贫民区或贫民聚居地，其中80%的居民为城市外来移民。

与相对简单、同一的乡村相比，巴拿马城市在社会分层和种族划分上更为多样、复杂。城市居民在交往中更为注重人们的种族和家庭背景、收入和教育水平、宗教和文化特点以及政治影响力等方面的因素。但是，自80年代末期以来，上流社会、中产阶级和下层居民的分野并非壁垒分明，也不是不可逾越的。城市居民可以依据自身的能力或运气改善社会和经济地位。城市居民的划分也不是绝对的，城乡之间有着千丝万缕的联系，移民的频繁流动使很多人兼有城市工人和乡村农民的身份。社会流动性越来越大，下层居民有机会作为个体跻身于中产阶级。但这种流动性仍受财富、职业、教育和家庭背景等因素的有力制约和影响。

上流社会的成员基本上都居住在大城市，主要是首都巴拿马城，主要由有西班牙血统的大家族和一些移民新贵组成。上流社会家庭拥有财富，但移民的财产主要与从事商业以及巴拿马作为交通要冲的开发密切相关。大家族一般以血统的高贵自诩，新贵们却不具备这样的声誉和社会地位。但缺乏家族背景的人可以通过婚姻（或其子女的婚姻）进入上层社会。自殖民时代以来，教育就是社会地位的象征，因此上流社会几乎所有男性都有高等教育背景，在国内或国外的私立学校读书，并有一个专门的职业（最热门的是法律和医学）。但这一职业不是谋生的手段，而是地位的象征和政治生涯的附属品。从政是上流社会年轻人的标准人生选择，巴拿马历史上的总统、政府部长、立法机构议员基本上都出自这些传统的贵族家庭。

中产阶级成员主要是梅斯蒂索人，但也包括安的列斯黑人的后代、修筑铁路的华工的后代、犹太人、近期来自欧洲和中东的移民以及家道中落的上层家庭。中产阶级也主要居住在大城市，但一些中小城市也有一个中产阶级或阶层。中产阶级包括小商人、专业人员、管理和技术人员以及政府雇员。这些人的社会经济状况无法等同于上流社会，但比之下层居民却富有、宽裕许多。中产阶级成员极少对自己的现有地位感到心满意足，他们模仿上流社会的规范和举止，希图在社会阶梯上进一步攀升。教育和职业是这种攀升的关键，所以巴拿马中产阶级对子女的教育和职业选择极为重视。

下层居民占城市人口的大多数，依种族和职业的不同，其社会经济状况亦有所区别。这些人主要是非熟练或半熟练工人，包括工匠、小摊贩、体力劳动者、仆人等。一部分人为雇佣工人或个体劳动者，但也有一些受雇于前运河区机构或企业、平均工资较高的所谓"劳工贵族"。依据种族成分，下层居民主要包括从农村移民到城市的梅斯蒂索人、安的列斯黑人的后代以及讲西班牙语的黑人（从前黑人奴隶的后代）。安的列斯黑人在宗教和文化上与其他种族有很大不同，年纪大的人们眷恋着加勒比海故乡，而年青一代则由于大多受雇于前运河区机构而更多地受到美国的影响。但安的列斯黑人中的大多数仍属于下层居民。20世纪下半叶，参加国民警卫队（以及后来的巴拿马国防军）一度成为黑人改善自身境况的途径。许多黑人和梅斯蒂索人成为军官团的一员。另一途径是通过接受教育，一张中学文凭就可能有机会竞争白领工作进入中产阶级队伍。

第五节　流动人口

人口的流动是巴拿马经济、社会生活中的一个重要特点，并且形成了某种带有规律性的流动模式。自 20 世纪初叶运河的开凿和开通以来，人口流动的方向与运河运营带来的经济繁荣密切相关：经济增长上升时期，人口涌向运河经济辐射的地区和省份以及其他经济发展较快的地区；当经济繁荣期消退后，流动人口又退回农村，重新开始自耕自足的农业生产或从事农村的其他小商业和服务业活动。这种模式随着经济活动的起伏不断地重复，但在 20 世纪末叶，由于农村土地资源的紧张，以往的人口流动格局能否持续，已成为巴拿马社会面临的难题。

在 1911 年的人口普查中，奇里基和巴拿马两省的人口占全国人口的 40%，奇里基省的人口主要是 19 世纪来自哥伦比亚的移民，而巴拿马省的人口则主要是运河开凿带来的结果。贝拉瓜斯、科克雷、洛斯桑托斯、埃雷拉等中部省份的人口大约占总人口的 40%，这些省份人口的增加则伴随着巴拿马城和科隆两大

城市的发展：两市人口所需的生活必需品（主要是食品）要依靠这些地区的生产来提供。20世纪头10年正值运河建设的后期和开通初期，大批安的列斯黑人劳工从事运河工程，这无疑刺激了农业的发展，同时带来了相关地区的人口增长。

20世纪20年代，前一时期人口增长最快的省份基本没有继续增长，巴拿马省人口增长虽略高于全国平均增长率，但已有大批外国工人离去，同时为这些工人提供生活用品的小商小贩则因失去了顾客也不得不大批离去。农村是这些剩余人口的吸纳之地，因而也是20年代人口增长的主要地区。有些地区（如达连省）人口增长率超过5%。农村省份的省会城市人口增长较快，同时，随着奇里基香蕉种植园的兴起，这里成了这一时期吸引移民的重要目的地，移民来自中美洲各国。

20世纪30年代末至40年代，也就是第二次世界大战前夕和战争期间，是巴拿马经济的又一个扩张时期。其中巴拿马城和巴拿马省西部是经济增长最快、经济活动最集中的地区。这一时期，巴拿马省人口增长也是全国最快的。伴随战争的经济扩张使大批受到新兴大型农业企业排挤而流离失所的小农户有了栖身之处：城市以及遍布全国的小型工业、加工业活动足以吸纳这些从农业剥离出来的人口，甚至小农户的子女们也可以留在家乡省份从事这些活动，而不必统统涌向运河区了。二次大战时期也是巴拿马大批流入外国劳工的时期。战争结束后，随着经济增长的放慢，大部分外国工人离开了巴拿马。与此前的人口流动模式一样，经济收缩时期越来越多的人又要依靠自耕自足的农业来维持生计。40年代末期，巴拿马农村人口又开始增加。

进入50年代，巴拿马人口状况发生了变化：出生率维持在较高水平，死亡率有所下降，人口增长率接近3%。人口与土地的关系开始变得紧张起来。大型农业企业的扩张也进一步排挤着中小农户，使他们越来越难以找到适于农业生产的未开发土地。

与此同时，因为已很难像从前一样，在经济收缩期回到家乡重新经营土地，城乡间的人口流动也变得日益困难。土地资源的紧张使 50 年代和 60 年代成为土地纠纷频仍的年代。巴拿马省的农民占据了加通湖周围和其他一些地区的土地，但其他省份的农民就不那么幸运了，大多数农民根本无法保住对土地的占有。贝拉瓜斯和洛斯桑托斯的大牧场也抢占了大片的农业用地。许多农民流向了奇里基、洛斯桑托斯和贝拉瓜斯的荒地，而奇里基和博卡斯－德尔托罗的香蕉种植园也吸引了很多移民。但这些失地农村人口主要目的地都是大巴拿马城地区，约 2/3 的流动人口流入了巴拿马省靠近巴拿马城的地方，这一比率自 50 年代以来几乎没有改变。60 年代和 70 年代，巴拿马城周围地区的人口增长率高达 10% 以上。由于 60 ~ 70 年代经济相对繁荣，多数人设法找到了工作，但也有很多移民加入了小摊贩队伍或成为个体劳动者。

60 年代以后，巴拿马的制造业和服务业的发展较快，其中制造业吸纳的劳动力翻了一番，而服务业也得益于制造业的发展以及巴拿马所处的交通要冲位置，吸纳了经济活动人口的一半左右。80 年代，随着经济的衰退，流入城市的人口也有所减少，奇里基科罗拉多山铜矿的开发为移民提供了新的机会。

总体而言，70 年代以后的流动人口包括农村流向城市的移民、农村地区之间的移民以及城市流向农村的移民。很难对流动人口作出一个一般性的概括，一些人可能是季节性地离开农村进城打工，或者是进城求学，也有可能是从小城市奔向大城市。在返乡的农民中约有 1/3 曾在巴拿马城居住过。移民的主体是年轻人，35 岁以下的人约占 3/4（有些人是为了求学而非工作），而女性在流入城市的人口中略占多数（城市地区女性就业机会更多一些）。与农村相比，城市女性失业率较低，而男性则相反，城市较乡村失业率更高。

第六节　教育、医疗卫生与新闻出版

一　教育

巴拿马的教育制度、规模和人文发展水平，在中美洲地区是比较突出的。成人识字率为91.9%，其中男性为92.5%，女性为91.3%（联合国教科文组织，2000）。政府计划于2006年将文盲率降至3%。按现行教育制度的设计，初等教育、中等教育和高等教育各为6年。少年儿童从6～15岁接受义务教育，6年小学毕业后可以选择两种类型的中等教育：学术导向的学习或职业类型的学习。学术导向的学习约占学生总数的3/4，学制为两个3年期的课程。第一个3年为通识性的课程，一般包括西班牙语、社会知识、宗教、艺术以及音乐等。第二个3年包括两类课程，第一类为艺术与科学，为进入大学做准备；第二类则是为了完成一个学生的正式教育。职业类型的中学教育以教授学生专业技术为主，为学生毕业后的就业作准备。这类学生约占1/4。与学术导向的课程一样，这种学习的学制也是两个3年。学生可以选择农业、艺术、商业、工业等专门领域。

根据90年代末期的数字，巴拿马小学入学率为89.9%（男生89.6%，女生90.2%）。中学入学率为71.3%（男生70.9%，女生71.7%）。1997年，全国有小学2866所，教师15058人，学生377898人；中学417所，教师12327人，学生223155人。巴拿马还有各种类型的专科学校50余所，学生1万多人。巴拿马有大学5所，这些大学在各省一般设有地区中心，大学教师约5000多人，学生8万多人。

巴拿马高等教育的历史可以追溯到18世纪中叶。1749年，中美洲地峡建立了一所耶稣会士大学，但由于宗教内部的纠纷，1767年大学关闭。19世纪初，地峡学院成立，但学校办得并不景气，巴拿马人一般是出国如到哥伦比亚接受高等教育。1935年巴拿马大学成立后情况有了改变。目前巴拿马青年人的高等教育主要是在这所大学或其地区中心和分校进行的。圣玛丽亚拉安蒂瓜大学（成立于1965年）和巴拿马技术大学（成立于1981年）也是两所著名大学。但仍有很多富裕家庭的子女赴国外留学。

巴拿马的教育经费主要来自政府财政开支。教育经费一般占政府预算的较大份额，约为15%～20%（1999年占16.5%）。经费主要用于初等教育，但中等和高等教育人均占有经费比例较高。

二　医疗卫生

自20世纪70年代始，巴拿马政府实施了一个雄心勃勃的"2000人人健康运动"，即在2000年以前向所有国民提供健康服务，主要工作是向农村地区提供医疗和卫生服务。该计划旨在将医疗卫生工作的重点从以医院为基础的治疗服务体系转向以社区为基础的卫生防病体系。这一运动使巴拿马许多地区的医疗卫生条件得以改善，尤其是以供水系统和厕所的建设最为引人注目。80年代初，巴拿马已有85%的人口能够用上适合饮用的水，89%的人口能够享用基本的卫生设施，其中农村地区上述两项数据分别达到了70%和80%。国家环境卫生局负责管理农村的卫生工作，并直接向那些少于500人的社区提供安全用水（覆盖约1/3的人口）。国家供水和排水系统委员会与公共工程部负责城市居民用水服务。

巴拿马的医疗服务主要通过两种系统进行：社会保障委员会（Caja de Seguro Social）向缴纳社会保障金的用户提供医疗服务，

这一项服务覆盖 2/3 的人口（2000）。卫生部则向没有缴纳社会保障金的人提供医疗服务，并主要负责基层的、预防性的和最基本的服务。根据官方数字，2000 年全国有 774 所医疗中心，包括 39 所医院和 3744 个床位，其中约 1800 个床位在大巴拿马城地区。巴拿马有一些私营的诊所和医院，主要为社会上的富裕阶层提供服务。国家在医疗卫生方面的投资逐年上升，2004 年达 5.12 亿美元。政府还试图改革医疗系统的运行，提高政府开支的效益。方法之一是将公营医院外包给私营管理委员会管理。1998 年在巴拿马城郊区首先开设了一家拥有 220 个床位的此类医院，接收卫生部和社会保障委员会两个系统的患者。巴拿马为产前和哺乳妇女提供保健服务。2000 年，约 73.6% 的妇女接受了产前保健服务。儿童接种疫苗率超过 95%（包括脊髓灰质炎、白喉、肺结核、麻疹等）。婴儿死亡率逐年下降，2001 年为 15‰（1960 年为 57.8‰，1998 年为 16.7‰）。

三　新闻出版

巴拿马主要报纸有：自由评论报（*Crítica Libre*），1925 年创刊，发行量 4 万份；巴拿马明星报（*EL Estrella de Panamá*），1853 年创刊，发行量 2 万份；晨报（*EL Matutino*），发行量 7000 份；巴拿马美洲报（*EL Panamá América*），1958 年创刊，发行量 2.5 万份；新闻报（*LA Prensa*），1980 年创刊，发行量 3.8 万份；共和国报（*LA República*），发行量 5000 份；世纪报（*EL Siglo*），1985 年创刊，发行量 4.2 万份；宇宙报（*EL Universal*），1995 年创刊，发行量 1.6 万份。

巴拿马主要期刊有：《分析》（*Análisis*）月刊，以经济和政治事务为主；《变色龙周刊》（*EL Comaleón*），以诙谐讽刺文章为主，发行量 8 万份；《社会对话月刊》（*Dialogo Social*），主要关注宗教、经济、时事，1967 年创刊，发行量 3000 份；《巴拿马统计》（*Estadística Panamaňa*），为不同科目的系列统计资料，1941 年创刊；《科隆自由区年刊》（*FOB Colón Free Zone*），以贸易资料为主（双语），发行量 3.5 万份；《巴拿马焦点》（*Focus on Panama*）半年刊，属于旅游指南类刊物，发行量 7 万份；《产业信息》（*Ínformatiuo Industrial*）月刊；*Maga*，月刊，关注文学、艺术和社会学；《事件》（*Sucesos*），每周 3 期，发行量 5 万份。

第七节　主要节假日

拿马主要节假日有：1 月 1 日，新年（New Year's Day）；1 月 9 日，烈士纪念日（Martyr's Day，纪念 1964 年 1 月 9 日反美爱国行动）；忏悔日 – 狂欢节（Shrove Tuesday：Carnival，圣灰星期三的前一天）；耶稣受难日（Good Friday，复活节前的星期五）；5 月 1 日，劳动节（Labour Day）；8 月 15 日，巴拿马城奠基日（Foundation of Panama City，1519 年）；11 月 1 日，国歌节（National Anthem Day）；11 月 2 日，万圣节（All Souls/Day of the Dead）；11 月 3 日，独立日（Independence Day，脱离哥伦比亚）；11 月 10 日，独立号召日（First Call of Independence）；11 月 28 日，独立日（Independence From Spain，脱离西班牙）；12 月 8 日，母亲节（Mother's Day）；12 月 25 日，圣诞节（Christmas Day）。

第八节　巴拿马运河

提　到巴拿马，不能不提巴拿马运河，巴拿马国家与巴拿马运河是分不开的。

巴拿马运河是横跨巴拿马地峡、由人工开凿出来的、供轮船

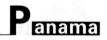

使用的运河，全长 81.3 公里，宽 91 ~ 304 米。巴拿马运河的修建用了 10 年的时间（1904 ~ 1914 年），它大大缩短了太平洋和大西洋之间的海上距离。运河开通以后，长期由美国政府拥有并管理；大部分过往船只为美国船只，但其所挂旗帜却可能是巴拿马或利比里亚的，因为在这些国家注册的船只所交税费较低。沿运河两岸横贯巴拿马国土的地区为所谓的"运河区"，运河区内有数十家运河运营机构和辅助设施，包括 14 个军事基地。控制并管理运河事务的美国公民曾一度达到 1.2 万人。

事实上，美国主要看重的是巴拿马运河的军事和战略价值，经济利益倒在其次。但是，第二次世界大战期间，运河的作用和价值已达极限，因为它无法通行当时已在建造的大型轮船，且难以抵御空中侦察和打击。冷战期间，美国继续扩大在运河区的存在，主要目的是为其拉美政策提供战略支持，便于美军的训练、搜集情报和采取军事行动。

运河建成后，巴拿马人民曾为收回运河及运河区主权、争取和维护巴拿马在运河运营中的利益进行了长期的斗争。20 世纪60 年代，反美示威运动高涨并导致暴力冲突。在这种情况下，美国政府开始与巴拿马政府谈判，最终于 1977 年签订了新的美巴条约，规定美国将于 1999 年 12 月 31 日将运河无偿移交巴拿马，而此前巴拿马也将成为运河运营中的合作伙伴。1999 年 12月，巴拿马政府已如期收回运河主权。

巴拿马运河的开凿，其难度远远大于苏伊士运河。巴拿马的地形特点（山地）决定了运河两端需要开凿数处船闸，挖掘的土石方数以亿计。但巴拿马运河的建设利用了境内主要河流——恰格雷斯河提供的自然条件。恰格雷斯河既提供了航道，也就是通过筑坝形成的加通湖几乎占巴拿马运河航道的一半路程，同时又提供了船闸升降轮船所需的用水。巴拿马运河的设计应该说是人造工程史上的一个奇迹。运河两端各有 3 组船闸，轮船可以双

向通行。船闸设备使用电力，这在 20 世纪初叶还是一项新的技术。过往的船只先在运河两端锚地等待，进入运河后先通过上升船闸，通过加通湖和山口河道之后，再通过下降船闸降至海平面。通行时间平均为 8 小时。

2006 年，巴拿马政府决定斥资 50 亿美元、用 7 年时间扩建巴拿马运河，以适应大型集装箱货轮通过的需要，并改善已接近满负荷运营的运河运力。这一计划已经全民公决通过付诸实施。

第二章

历　　史

第一节　1903 年以前的巴拿马

一　西班牙人的征服与殖民统治

在西班牙探险家到达中美洲地峡之前，巴拿马境内散居着很多印第安人部落。根据巴拿马历史学家的估算，15 世纪末巴拿马地区约有人口 50 万，分属 60 余个部落，但具体人口数字已很难考证。另有学者认为，当时巴拿马的人口远多于今日之巴拿马人口，仅库纳人（Cuna）组成的各部落就多达 75 万余人。库纳人、圭米人（Guaym）和乔科人（Choc）是当时最大的 3 个印第安人群落。圭米人聚居在毗邻哥斯达黎加的高原地带，其祖先与墨西哥和中美洲印第安玛雅人国家有密切关系。乔科人生活在东部太平洋沿岸达连地区，与哥伦比亚的奇布查人（Chibcha）有亲缘关系。人口最多的库纳人主要分布于地峡东部加勒比海岸和森林地区，一直被认为属于加勒比文明范围，但也有学者认为库纳人的语言、文化与安第斯印第安人或者是哥伦比亚的奇布查人有很大关联。这些印第安人部落实行土地公有、共同劳动，除狩猎和捕鱼外，印第安人还种植玉米、棉花、可可、各种块根植物以及蔬菜、水果等。印第安人居住在圆形的茅草屋内，使用吊床，这种习惯沿用至今。手工业和商业也有一定程度的发展，印第安人中不乏能工巧匠，如陶工、石工、金匠、银匠，而商人们则乘独木舟沿河沿海往来于各部落之间，交换各部落专门生产的各种物品。印第安人所佩带的各种装饰物品如胸铠和金箔耳环等，激发了西班牙人的遐想，地峡一带遂有"黄金之城"之称。

1501 年，一名来自塞维利亚的富有的公证员罗德里格·德巴斯蒂达斯（Rodrigo de Bastidas）成为第一个到达巴拿马地峡的西班牙探险家。① 为了寻找黄金，这名西班牙人从委内瑞拉出发向西航行，在地峡沿岸勘查了 150 余公里，然后继续向西印度群岛驶去。次年，即 1502 年，哥伦布（Christopher Columbus）第 4 次远航新大陆时也曾在地峡几个地点登陆，其中之一是他命名为"美丽之港"的马蹄形港湾，即后来的波托贝罗城（Portobelo）。②

1510 年，曾跟随德巴斯蒂达斯探险的巴尔沃亚（Balboa），为了躲避债务，从伊斯帕尼奥拉（Hispaniola，即今日多米尼加共和国和海地）偷乘船只来到巴拿马。不久，巴尔沃亚被在地峡拓居的西班牙人推选为西班牙王室在这里建立的第一个城市的市长。巴尔沃亚的政策——要求西班牙拓殖者种植作物，而不是单纯依赖船运供给——使这一地区变得富庶起来。与其他西班牙征服者一样，巴尔沃亚领导了对当地印第安部落的抢劫，但也曾尝试善待被征服的部落。

1513 年 9 月 1 日，巴尔沃亚率领 190 名西班牙人和 1000 名印第安人组成的探险队出发。经过在原始森林里 25 天的跋涉，这支探险队为呈现在眼前的一片广阔的海洋惊呆了。全身上下披

---

① 关于这次探险的时间，另有 1499 年和 1500 年两种说法。

② 关于这次远航时间，另有 1503 年一说。

挂盔甲的巴尔沃亚跳入水中并大声宣布，这片大海和大海沿岸所有地区为上帝和西班牙国王所有。他所见到的大海实际上就是太平洋。巴尔沃亚的探险表明地峡为两洋通道，预示着巴拿马日后将迅速成为西班牙帝国在新大陆的枢纽和商路。当巴尔沃亚率领探险队满载而归（棉布、珍珠和黄金等战利品）时，已经是次年（1514）1月份了。巴尔沃亚的政敌在西班牙国内对他的诋毁促使西班牙国王斐迪南（Ferdinand）任命了一名新的殖民地地方长官来到地峡。这名新的长官叫做佩德罗·阿里亚斯·德阿维拉（Pedro Arias de Avila），人称"残酷的佩德拉里亚斯"，他指控巴尔沃亚犯叛国罪，并于1517年将其逮捕并处死。

　　佩德罗·阿里亚斯的统治遇到了两大难题：他不适应这里的气候条件，以及印第安人的顽强反抗。虽然他以优势的力量和残酷的手段镇压并征服了印第安人，但仍于1519年决定将殖民据点移至太平洋沿岸的一个小渔村。这个渔村被印第安人称为"巴拿马（Panama）"，意为"丰富的鱼"。同年，加勒比海沿岸一处被遗弃的拓居点"上帝之名（Nombre de Dios）"被重新启用，作为跨地峡交通运输的另一个端点。连接巴拿马和上帝之名的通路被称为"皇家大道"（Camino Real）。自16世纪30年代算起，在近一个世纪的时期内，这条大道一度成为世界最繁盛的商路之一。巴尔沃亚探险队的成员之一，佛朗西斯科·皮萨罗（Francisco Pizarro）在1531~1533年间从巴拿马出发，征服秘鲁的印加帝国。其后，在秘鲁和玻利维亚掠夺的大批金银源源不断地经船运至巴拿马，再由奴隶和骡马经皇家大道跨地峡运往大西洋沿岸，最后装载上西班牙大帆船驶往欧洲。由于皇家大道沿途布满墓地，它的另一个更广为人知的名称是"十字架大道"。西班牙殖民者从南美洲掠夺并运出金银的行为是欧洲资本原始积累和资本主义发展的重要一环。

　　所谓皇家大道无非是一条人开出来甚至是人和牲畜走出来的

小径，它无法将掠夺的财富顺畅、快捷地运往大西洋沿岸。随着地峡在运输链条上重要性的增长，16 世纪 20 ~ 30 年代西班牙王室曾考虑开凿一条运河的可能性。但菲利浦二世国王于 16 世纪中叶最终放弃了这一想法。

佩德罗·阿里亚斯愚蠢而残暴统治的结果是灾难性的。成千上万的印第安人遭到劫掠，沦为奴隶，甚至惨遭屠杀。更多的印第安人则由于不具备天然的免疫力而成为欧洲人所带来的疫病的牺牲品。同时，身着锦缎丝绸服装的西班牙人也水土不服，数以百计地死于疾病和饥荒。很多遭到灭顶之灾的印第安人视西班牙人为洪水猛兽，不得不逃到了偏远地区。

根据西班牙王室西印度委员会的法令，印第安人将受到基督教的保护并皈依基督教。罗马天主教也曾表达过对印第安人状况的关切。然而，新大陆殖民地的实际情况与王室或教廷所宣称的人道精神截然相反，印第安人的福祉不在西班牙殖民者的视野之内。有一个人也许是个例外，他就是被委任到西印度群岛的第一个神甫巴托洛梅·德拉斯加萨斯（Bartolome de las Casas），他为印第安人所受到的迫害而义愤填膺。他释放了自己拥有的奴隶，返回西班牙说服西印度委员会采取措施，禁止变印第安人为奴。他提出了一个日后将为此追悔莫及的建议，即以被西班牙人视为低人一等的非洲人取代印第安人作为奴隶。1517 年，查理五世国王特许安的列斯群岛运进 4000 名非洲奴隶。奴隶贸易就此开始并延续了两个多世纪。巴拿马遂成为美洲大陆奴隶贩运的一个集散中心。随着 16 世纪中期以后印第安人劳动力的匮乏，巴拿马本地开始吸纳非洲奴隶。不堪忍受残酷奴役的非洲奴隶大批逃亡，并不时袭扰皇家大道的运输，他们被地峡的西班牙殖民者称为"野奴"（cimarrones，逃居山野的奴隶）。

随着西班牙王室对殖民地控制的加强，探险家自由活动的余地缩小，王室任命的殖民地长官逐步掌控殖民地事务大权。西班牙在美洲殖民地设置的第一个总督辖区成为新西班牙总督辖区，总督府在墨西哥城。新西班牙总督所管辖的范围名义上包括当时新大陆所有的殖民地，巴拿马也在其中。1542 年，王室在利马设置了秘鲁总督辖区，巴拿马地峡处于其管辖之下。18 世纪，巴拿马又成为 1718 年设置的新格拉纳达总督辖区的一部分。根据 1511 年斐迪南国王的命令，王室在殖民地一些重要城市包括总督辖区首府设有检审法庭（Audiencias）。根据 1538 年的一道法令，从尼加拉瓜到合恩角的所有西班牙领地均受设在巴拿马的检审法庭管辖。但由于辖区过大，该检审法庭存续时间很短。1563 年设立的巴拿马检审法庭所辖范围与今日巴拿马领土大致相仿。

16 世纪初叶，巴拿马的"上帝之名"、墨西哥的韦腊克鲁斯（Vera Cruz）和哥伦比亚的卡塔赫纳（Cartagena）是西属美洲仅有的三处经王室授权可与西班牙本土贸易的港口。巴拿马的重要性在于，南美的财富经过太平洋海运后要通过地峡转运到大西洋沿岸，然后再运回西班牙。巴拿马本地物产相对有限，黄金产量不高，农业和林业产品剩余很少，而制成品生产是禁止的。因此，地峡的经济随着来自秘鲁的船运贸易量大小而波动。当印加帝国的黄金被搜刮完毕之后，秘鲁出产的白银取而代之，白银贸易又持续了 150 年之久。其他产品还包括蔗糖、棉花、酒、靛蓝染料、金鸡纳霜、香草以及可可豆等。西属美洲殖民地的贸易几乎完全由西班牙王室及其所指定的少数富商大贾所垄断，除奴隶贸易外，殖民地所有对外贸易均需通过宗主国进行。欧洲其他海上强国只能通过贩运黑奴谋取一定利益，而无法染指殖民地其他产品贸易的往来。西班牙在美洲殖民地贸易的巨大利润使欧洲列强对新大陆的兴趣和欲望日渐膨胀并开始挑战西班牙的垄断地位。在加勒比海乃至在太平洋，其他列强与西班牙的海上冲突不断发展。挑战首先来自海上力量迅速崛起的英国。从 1572 ~

1597 年，弗朗西斯·德雷克（Francis Drake）指挥了一系列对巴拿马的袭扰行动。这些行动表明，"上帝之名"附近海域的开放锚地根本无法实施有效的防御。1597 年，西班牙人将跨地峡运输线在大西洋沿岸的端点移至波托贝罗，这是西属美洲大陆最佳的自然港湾之一。

17 世纪初叶是巴拿马最繁盛的时期。在波托贝罗著名的集市上，商人们可以采购来自欧洲的各种商品，然后辗转于中南美洲太平洋沿岸各地。巴拿马城也得益于地处贸易通道的优越位置，成为西属美洲仅次于墨西哥城和利马的最富庶、美丽的城市。17 世纪中叶，巴拿马城有 1000 多幢各式建筑，包括商人的居所、教堂以及奴隶的简陋住房，大部分建筑为石制建筑。17 世纪初，西班牙菲利普三世国王（1598～1621）也萌生了开凿运河的念头。西印度事务委员会以运河会招致其他欧洲列强的攻击为由打消了国王的想法。对开凿运河计划的放弃表明了西班牙海上力量的衰落。

英国、法国、荷兰等国在与西班牙不断爆发海上冲突的同时，也开始在加勒比地区抢夺殖民地。英、法、荷以及葡萄牙的冒险家们以抢占的加勒比小岛为基地，拦截西班牙商船甚至登陆地峡对港口实施劫掠。这些冒险家们实际上是各列强政府纵容或公然支持的海盗，由于其数目庞大，出发地又距运输线和港口较近，因此对西班牙及其美洲殖民地的贸易的危害已远远超过 16 世纪英国的威胁。1668 年，一名来自英国的江洋大盗亨利·摩根（Henry Morgan）曾率人占领波托贝罗并索取赎金；1671 年，摩根又来到巴拿马城，以其 1400 人组成的海盗队伍击溃了 2600 名守军，然后开始劫掠并将巴拿马城付之一炬。4 周后，摩根带着抢劫的 175 匹骡马所驮的财宝和 600 名俘虏离开。两年以后，即 1673 年，一座新城在今天巴拿马首都的位置上建立起来，其要塞工事也比往日大大加强了。

由于秘鲁矿产日趋枯竭，加之走私和海盗袭扰，西班牙从西属美洲运回的贵重金属日益减少。虽然自 17 世纪末开始，列强指使的海盗侵袭已不多见，但西班牙已处于衰败之中。西班牙与西属美洲殖民地贸易的衰败导致巴拿马地峡重要性的下降，巴拿马自此开始走向萧条。17 世纪末，受海盗传回信息的影响，英国人也曾打算在地峡开凿一条运河。1698 年，英格兰银行的创建者威廉·帕特森（William Paterson）率领一支 1200 人的队伍在地峡东部加勒比海沿岸登陆，并在圣布拉斯地区（San Blas）建立了一个殖民点。但由于热带疫病、营养不良、贸易受阻以及西班牙人的封锁，英国人很快就放弃了企图，离开了巴拿马。

18 世纪，巴拿马的颓势已难以逆转。西班牙企图垄断西属美洲贸易的种种做法所产生的弊端已远远超过所带来的利益。殖民地官员和商人普遍欢迎来自英、法、荷等欧洲列强的廉价商品，走私贸易猖獗，官方贸易下跌。商人们可以在各港口偷运外国商品，而很少再光顾波托贝罗集市付高价采购来自西班牙的产品。列强指使的海盗侵袭虽已减少，"无国籍"海盗袭扰仍不时威胁商业的运转。印第安部落的起义和反抗也多次动摇了西班牙人的统治。

对巴拿马地峡贸易通道命运的最后一击来自英国。虽然英国人通过《乌特勒支条约》（1713）使其贩运黑奴的权利得到了保障，但仍垂涎于西属美洲的货物贸易。英国船队的走私变本加厉，以牙买加为基地的组织严密的走私贸易几乎完全取代了合法贸易。为了加强对巴拿马地峡的控制，西班牙将这块殖民地置于新格拉纳达总督辖区（1718 年建立）之下。1739 年，英西两国开战。一支英国军队占领并摧毁了波托贝罗。巴拿马地峡贸易通道的命运就此完全改变。1740 年以后，太平洋沿岸港口与欧洲的贸易可以通过南美大陆最南端的合恩角绕行，而波托贝罗的集市则寿终正寝。此前巴拿马的经济状况完全依赖于贸易通道的地

位和作用。18 世纪下半叶，巴拿马只不过是新格拉纳达总督辖区内僻静的一角，不仅没有可供贸易的产品，甚至粮食也需要从他处运进。

殖民地时期的巴拿马社会等级分明。处于最上层并把持殖民地政治、经济生活的是所谓"半岛人"，即出生在西班牙本国的殖民者。占据殖民地当局和商业活动第二层位置的是克里奥尔人，即具有西班牙血统但出生在殖民地的人。再往下是从事农业、零售贸易和其他服务的梅斯蒂索人，通常为西班牙人和印第安人的混血种人。非洲和印第安人奴隶则是殖民地社会的下层。而那些有机会摆脱奴隶地位的印第安人则完全逃离殖民当局的控制，生活在某种自给自足的状态之中。天主教会在殖民地具有特别的地位，每一次征服都伴随着神甫的身影。南美大陆的第一位主教就是随同佩德罗·阿里亚斯来到新大陆的。主教的权威来自于西班牙国王，事实上，他是仅次于殖民地最高长官的统治者。1521 年，第一位主教将主教管区的大本营从达连迁至巴拿马城。教会通过什一税和大地产聚敛了大量财富。

二　拉丁美洲独立运动以后的巴拿马

19 世纪初，在西属美洲独立运动中，巴拿马最初并没有被卷入革命的洪流之中。但由于其重要的战略位置，巴拿马不久便成为独立运动领导人的一个斗争砝码。委内瑞拉的弗朗西斯科·米兰达将军（Francisco Miranda）曾试图以运河开凿权换取英国的援助。1819 年，西蒙·玻利瓦尔（Simon Bolivar）率革命军在博亚卡大败西班牙殖民军，解放了新格拉纳达，统治该地的西班牙总督从哥伦比亚逃往巴拿马并于两年后死去。1821 年 11 月 28 日，巴拿马城宣告独立。独立以后，巴拿马面临着三种选择：是继续留在哥伦比亚共和国（当时由现哥伦比亚和委内瑞拉组成）内，还是与秘鲁或是墨西哥合并。由来自秘鲁和墨西哥的神职人员所提出的后两项选择被放弃，巴拿马成为哥伦比亚的一部分。加上后来加入的厄瓜多尔，由今天的委内瑞拉、哥伦比亚、巴拿马和厄瓜多尔组成了一个"大哥伦比亚共和国"。

1826 年，西蒙·玻利瓦尔在巴拿马主持召开了西属美洲独立后成立的 4 个国家所出席的大会，这 4 个国家是墨西哥、中美洲、哥伦比亚和秘鲁。当时独立战争的许多领导人都认为，在前西班牙殖民地上建立一个统一的政府，是驱逐西班牙殖民者以后的自然归宿，而西蒙·玻利瓦尔是西属美洲共和国联合最积极最认真的倡导者。玻利瓦尔心目中的联盟是以自由和正义为基础的，但其主要目的是确保前殖民地的独立和避免前宗主国的复辟。为了西属美洲的独立事业，玻利瓦尔曾寻求英国的保护和支持。英国和荷兰都向大会派出了非正式代表。美国虽然此前已发表了门罗宣言，但却不准备承担义务和责任。虽然美国国会经过激烈辩论批准参加巴拿马大会的决定，但美国代表团却未能赶上会期。

巴拿马大会于 1826 年 6 ~ 7 月召开，会议签署了永久联盟条约，条约规定了签约各方共同防御外来之敌和和平解决彼此争端的义务。为了避免保皇分子帮助西班牙在新独立国家的复辟，条约还特别制定了一项条款，根据这一条款，假如某一成员国"实质性地"改变其政府形式，该国将会被逐出联盟；重新加入联盟则须所有其他成员国的一致同意。但该条约却从未正式生效，批准条约的仅有哥伦比亚一国。虽然玻利瓦尔仍然试图努力促成其他形式的联盟，但均以失败告终。

19 世纪 30 年代，"大哥伦比亚共和国"已分为了 3 个国家。1830 年委内瑞拉和厄瓜多尔分别单独立国。1831 年，哥伦比亚改称"新格拉纳达共和国"，直到 19 世纪 60 年代才重新称"哥伦比亚"，巴拿马地峡是这个国家的一个部分。但这一时期，巴拿马地峡也曾三次试图脱离哥伦比亚。第一次是由于巴拿马代理行政官员反对总统的政策而采取的分离行动，但却为临终前的玻利瓦尔所制止。第二次是一个不得人心的独裁者所搞的分离计划，很快被挫败，独裁者本人也被处死。第三次分离行动是在哥伦比亚发生内战之际，由一个人民代表大会发动，但仅维持一年即告终结。

19世纪40年代末，巴拿马又一次以其地理位置的特点迎来了新的繁荣时期，并再次遭到新列强的垂涎。这一次是美国人，1846～1848年，美国通过美墨战争攫取了加利福尼亚。其后不久，在加利福尼亚发现了黄金，美国历史上著名的"淘金热"开始了。长期以来，北美大陆东部的人们为了抵达大陆西部太平洋沿岸，往往南下巴拿马地峡，通过水路前往加利福尼亚，而不愿横跨漫长危险的北美大陆广袤平原和崎岖山地。淘金热开始后，通过地峡的交通骤然猛增。1846年，美国政府与哥伦比亚（新格拉纳达）签约，美国从此获得巴拿马地峡的自由通行权。1847年，纽约的几个金融家组织了一个"巴拿马铁路公司"。这个公司获得了建设地峡交通线的特许权。地峡交通线可以是公路、铁路或河道，或者是三者的某种结合。经过勘察，铁路被选中。1850年，跨地峡铁路正式开工，铁路线基本上与目前的运河并行，1855年1月正式通车。

巴拿马铁路是美洲第一条连接大西洋和太平洋的铁路，它为美国垄断公司带来了丰厚的利润。铁路通车4年后，运营收入已超过筑路投资。自1856～1904年，铁路公司获利3700万美元。[①]淘金热带来的地峡交通运输繁盛也刺激了巴拿马当地的经济，生活。19世纪50～60年代约20年间，通过地峡从大西洋到太平洋的人数达37.5万，从太平洋岸到大西洋岸的人数约22.5万。过往旅客为地峡的食品、住宿等行业带来了大量利润。同时，在

---

① 李春辉：《拉丁美洲史稿》（下），商务印书馆，1983，第478页。

铁路线大西洋岸端点出现了一座新的城市和港口。这座最初为适应铁路员工和乘客需要而提供仓储、码头、店铺以及办公地点的城市很快就成为巴拿马第二大城。美国人根据"巴拿马铁路公司"创始人的名字将该城称为"阿斯彭沃尔（Aspinwall）"，但巴拿马人为纪念哥伦布而称之为"科隆（Colon）"。由于巴拿马人不承认有一个被称为"阿斯彭沃尔"的地方并拒绝按这一名称投递邮件，"科隆"一名占了上风。

　　巴拿马地峡铁路是筑路劳工用生命修建起来的。这些劳工大多来自欧洲的爱尔兰、美洲的牙买加、非洲大陆和亚洲的印度和中国，很多人是通过欺骗的手段被骗到美洲的。由于自然条件和生活条件恶劣，劳动十分繁重，劳工死亡率极高，流行的说法是，死亡的劳工多于铁路的枕木。其中，来自中国的苦力的命运最悲惨，巴拿马铁路线上至今仍有一个称为马塔钦（Matachin）的车站，意为"已死的中国人"。

　　淘金热和地峡铁路的建设使美国的势力侵入巴拿马并得以不断扩张。很多通过地峡的淘金者胡作非为，与当地居民的种族、文化冲突时有发生。每当此类事件发生，美国总是以保护铁路和侨民利益为名，派军舰和士兵在巴拿马登陆。19世纪下半叶，美国海军分别于1856年、1860年、1865年、1868年、1873年和1895年入侵巴拿马，这些行为在当地居民心中激起了挥之不去的恐惧和愤恨。

　　地峡铁路的修建和通车又重新唤起了人们对在巴拿马开凿运河问题的兴趣。在整个19世纪，西班牙、美国、英国、法国以及拉美国家政府或一些私人投资者曾不断地表现出在西半球开凿运河的兴趣。在拉美独立运动爆发以前，西班牙人就曾数度产生开凿运河的想法。在拉美独立战争爆发以后，西班牙国会还曾于1814年作出决议，开凿一条可供大船通航的运河。1826年，时任大哥伦比亚总统的玻利瓦尔也曾谈到开凿运河的问题。美国人则考虑过在尼加拉瓜或巴拿马开凿运河。19 世纪 30 年代，美国总统安德鲁·杰克逊（Andrew Jackson）曾派查尔斯·比德尔（Charles Biddle）作为特使勘查这两处路线。但比德尔却背弃了政府使命，单独与哥伦比亚谈判私人让与权，致使美国政府的设想流产。1846 年，美国与哥伦比亚（新格拉纳达）签署了给予美国在地峡自由通行权利的条约。根据条约，美国保证地峡的中立和哥伦比亚对地峡的主权，以确保美国人通行的畅通无阻。1850 年，英、美两国签订了《克莱顿—布尔瓦条约》（Clayton-Bulwer Treaty），以避免两国在开凿运河问题上的利益冲突。两国政府同意，双方在对方不参与的情况下不单独谋取在尼加拉瓜开凿运河的权利。这一原则延伸至中美洲包括墨西哥和巴拿马任何运河或铁路的开通和修建。事实上，英、美两国政府在这一时期既无能力也无决心单独开凿运河，条约的作用只是确保运河开凿问题的中立性质。

1878 年，法国"建筑两洋间运河的国际公民协会"在完成了对巴拿马地峡的几次勘查后，从哥伦比亚政府获得了开凿运河的让与权。1879 年，为此成立了一家运河公司，决定基本上沿着铁路线走向开凿一条海平面标准的运河。公司由著名的苏伊士运河工程主持人费尔迪南·德雷赛（Ferdinand de Lesseps）领导。根据双方的租让协定，运河公司将用 12 年时间完成运河的开凿，但在哥伦比亚政府同意下可延长 6 年。租借期限为 90 年并可以转让，但不可转让给外国政府。这个运河公司还购下了巴拿马铁路公司的大部分股票，但铁路公司仍由美国人来经营管理。

1880 年 1 月 1 日，德雷赛主持了开工仪式，但运河工程次年才真正开始。随着工程的进展，开凿运河的工程师们开始认识到，修建海平面标准的运河是不现实的。作为工程主持人的德雷赛本人并不是一名工程师，开工 6 年以后，他才最终确信原方案之不可行。1888 年，船闸式运河才最终开工，但此时运河公司已陷入融资困境。在公司运营的高峰时期，约有 1 万名工人参加运河的修建。但此时德雷赛已无法维持公司的正常运转和工程的正常进行。一方面他必须在市场上为融资与对手较量，为谣言、抛售搞得焦头烂额；另一方面，他又不得不花巨资贿赂法国政客、官僚以获得债券的发行权。美国政府以违反门罗主义为由反对法国政府为其公司债券担保。至 1889 年，公司难以为继宣告破产，运河工程遂告终止。至此，运河开凿工程已完成五分之二，许多设施、机械仍可利用，同时许多来自安的列斯群岛的劳工留了下来，这都为日后运河的再次启动准备了条件。1894 年，另一家法国公司开始继续运河开凿工程，但也以失败告终。

19 世纪下半叶，哥伦比亚自由党和保守党支持者间的暴力冲突频仍，巴拿马地峡的政治事务也处于不断的动荡之中。每当自由党人上台，巴拿马地峡就会获得自治的权力；而每当保守党上台，这种自治权又被哥中央政府收回。为自由派所解散的天主教会又会被保守派重新建立起来。政治生活长期动荡不安，并且常常充斥着暴力。根据粗略统计，这一时期巴拿马地峡产生了40 届地方政府，爆发了 50 次动乱和反叛运动，出现了 5 次分离主义企图，并且有 13 次美国的军事干涉。1863 年颁布的哥伦比亚联邦宪法造成了 20 多年的混乱状况。1886 年哥伦比亚新宪法宣布哥伦比亚共和国为单一制国家，各省归中央政府管辖，巴拿马地峡则处于政府的直接管理之下。但巴拿马地峡的分离主义势力仍很活跃并得到美国的支持。

19 世纪末叶，逃亡尼加拉瓜的自由派激进分子发动了哥伦比亚的"千日战争"（1899~1902），巴拿马地峡也被卷入争端。反叛分子占据了除巴拿马城－科隆地区以外的地峡全境，但在哥伦比亚本土却被全面击溃。1902 年初，哥伦比亚政府要求美国介入，并在停靠在巴拿马湾的美国"威斯康星号"军舰上，与反叛分子签署了停战协议。

第二节　1903 年以后的巴拿马

一　巴拿马的独立与运河的开通

19 世纪下半叶，美国始终没有放弃在尼加拉瓜或巴拿马开凿运河的想法。在美西战争（1898～1901）中，双方的海战使西奥多·罗斯福总统（Theodore Roosrvelt）确信，美国需要在西半球某个地方控制一条运河。1901 年 12 月，美国与英国签订了《海—庞赛福条约》（Hay-Pauncefote Treaty），终止了 1850 年《克莱顿—布尔瓦条约》关于双方共同使用运河的条款，表明英国接受由美国单独或资助运河的开凿，这为美国独霸地峡消除了一个障碍。1902 年 6 月，美国国会通过了《史普奈法案》（Spooner Bill），决定在巴拿马地峡开凿运河，授权总统购买法国运河公司并与哥伦比亚政府谈判以获取必要的权利。1903 年 1 月，美国与哥伦比亚政府签订了《海—艾尔朗条约》（Hay-Herran Treaty）。根据条约，美国将收购法国运河公司的一切权利，哥伦比亚政府同意以 100 年租借期的形式将一条 10 公里宽的地带让与美国。然而，哥伦比亚议会拒绝批准这个条约。美国政府便通过支持巴拿马分离主义运动来实现上述目的。

1903 年 7 月，在巴拿马成立了一个"革命委员会"，其组成人员均来自当地上层或显赫家族。委员会首脑为奥古斯丁·阿兰戈（Augustin Arango），巴拿马铁路公司的代理人，被视为这场独立革命的核心人物。委员会另一领导人为曼努埃尔·阿马多（Manuel Amador Guerrero），也是反对哥伦比亚并积极推动巴拿马分离的活跃分子。这场分离运动的另一活跃角色是法国人布瑙·瓦利拉（Bunau-Varilla），法国运河公司的代表。由于租让权将于1904 年 10 月期满，而且此前经营损失巨大，法国运河公司急于将运河权利转售给美国，以取得一笔补偿金。于是，美国总统罗斯福支持布瑙·瓦利拉出钱资助巴拿马分离运动，巴拿马当地头面人物则利用美国在地峡的利益和企图谋求从哥伦比亚分离出来。1903 年 10～11 月，在美国海军的保护下，革命委员会发动了一场反对哥伦比亚政府的叛乱。根据 1846 年美国与哥伦比亚签订的条约（即在地峡发生动乱的情况下，美军可以干涉以保证哥伦比亚的主权和地峡交通运输的通畅），美国军队阻止了哥伦比亚政府军队通过地峡前往巴拿马城镇压叛乱。1903 年 11 月 4 日，巴拿马城召开了群众大会，宣布巴拿马独立并成立临时政府，阿马多成为这个新共和国的"执政委员会"主席即第一任总统。11 月 6 日，美国总统罗斯福承认这个政府为巴拿马"事实上"的政府。11 月 13 日，美国正式在法律上承认了巴拿马的独立。5 天以后，即 11 月 18 日，布瑙·瓦利拉作为巴拿马政府外交代表（这一职位是其通过资助叛乱而买到的）与美国国务卿约翰·海（John Hay）在华盛顿达成了巴拿马地峡运河条约。布瑙·瓦利拉此前已有 17 年没有在巴拿马居住了，此后也再没有返回巴拿马。但正是这个法国人在巴拿马叛乱期间，居住在纽约沃尔道夫 - 阿斯托里亚（Waldorf-Astoria）饭店，写就巴拿马独立宣言、巴拿马宪法并且设计了巴拿马国旗。巴拿马地峡的爱国者们对布瑙·瓦利拉匆匆忙忙与美国签订条约感到异常愤怒，因为他的这种做法没有给正在前往美国的巴拿马代表团以任何提出反对意见的机会。但在美国的压力下，巴拿马人没有其他的选择，于当年 12 月批准了这一条约。次年（1904）2 月，美国参议院也批准了这一条约。

　　根据 1903 年所谓的《海—布瑙·瓦利拉条约》，美国在巴拿马地峡获得十分广泛的权利。这些权利包括"永久使用、占领和控制"一条 16 公里宽地带的领土，并延伸至该地带两端 3 海里的海域，以便修建、维护、运营和保卫通过地峡的运河。美国还有权获得运河运营所需的其他地域或水域，并在巴拿马城

享有特殊权利。在运河区内，美国享有"所有的权利、权力和权威"。通过两项相互关联的条款，即美国保证巴拿马的独立，但同时作为回报美国有权干预巴拿马内部事务，巴拿马共和国事实上已成为美国的保护国。美国为其所获得的权利一次性付给巴拿马 1000 万美元，并在条约批准后 9 年开始每年付 25 万美元金币。美国还以 4000 万美元的代价购得了法国运河公司的权利和财产。1921 年，美国与哥伦比亚政府签约，向哥伦比亚提供了 2500 万美元的补偿金。

1903 年以后，美国和巴拿马双方在美国根据 1903 年条约和 1904 年巴拿马宪法所获得的权利问题上不断地产生摩擦和矛盾。美国政府将这些权利解释为美国可以在运河区一切问题上行使完全的主权。巴拿马虽承认条约条款有模糊不清之处，但坚持最初的让与权仅涉及运河的修建、运营和防卫，而与这些职能并无必然联系的权利和特权是巴拿马从未放弃过的。

1904 年颁布的巴拿马宪法，以美国宪法为蓝本，规定权力分立，直选总统和立法机构。宪法规定，巴拿马为单一制国家，城市官员由选举产生，但各省官员由中央政府委派。宪法中争议最大的条款是美国有权为保障巴拿马主权和维持秩序进行干预。巴拿马从哥伦比亚继承了两党制，但巴拿马的自由党和保守党并不具备通常意义上的政治和意识形态色彩。20 世纪 20 年代，保守党自生自灭。自由党分裂成不同的政治联盟，其中没有一个拥有广泛的群众基础。政治生活主要由少数富有的白人家族所操纵。

独立不久，从哥伦比亚分离出来的巴拿马又面临着自己的分离主义问题。由于生活在圣布拉斯群岛上的库纳人不接受巴拿马当局的权威，巴拿马政府直到 1915 年才得以在该岛实施管辖权。1925 年，当地居民爆发反叛。在美国海军和外交人员的调解下，巴拿马政府签署了一份事实上承认圣布拉斯半自治地位的条约。

1904 年，由美国接手的地峡运河工程重新启动。美国总统罗斯福决定将工程转交美国陆军工程部队，哥沙尔上校（George Washington Goethals）受命主持这一工程。但美国人所面临的是法国人留下的双重遗产：一方面，破败不堪的工地使人想起了法国的失败以及成千上万名死去的劳工；另一方面，法国的经验教训以及前期工程打下的基础正可以为美国人所用。但美国人首先面临的艰巨任务却是如何在这里生存下去。

　　一条孤零零的地峡铁路与工地并行，铁路两端的巴拿马城和科隆肮脏狭小，各种疫病如疟疾、黄热病、天花、伤寒、痢疾、肠道寄生虫感染等等广泛流行。当务之急是消灭能够传染黄热病的蚊子。戈尔加斯少校（Willam Crawford Gorgas）被任命为卫生防疫官以后，将主要精力集中在巴拿马城和科隆两地。卫生人员用挖沟的办法将死水坑的水排掉，将建筑物隔开并熏蒸消毒。砍伐并焚烧了大量滋生蚊虫的灌木和杂草，甚至强行进入教堂将洗礼盘中的圣水清除。戈尔加斯的工作拯救了大批人的生命，劳工死亡数大大低于法国人主持运河工程的时期，[1] 从而等于大幅度

---

[1]　巴拿马运河是人类工程史上的里程碑，它同时也伴随着成千上万劳工所付出的辛勤汗水和巨大牺牲。关于运河修筑过程中的劳工死亡人数，在中国学者的著述中，一般采用"达7万名之多"的提法。参见李春辉《拉丁美洲史稿》（下册），北京，商务印书馆，1983，第486页；以及王明中《巴拿马运河》，北京，商务印书馆，1984，第27页。在国外的有关著述中，一般认为，在法国人主持运河工程时期（1880~1889），劳工的死亡数没有准确的统计，但估计在2万~3万名之间，死亡的主要原因在于各种热带疫病，其中黄热病为第一杀手。在美国人主持工程期间（1904~1914），劳工总数多于法国工程期间，但由于消灭了黄热病并控制住了疟疾，死亡率大大降低。但在这10年间，死于各种疫病的人仍高达6630名。根据美国卫生防疫官戈尔加斯的报告，如果美国接手工程以后的卫生条件仍维持在法国工程时期的状况，那么死亡人数有可能达到7.8万人。这一说法对美国卫生防疫工作的估计偏高，但假如没有20世纪初叶医学的进步，包括对热带疫病的有效控制，则巴拿马运河工程何时完工甚至能否完工都在未定之中。参见 Earl Harding, *The Untold Story of Panama*, Athene, 1959; Frederic J. Haskin, *The Panama Canal*, Doubleday, 1914; 以及 Denison Kitchel, *The Truth about the Panama Canal*, Arlington, 1978。

提高了劳动生产力和增加了劳工的工作日数。更加卫生更为安全的生活条件吸引了很多劳工来到运河工地。至 1913 年即运河竣工的前一年，运河工地大约有 65000 名劳工，大部分来自西印度群岛，也有一部分（约 2000 人）来自南欧。约有 5000 名美国人担任各种管理、监督和其他专业工作。

巴拿马运河工程中最艰巨的任务是开凿库尔伯拉（Culebra）山脉，在加通（Gatun）修筑大堤使恰格雷斯河（Rio Chagres）形成人工湖，并且修建三套船闸——将轮船提升至高于海平面 26 米的湖面，然后再降至海平面。1914 年运河工程全部完工。8 月 15 日，第一艘轮船试航成功。运河全长 81.3 公里，宽度为 91～304 米。运河大大便利了美国的对外贸易，并且非常有利于美国军事战略的实施和在拉丁美洲政治霸权的稳固。

运河的竣工也影响了巴拿马的社会经济状况，一个新的中产阶级产生了。但是，巴拿马社会的分化不仅基于阶级差别，而且随着运河带来的冲击和影响，也带来了新形式的分化和歧视，即种族和民族的差别。与此同时，美国的政治干预和经济侵略也在巴拿马人民心中激起日益强烈的不满和愤恨。

二　美国干预与美巴关系

1903 年美巴《海—布瑙·瓦利拉条约》签订之后，美巴双方就开始争论有关的主权问题。美国按照自己对条约的解释，在运河出入口岸实施专门的交通管制，并在运河区设置了自己的海关、税则和邮政。运河区不仅将巴拿马国土一分为二，而且使其经济、社会生活遭到分割和损害。处于运河区内的巴拿马城和科隆两大城市，名义上受巴拿马政府管辖，实际上为美国所控制。美国对条约的解释和在运河区的所作所为一直是导致美巴关系紧张的一个主要原因。

1904 年 11 月，美国战争部长塔夫托（William Howard Taft）

访问巴拿马，以解决日益严重的摩擦。双方签署了一份协议，规定美国保留对运河两端港口的控制，但进出巴拿马城和科隆的任何船只均可使用港口设施。双方还同意相互降低关税，人员和货物可以从运河区自由进入巴拿马。

美国干预问题也是自巴拿马独立始就纠缠在两国关系中的一个重要问题。1904 年，根据美国外交使团的建议，为了避免巴拿马军队领导人威胁宪政政府，巴拿马军队解散，代之以国民警察，其使命为维持治安。至 1920 年，美国已先后 4 次干预巴拿马内部事务，其中 3 次是应巴拿马某一政治派别要求所为。巴拿马内部政治斗争使得某些派别为一己私利求助于美国干预。而美国也凭借在巴拿马的政治、军事、经济存在和实力，影响、操纵巴拿马政局的走向。巴拿马民族主义者所深恶痛绝的一项政策就是美国外交官充当巴拿马政府官员的顾问。1921 年，巴拿马政府就美国干预问题正式提出交涉。针对巴方要求就有关条约规定作出确切的书面解释，美国国务卿胡斯（Charles Evans Hughes）只是回答说，美国的主要目标在于采取行动以消除针对运河区的威胁，或针对两大城市非巴拿马居民生命和财产的威胁。

美国的干预五花八门。美国官员会"应巴政府要求"监督选举。为保卫美国公民的生命和财产，美军曾在奇里基省（Chiriqui）驻扎两年之久，这在巴拿马人看来已超出了美国有权军事占领两大城市的条约规定。1925 年，美国出兵镇压了巴拿马城的一次骚乱，再次激起了巴拿马人广泛的愤怒情绪。

20 世纪 20 年代末，美国的干预政策发生了一定的变化。1928 年，美国国务卿凯洛格（Frank B. Kellogg）重申了美国政府拒绝支持"非法变更"巴拿马政府的政策。在同一年，美国没有干预巴拿马大选。在这一年的大选中，阿罗塞梅纳（Arosemena）当选总统。阿罗塞梅纳政府以腐败著称。1931 年，巴拿马发生政变，推翻了阿罗塞梅纳政府，美国也没有干预。1931 年政变是巴拿马共和国历史上第一次获得成功的政变，美国没有干预标志着其干预历史上的一个分水岭，但美国并没有公开宣称其政策有所改变。

在这一时期，要求修改条约的呼声日渐高涨。1925年，美巴《凯洛格—阿尔法罗条约》（Kellogg-Alfaro Treaty）签订。美国同意限制运河区的私人商业资本，并收紧对官方供应商的控制。但同时美国却在安全领域谋取了更多的让步。巴拿马同意在有美国卷入的战争中自动加入到美国一方，并且由美国监督和控制在巴拿马境内的军事行动。条约签订后，在巴拿马引起一片哗然。在这种气氛下，巴拿马立法机构于1927年1月决定拒绝讨论该条约草案的批准问题。1927年秋，国际联盟大会认为，美巴问题关于自动加入战争的安排不合法，因为国联盟约规定，任何争端在诉诸战争以前必须留出3个月时间提交仲裁，巴拿马自动宣战的条款违反了巴拿马在国联盟约下的义务。事实上，由于巴拿马立法机构的拒绝，《凯洛格—阿尔法罗条约》已经流产，但巴拿马仍建议将运河区主权争端提交国际仲裁。向来反对仲裁的美国没有接受。

20年代末，美国领导人开始认识到拉丁美洲民族主义诉求正在逐步高涨，而美国的政策往往事与愿违。美国对多米尼加共和国、海地和尼加拉瓜的占领并没有树立起示范性的政治制度，广泛的干预也没有为美国的贸易和投资赢得良好的环境。30年代，德、意法西斯的同情者在拉丁美洲日趋活跃，美国开始关心西半球的团结问题了。1933年，富兰克林·罗斯福总统在就职演说中提出了睦邻政策。同年，在蒙得维的亚举行的第7届美洲会议上，美国有条件地接受了不干涉原则。1936年，美国无保留地接受了这一原则。

30年代的世界性经济危机也对巴拿马经济造成了巨大的冲击。危机期间，巴拿马社会政治生活也开始发生变化。长期以来，巴拿马政治生活完全操纵在一小撮上层人物和显赫家族手中，主要集中于巴拿马城的富人俱乐部。1932 年当选总统的阿莫迪奥·阿里亚斯（Harmodio Arias，与同名贵族家族无关）则是出生于外省贫困家庭的梅斯蒂索人，早年就读于伦敦经济学院，并以其批判门罗主义的著作赢得广泛的赞誉。阿里亚斯代表着中产阶级的梅斯蒂索人的利益，政治上具有反寡头和反美的倾向。阿里亚斯是巴拿马历史上第一个对边远贫困的农村地区实施扶贫措施的总统。他建立了巴拿马大学，使之成为表达中产阶级利益和民族主义思想及其政治诉求的中心。

　　1933 年，巴拿马失业人口激增，美国在运河区的商品供应站冲击巴拿马商业引发的矛盾又趋激化。阿里亚斯赴美与新就职的罗斯福总统谈判并就若干问题达成了协议。美国承诺在经济纠纷中，适当考虑诉诸仲裁的要求，并特别关注保护巴拿马的商业利益免受廉价商品走私的冲击。美国还答应帮助巴拿马缓解失业问题，争取国会拨款资助遣返数目庞大的运河移民工人。最为重要的一点是，在一份联合声明中，罗斯福总统同意美国在运河区的权利仅适用于运河的"维护、运营、卫生防疫和防务"目的，这是美巴双方长期争议的一个问题，这样一种表述以及美国明确承认巴拿马为主权国家，是巴拿马就美国在地峡的地位和权利问题争取到的有利于巴拿马的一点让步。

　　1934 年，由于美元贬值，其含金量只及此前的 59.6%，巴拿马政府决定拒绝接受美国以贬值后的美元所付的年金。1934 年夏，罗斯福总统访问巴拿马，为解决年金问题和其他问题创造了条件。同年，一个巴拿马代表团抵华盛顿，就修改 1903 年条约问题与美方谈判。1936 年 3 月，美巴双方签订了一个新的条约《赫尔—阿尔法罗条约》（Hull-Alfaro Treaty）及其他 3 个有关文件。

　　1936 年条约废除了 1903 年条约中所谓美国保障巴拿马独立

并拥有干预权利的条款，在法律上结束了巴拿马的保护国地位。条约还规定，美国将放弃在运河区外征用土地的权利，而代之以通过谈判和购买的方式取得土地。美国还同意将年金数额确定为43万巴尔沃亚（balboa，巴拿马货币，与贬值后的美元等值），从1934年巴政府拒收年金时算起。运河区禁止与运河运营无关的外国私人商业活动，从而解除了巴拿马商人的竞争压力，而巴拿马商品则可以自由进入运河区。巴拿马还可以在进出运河区的口岸设立海关监管进入巴拿马的货物。其他文件还做出了有关无线电通信管理和美国修建地峡高速公路的规定。

《赫尔-阿尔法罗条约》改变了美国在巴拿马地峡的特权地位，是巴拿马政府和人民争取到的巨大让步和胜利。但美国参议院对这些改变迟迟不愿接受。按照新条约的规定，当签约一方的安全受到威胁时，须经双方协商后采取联合措施。美巴双方就此条款的解释交换了外交照会，使美国参议院确信，巴拿马愿意根据这一条款允许美国采取单方面行动，这一条约才于1939年7月为美国参议院所批准。

三 第二次世界大战及战后岁月

巴条约被批准后不久，1939年9月，欧洲战争爆发。美国开始为战争做准备，这种准备包括在西半球组织某种合作体系，以应对轴心国的侵略威胁。巴拿马参加了一系列会议、宣言、议定书，与美国的合作进展顺利。但这种状况只持续了一年多时间，由于阿努尔福·阿里亚斯（Arnulfo Arias）于1940年就任总统而陷于停顿。

阿努尔福·阿里亚斯是阿莫迪奥·阿里亚斯的兄弟，哈佛医学院毕业生，在其政治生涯中多次当选巴拿马总统，但没有一次干满任期。1940年作为群众运动领袖，阿努尔福·阿里亚斯首次当选总统。他所领导的群众运动具有强烈的民族主义色彩。在

巴拿马，这种民族主义意味着反对美国的霸权。不仅如此，阿里亚斯还打算将所有非拉美裔人赶出巴拿马，包括北美人、西印度群岛人、中国人、印度人、犹太人等。在战争阴云密布的形势下，阿里亚斯甚至还表现出某种亲轴心国的倾向。

为了应付即将到来的战争，美国要求以 999 年的租期在巴拿马租用 100 多处军事基地。阿里亚斯对此一直进行抵制，最终只是在美国威胁出兵占领它所需要的领土时才勉强同意出租一处基地给美国。1941 年 10 月，趁阿里亚斯不在国内之机，国民警察遵从美国的意愿，推翻了阿里亚斯政府，继任者为里卡多·阿多尔福·德拉瓜迪亚（Ricardo Adolfo de la Guardia）。德拉瓜迪亚追随美国对轴心国宣战，并将 134 处土地出租给美国作为军事基地，但不同意以 999 年为租期。德拉瓜迪亚政府为租期设的限制为"战争持续期间加上战后和平条约签订后一年"。

1945 年，德拉瓜迪亚总统与立法机构爆发冲突，政府垮台，巴拿马政局一度陷于动荡。此时正值二战结束后，美巴两国又由于军事基地问题关系再度紧张之际。虽然和平条约尚未生效，但巴拿马要求美国撤出军事基地。1946 年美国国务卿没有采纳军方无限期使用巴拿马军事基地的意见，并且考虑到巴拿马日益高涨的民族主义情绪，建议将 13 处设施的租期延长为 20 年。巴拿马政府据此与美国签署了条约草案。1947 年，当巴拿马立法机构审议条约时，一万多民众手持石块、大刀甚至枪支上街抗议。在这种情势下，巴拿马立法机构表决一致同意拒绝批准条约。到1948 年，美国撤出了运河区以外的所有基地和设施。1947 年的事件是巴拿马历史上第一次大规模的群众抗议导致美国的企图遭到挫败的案例。

自 1947～1955 年，国民警察总监雷蒙（Jose Antonio Remon）操纵了巴拿马政权。雷蒙在一些政党和政治派别的基础上，组织了"全国爱国者联盟"，作为该组织候选人参加了 1952 年大选并当选总统。这一时期的巴拿马政坛上演了一系列雷蒙操纵的木偶戏。例如阿努尔福·阿里亚斯参加 1948 年大选并当选总统，但却无法就任总统职位；1949 年又身不由己地当上了总统；1951 年又被迫下台。这种情况全由雷蒙幕后操纵。与此同时，在雷蒙的努力下，国民警察的工资和待遇不断改善，训练和装备不断现代化，已经从一支警察力量改造为准军事部队。1953 年，国民警察成为国民警卫队，虽然其任务并未发生重大变化，但却朝着建立国家军队的目标迈出了重要的一步。雷蒙政权还在经济发展和社会领域采取了许多措施，其农业和工业发展计划的实施一度降低了巴拿马经济对运河及运河区经济的依赖程度。

雷蒙政权的另一重要举措是积极推动对 1936 年美巴条约的修改。1953 年，雷蒙曾就修改条约事宜访问美国。巴拿马方面的要求主要包括：巴拿马应在运河收费中占有更大份额，巴拿马商人应得到进一步保护以免受运河区内廉价商品竞争冲击，以及运河区内美国公民与巴拿马公民间的工资差别应予取消，等等。然而，由于 1955 年初雷蒙遇刺身亡，他未能看到修改条约谈判的最后成果。雷蒙遇刺后，第一副总统身陷弹劾案件，遂由第二副总统里卡多·阿里亚斯（同名显赫家族，与阿努尔福·阿里亚斯家族无关）完成余下的任期。里卡多·阿里亚斯中断了雷蒙的社会、经济改革措施，但接过了美巴条约的修改任务。

1955 年，美巴"相互谅解和合作条约"签订。为了签订这一条约，巴拿马将已于前几年收回的运河区外的基地重新租让给美国，包括一处空军基地和 8000 公顷领土（免租金，期限 15 年），供美军训练和演习之用。条约规定缩减与运河运营无必然联系的商业活动，付给巴拿马的年金扩大至 193 万美元，双方接受并实施"运河区内所有雇员适用一种基本工资尺度"的原则。但是，巴拿马方面关于用 99 年可续约租期取代"永久"条款的要求被拒绝了。1955 年条约得到了里卡多·阿里亚斯总统的强烈支持，立法机构也很快地予以批准。

　　1956 年是巴拿马大选年。全国爱国者联盟推出埃内斯托·德拉瓜迪亚（Ernesto de la Guardia）为候选人参选并当选总统。德拉瓜迪亚是来自寡头集团的一个保守商人，按巴拿马民族主义标准衡量，他绝非反美人士。但是，德拉瓜迪亚政府任期却又正值巴拿马民族主义浪潮高涨，美巴两国关系又跌至低谷的一个时期。1956 年，埃及政府宣布将苏伊士运河收归国有，全世界的媒体都不断地将巴拿马运河与苏伊士运河相提并论，巴拿马人民心中又燃起了收回运河权利的新希望。然而，虽然巴拿马拥有当时世界上第六大商船队，但英美等国把持的讨论苏伊士运河问题特别会议却没有邀请巴拿马参加。出于义愤，巴拿马在苏伊士运河问题上与社会主义国家和中立国家站在了一起。与此同时，美国在巴拿马运河及运河区问题上的动作却又在巴拿马人的愤怒中火上浇油。1956 年 9 月，美国国务卿杜勒斯（John Foster Dulles）宣称，美国不惧怕巴拿马运河的国有化，因为美国拥有运河的"主权权利"。同年夏，美国又声言，1955 年条约事实上并未规定工资标准的完全平等。

　　美巴紧张关系持续数年。1958 年，学生上街抗议，与国民警卫队发生冲突，导致 9 人死亡。1959 年 11 月，巴拿马国庆期间，反美游行示威再度爆发。巴拿马人民决心"和平"进入运河区，将巴拿马国旗插入运河区以宣示主权。为了防止巴拿马"暴徒"冲入运河区，美军开始动员。但仍有几百名巴拿马群众冲过铁丝网与运河区警察和军队发生了冲突。其后，巴拿马人民又举行第二次抗议活动，为美军支持下的国民警卫队所镇压。但抗议浪潮仍在持续。美国新闻署图书馆的窗户被砸毁；美国使馆悬挂的国旗被撕碎、践踏；巴拿马领导人试图控制已渐失控的局势，但以失败告终；美国运河区当局在运河区边界树起了栅栏、路障；居住在运河区的美国公民开始抵制巴拿马商品；等等。两国关系日益紧张。

1960年又到了巴拿马大选举。3月1日是巴拿马宪法日，学生和工人准备再次向运河区进军。巴拿马政府和反对党联盟对此都感到十分恐惧，他们普遍担心群众的抗议活动会引发一场针对社会制度本身的革命运动。面临大选的两大政治联盟都想避免社会进一步动荡，而巴拿马商人们也对前一年抗议浪潮带给他们的经济损失心有余悸。因此，政府、反对派和商人都已站到抗议活动的对立面。与此同时，美国也放出话来，声称愿意在运河区特定地点悬挂巴拿马国旗。这样一来，大规模的抗议活动被平息下去了。

德拉瓜迪亚政府在群众抗议浪潮中被搞得焦头烂额。尽管在立法机构中没有反对派，全国爱国者联盟也开始自行瓦解。其中一部分人加入了全国反对派联盟，该联盟推出的候选人罗贝托·奇亚里（Roberto Chiari）赢得大选，成为总统。德拉瓜迪亚是巴拿马战后第一位干满任期的总统，而奇亚里则是巴拿马第一位当选总统的反对派候选人。

奇亚里曾设想在巴拿马实行某种温和的改革，却遭到立法机构多数议员的反对。在外交政策上，奇亚里要求进一步修改关于运河区的安排。1962年6月，奇亚里赴美期间，与美国肯尼迪总统达成协议，委派两国高级代表讨论两国在运河区的争端。1963年7月，双方发表了联合公报。

根据美巴双方新达成的协议，将成立一个两国劳动顾问委员会，负责处理运河当局与巴拿马雇员之间的纠纷。美国答应将巴拿马雇员缴纳的税款汇至巴拿马政府。美国还答应给巴拿马雇员与运河区美国公民相同的健康和人寿保险。但还有许多有争议的问题没有解决，例如美国答应增加运河区巴拿马雇员工资，但与巴拿马方面所要求的增加幅度有差距。双方未就巴拿马政府要求在运河区开辟一条有管辖权的走廊以连接被分割的国土问题达成协议。

60 年代初，美国肯尼迪政府发起了"争取进步联盟"计划，向拉丁美洲国家提供帮助，促进社会经济发展，提高人民生活水平。这是古巴革命后美国西半球战略中的一个新举措。50 年代，巴拿马没有得到美国政府定期提供的开发贷款或赠款。争取进步联盟计划的实施使巴拿马第一次分得一些用于资助住房建设的资金。但是，巴拿马人民要求修改条约的愿望以及对美国的憎恨并没有消失。

四　美巴新条约的谈判

19 64 年 1 月，由于在运河区悬挂巴拿马国旗争端又起，反美运动烈火再一次被点燃。本来这一问题就是美巴关系中既充满情绪化又颇具象征意义的一个难题，对此处理稍有不慎就会酿成灾难。偏偏在这一问题上美国国防部和国务院又意见不一。美国军方反对在运河区悬挂巴拿马国旗，认为美国对运河区的完全控制具有战略意义，悬挂巴拿马国旗是对动乱分子的"绥靖"政策，会给未来美巴关系树立一个危险的先例。而国务院则认为悬挂巴拿马旗是对巴拿马民族主义要求做出的一个明智的让步，有助于改善美国的国际形象。美国务院外交官们还担心，国旗问题如果处理不当，暴力和动乱再起还有可能威胁巴拿马政治制度的稳定，最终对美国也会产生不利影响。美国最终决定在运河区某一地点同时悬挂美、巴两国国旗，1960 年 9 月还为此举行了特殊仪式。但仪式本身却又出了麻烦：美国拒绝巴拿马总统德拉瓜迪亚本人亲自升起巴拿马国旗的要求。德拉瓜迪亚遂拒绝出席升旗仪式，并在其后的总统招待会上只邀请美国大使及其高级助理参加，而没有邀请美国运河区当局和美军官员。这样，在运河区悬挂国旗仍是巴拿马人民耿耿于怀的未决问题。

令巴拿马人民深为不满的是，美国国旗可以在运河区到处飘扬，而巴拿马国旗却只能在一处悬挂。经过艰苦的努力，双方终于又商定，在运河区的多处地点，美巴两国国旗并排悬挂。

然而，运河区内的美国公民却不愿遵守这一协议。1964 年 1 月，一所美国高中的学生们在成人的唆使下，在学校门前连续两天单独悬挂美国国旗。消息传出后，约 200 名巴拿马学生手持国旗冲入运河区。双方爆发冲突，巴拿马国旗被撕毁。这又激起了更大规模的骚乱，连续 3 天有数千巴拿马人冲击运河区，造成了 20 多人死亡，数百人受伤，财产损失达 200 万美元。

冲突爆发以后，巴拿马政府谴责美国为侵略者，并决定断绝与美国的关系，并将这一事件提交美洲国家组织和联合国。美国驻联合国大使在安理会上敦促在地区论坛上解决这一问题，反对联合国介入。因此，根据巴西大使的建议，安理会主席发表讲话呼吁双方克制，此后联合国未再采取进一步措施。最终美巴双方接受了由美洲国家组织所任命的调查委员会提出的联合声明，双方恢复了外交关系。但巴拿马人民的不满和怨恨却难以平息。

1965 年，美国总统约翰逊宣布，美国将与巴拿马制定开凿一条新运河的计划并就新的条约展开谈判。奇亚里的继任者罗伯莱斯总统（Marcos Aurelio Robles）积极地推动了这次谈判进程。但是，当双方经过两年多的谈判于 1967 年拿出了 3 个条约草案时，巴拿马舆论却是一片反对之声。3 个条约分别涉及现有的船闸式运河、将要开凿的海平式运河以及运河防御问题。新条约将废除在巴拿马最不得人心的"永久"条款，而将租借截止日定为 1999 年 12 月 13 日（如果海平式运河竣工日在此之前，则以该竣工日为限）。另外，条约将根据通过运河的货物吨位重新确定巴拿马政府获得的年金，新的年金数额可望超过 2000 万美元。但这些规定已无法满足日益高涨的巴拿马民族主义要求，巴拿马人民所要求的是美国放弃在巴拿马的一切特权，特别是在运河区的军事基地、在巴拿马共和国境内部署军队的权利，以及运河区联合管理当局 9 人中有 5 人由美国任命的条款。罗伯莱斯最初试图为新的条约草案辩护，但当他未能说服立法机构批准条约，并且意识到在即将到来的大选中他自己的政治联盟会处于不利地位时，罗伯莱斯宣称有必要就新条约展开进一步的谈判。

五 20 世纪 60～70 年代的政局

20 世纪 60 年代中期，操纵巴拿马政坛的寡头集团虽然受到其他政治力量日益严重的挑战，但仍对政局走向具有决定性影响。中产阶级（主要指政府职员、教师等）力量壮大，但仍无法取代寡头的势力。由于利益不同，城市居民与农村居民在政治见解上存在很深的鸿沟。城市下层居民中，不同种族（如操西班牙语的人与操英语或法语的黑人）之间也存在严重的对立。在国家政治生活中，除了不同利益和政治势力间的斗争外，另一项重要内容就是对美国霸权的抵制和反抗。

1964 年的总统大选主要是 3 个候选人之间的竞争。由民族自由党和其他小党组成的执政联盟推出了奇亚里政府的总统府部长罗伯莱斯为候选人。以全国爱国者联盟为首的反对派联盟则指定前立法机构议员、公共事务部长加林多（Juan Arco Galindo）参选。阿努尔福·阿里亚斯再次出马，代表由他自己创建的巴拿马主义党竞选。像历次总统选举一样，运河地位问题是竞选的主题。自由党人和全国爱国者联盟都通过发表反美言论试图利用民族主义情绪。阿里亚斯通过谴责寡头政治，博得了下层民众的支持，他所领导的巴拿马主义党也是这一时期巴拿马第一大党。结果，罗伯莱斯以 10000 多张选票的优势击败阿里亚斯，而全国爱国者联盟则一落千丈，被远远甩在了后面。

1967 年，阿里亚斯宣布将再次参加总统大选，并且组成了以巴拿马主义党为首的竞选联盟。民族自由党的候选人是曾担任

过罗伯莱斯政府财政部长的萨穆迪奥（David Samudio）。选举前夕，围绕选举的公正性问题，各派力量展开了激烈的较量。在选举法庭中，就选举的程序问题，罗伯莱斯总统的支持者与阿里亚斯的支持者爆发了冲突。罗伯莱斯诉诸最高法院，而阿里亚斯的支持者则试图通过立法机构弹劾总统。在国民警卫队支持下，罗伯莱斯保住了总统职位。1968 年 5 月，大选如期举行。阿里亚斯击败萨姆迪奥，又一次通过竞选赢得总统职位。

阿里亚斯就职时宣布了两项重要决定，第一，要求美国立即将运河管辖权交还巴拿马；第二，对国民警卫队领导层进行改组。阿里亚斯就职仅 10 天，国民警卫队又一次将这位总统推翻。阿里亚斯带着他的政府部长们和本党立法机构议员躲到了运河区里避难。政变发生后，巴拿马城和其他地区一度爆发了示威或骚乱，但国民警卫队很快就控制了局势。临时军政府解散了立法机构，取缔了所有政党，关闭了巴拿马大学，将媒体置于严密控制之下，并逮捕了几百名政治人物，迫使很多人流亡国外。临时军政府宣称，军事当局只是临时管理国家，并将安排进行自由选举。事实上，权力掌握在国民警卫队司令奥马尔·托里霍斯（Omar Torrijos）和参谋长鲍里斯·马丁内斯（Boris Martinez）手里。1969 年 3 月，托里霍斯发动了一场政变中的政变，并从此掌握了全部权力。但已身为国民警卫队准将的托里霍斯在巩固权力的斗争中仍面临着挑战。1969 年 12 月，当托里霍斯在墨西哥访问的时候，三名上校发动政变宣布推翻了托里霍斯。托里霍斯迅速赶回国内，成功地发起了一场反政变，并就此任命文人为"临时总统"，取代了临时军政府。

1969 年年底，在托里霍斯将军支持下，"新巴拿马运动"成立。该运动试图模仿墨西哥革命制度党的模式，将农民、工人和其他社会阶层组织起来。但这一运动的组织结构最终并未建立起来。直到 70 年代末，政府才又以"民主革命党"的名义组织了自己的政党。

从 70 年代初期开始，在托里霍斯将军主持下，巴拿马政府的政策发生了深刻的变化。托里霍斯将军非常欣赏这一时期秘鲁和玻利维亚军政府实施的激进改革政策，并且与古巴卡斯特罗社会主义政权建立了友好关系。但托里霍斯却避免与巴拿马国内的左翼政治力量建立密切关系，而是更愿意将自己视为"民众主义"的一个代表人物。托里霍斯曾宣称，在清除了寡头以后，巴拿马人的自身价值就不再系于其出身、家族或出生地了。托里霍斯将军建立了一个由国民警卫队与社会各阶层（特别是寡头政治下的弱势群体）结合的广泛联盟，形成了政府的民意基础。工人、学生以及人民党（即巴拿马共产党）也是托里霍斯政治联盟的组成部分。其中，人民党在其他政党还处于非法状态时就以对托里霍斯的支持获得了合法地位。而学生与国民警卫队长期以来处于对立状态，这时也通过联盟联合了起来。传统上，巴拿马政治生活历来集中于城市，除西部香蕉产区农业工人外，农民被排斥在政治生活之外，托里霍斯动员农民参与政治可以说是巴拿马政坛的一个创举。由于就业机会的扩大，中产阶级也支持托里霍斯将军的政治联盟。

自 1970 年 4 月开始，巴拿马采取了间接选举制度，其基本原则是层层会议选举，首先由最基层的社区会议选出城市选举委员会，然后再由这个委员会在候选人中选出市长、官员和市政会议。1972 年，在巴拿马城召开了由 505 名城市代表组成的国民大会即国会，会议确认托里霍斯将军的政府首脑地位并通过了一部新的宪法。新宪法扩大了政府的权力，同时赋予国家"监督土地合理分配"，以及调控经济活动的权力。关于运河区，新宪法宣称，向任何外国割让领土均属非法。这一规定符合托里霍斯政府的民族主义诉求，因为通过与美国谈判新的条约并收回运河的控制权，是托里霍斯凝聚政治共识、维护政治联盟和支持的重要手段。

托里霍斯政府的经济政策得到了新宪法的确认。托里霍斯政府接过了前几届政府曾试图实施的土地改革政策，其中包括60年代初的一项立法，计划在几年内向61300户家庭分配70万公顷土地。虽然事实上该计划进展缓慢，但政府还是采取了很多措施改善农业状况。政府通过国营公司向农民提供援助；政府还成立了管理香蕉种植园的公司，以经营土改后重新归巴拿马人控制的土地。

托里霍斯政府还进行了医疗、教育改革，并实施了大规模的公共工程计划。政府推行了一项范围广泛的医疗计划，凡就业时间达到某一最低标准的任何人的家庭均可享用，其中医疗服务不仅涵盖工人的配偶和子女，而且包括其父母和其他亲属。托里霍斯政府还在几个省城建立了医院，改变了过去仅巴拿马城才有医疗设施的历史。乡村建立了大量诊所，医学院毕业生至少要有两年时间在乡村服务。托里霍斯政府注重职业和技术教育，在初等和中等教育中刻意模仿古巴的乡村教育模式，在农村地区建立了大量新的学校，学生们的课程近半是关于农业技术的，而且这些农业和其他实用技术在城市学校也要教授，甚至在私立学校也成为必修课。托里霍斯政府在乡村实施了大规模的道路、桥梁建设计划，在巴拿马实施了住房、办公楼建设计划。个人和公司所得税的增加以及税制的改进为这些计划提供了部分资金。

1972年，巴拿马还出台了一部新的劳工法，该法的规定涉及了强制性的集体协议、工会会费的削减、劳工法庭的设立、工会成员范围的扩大（街头商贩也被纳入工会范围）等问题。巴拿马政府曾试图将全国三大工会组织纳入到一个由政府领导的统一框架之下，但遭到了抵制。

托里霍斯政府还通过税收优惠和不限制资本汇出等政策吸引外资，特别是鼓动国际金融业在巴拿马的发展，使巴拿马成为一个地区性的金融中心。

1973 年，由于世界性经济危机的爆发，国际贸易的下降直接影响了巴拿马运河的运营，巴拿马农业生产也开始下跌，导致巴拿马国民生产总值下降，通货膨胀率和失业率上升，外债负担加重，巴拿马社会状况开始恶化，托里霍斯将军建立的民众主义政治联盟的基础逐步被削弱。1976 年新的劳工法取消了很多保护条款，包括强制性集体谈判的规定。

六　新的运河条约

经过两年的巩固权力的斗争，托里霍斯将军已基本控制了巴拿马局势。1971 年，就运河问题谈判新约再次成为巴拿马政府议事日程上的首要问题。70 年代，世界贸易量的 5% 要通过巴拿马运河运输，平均每天有 20～30 艘轮船通过运河。但是，运河的收费却被人为地压得很低，因此，美国政府需要对运河的运营进行补贴。然而，由于世界贸易的下降，其他航路的便捷，以及运河不适于大型船只通过等原因，70 年代巴拿马运河使用率逐步降低。但运河对巴拿马经济却仍具重要意义。巴拿马外贸的 30% 要通过运河。巴拿马全国外汇收入的 25% 和国民生产总值（GNP）的 13% 来自运河运营。因此，运河的运营和收入对巴拿马经济生活仍发挥着十分重要的影响。

根据 1903 年美巴条约，运河区行政长官由美国总统任命。行政长官同时兼任运河公司总裁，并向由美国政府任命的董事会报告工作。所以，美国完全掌控着运河区的事务。运河区的居民主要是美国政府雇员及其家属。到 1977 年新条约即将问世之际，约有 4 万名美国公民居住在巴拿马运河区，其中约 2/3 为美军事人员及其家属，而居住在运河区的巴拿马人仅有 7500 人左右。因此，运河区实质上是美国的一个军事前哨，其富庶的经济生活与运河区外巴拿马领土上的贫困状况形成鲜明对比。美军在运河区的军事行动由美国南方司令部统辖，南方司令部的主要任务就是保卫巴拿马运河。此外，南方司令部还是美军在整个拉丁美洲军事活动的神经中枢，负责美军的通信，培训拉美国家的军事人员，指导美国军援顾问团，以及与拉美国家举行联合军事演习等。

1971年6月，美巴两国就签署新的运河条约重开谈判，但在近两年的时间里，谈判并未取得进展。1973年3月，在巴拿马的要求下，联合国安理会在巴拿马城召开了特别会议。会议试图通过一项要求美国与巴拿马订立"公平合理"条约的决议，但美国以运河事务为双边问题为由行使了否决权。但巴拿马却通过此举营造了声势并获得了广泛的国际支持。1973年年底，美国向巴拿马派出了特使，表达了促进谈判的愿望。次年初，美国国务卿基辛格与巴拿马外长胡安·安托尼奥·塔克（Juan Antonio Tack）达成协议，拟定了指导谈判的8项原则，以缔结一项"彻底清除两国间冲突根源的公平合理的条约"。这些原则包括承认巴拿马对运河区的主权；扩大巴拿马的经济利益；确定美国对运河控制的截止期；扩大巴拿马对运河运营和防御的参与；以及美国继续参与保卫运河的问题等。

由于水门事件的发生，尼克松政府无暇认真处理巴拿马运河新条约的谈判问题。1975年，福特政府加快了谈判进程，但却由于无法解决谈判中的4个主要问题使谈判陷入僵局。

这些问题是：条约期限；巴拿马获得的运河收入份额；条约存续期间美国军事基地占用巴拿马领土的范围；以及美国就运河的防御提出的40或50年租借基地的要求。美国意在签订一项可延期的租借条约，这引起了巴拿马方面对美国军事基地无限期存在下去的强烈担忧。因此巴方认为美国的立场仍然是巴拿马人民强烈反对的1903年条约的"永久"条款，违背了1974年基辛格－塔克协议原则的精神。但美国却忽视了这一问题的敏感性。

1975 年 9 月，基辛格宣称美国必须保持在无限期的未来保卫巴拿马运河的、单方面的权利。这一讲话在巴拿马激起了新一轮的愤怒浪潮，数百名学生用石块袭击了美国大使馆。

1977 年 1 月，卡特入主白宫。美国对巴拿马运河的看法发生了一些微妙的变化，从公然要求美国在运河区"持续的军事存在"，调整为以"确保运河的开放和中立"来维护美国的利益。与此同时，美国还表示愿意向巴拿马提供"双边开发援助"。美国态度的变化加快了两国谈判新的运河条约的进程，1977 年 8 月 10 日，双方宣布关于运河的两项新条约已达成一致意见。1977 年 9 月 7 日，托里霍斯赴美国华盛顿，与卡特共同签署了美巴运河新条约。

1977 年签署的巴拿马运河条约承认了巴拿马共和国的领土主权，废除了 1903 年条约以及两国间所有有关运河的条约、公约、协定。新的条约将于互换批准书后 6 个月生效，有效期至 1999 年 12 月 31 日正午。根据条约规定，巴拿马以国土主人的资格与美国在条约有效期间管理运河交通以及经营、维护、改建和保卫运河的必要权利。美国将通过新成立的政府机构——巴拿马运河委员会履行其职责，巴拿马运河公司和运河区当局停止运作。巴拿马运河委员会由一个 9 人组成的委员会领导，其中 5 人为美国公民，4 人为巴拿马公民。美国公民担任巴拿马运河委员会主任，巴拿马公民担任副主任；但自 1990 年 1 月 1 日起，巴拿马公民将成为委员会主任，美国公民为副主任。条约第 5 条规定，巴拿马运河委员会的美国籍职员及其随从人员以及委员会所联系的美国籍承包商不得在巴拿马参与政治活动，不得干涉巴拿马内政。

美巴新条约还就过渡期和财产的移交做出了规定。巴拿马将于条约生效之日对原运河区行使全部管辖权，但美国将在为期 30 个月的过渡期内保留对美国公民实行美国法律的权利。在条约有效期满时，运河应在完好的状态下移交巴拿马，美国应无偿移交它对不动产的权利、产权和利益，巴拿马届时将全面负责运河的管理、运营和维护。关于运河的保护和防卫，条约规定，美巴两国在这方面都负有责任，但在条约有效期间，美国对保护和防卫运河负首要责任。在关于条约的执行规定中，规定了美国在巴拿马驻扎、训练和调动军队的权利。为此，两国将建立一个双方人数相等的军事联合委员会，就有关问题进行协商和合作，并为采取共同措施提出政策建议。

巴拿马和美国还同时签订了关于巴拿马运河永久中立和运营条约及其议定书。根据这一条约，巴拿马宣布运河作为国际通航水道保持永久中立，以保证运河无论在和平时期还是战争时期的安全，保证一律平等地向各国和平通过的船只开放。条约议定书欢迎全世界所有国家附署，以便使所有签字国同意条约目标并尊重运河的中立制度。但由于条约没有关于有效期限的规定，它也成为日后争论的一个根源。

在华盛顿的签字仪式上，两国代表还签署了一系列关于条约的执行协定，包括根据条约有关条款进一步细化的运河运营和管理以及保护和防卫方面的具体规定。根据粗略的估算，原运河区领土的 2/3 将于 1979 年回归巴拿马政府管辖，另外约 1/3 领土将作为“运河运营区域”和军事设施所在地分别由巴拿马运河委员会和美国控制，直到 2000 年。在签字仪式上，卡特和托里霍斯分别发表了讲话。但两人对新条约的态度有所不同。卡特总统宣布无保留地支持新约的签订，而托里霍斯却表示，新约的签署是巴拿马爱国者几代人长期奋斗的结果，但条约中仍有一些内容是巴拿马人民所不满意的，特别是中立条约受到许多巴拿马人的批评。

1977 年 10 月，在托里霍斯的要求下，两国领导人签署了一份谅解声明，其中大部分内容被纳入条约批准文件和中立条约的修正案中。这份谅解声明宣称，美国为保卫运河所采取行动的权利并不意味着、也不能解释为美国干预巴拿马内部事务的权利。虽然这份文件对于美国的权利做了一些澄清，但在随后举行的巴拿马公民投票中，赞成新条约的只有 2/3，大大低于政府所希望的支持率。美国参议院经过长期、激烈的辩论，在附加了若干修正案、条件和保留意见以后，分别于 1978 年 3 月和 4 月批准了中立条约和运河条约。美国参议院对中立条约的修正包括将美巴两国舰只战时不受限制通过运河的权利解释为"优先通过"，并且附加一项重要条件：假如运河关闭或其运营受到阻碍，美巴两国均有权利采取必要措施，包括在巴拿马共和国使用军事力量以重开运河或恢复运河运营。

美国参议院的修正案和附加条件在巴拿马激起了新一轮的民众抗议浪潮，学生屡次前往美国使馆举行示威活动。托里霍斯致信美国卡特总统以及 115 个国家的领导人表达自己的关切。但是，虽然对美国在 2000 年以后运河安全方面的作用抱有深深的疑虑，托里霍斯也意识到美国参议院不可能对巴拿马做出新的让步。1978 年 6 月，美巴两国领导人卡特和托里霍斯在巴拿马城签署了运河条约和中立条约的批准书。托里霍斯在巴拿马的批准文件上加上了如下声明：巴拿马共和国将坚决拒绝任何国家干预其内部或外部事务的任何企图。批准文件于 1979 年 6 月 1 日生效，运河条约和中立条约于 1979 年 10 月 1 日生效。

七　从托里霍斯到诺列加

虽然 1977 年运河条约在公民投票中得到了 2/3 的支持率，但巴拿马人民对于条约中的某些内容仍普遍感到难以接受。23 年的过渡期意味着仍有 8000 多个日日夜夜运河并未完全掌握在巴拿马人民手中，而与此同时，巴拿马国土上仍存在着外国的军事基地，中立条约又将巴拿马置于美国的保护伞之

下。巴拿马人民尤其对美国参议院强加的修正案感到愤怒，因为这些修正案极大地扭曲了运河条约尚存的公正性。托里霍斯的政敌也批评政府在公民投票中存在舞弊行为。因此，70 年代末，巴拿马政局又出现了不稳定的因素。

1978 年 10 月，巴拿马政府公布了新的选举法并开放党禁，从而开始了有限的"民主化"进程。流亡在外的政治人物（包括前总统阿努尔福·阿里亚斯）纷纷回国，恢复或组建政党以参加 1980 年 10 月的立法机构选举。第一个正式注册的政党是政府支持的"民主革命党"。其后，8 个政党又组成了反对派全国阵线，其中既有左翼政党也包括右翼政党，这些政党反对运河条款并号召以对巴拿马更有利的条件修改条约。

自 1972 年 10 月以后，托里霍斯一直以政府首脑和"巴拿马革命最高领袖"身份行使权力。1978 年 10 月，托里霍斯辞去了政府首脑职务，但仍以国民警卫队司令的身份在政府决策中发挥着重要作用。与此同时，国民大会选举 38 岁的律师、前教育部长阿里斯蒂德斯·罗约（Aristides Royo）为巴拿马总统，任期 6 年。

在 1980 年的立法选举中，各政党将角逐 57 个议席中的 19 席（另外 2/3 的议席由任命产生）。结果，民主革命党获得了 19 席中的 12 席，反对派联盟获得 6 席，由巴拿马人民党（即共产党）支持的独立候选人获得了 1 席。这次选举是巴拿马重建政治民主进程的开端。

1981 年 7 月 31 日，托里霍斯因飞机失事不幸遇难。托里霍斯的去世给巴拿马政坛造成了政治真空。在约两年的时间内，先后有 3 位国民警卫队参谋长取代其前任成为国民警卫队司令，成为国家政坛上的实权人物，这第三任就是安东尼奥·诺列加（Antonio Noriega）。诺列加采取的首批措施之一是让立法机构（1983 年 4 月公决后称"立法大会"）通过法案，将国民警卫队改为巴拿马国防军。名义上，共和国总统领导国防军，但实际权力掌握在"国防军总司令"诺列加手里。

1984 年 5 月，巴拿马举行了自 1968 年军人执政以后的第一次大选，由军方支持的民主革命党候选人阿尔迪托·巴尔莱塔（Ardito Barletta）以微弱优势击败阿尔努福·阿里亚斯当选总统。巴尔莱塔于 1984 年 10 月就职，随即采取措施处理国家严重的经济难题，并与国际货币基金组织谈判重新安排债务。巴尔莱塔还推出了经济紧缩措施，削减政府部门的预算，并对所有服务业征收 7% 的服务税。巴尔莱塔的措施损害了一些阶层的利益，遭到了抵制和反对，因此，政府很快又在大规模的抗议和罢工浪潮中收回成命。

1985 年 8 月，诺列加宣布国家处于"完全的无政府和失控"状态，并批评巴尔莱塔政府软弱无能。在军方的压力下，巴尔莱塔于 1985 年 9 月辞去总统职务，由第一副总统德尔瓦列（Delvalle）接任。但文人总统不过是诺列加的傀儡。诺列加肆意干政，激起巴国内许多政界人士的不满，使政局日益动荡。与此同时，在运河和中美洲冲突问题上，诺列加越来越不按美国定的调子行事。因此，自 1985 年起，在巴拿马国内和美国都有人指责诺列加从事非法活动，包括贩毒和洗钱。1987 年，诺列加从前的盟友、前国防军参谋长站出来指控诺列加的非法行为，在巴国内掀起了一场大规模的"倒诺"运动，并得到了美国的支持。美国停止了对巴拿马的经济援助，两个大陪审团指控诺列加贩毒，布什政府还公开要求诺列加下台，并向巴拿马增派军队。

1989 年 5 月，巴拿马迎来了又一次大选。反对派联盟候选人吉列尔莫·恩达拉·加利马尼（Guillermo Endara Galimany）赢得大选胜利，但由诺列加控制的军方宣布大选无效。此举使美巴关系以及巴拿马与其他拉美国家的关系跌入低谷。巴国内政治矛盾激化，甚至发生了反对诺列加的军事政变（为诺列加所挫败）。与此同时，巴拿马士兵与美国南方司令部人员发生了一系列小的冲突和摩擦。在诺列加的操纵下，1989 年 12 月中旬，巴拿马立法大会宣布诺列加为拥有超过总统行政权的政府首脑。显然美国政府的外交努力（包括派特使谈判、要求拉美国家出面调停）以及政治、经济、军事压力均未能奏效，无法逼迫诺列加就范。

12 月 20 日晨，以保护在巴拿马的美国侨民的名义，美军出动两万多人，占领了巴拿马，将诺列加将军擒往美国迈阿密受审。诺列加以贩卖毒品和敲诈勒索罪被判 40 年监禁。

在美国帮助下成立的恩达拉政府宣布，政府以重建和民族和解为己任，并正式解散了国防军，建立了一支"非政治化"的公安部队。但恩达拉政府面临着严重的经济困难，美国入侵造成的经济损失达 20 亿美元。虽然美国政府解除了制裁并答应提供援助，但美援的前提条件却是两国完成"相互法律援助条约"的谈判。根据这一条约，美国将获得巴拿马城国际金融中心所收集的信息和情报，以便打击为毒品交易非法所得进行洗钱的活动。恩达拉政府推出了一项"发展和经济现代化战略"，其中包括将数家国家控制的企业转为私人所有的措施，结果不仅招致工作受到威胁的公共部门职工的广泛不满，而且引发了执政联盟内部党派间的意见分歧。1991 年 3 月，基督教民主党（执政联盟党派之一）提出弹劾总统，为立法机构否决。1991 年 10 月和 1992 年 2 月，前国防军成员发动了两次未遂政变。1992 年 3 月，巴拿马政府决定成立一支由总统直接领导的警察部队。同年 11 月，恩达拉政府提出的一揽子改革方案（包括 50 余项改革措施，例如正式废除军队、设立巡视官职位保障公民权利等）在全民公决中被否决。反对政府的各派力量要求成立制宪会议起草新宪法，并认为废除军队将无法保证未来巴拿马运河的安全。公决的失败，表明总统在政治上所获得的支持已十分虚弱。

在 1994 年 5 月的大选中，民主革命党候选人埃内斯托·佩雷斯·巴利亚达雷斯（Ernesto Perez Balladares）获胜并于 9 月就任。虽然民主革命党主张建立必要的国防力量，但巴拿马立法机构还是通过了宪法修正案，正式废除了武装部队。佩雷斯·巴利亚达雷斯总统提出了为期 5 年的经济现代化计划，未能获得社会各界的广泛支持。税制改革在金融部门和科隆自由区遭到强劲的反对。1995 年 8 月，为抗议劳工法改革，工会组织了总罢工并与警察发生冲突，造成死 4 人伤 40 余人的惨剧。然而，政府的改革计划还是在立法机构获得了足够的支持，新的劳工法和税收法得以实施。1996 年 5、6 月间，由民主革命党人参与管理的一家私人银行被发现进行洗钱活动；与此同时，有人指控现任总统在 1994 年大选中接受了贩毒分子的非法捐赠。政府的形象和信誉遭到了严重的打击。1997 年立法机构通过宪法修正案，允许总统连选连任。但该修正案未能通过次年的全民公决。全民公决的结果实际上是公众对政府经济政策不满的反映。

1999 年 5 月，米雷娅·莫斯科索（Mireya Moscoso，曾 3 次当选巴拿马总统的阿努尔福·阿里亚斯的遗孀）作为"为巴拿马而团结"联盟候选人赢得大选，成为巴拿马历史上第一位女总统。1999 年是 1977 年美巴运河条约期满、巴拿马运河回归巴拿马人民的年份。当年 11 月，美国撤出了在巴拿马的军事基地。12 月，巴拿马政府宣布，为了保障运河的安全、打击毒品走私和跨国犯罪，一项"国家安全计划"正在谈判之中。该计划将包括从其他国家（包括美国）获得培训和设备，但不允许外国在巴拿马的军事存在。1999 年 12 月 31 日，美国正式将运河所有权移交巴拿马。2000 年初，一项为期 5 年的运河现代化计划开始实施。

2002 年，由莫斯科索总统倡议建立的民族对话论坛（由各政党、工商界和工会领导人组成）初步同意对税制和社会保障

体系进行改革。但在改革的性质和具体做法上，各方代表发生了
分歧。政府希望提高所得税和公司税，并对一些商品和服务课征
营业税。此举遭到反对党和工商界的反对。直到 2003 年年初，
民族对话论坛才达成协议，对税制进行有限的改革，包括对奢侈
品征收营业税，但所得税和公司税水平维持不变。

2004 年 5 月，曾在 1999 年大选中败于莫斯科索的民主革命
党候选人马丁·托里霍斯（Martin Torrijos，巴拿马前领导人奥马
尔·托里霍斯将军之子）当选总统。在 9 月 1 日就职之前，托里
霍斯向立法机构提出了一揽子宪政改革方案并获得通过。改革措
施包括取消第二副总统职位、限制议员豁免权、减少议员人数、
缩短两届政府权力交接的过渡期、设立制宪会议作为修宪的机
构，以及确立为巴拿马运河扩建举行全民公决的规则等。

托里霍斯政府是近年来在巴拿马获得支持率较高的一届政
府。但其经济改革和社会保障体系改革的措施，由于涉及许多人
的切身利益，仍不可避免地招致工商界以及公众的不满和反对。
2005 年年初，一份民意调查表明，约有 1/3 的人反对政府的社
会保障体系改革措施。6 月，随着社会保障体系改革法案的通
过，托里霍斯的支持率从 58% 直线下落至 21%。与此同时，托
里霍斯政府遭遇执政以来首次大规模的罢工浪潮——约 50 个工
会组织发动建筑工人、司机、教师进行抗议，一些地区还发生了
暴力事件。托里霍斯不得不宣布，社会保证体系改革中止 90 天，
其间政府将与社会各界举行对话。8 月，托里霍斯的支持率又上
升至 45.5%。9 月，托里霍斯政府宣布将社会保障体系改革的中
止期再顺延 3 个月。11 月，托里霍斯的支持率又进一步上升至
56.7%。

2005 年年初，托里霍斯政府还推出了财政改革法案，并承
诺增加就业、改善基础设施。但政府优先考虑的是巴拿马运河
的扩建工程。该工程将包括建设运河的第 3 套船闸，以扩大运

营能力。根据宪法，运河扩建需经全民公决方可进行。虽然公众对运河扩建充满热情，但由于社会保障体系改革的受挫，政府不愿在这一时期举行公投。2005 年年底的民调显示，公众对运河工程的支持率约为 60%。2006 年 4 月，托里霍斯宣布，将投资 52.5 亿美元（由运河通行费和银行贷款组成）实施运河开通以来最大的扩建计划，除了拟议中第 3 套船闸可以让巨型货轮通过以外，工程还包括拓宽河道、加深河床、建造港口和人工湖等项目。2006 年 10 月，巴拿马全民公决通过了运河扩建计划。

第三节 主要历史人物

一 曼努埃尔·阿马多·格雷罗（Manuel Amador Guerrero，1833～1909）

巴拿马第 1 任总统。1833 年 6 月出生于哥伦比亚一富裕家庭，早年曾学医，后从政，加入哥伦比亚保守党。在哥伦比亚巴拿马省脱离哥伦比亚的运动中，阿马多成为头面人物之一，并与菲利浦·让·布瑙·瓦利拉和美国政府合谋，领导了 1903 年的“革命”，赢得独立，成为第 1 任总统，任期从 1904～1908 年。阿马多政府严重依赖美国的军事和政治支持，使国家的政治生活深受美国的影响。阿马多还以倡导社会福利著称，特别是在当政期间积极改善公共卫生条件，消灭蚊虫传播的疾病（如疟疾、黄热病等）。

二 菲利浦·让·布瑙·瓦利拉（Philippe Jean Buneau-Varilla，1859～1940）

法国工程师。在法国完成了工程技术学业以后，于 1884 年前往哥伦比亚巴拿马省，参加由法国公司

1879 年开始的运河开凿工程。在法国人主持的运河工程由于资金紧缺和工人病亡而难以为继、哥伦比亚政府拒绝美国接手运河工程建造权利的情况下，布瑙·瓦利拉游说美国支持巴拿马脱离哥伦比亚，单独立国。布瑙·瓦利拉帮助美国政府安排了与法国公司交接运河工程的事务，并于巴拿马独立两周年以后代表巴拿马与美国签署了运河条约，即《海—布瑙·瓦利拉条约》（1903）。

三　阿莫迪奥·阿里亚斯·马德里（Harmodio Arias Madrid，1886～1962）

努尔福·阿里亚斯之兄，1932～1936 年任巴拿马总统。生于 1886 年，在英国获得法律和政治学博士学位，回国后曾参加政府的法典起草工作。坚决反对美国干预巴拿马内部的政治事务，主张扩大中下层人民在政治上的发言权，反对上层阶级操纵政治生活。1931 年组织并领导革命运动，推翻了阿罗塞梅纳政府，并于次年当选总统。1935 年创办了巴拿马大学。1936 年，与美国谈判达成美巴关系史上的一项重要条约，美国在法律上放弃了干预巴拿马事务的权利，但仍有义务"保证巴拿马的独立"。

四　阿努尔福·阿里亚斯·马德里（Arnulfo Arias Madrid，1901～1988）

巴拿马备受争议的民众主义政治人物，曾 3 次当选总统（1940～1941，1949～1951，1968）。生于 1901 年，与其兄阿莫迪奥·阿里亚斯一起在 1931 年推翻阿罗塞梅纳政府的运动中发挥了关键作用，并在巴拿马政治史上开启了一个民族主义和民众主义的新阶段。1940 年首次当选总统，在竞选期间提出"巴拿马主义"的政治主张，要求美国减少对运河区和巴拿马政治的干预，建立民享民治的政府。但同时主张排斥移民，甚至剥夺移民的公民权。1941 年被军人政府推翻，但 1949 年再次当选。1951 年宣布中止宪法，遭弹劾下台。1968 年第 3 次当选总统，但执政仅 10 天，就为奥马尔·托里霍斯所领导的国民警卫队推翻。阿努尔福·阿里亚斯一直是巴拿马政坛上的活跃人物，直到 1988 年去世。

五 奥马尔·托里霍斯·埃雷拉（Omar Torrijos Herrera，1929～1981）

1968～1978 年统治巴拿马的实权人物。早年从军，加入国民警卫队，在萨尔瓦多一所军校接受训练。1968 年 10 月，与一批军官联合推翻刚刚就任的阿努尔福·阿里亚斯政府，并很快成为军政府的头面人物。军政府解散政党，逮捕反对派政客、教师和学生，并实施新闻检查。

托里霍斯控制国家政局以后，马上实施新的劳动法典，扩大了工人和农民的权利，扩大公民权和选举权的范围，并实行土地改革和经济改革，包括实施有利于公司和金融机构的法规，使巴拿马成为国际金融中心之一。托里霍斯还实行吸引外资的政策，促进与运河运营相关的服务业的发展。在托里霍斯当权期间，国民警卫队的地位和作用有所加强。在国际上，托里霍斯积极争取国家主权的完整和独立于美国的外交政策，与包括古巴在内的许多国家发展关系，甚至加入了不结盟运动。托里霍斯最令人瞩目的成就是与美国谈判达成了新的运河条约，即《卡特—托里霍斯条约》（1977）。美国逐步撤出在巴拿马的军事基地，并于 1999 年 12 月 31 日以前将运河及其运营移交巴拿马。该条约恢复了巴拿马的民族尊严，也给巴拿马经济带来了实实在在的利益。1981 年 7 月，托里霍斯因飞机失事遇难。

六　曼努埃尔·安东尼奥·诺列加·莫雷纳（Manuel Antonio Noriega Morena，1936～　）

1981～1989年统治巴拿马的实权人物。出生于巴拿马城贫民区，曾就读于秘鲁军校，后出任国民警卫队情报部门首脑。托里霍斯去世后，诺列加在权力斗争中胜出，随后以国民警卫队领导人身份在幕后操纵巴拿马政局。在国内政策中，政治上阻止民主制度的恢复，经济上实施有利于城市贫民的政策。在国际上，不完全按照美国的旨意行事，参与和支持孔塔多拉集团在中美洲和平进程中的活动；同时也从事军火和毒品的交易活动。自1987年起，美国收回对诺列加的支持，并开始施压逼迫其就范或下台。在1989年大选中，有多名反诺列加候选人参选。当恩达拉以多数赢得选举后，诺列加宣布大选结果无效。1989年12月，美国入侵巴拿马。诺列加躲进梵蒂冈使馆，10天后投降。随后被美国带往迈阿密受审，被判40年监禁。

七　吉列尔莫·恩达拉·加利马尼（Guillermo Endara Galimany，1937～　）

1989～1994年任巴拿马总统。从政前为法学教授，曾加入阿尔努福·阿里亚斯第三次总统任期（1968）的内阁。70和80年代从政坛消失，1989年5月作为"公民反对派民主联盟"候选人参加大选，击败诺列加支持的候选人取得胜利。诺列加拒绝接受大选结果。在1989年12月一次反诺列加集会上，由于发生暴力冲突，恩达拉及其副手均曾受伤。美国入侵后，帮助恩达拉就任总统职位。恩达拉许诺在美国入侵和诺列加统治结束后重建巴拿马，但由于其内阁多名成员牵涉腐败和其他丑闻，政府的政策未能取得明显的效果。2004年，恩达拉再次参加大选，以31%的得票率居托里霍斯之后列第二位。

八　埃内斯托·佩雷斯·巴利亚达雷斯（Ernesto Perez Balladares，1946～　　）

1994～1999年任巴拿马总统。在美国接受教育，从政前曾是一名成功的商人。在托里霍斯时期（1968～1978），曾担任多种政府职务，并帮助托里霍斯组建民主革命党，以及完成与美国的运河条约谈判。90年代重新步入政坛，试图重振因诺列加的关系而形象不佳的民主革命党。作为民主革命党的总书记赢得了1994年的大选。当政以后，推行全面的经济改革政策，包括出售国有企业。执政后期试图修改宪法关于总统不得连选连任的规定，同时由于其经济政策造成了较高的失业率，其支持率明显下降。但他仍有意参加2009年大选的角逐。

九　米雷娅·莫斯科索（Mireya Moscoso，1947～　　）

阿努尔福·阿里亚斯的遗孀，巴拿马第一任女总统（1999～2004）。阿努尔福·阿里亚斯第三次被推翻后曾流亡美国。两人在美结婚后，莫斯科索步入政坛。1988年，阿努尔福·阿里亚斯去世，莫斯科索在支持者的鼓励下继承了丈夫的事业，在原巴拿马主义党的基础上组建了阿努尔福党（1990），并成为该党主席。1994年参加大选，败于佩雷斯·巴利亚达雷斯。1999年再次参选，打出了解决贫困问题和实行经济改革的旗帜，赢得选举胜利。这不仅是阿努尔福党的胜利，而且也是巴拿马历史上第1次由妇女出任总统。在其执政的第一年，巴拿马运河正式回归巴拿马的管辖。但由于立法机构的牵制，莫斯科索政府被认为是一届政治基础和能力相对薄弱的政府。虽然这一时期政局相对稳定，但政府的主要政策以及国家的经济运行未能取得明显的成绩。

十 马丁·托里霍斯（Matin Torrijos, 1963 ~ ）

现任巴拿马总统（2004 ~ 2009），前领导人奥马尔·托里霍斯之子，民主革命党总书记。在 2004 年大选中，领导民主革命党和民众党联盟赢得 47.4% 的选票，并赢得立法机构中的多数席位。在竞选中承诺恢复政府的信誉，打击腐败，改善安全环境。在执政初期，推行社会保障体系改革受挫。其后将巴拿马运河扩建工程作为政府政策的优先项目，在民众中仍维持着较高的支持率。

第三章

政　治

巴拿马是一个单一制的共和国，实行资产阶级民主制度，目前实行总统制和多党制。民主革命党人、前军人政权领导人奥马尔·托里霍斯将军的儿子马丁·托里霍斯于2004年5月赢得大选，2004年9月1日宣誓就任总统，任期5年。

第一节　宪政结构

一　历史演变

巴拿马立国以来共制定了4部宪法，它们是：1904年宪法、1941年宪法、1946年宪法和1972年宪法。1978年的改革法案和1983年的宪政法案以及1994年的宪法修正案对1972年宪法进行了重要的修正。现行巴拿马政治制度主要依这些修正案运作。4部宪法及其修正案有很大差别，反映了制宪时期巴拿马国内和对外关系中不同的政治环境和要求。

1904年宪法的突出特点反映在宪法第136条的规定上，该条款给予美国"介入巴拿马任何部分、重建公共治安和宪政秩序"的权利，允许美国在巴拿马任何地区驻扎军队。与1903年美巴条约的精神一致，巴拿马宪法确认了巴拿马事实上为美国保护国的地位。1904年宪法和1903年美巴条约成为日后几十年巴拿马人民顽强抗争和巴拿马民族主义情绪不断高涨的起因和发端。此后的巴拿马历史是一种国中之国的历史：巴拿马是美国保护之下的"独立国家"，而巴拿马运河区则不受巴拿马管辖、直接听命于美国总统；并且当美国认为必要时，可为防务需要扩大运河区的面积。

1941年宪法是在完全不同的国内外条件下制定的。美国罗斯福总统上台伊始就提出了睦邻政策，意在改善与拉美国家的关系。美国政府还公开接受了不干涉原则。1936年，美巴双方签订了新的条约，美国放弃了干预巴拿马内部事务的权利，从而在法律上结束了巴拿马的美国保护国地位。该条约于1939年获得美国国会批准。1940年，具有强烈民族主义色彩的阿努尔福·阿里亚斯首次当选巴拿马总统。1941年，新宪法出台。这部宪法确认了美巴条约关于结束巴拿马美国保护国地位的规定。同时，新宪法还反映了阿努尔福·阿里亚斯本人的政治理念，例如，权力集中于总统手中，总统任期以及立法机构成员任期从4年延长至6年。关于公民权的条款加上了歧视讲英语的黑人和其他少数民族的内容。

1946年，在德拉瓜迪亚总统任期内，巴拿马又制定了一部新的宪法。1946年宪法可以说是一部"没有第136条的1904年宪法"，即废弃了1941年宪法所包含的新内容，但在美巴关系上没有倒退到1904年宪法。1946年宪法一直实行到1972年，延续了26年之久。

1968年，巴拿马发生军事政变。政变后，一些宪法条款如言论、出版、旅行自由权利暂时中止实行，直到1972年宪法颁布以后才得以恢复。1972年，在托里霍斯将军和军方的指导下，一部新宪法又诞生了。1972年宪法第277条规定，托里霍斯将军为"巴拿马革命最高领袖",并赋予托里霍斯为期 6 年的特别权力,包括任命政府官员和制定对外政策等等。1978 年10 月,1972 年宪法的这些"特别的"和"临时的"条款到期,巴拿马"市政代表全国大会"通过了一系列宪法修正案,决定在 1978~1984 年的过渡期内,逐步"回归民主政治"。这些宪法修正案的出台,在很大程度上是为了应对美国卡特政府的"人权外交",并缓解美国对巴拿马政治制度"缺乏民主"的指责。

1983 年,为准备 1984 年的大选(1968 年军人政变以来的第一次大选),巴拿马成立了一个由 16 人组成的、代表各政治党派的特别委员会,负责宪法修正案的起草工作。该委员会对巴拿马宪法几乎半数条款都做出了修正。

1972 年宪法给予巴拿马国防军特殊的政治地位,国防军是国家主权的"保证"。1990 年,即美国入侵并占领巴拿马的第二年,巴拿马国防军解散。国防军旧部改建为公安部队。1992 年,巴拿马举行全民公决,选民否决了恩达拉总统提出的宪法改革方案,方案中包括正式取消武装力量的条款。但 1994 年 10 月,巴拿马立法机构通过了一项宪法修正案,决定正式废除巴拿马常备军。巴拿马成为拉丁美洲第二个没有军队的国家。宪法修正案允许成立特别警察部队,负责抵抗"外来入侵"和保卫边防,特别是防备邻国哥伦比亚的内部冲突蔓延到巴拿马东部的达连地区。

二 巴拿马宪法

经过 1983 年全民公决通过加以修正的宪法共包含 312 条条款。宪法规定,权力来自人民并由三权分立的政府加以行使。但所有政府部门要在"和谐的合作"关系中行使自己的职能。国家领土的定义明确规定,巴拿马领土包括"哥

斯达黎加和哥伦比亚之间的土地、领海、海底大陆架、下层土壤、空间范围"。严禁向任何其他国家割让、租借或转让国家领土。宪法规定，西班牙语为官方语言。

巴拿马宪法重新引入了直接选举制度，规定总统、两位副总统和一院制的立法机构均须选举产生。总统和立法机构选举每5年举行一次。城市市长也须通过直接选举产生。市议会则由最基层的行政区所选举的代表组成。自1999年起，每一大选年还须根据比例代表制原则选举20名中美洲议会议员。

宪法规定，行政权由总统行使，总统有权任命内阁和巴拿马9个省的省长。库纳人（Kuna）等土著民集团管理各自带有自治性质的区域，这些自治区域约占巴拿马领土的20%。宪法除规定行政、立法、司法三权分立外，还设立了一个独立的由3人组成的选举法院，负责监督所有选举和全民公决事宜。宪法强化了司法和选举法院的独立性，同时强化了公民自由权利的保障制度，并规定严格限制政府在选举中的作用。

巴拿马宪法规定了公民权取得的出生地原则和归化原则。宪法第17～50条为广泛的公民权利设置了保障条款，包括有关财产权的规定；但宪法第51条规定，总统有权宣布"紧急状态"并中止若干公民权利条款的实施。宪法第52～124条规定了国家在众多社会领域中的作用，诸如保护家庭、调整劳资关系、促进教育和文化事业、提供健康和其他社会保障领域的援助、促进农业发展和保护环境等。

宪法最后还详细规定了国家在经济领域、行政管理和国家安全方面的责任。宪法规定，经济活动的主体主要是公民个人，但国家将根据社会需要发挥"定向、指导、调控、替代和建设"作用，旨在增加国民财富并保证最大多数的国民受益。宪法第308条规定了修宪的程序，即制宪会议和全民公决两种程序。

第二节 国家机构

一 行政部门

根据巴拿马宪法，行政部门是由总统、两位副总统以及政府各部部长组成的内阁委员会，内阁委员会行使管理国家的权力，其中包括发布国家紧急状态法令和中止宪法条款的实施、任命最高法院法官、管理和监督国家财政（包括债务）等。总统、副总统、政府各部部长、（废除以前的）国防军总司令、总检察长、副总检察长、立法机构议长、各种自治半自治国家机构的首长以及各省议会的议长组成"国务总委员会"，但这一"国务总委员会"仅具有协商和咨询职能。

巴拿马实行三权分立，但宪法上规定的权力主要由行政部门行使。虽然1978年和1983年的宪法修正案扩大了立法机构的权力并对行政权施加了若干限制，但行政部门仍是宪法规定的政府体系中的主要部门。

根据宪法，巴拿马总统的专有权力包括任免政府各部部长、维护公共秩序、制定外交政策，并可以否定立法机构通过的法案。选举法院的三名法官中有一人由总统任命。从理论上讲，立法机构可以通过三分之二多数表决结果推翻总统的否决。与此同时，总统在行使宪法权力时，其决策往往需要会同有关内阁成员共同作出，例如任命国防军或公安部队高级指挥官、任命省长、制定政府预算、签订公共工程合同、任命各自治或半自治机构官员以及发布赦免令等。宪法规定，总统行使权力时需经内阁同意，但由于总统有权任命内阁成员，这一规定徒具形式。但在历史上，巴拿马国防军以及执政党内部的权力关系常常对内阁的组成具有决定性的影响，这对总统的决策是一个制约因素。

巴拿马的两位副总统并没有实权，但根据宪法在总统缺位时具有继承权，因此副总统职位仍具有特殊的意义。第一副总统在总统缺位时将代行总统职责，两位副总统在内阁委员会会议上均有表决权。

巴拿马宪法规定，总统和副总统必须是出生于巴拿马本国的巴拿马公民，年龄不得低于 35 岁，由选民直接选举产生，每 5 年选举一次。总统和副总统候选人不得与现任总统有直接关系，曾担任总统或副总统的人必须相隔两届任期以后方可重新竞选。

巴拿马政府各部包括农业、工商业、教育、财政、外交、政府与司法、卫生、住房、劳动与社会福利、计划与经济、总统府以及公共工程等部门。其中政府与司法部是最重要的部门之一。按规定，该部不仅负责国内治安，而且管理着监狱、民航、国内交通通信等事务，并有权监督各省和自治区域的地方政府，是中央政府控制地方事务的主要部门。

现任总统马丁·托里霍斯 2004 年上台执政。执政党联盟在立法机构拥有多数议席，因此托里霍斯执政的第一年就推出了多项改革计划，包括宪政、财政和社会保障体系的改革方案。但由于公众对于改革的反对导致政府支持率下降，托里霍斯对改革方案和日程做出了大幅度的调整和修改。2006 年 10 月，巴拿马运河扩建工程获得全民公决通过，托里霍斯政府以及执政党联盟的地位得到了巩固和加强。

二 其他政府机构和国家公务人员

在巴拿马政府体系中，一些独立或半独立的国家机构行使着各种公共政策和管理职能。

选举法院。巴拿马宪法规定，行政、立法和司法部门各选出一名成员组成选举法院。选举法院负责组织选举、统计和确认选举结果、实施并解释选举法以及裁决所有关于违反选举法的诉讼。选举法院还负责选民的登记、已登记政党的资格认定，并处理政党内部选举的纠纷。选举法院的决定为最终决定，但对选举法院的决定可以以违宪为由提起上诉。巴拿马还有一名由总统任命的、任期10年的"选举检察官"，独立于选举法院行使职责。选举法院裁定的违反选举法及其程序的案件，均需由独立的"选举检察官"提起公诉。

巴拿马宪法还设置了一个独立的"总审计官"职位，任期5年，只有最高法院才有权免除其职务。总审计官负责监督政府的收入和支出，调查各政府机构的有关运作。此外，巴拿马还有一些半独立的政府机构或部门，例如巴拿马国家银行、负责国家电力供应的水利资源和电力委员会、科隆自由区以及巴拿马大学等。

巴拿马宪法对国家公务人员的管理有明确规定。根据宪法，国家公务人员为"暂时或长期担任行政机构、立法机构、司法机构、自治和半自治机构职务的人员；这些人员通常从国家领取薪金"。国家公务人员必须是巴拿马公民，并根据量才录用的制度管理。国家公务人员的录用不得在种族、性别、宗教和政治信仰方面有任何歧视。任期和提升依据国家公务人员在工作中的能力、忠诚和道德表现。法律规定了公共部门各种职业的规范和标准。但有一些人员如高级政务官员、自治或半自治机构的主管人员、秘书人员和临时雇员不受这些规定的限制。宪法同时规定，政府高级官员包括总统和副总统、最高法院法官以及高级军官等，在就职和离职时必须宣布其财产状况。当然，这一规定在实践中的执行状况并不十分严格，国家公务人员管理中也常常弥漫着裙带之风。托里霍斯政府上台时曾承诺治理腐败，但仍然面临着公众对其惩治腐败官员不力而发出的责难之声。

三 行政区划和省、市政府

巴拿马全国分为 9 个省（province）和 1 个特区（comarca），省以下设市（municipality），市以下设区

(corregimiento)。9 个省为：巴拿马省、科克莱省、贝拉瓜斯省、奇里基省、博卡斯·德尔·托罗省、埃雷拉省、科隆省、洛斯·桑托斯省和达连省。特区是圣布拉斯区，为印第安人（主要为库纳人，Cuna）聚居区。

巴拿马的 9 个省为中央政府下设的行政机构。宪法明文规定，"在每一个省设置一省长职位，由行政部门自由任免，在其辖区内代表总统行使职权"。每个省还有一个由最基层的行政区代表组成的省议会，各省省长、市长及有关人员有权参加省议会会议但无表决权。省议会事实上不具备立法职能，基本上仅发挥咨询机构的作用。圣布拉斯区由印第安人酋长领导的地方政府机构管理。

与各省和特区不同的是，巴拿马全国 74 个市级政府为"自治的政治机构"。市政府的运作虽然与中央政府联系紧密，但根据宪法条文规定，中央政府不得解除市政官员的职务。每一城市的市长及其副手均由选民直接选举产生，任期 5 年。但宪法附加条款规定，巴拿马立法机构可以通过法律，要求某些或全部城市的官员改由总统任命产生。

城市以下为最基层的行政单位——区，每个区选举一名代表参加市议会。如果某一城市的基层行政区少于 5 个，则在全市范围内选举市议会议员 5 名。每一个基层行政区都有自己的管理机构，该机构由一名行政官员领导，并由行政官、该区的市议员以及 5 名"依法选举"的居民组成区政府实施管理。

市、区一级政府的主要工作是管理地方财政收支。市、区官员在公共工程、营业执照等地方事务中有一定权限，但很多在其他国家属于地方政府的职权（如教育、治安等）属于巴拿马中央政府的专有权限。地方政府可以出资建立学校，但出资多少由中央政府根据其人口比例和经济、社会发展状况来决定。

第三节 立法与司法

一 立法机构

1983 年，根据宪法修正案，巴拿马建立了新的一院制的立法机构（Legislative Assembly），法定议员人数为72 人（在实际运作中，每次立法选举所选出的议员人数可略高于或低于法定人数）。议员的选举与总统、副总统的选举同时举行，每 5 年一次。议员候选人的年龄不得低于 21 岁。候选人还必须是巴拿马公民（按出生地原则或归化原则）。如果候选人不是在巴拿马出生，则必须在归化后已居留巴拿马 15 年以上。立法机构每年举行两次会议，每次会议为期 4 个月。巴拿马总统有权要求立法机构召开特别会议。

按法律规定，立法机构具有广泛的权力。立法机构可以创立、修改或废除法律，批准条约，宣战，颁布特赦令，决定国家货币，增加税收，批准政府合同，批准国家预算，以及弹劾行政或司法机构的成员。但与此同时，无论在法律上还是在实践中，立法机构的权力受到重重限制。从法律上讲，立法机构成员由选举产生，但候选人则由各政党提名，且政党有权取消本党议员的议员资格。这一规定对于政党特别是执政党十分有利，执政党可以据此约束本党议员的不同意见并保证议会党团支持政府政策。同时，立法机构对政府预算的控制权受到严格限制。宪法规定，立法机构在未征得内阁同意的情况下，不得对行政部门提出的预算案进行修改。立法机构不得取消预算案中的税种，除非设立新的税种以弥补政府收入的损失。

在实践中，立法机构一般不会拒绝政府提出的议案。在 20世纪 90 年代以前的军人干政时代，立法机构从未反对过政府的任命或拒绝批准条约，也没有对政府的特别权力要求或紧急状况法令提出过反对意见。90 年代以后，立法机构的作为与执政党是否取得多数议席密切相关。1999 年，莫斯科索政府上台执政。上台初期，其执政联盟曾拥有多数议席。但 2000 年执政联盟中的基督教民主党倒向反对党联盟，莫斯科索政府失去了立法机构多数。此后两年，立法机构对政府决策多有牵制。2002 年，由于一些反对党议员涉嫌腐败，而另一些反对党议员转而投票支持政府，莫斯科索政府重新掌握了立法机构多数议席。虽然只拥有微弱多数，但莫斯科索政府仍推动立法机构通过了一系列拖延已久的法案。

与莫斯科索政府不同，2004 年上台的托里霍斯政府在立法机构中处于十分有利的地位：执政党一党拥有的议席已超过立法机构半数。托里霍斯政府的主要议案均顺利通过立法机构的批准程序，例如 2004 年 10 月关于中止财政责任法的议案、2005 年 1 月关于财政改革的议案、2005 年 5 月关于社会保障体系改革的议案以及当年 10 月修改过的社保改革议案等。立法机构在国家政治生活的作用已经有了很大改善。但由于议员的产生和表现受制于政党，同时议员的选举与总统选举同时进行，立法机构的独立地位、代表性和权限仍无法与行政部门的主导作用相提并论。

二　司法机构

根据巴拿马宪法，最高法院为国家最高司法机构。最高法院法官必须是出生在巴拿马的巴拿马公民，年龄不得低于 35 岁，拥有大学法律专业学位，从事法律工作或教授法律至少 10 年以上。宪法没有规定最高法院法官人数，但在实践中一般为 9 人，分为 3 个法庭，分别处理民事、刑事和行政案件，每庭 3 名法官。最高法院法官由内阁委员会任命并须立法机构确认，任期 10 年，每两年更换其中 2 人。最高法院每两年选出院长一人。

宪法规定，最高法院的职责是保卫"宪法的完整性"。最高法院会同总检察官有权决定所有法律、法令、协议和其他政府行为是否违宪。最高法院对所有级别的政府官员作为或不作为的案件具有管辖权。

巴拿马全国分为3个司法管辖区，第一区包括巴拿马省、科隆省和达连省；第二区包括贝拉瓜斯省、洛斯·桑托斯省、埃雷拉省和科克莱省；第三区包括博卡斯·德尔·托罗省和奇里基省。在最高法院以下为4个高等法院，其中两个处理第一区的事务，另外两个分别负责第二区和第三区。每个省还设有两个巡回法院，分别负责处理民事和刑事案件。全国74个市级建制单位均设有市法院。高等法院法官由最高法院任命，其他下级法院法官则直接由其上一级法院任命。

巴拿马宪法还规定在全国设立总检察官、副总检察官，在市、区一级设立地方检察官。总检察官与副总检察官的任命与最高法院法官一样，但没有固定任期。下级检察官则直接由其上一级检察官任命。检察官的职责包括监督政府官员的行为、充当政府官员的法律顾问、起诉违反宪法和法律的行为以及控告违法官员等。

巴拿马宪法中还设置了若干保护司法系统独立性的条款。这些条款包括宣布法官和检察官在行使职责时具有独立性且"仅依宪法和法律"行事；司法人员不应参与除选举以外的政治活动；不得拘禁或逮捕法官，除非有司法机构的书面命令；最高法院和总检察官负责制定司法机构的预算；以及在法定程序外不得撤销、中止或移交法官正在行使的职责等。

巴拿马司法体系仍存在效率不高、腐败以及政治干预等问题。巴拿马监狱中的在押人员约有60%未经法院判决定罪。司法体系的缺陷与司法人员的任命方式有关。最高法院法官和总检

察官的任命虽须经立法机构批准，但主要是由行政部门主导选择
和任命过程。下级司法人员的任命则无须经立法机构批准。历史
上，一些最高法院法官曾是原来的总检察官，与政府的关系过于
密切。

第四节　政党、团体

一　政党

巴拿马立国之初曾沿袭了哥伦比亚的传统政党和政党政
治，即自由党和保守党两党相互竞争主导了国家的政
治生活。对巴拿马的独立运动三心二意的保守党人从未得到巴拿
马人的广泛支持。因此政党政治实际上是自由党内部不同派别之
争。这些不同派别代表了不同权贵集团的利益。1940 年以后，
带有民众主义色彩的民族主义运动逐步高涨，以阿努尔福·阿里
亚斯为代表的巴拿马主义者对陷入内部纷争的自由党构成了强劲
的挑战。随着国民警察（后来的国民警卫队和巴拿马国防军）
在国家政治生活中的地位日益提高，50 年代出现了与军方关系
密切的新政党"全国爱国者联盟"（Coalicion Patriotico Nacional,
CPN），进而形成了民族自由党（Partido Liberal Nacional, PLN）、
真正巴拿马主义党（Partido Panamenista Autentico, PPA）和军人
集团纷争的局面。1960 年和 1964 年，自由党人赢得了巴拿马总
统职位。1968 年，阿努尔福·阿里亚斯当选总统，但是很快被
军人政变所推翻。1968 年的军事政变表明军人作为国家政治生
活主导力量的作用已不容置疑，同时也表明传统政党和权贵集团
的势力进一步下降。政变以后，军政府宣布解散政党。但是许多
政党如民族自由党（PLN）、真正巴拿马主义党（PPA）和基督
教民主党（Partido Democrata Cristiano, PDC）等都继续存在，甚

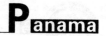

至还壮大了力量。

民主革命党

1978 年，巴拿马政党合法化以后第一个登记注册的政党是民主革命党（Partido Revolucionario Democratico，PRD）。民主革命党是在军方的支持下建立起来的，目的是将所有支持托里霍斯将军的政治集团和势力联合起来。民主革命党宣称是"托里霍斯主义"（即托里霍斯将军带有民众主义色彩的政治思想）的代表和支持者，但同时也容纳了广泛的多种多样的政治意识形态，包括了从极左到中右的许多政治派别。与墨西哥革命制度党类似，民主革命党将巴拿马左翼政治力量纳入麾下，从而削弱、限制了马克思主义政党的力量和发展。但与墨西哥革命制度党不同，巴拿马民主革命党与军方关系过于密切，而且其社会基础和支持力量也并非十分稳定和广泛。

按照民主革命党所宣示的建党原则，该党为一个多阶级的、民族主义的、革命的、独立的政党。民主革命党力图整合社会各阶层的组织，包括工人、农民、妇女、青年、政府雇员以及专业人员的各种组织。但该党的一个工作重点是建立与劳工组织的密切联系。民主革命党还带有社会民主主义倾向，1986 年成为社会党国际的"咨询成员"。80 年代中期，党员人数已超过 20 万人。在 1984 年的选举（1968 年军事政变以后第一次大选）中，民主革命党与民族自由党、工农党、共和党等党派组成"全国民主联盟"，推出民主革命党候选人巴尔莱塔并赢得总统职位。但是民主革命党的得票率仅为 27.4%，低于反对派联盟中的真正巴拿马主义党，从而失去了巴拿马第一大党的地位。

在 80 年代末期的政治危机和美军入侵以后，埃内斯托·佩雷斯·巴利亚达雷斯于 1990 年重建民主革命党，并成为该党的总书记。巴利亚达雷斯是托里霍斯将军政府时期的财政部长，曾在美国接受教育并任职于美国的城市银行。在 1994 年举行的大选中，巴利亚达雷斯在竞选中获胜并于当年9月就职。为了尽快摆脱政治危机和美军入侵后国家和社会的动荡局面，巴利亚达雷斯政府提出了"民族和解"、"人民掌权"的方针，吸收各党派人士参政，强调各种政治力量的团结，不搞复仇。1994年10月，巴拿马立法机构通过了废除军队的宪法修正案。在经济政策方面，巴利亚达雷斯政府的政策带有这一时期拉美国家普遍盛行的新自由主义色彩。政府推出了新的发展计划，实施出口多样化，加速国有企业私有化，并修改劳工法。巴利亚达雷斯政府的改革一方面使巴拿马的经济有所恢复和发展，另一方面也加剧了长期困扰社会的贫困和失业等问题。

1999年，民主革命党推出托里霍斯将军的儿子马丁·托里霍斯竞选总统但遭到失败，民主革命党成为在野党。但民主革命党在野期间却迅速发展壮大，成为巴拿马政党中最具组织性纪律性、决策和行动效率最高的政党，2004年党员人数已逾40万人。党的发展状况为2004年的大选胜利奠定了良好基础。2004年在国际观察员称为"自由、公正"的选举中，民主革命党和民众党组成的"新祖国联盟"赢得47.4%的选票，并在立法机构78个议席中获得43席，其中民主革命党42席，民众党1席。民主革命党不仅成为巴拿马第一大党，而且拥有立法机构多数，为政府的决策和施政创造了有利条件。

民主革命党的组织结构分为全国代表大会、全国委员会、全国执行委员会和各种专门委员会。该党在省、市和基层行政区均设有组织。

巴拿马主义党（真正巴拿马主义党、阿努尔福党）

巴拿马主义党创建于20世纪40年代，党的早期历史实际上等同于党的创建人和领袖阿努尔福·阿里亚斯个人的政治生涯。阿努尔福·阿里亚斯自1940年起多次参加总统竞选，其中1940年、1948年和1968年赢得大选，但每次任期就职不久即为国民警察（国民警卫队）所推翻，1968 年军事政变以后不得不长期流亡国外。1978 年开放党禁后回国。阿努尔福·阿里亚斯一直领导着巴拿马主义党并活跃于巴拿马政治舞台，直到 1988 年去世。

在阿努尔福·阿里亚斯领导期间，巴拿马主义党具有强烈的民族主义和民众主义色彩。所谓"巴拿马主义"的主旨就是要求减少美国对于巴拿马运河和巴拿马国内政治事务的干预，巴拿马政府应该成为巴拿马人自己的"民享"、"民治"的政府。巴拿马主义党不仅要求收回运河主权，而且主张严格限制少数民族和移民群体的权利，甚至剥夺其中部分群体的公民权；巴拿马主义党还强烈反对军人独裁，反对共产主义。1981 年，巴拿马主义党分裂，大部分党员聚集在阿里亚斯周围并自称"阿努尔福主义者"，党的名称也改为"真正巴拿马主义党"。

1990 年，阿里亚斯的遗孀米雷娅·埃莉萨·莫斯科索召集真正巴拿马主义党的部分人士组建"阿努尔福党"，成为阿里亚斯民族主义和民众主义传统的继承者。在 1994 年的大选中，阿努尔福党得票率仅次于民主革命党，成为巴拿马第二大党和主要的反对党。1999 年，莫斯科索代表阿努尔福党再次参选并赢得总统职位。阿努尔福党的政策主张强调社会公平和正义的理念，并且比民主革命党更重视国家在提供社会福利时所发挥的作用。阿努尔福党的支持力量主要来自首都巴拿马城以外的地区，在立法机构中并未掌握多数议席，与其他党派结盟后勉强超过立法机构多数，因此政府的决策和施政经常受到反对党掣肘。2004 年，由于经济增长缓慢，选民对政府的政策感到失望，加之腐败丑闻的影响，阿努尔福党的候选人在当年总统选举中的得票率仅排在第三位，再次成为在野党。

2004 年的选举失败导致阿努尔福党内矛盾激化，不同的派别争相控制党的领导权并争取 2009 年大选的党内提名。2005 年

4月，为了在巴拿马政坛上继续保有一席之地并发挥更大作用，阿努尔福党年度代表大会决定将党的名称改为"巴拿马主义党"，莫斯科索夫人辞去了党的领导职务，党的副主席、前立法机构议员马尔科·阿梅格里奥继任党主席。但莫斯科索仍保留着中美洲议会议员资格并在巴拿马主义者中有着重要的影响力。在2004年的立法机构选举中，以巴拿马主义党为首的"祖国理想联盟"获得了23个议席，其中巴拿马主义党有16席。

其他政党

根据巴拿马法律，一个政党必须在全国性选举中获得有效选票的4%方可登记为合法政党，这一规定常常使一些小党由于不能跨过选票数量门槛而失去法律地位。与此同时，许多政党是以某个政治活动家个人为中心组建起来的，并没有特定的意识形态立场或严格的组织纪律。一个突出的例外是巴拿马人民党，即前巴拿马共产党。该党成立于1930年，1943年改称人民党。该党为巴拿马现存政党中历史最久、意识形态色彩最浓厚的政党。该党历史上曾与民主革命党有过合作。

民族共和自由运动（Movimiento Liberal Republicano Nacionalista, Molirena），成立于1981年，属于中右翼政治党派，主要由巴拿马历史上长期执政的自由党和共和党中分裂出来的人士组成。该党自称为多阶级政党，代表商业、服务业主及部分中下层群众的利益。该党长期与巴拿马主义党（阿努尔福党）和民族自由党（Partido Liberal Nacional）结盟，曾参加恩达拉政府（1989～1994）和莫斯科索政府（1999～2004）。在2004年选举中加入"祖国理想联盟"，在立法机构获得4个议席。

基督教民主党（Partido Democrata Cristiano），传统中右翼政治党派，前身为基督教社会民主运动，主要成员为知识分子和专业人士。该党主张社会变革，建立自由、公正和人民参与的社会，积极参加拉丁美洲和世界基民党组织的活动，20世纪80年代曾加入反对派联盟，与巴拿马主义党搭伴参加竞选。该党现称"民众党"（Partido Popular），与民主革命党组成执政联盟，在立法机构中拥有 1 席。

团结党（Partido Solidaridad），1993 年成立，曾参加莫斯科索政府（1993~2004）。2004 年，推出前总统吉列尔莫·恩达拉参加总统大选，获得有效选票的 30.9%，列各候选人的第二位。该党在新的立法机构中拥有 9 个议席，是居民主革命党和巴拿马主义党之后立法机构中的第三大党。

民主改革党（Cambio Democratico），曾参加莫斯科索政府，参加 2004 年总统大选，获得 5.3% 的选票，居各党派候选人的第四位。在新一届立法机构中有议员 3 人。

民族自由党（Partido Liberal Nacional），曾参加莫斯科索政府，在 2004 年大选中与巴拿马主义党和民族共和自由运动结成"祖国理想联盟"，在立法机构中拥有 3 个议席。

自由党（Partido Liberal），2004 年经选举法院认定获得合法地位，在立法机构中没有议席。

二 工会、商会和专业组织

历史上，巴拿马工人运动在组织上比较分散，在国家政治生活中的影响有限。在运河区主权移交之前，运河区内做工的巴拿马人属于美国工会，而不属于巴拿马工会。这种状况在巴拿马完全控制运河以后才有所改观。在托里霍斯将军执政期间，各大工会组织曾经合而为一，工会组织的规模和影响力有所增加。但不同的成分和诉求妨碍了工会组织以统一的立场和声音来维护工人阶层的基本利益。20 世纪 80 年代，工会组织虽组织罢工运动进行抗议，但未能阻止政府对劳工法的修改。目前，巴拿马参加工会的工人比重仍较低，仅为 12%。

巴拿马的主要工会组织有"巴拿马共和国工人联合会"

（Confederacion de Trabajadores de la Republica de Panama），成立于 1956 年，为国际自由工会联合会和美洲地区工人组织成员；"巴拿马全国工人中央工会"（Central Nacional de Trabajadores de Panama），成立于 1970 年，为世界工会联合会和拉美工人团结常设代表大会成员；"巴拿马工人中央总工会"（Central General de Trabajadores de Panama），成立于 1971 年，与基督教民主党关系密切，为拉美工人中央工会成员。另外，在原来由美国奇基塔公司（Chiquita）控制的香蕉产区还有香蕉工人的工会组织。2003 年，美国奇基塔公司因香蕉工人罢工风潮和灌溉成本上升而将香蕉种植园转售给香蕉工人合作组织。此后，香蕉工人工会组织也失去了影响力。目前，巴拿马最大的单一行业工会组织为建筑工业工会（Sindicato Unido de Trabajadores de la Construccion y Similares）。

　　巴拿马建国初期，国家政治生活主要操纵在一小撮权贵寡头手中，这些权贵寡头同时也是主要的工商业主。而中间阶层的利益特别是其工作来源和保障主要依靠政府。因此，传统上巴拿马代表阶层或部门要求的利益集团力量弱小。在相当长的历史时期内，由于美国是运河区内最大的雇主，而运河区外的工业发展缓慢，工商业部门和中间阶层在政治上也未能发挥重要的作用。但自 1968 年军事政变以后，随着政党丧失合法地位和经济的迅速扩张，部门利益集团作为利益表达的渠道开始显示出日益重要的意义。党禁开放后，各政治党派在政治危机中表现软弱，使利益集团成为政治舞台上的重要角色，并对军政权操纵政坛的局面构成了强劲的挑战。

　　从 80 年代起，巴拿马工商业和其他专业组织发展迅速，已经成为国家社会政治生活中的重要力量。主要的组织有律师联合会、中小企业全国联盟、巴拿马银行业联合会、全国农牧业协会等。最重要的两大组织是巴拿马商业、工业和农业商会和巴拿马企业经理人联合会。这类组织都被纳入"全国自由企业协会"，但由于利益分歧，在协会中很难形成共同的立场。然而，这类组织能够在两大问题上联合起来采取共同的对策：反对政府侵害私人部门的利益，针对工会组织形成统一的阵线。

三　学生组织

在巴拿马政治生活中，大学生和中学生曾经是十分活跃和积极的角色，并对政治发展产生过重大的影响。学生运动通常代表的是中下层民众的利益诉求，反对政治寡头和军事独裁。20 世纪 30 年代，巴拿马大学建立之后，一度成为中产阶级和下层民众开展民族主义运动的主要阵地。学生运动还是反对美国干涉，特别是反对美国长期控制巴拿马运河的重要力量。50 ~ 60 年代，在巴拿马风起云涌的反美示威中，学生是最积极的参与者。1968 年以后，托里霍斯将军与巴拿马大学学生建立了密切的关系，并对学生组织施加了重要的影响。但 70 年代末期，学生运动再度高涨，成为反对批准美巴运河新条约的主导力量（主要是反对条约允许美国继续在巴拿马的军事存在）。与此同时，各种不同倾向的学生组织建立起来，包括极左翼的学生组织（"革命学生联合会"，Federacion de Estudiantes Revolucionarios）。在 80 年代后期反对诺列加军事独裁的群众运动中，学生组织也发挥了重要作用，导致政府数度关闭巴拿马大学和全国所有中学。90 年代以后，随着民主政治的回归，学生运动不再成为政治生活中的重要内容，但在各届政府重要改革政策出台、尤其是某些政策导致的社会代价引起部分民众的抗议时，学生仍是反对派需要借重的重要力量。巴拿马最主要的学生组织为巴拿马学生联合会（Federacion de Estudiantes Panamenos，FEP），成立于 1943 年，成员包括大学生和中学生，已加入国际学联等组织。

四　天主教会

巴拿马约90%的人口信仰天主教，但教会传统上并不介入国家政治生活。巴拿马神职人员中有很多人来自国外，并非本土出生的巴拿马公民，同时教会组织也比较松散，因此在政治上并没有形成严格的教条，社会上也不存在强烈的反教权主义倾向。但自20世纪60年代以后，教会开始更为关注社会、政治问题。教会曾批评过托里霍斯将军的某些政策，也对诺列加时期军人干政持批评态度，主张还政于民、回归民主制度，要求政府与反对派对话、和解。巴拿马教会还强烈要求恢复巴拿马对运河区行使主权，支持美巴缔结新的巴拿马运河条约。与大多数拉美国家一样，巴拿马教会对国家政治生活仍保持一定的距离，但神职人员在社会上地位较高。

第五节　政治发展与动态

一　民族主义、民众主义和军人干政

在20世纪的大部分时间里，巴拿马政治生活中起主导作用的几股政治力量包括传统的上层权贵，以聚居在首都巴拿马城的大家族为代表；30～40年代兴起的民族主义政治派别，以阿努尔福·阿里亚斯为首的巴拿马主义者是典型代表；以及以国民警察/国民警卫队为代表的军方势力。这些政治力量一般不是以政党或政治纲领而是以某些个人领袖为中心而形成和开展政治活动的。国民警察/国民警卫队力图长期操纵国家政局，而其他政治势力则诉诸民族主义情感，反对美国对巴拿马运河的控制，反对国民警卫队干预政治。1968年，第三次赢得大选成为总统的阿努尔福·阿里亚斯第三次为政变所推翻，以托

里霍斯将军为首的军人集团开始直接执掌政权。托里霍斯将军对
巴拿马政治生活的影响远大于其他任何政治活动家，以至于在他
于1981年因飞机失事罹难以后，仍有许多政治人物宣称自己是
托里霍斯将军政治遗产的真正继承者。

　　托里霍斯将军的政治遗产实际上集巴拿马历史上的民族主
义、民众主义和军人干政传统于一体。托里霍斯通过民族主义诉
求和民众主义方式积极争取中下层民众对军人政权的支持。工
人、小农、学生，甚至共产党人（即巴拿马人民党）都成为托
里霍斯政权的权力基础。传统权贵阶层被排除在政治权力之外
（但其经济基础基本上未被触动）；政党活动被禁止；立法机构
被解散（1972年以后成立了一个由505名基层行政区代表组成
的"市政代表全国大会"行使立法机构职能）。这些政策的目的
是为了在与美国谈判新的运河条约时达成全国团结，以最终收回
运河主权。同时，托里霍斯将军推出的一系列社会、经济措施也
是为了满足广大民众的迫切生存需要和政治要求。

　　70年代，托里霍斯将军已经组织起一个强大的民众主义联
盟。学生运动和国民警卫队中的不满分子被清除，巴拿马历史上
长期延续的学生与国民警卫队的矛盾得以大大缓解。中产阶级则
得益于不断膨胀的公共部门及其提供的就业机会。公共住房工
程、健康、教育以及其他社会福利计划惠及广大城镇居民。推出
对工人更加有利的劳工法典使托里霍斯获得工会领袖们的支持，
而收回运河主权的要求使阿努尔福·阿里亚斯的民族主义光环黯
然失色。

　　但是，70年代后期，托里霍斯将军政策的经济代价开始呈
现：通货膨胀上升，就业状况恶化。同时，美巴新条约谈判一波
三折。托里霍斯将军的威望开始受到影响。1977年，美巴运河
新条约签署，巴拿马将于2000年收回运河主权。1977年10月，
在托里霍斯将军的努力下，条约获巴拿马全民公决通过。但是，

由于条约允许美国在巴拿马的继续存在，条约中的某些条款在巴拿马遭到质疑和反对。特别是在全民公决后美国参议院通过的若干修正案在巴拿马更是激起愤怒的浪潮。为了促使美国参议院能够尽快批准条约，托里霍斯将军承诺将还政于民，军人将回到军营中去。

1978年的宪法修正案是军人还政于民的第一步。同年，托里霍斯政府决定允许流亡的政治人物回国，开放党禁，并于1980年举行立法机构选举、1984年举行总统大选。但法律同时规定，只有成员达到3万名的政党才能获得合法地位。托里霍斯将军及其支持者创建了自己的政党——民主革命党（PRD），试图将托里霍斯联盟中各种力量集合在一个政党的旗帜之下。托里霍斯还任命了一位文人总统，并宣布放弃他于1972年以来一直行使的特别权力。

大多数政党开始谋求在新法律的框架下开展政治活动，但以阿努尔福·阿里亚斯为首的巴拿马主义党要求立即举行总统和立法机构的直接选举，对1980年的立法机构选举进行了抵制。在1980年立法机构部分议席的选举中，主要参选并获得议席的政党包括民主革命党（PRD）、民族自由党（PLN）和基督教民主党（PDC）。

1981年7月，托里霍斯将军因飞机失事遇难。巴拿马政局开始了多年的混乱局面。国民警卫队的上校们开始出来填补托里霍斯留下的政治真空。在这场角逐中，诺列加上校最终占了上风：由国民警卫队参谋长成为将军并提升为司令，并开始了肆意干政的时期。

1983年4月，巴拿马全民公决以88%的支持率批准宪法修正案，为1984年的总统和立法机构选举奠定了法律基础。当年9月，已有13个政党获得了3万人以上的签名成为合法政党，包括已经改变抵制立场参与政治进程的阿努尔福·阿里亚斯领导的"真正巴拿马主义党"。1984年的选举是政府支持的以民主革命党为首的"全国民主联盟"（UNADE）与"反对派民主联盟"（ADO）之间的对决。"全国民主联盟"包括6个政党：民主革命党（PRD）、工农党（PALA）、民族自由党（PLN）、共和党（PR）、巴拿马主义党（PP，由从阿努尔福·阿里亚斯领导的真正巴拿马主义党分裂出来的人士组成）以及广泛人民阵线（FRAMPO）。该联盟推出了一名国际银行家巴尔莱塔作为总统候选人。"反对派民主联盟"由真正巴拿马主义党（PPA）、基督教民主党（PDC）、民族共和自由联盟（MOLIRENA）以及一些小党组成。83岁的阿努尔福·阿里亚斯代表该联盟再次出山竞选总统。

1984年的选举是在混乱和暴力中进行的，反对党不断指责国民警卫队使用各种手段包括舞弊以保证巴尔莱塔当选。选举结果推迟数天才得以宣布，而且选举法院内部意见也不统一。最终政府确认巴尔莱塔以微弱多数当选（巴尔莱塔获300748张选票，阿里亚斯获299035张选票）。在立法机构选举中，支持政府的政党联盟也获得了大多数议席。

选举后的政局持续动荡。巴尔莱塔就职后推出的经济紧缩方案又激起了新的罢工和民众抗议浪潮。1985年，政府联盟中的部分人士也加入到抗议浪潮之中。劳资双方的代表都退出了政府为摆脱乱局而召集的对话会议。当年9月，一名著名的反对派人士被谋杀，当即激起新一轮的抗议浪潮。由于巴尔莱塔有意对此案进行调查，诺列加和国民警卫队将其从联合国大会上召回并迫使其辞去了总统职务。10月，政府关闭了所有的学校。

政府曾试图通过重新实行托里霍斯时期的政策来平息抗议风潮。牛奶、大米、汽油价格都开始向下浮动，政府还宣布在与国际货币基金组织达成协议之前将与劳资双方协商。但严峻的经济形势很快就迫使政府再次推出紧缩计划，并且大幅度修改劳工法典以吸引更多的国内外投资。政府的政策导致了一次全国性罢工浪潮，但在诺列加和已采用新名称的"巴拿马国防军"的强力干预下，抗议浪潮再次遭到弹压。

在这一时期，美国与巴拿马的关系也开始恶化。1986 年 3 月，美国参议院对外关系委员会开始就巴拿马局势举行听证会；4 月，美国众议院也开始举行听证会。美国开始指责巴拿马官员从事毒品交易、谋杀反对派人士并向古巴提供敏感情报。美国的指责和巴拿马国内的抗议浪潮的矛头都指向了巴拿马国防军和诺列加将军本人，文人政府则被视为军人集团的傀儡。

1987 年，形势急转直下。当年 6 月，巴拿马国防军内部争斗激化导致参谋长罗贝托·迪亚斯·埃雷拉辞职。埃雷拉辞职后公开指控诺列加对托里霍斯将军和反对派人士之死负有责任，并在 1984 年大选中用舞弊手段保证了巴尔莱塔的胜选。埃雷拉的指控激起轩然大波，一场大规模的"倒诺"运动开始了。巴拿马政府宣布国家进入紧急状态，并宣布中止宪法规定的公民权利条款的实施。全国性的罢工以及街头暴力事件一度使巴拿马经济陷于瘫痪。在诺列加的操控下，政府威胁逮捕抗议人士、罚没参加罢工人士的财产、关闭学校，并开展大规模的宣传攻势指控反对派为美国利益的代言人。

1987 年夏秋之际，巴拿马罢工、抗议、示威活动不断，与美国的关系也降到了 1964 年骚乱事件以来的最低点。1987 ~ 1988 年美国开始对巴拿马实施经济制裁，美国司法部并指控诺列加从事毒品走私活动。1988 年，美国召回了驻巴拿马大使。1989 年，美国开始出资帮助巴拿马反对派人士参加总统选举。在 5 月举行的选举中，代表反对派的吉列尔莫·恩达拉·加利马尼获得了 73% 的选票，但诺列加通过法令宣布选举结果无效。当年 10 月，诺列加曾被一些反叛的国防军官兵扣押，但旋即被拥护他的部队解救。当年年底，美国发动入侵，将诺列加押往美国审判，巴拿马军人干政的历史在外力介入的情况下告一段落。

二　政治民主化进程

在巴拿马，政治生活的民主化主要是指政府官员通过自由、公正的选举产生，并且逐步改变军人干政且主导政局的状况。诺列加被押往美国受审、巴拿马国防军由于美军入侵而失去操纵政局的地位，这种情况在巴拿马民众中造成了某种悲喜交加、爱恨混杂的情绪。虽然军事独裁被推翻了，但这一切却是美军的介入带来的后果。在反对诺列加的运动中结成的联盟很快就陷入了内部纷争之中。恩达拉在美国帮助下就任总统，但政府很难赢得民众的广泛支持，而更多地被视为美国政策的工具。直到 1994 年的大选，人们才似乎看到政治生活步入正常化的一线希望。同年的一部宪法修正案正式废除了巴拿马军队。90年代，巴拿马举行了两次自由、公正的大选（1994 年和 1999年），在竞选中失利的一方承认失败并和平地实现了权力的交接。但传统政治中的一些问题（如腐败）仍困扰着巴拿马政局。

恩达拉政府执政初期，由于被民众视为美国扶植上台的总统，缺乏实施统治的正当性，因而政局十分混乱。恩达拉政府是一个四党联合政府，上台之初承诺恢复经济、将军事力量"非政治化"、加强民主制度建设。美国解除了制裁并提供了大量的援助。但面对原巴拿马国防军人员的反叛威胁，恩达拉政府决定建立一支新的"公安部队"（Public Force）以取代巴拿马国防军。为了避免军人干政，公安部队没有统一的司令部，而是按职能分为不同的单位（如治安、海事、航空等）。公安部队被置于文人政府领导之下（直属于政府的内务与司法部）。但这支部队的人员仍主要来自原巴拿马国防军。为了维护文人政府的权威，公安部队的士兵必须宣誓效忠宪法。恩达拉还通过颁布总统法令的形式规定公安部队的职责为"维护公共安全"和"国防"。这样一来，公安部队就继续发挥着传统的警察和军队的双重职能。根据公安部队组织法，巴拿马军队自 1930 年以来第一次有了一位文人总司令，军队的预算也由文人政府监督。

由于很难为广大民众所认同和接纳，恩达拉政府不得不用这支部队来弹压群众的不满。同时，恩达拉还任用亲信把持政府部门，从而进一步疏远了广大民众。1991 年，巴拿马第一副总统辞职，恩达拉将基督教民主党赶出政府，并撤换了 5 个政府部长。1992 年，恩达拉政府就宪法修改问题举行全民公决，结果反对票比赞成票多了一倍，这表明民众反对由政府提出的宪法修正案而更倾向于召集制宪会议推出一部新的宪法。

1994 年是巴拿马国家政治生活民主化进程的一个关键年份，这一年举行了自 1968 年以后第一次真正自由的选举。经过改造的民主革命党（PRD）第一次以一个"文人政党"的面目出现在政治舞台上。这个昔日由军人支持并帮助军人干政的政党，在民主化进程开始以后力争再次成为受民众欢迎的政治力量。该党总统候选人佩雷斯·巴利亚达雷斯严厉批评恩达拉政府的腐败、效率低下，但同时自己也被指为军人干政的帮凶。民主革命党没有正面回应这种指责，但却直接诉诸托里霍斯将军的政治理念和民众主义政策，甚至包括当年的口号："人民掌权"。为了平息民众对民主革命党人的担忧，巴利亚达雷斯保证将国家的安全部队置于文人政府的控制之下。1994 年 5 月，巴利亚达雷斯领导的"人民团结"联盟（包括民主革命党、工农党和自由共和党）以 33％的得票率赢得大选。显然，这种支持率意味着政府并没有得到人民"充分的授权"。民众选择民主革命党更主要的是表达对美军入侵和恩达拉政府的不满。

巴利亚达雷斯上台以后，立即做出了政治和解和抚平政治创伤的姿态：任命反对党人士担任政府职务，12 个政府部长中有 4

位来自其他党派。这一举动为巴拿马政治和解和民主化进程树立了一个先例。鉴于军队地位问题仍悬而未决，而各派政治力量在此问题上又都有自己的政治意图和打算，巴利亚达雷斯政府于1994年10月推动批准了一个新的宪法修正案，正式废除了常备军，但设定了建立"特别警察部队"的条款，以在"外来侵略威胁"的情况下保卫边防安全。警察部队向文人政府负责，由文人实施领导，并遵守处理警察失职问题的内部条例。军队的废除意味着在巴拿马长期由军人直接或间接干政的政治历史上，第一次出现了纯粹的"文人政治"，而促成这一转变的恰恰是昔日军人干政的主要伙伴——民主革命党。

巴利亚达雷斯执政初期按照承诺推行了一套托里霍斯主义、民众主义的政策：政府力主增加社会开支，并在解决贫困的问题上加大力度。政府还试图约束政府的消费以进一步缓解外债负担。同时，政府还加紧了对商业活动的控制，目的在于遏制与毒品交易有关的洗钱行为。巴利亚达雷斯政府的政策得到了美国的支持。在建立海关缉毒部队应对毒品交易时，美国提供了320万美元的援助。但执政不到一年，巴利亚达雷斯政府就放弃了民众主义政策，转而推行更"正统"的自由市场经济政策。政府实施了紧缩计划，结果导致大批工人、学生上街抗议。政府的其他措施也造成了国内政治矛盾的激化。1995年11月，巴利亚达雷斯政府为了推动巴拿马加入世界贸易组织（WTO）的谈判进程，试图赋予总统凭法令立法的临时权力。反对党认为这种措施是在向独裁倒退，结果在执政的民主革命党与反对党之间爆发了一场"政治大战"。巴利亚达雷斯还宣布其内阁成员和其他政府高官的工资将增加一倍，并为诺列加时期的前准军事组织成员发放补贴。1997年，巴利亚达雷斯还试图修改宪法关于总统不得连选连任的规定，为自己在1999年再次参选作法律上的准备。结果在全民公决中遭到64%选民的反对。民众的不满主要针对的是巴利亚达雷斯政府后期的执政实绩：失业率上升、通货膨胀、社会福利减少以及越来越严重的腐败行为。

巴利亚达雷斯连选连任的希望破灭之后，民主革命党推出了托里霍斯将军的儿子马丁·托里霍斯参选。马丁·托里霍斯取代巴利亚达雷斯成为民主革命党的总书记，在大选前 6 个月被指定为民主革命党的总统候选人。民主革命党希望小托里霍斯能够修复巴利亚达雷斯政府新自由主义政策造成的裂痕，重新用民众主义措施赢得民众的支持。与托里霍斯竞争的对手是阿努尔福·阿里亚斯的遗孀米雷娅·莫斯科索，她以阿努尔福党主席和总统候选人身份向民主革命党发起挑战。莫斯科索以 44.9% 的得票率击败托里霍斯（得票率 37.6%），成为拉美国家历史上第二位女总统（第一位是 1990 年上台的尼加拉瓜总统查莫罗夫人）。莫斯科索的当选表明巴拿马的社会政治气氛又一次向民众主义回归，新自由主义的经济政策受到了广泛的质疑。但莫斯科索政府受到民主革命党及其盟友在立法机构中的极大牵制：在 1999 年的立法机构组成中，民主革命党拥有议席 33 个，而阿努尔福党为 11 席。巴利亚达雷斯在权力交接过程中也采取了不配合的态度，并在自己任期的最后阶段将民主革命党的支持者推举为最高法院法官，同时取消了总统对某些特别款项的控制权。

莫斯科索政府的社会经济政策取向带有明显的民众主义色彩，不鼓励国有企业和设施的私有化，因而赢得了原民主革命党支持者的认同和好感。上台不久，莫斯科索就宣称要改变巴利亚达雷斯的新自由主义政策。但莫斯科索政府也未能避免巴拿马政坛上根深蒂固的裙带风气。历史地看，巴拿马政治生活民主化进程取得了重要进步，经过两次公正的选举，选举制度已基本步入正轨；同时，武装力量也基本上被置于文人政府的控制之下。与过去一个世纪的政治传统相比，巴拿马国家政治生活已经有了较大的改观。

三　近期政治动态

莫斯科索在竞选中承诺实施变革和照顾下层民众的利益。其竞选和执政联盟为"为了巴拿马而团结",以阿努尔福党为主并团结若干小党组成。1999 年新政府就职时执政联盟在立法机构中占微弱多数。但 2000 年,基督教民主党(现改称民众党,Partido Popular)脱离执政联盟,与民主革命党站在一起成为反对党,执政联盟失去议会多数。这种情况伴随着对政府效率低下的批评,导致莫斯科索支持率的下降。

2002 年 9 月,牵涉到若干反对党议员的腐败丑闻曝光以后,有 5 位民主革命党议员决定在立法机构的表决中投票支持政府。这一事件使莫斯科索重新掌握了立法机构的简单多数,同时重新控制了立法机构中的各个专门委员会,并帮助一名原民主革命党的反叛议员赢得了立法机构议长职位。整个 2002 年,执政联盟与反对党民主革命党的关系都处于紧张状态,政党政治的中心内容围绕着腐败丑闻展开。在最高法院法官任命的表决中,有几名民主革命党议员投票支持阿努尔福党,结果这几名议员被指为接受贿赂。其中一名议员则反过来指责民主革命党多名议员在科隆交通枢纽建设项目中的违法行为。反对党议员间的内斗使莫斯科索政府不仅掌握了议会多数,而且通过了一系列拖延已久的改革法案,其中包括税制改革、设立公债最高限额、原美军基地用地可作为公共工程项目的支付手段等。2002 年 12 月,选举法改革方案允许各政党不经初选而根据自己的党内条例确定候选人。选举法改革使莫斯科索夫人能够顺利提名前外长何塞·米盖尔·阿莱曼为阿努尔福党总统候选人,参加 2004 年 5 月的大选。

在 2004 年的竞选中,民主革命党候选人托里霍斯一路领先,由民主革命党和民众党组成的"新祖国联盟"赢得了 47.4% 的选票。国际观察员普遍认为这次选举是自由、公正的。托里霍斯曾于 1999 年败于莫斯科索夫人，这次大选则争取到了大多数新选民的支持，并充分利用了公众对莫斯科索政府后期效率低下和腐败行为的不满情绪。执政联盟候选人、阿努尔福党人阿莱曼的得票仅居各候选人的第三位，得票率为 16.4%；而前总统、团结党候选人恩达拉提出的反腐败口号则吸引了大量传统上反对民主革命党的选民，得票率为 30.9%，居第二位。民主变革党候选人里卡尔多·马丁奈利的得票率为 5.31%，居第四位。

2004 年 8 月，巴拿马立法机构通过了当选总统提出的一揽子宪法改革方案，主要内容包括取消第二副总统职位、限制议员的豁免权、立法机构成员减为 71 名（2009 年生效）、两届政府交接过渡期由 4 个月减为 2 个月、取消总审计官监督预算执行状况的宪法特别权力、必要时允许选民大会作为修宪机构以及设定巴拿马运河扩建计划全民公决的规则等。

2004 年 10 月，面对严重的财政危机，托里霍斯政府就职后的第二个月，就推动立法机构做出决议，中止 2002 年 5 月颁布的"财政责任法"的实施。根据财政责任法，政府非金融部门的赤字不得超过 GDP 的 2%。2005 年 1 月，巴拿马立法机构通过了财政改革法案。该法案旨在建立更公平的税收制度，提高政府支出的效率，以更有效地配置资源并增加社会项目的投资和减少贫困。该法案是托里霍斯政府为减少财政赤字、改善政府财政状况而推出的最重要的措施。

2005 年 6 月，托里霍斯政府遭遇了执政以后的第一次严重的危机。政府推出的社会保障体系改革法案激起公众广泛的抗议浪潮，以建筑工人、医生和教师为主的罢工运动持续了一个月之久，导致政府的支持率大幅度下降。政府不得不同意暂时中止实施社保体系的改革法案。经过数月的"全国对话"，工商界、工会和各种社会团体的领袖们终于达成共识，对原社保体系改革法案做出了一系列重要的修正，立法机构于当年 12 月通过了经过修改的社保体系改革法案。社会保障改革的争论焦点是，政府试图通过改革使日趋拮据的社保基金继续运转，而参加基金的各阶层人士却拒绝接受任何提高雇员分担额的建议并反对提高退休年龄。政府以立法机构"快速通道"通过的法案最终以"全国对话"的方式作出修改而暂告一段落。

2006年4月，巴拿马运河管理机构（Panama Canal Authority, ACP）公布了酝酿已久的运河扩建工程计划，运河扩建工程立即占据了巴拿马政坛的中心位置。扩建计划由财政部长兼巴拿马运河理事会主席在一个由政治、经济和社会各界人士出席的仪式上呈交托里霍斯总统，总统则在当天向全国发表讲话阐明计划对巴拿马经济发展的重要意义和深远影响。经过社保改革抗议风波以后，政府在运河扩建工程的处理上采取更为谨慎和稳重的方式。在计划细节向全国公布之前，托里霍斯总统与前任总统、教会领袖、工会人士以及学生代表举行了协商会议。政府还在计划公布和内阁及立法机构批准之间留出数周时间供公众讨论。立法机构在通过法律授权选举法院组织全民公决之前，只能选择批准或拒绝扩建计划，而不能对计划进行修改。由于民主革命党拥有议会多数议席，且运河扩建具有广泛的民意基础，立法机构的批准只是通过一项既定的程序而已。但是，根据宪法，任何对运河的"规模和结构"的改变必须经全民公决方可实施。巴拿马选举法院将用半年左右的时间为全民公决做出必要的准备。

巴拿马运河扩建工程将斥资约53亿美元，计划在2014年巴拿马运河开通100周年之际将运河运力扩大一倍。但在巴拿马国内，虽然民意测验表明大多数民众拥护扩建工程，持反对立场的人仍接近三成，态度不明确的人也占一成半左右。由于在公众心目中，运河的扩建不可避免地与执政的托里霍斯政府联系起来，全民公决很可能变成某种对现任政府的信任投票。因此，巴拿马政府力图降低民众对工程规模巨大产生的各种担忧。政府试图提出一项同时满足节省资金、经济效益明显、对环境影响有限的方案。扩建工程所需资金将主要来自运河的通行费，而一旦工程上马，运行费将逐年增加。同时，运河当局还强调扩建工程将充分利用美国于1939年放弃的扩建工程原址，新工程的建设不会影响现有运河航道和作业区的正常运转。巴拿马运河当局和政府还表明运河工程建设高峰时期（2009～2011）的外部资金需求并非由政府担保，因而不会造成更大的外债负担。虽然政府有意在工程遇到困难时减少运河当局上缴政府的款项，但运河当局却保证未来向政府的资金转移不会低于2005年的水平。巴拿马运河扩建工程还将增加就业机会，据运河当局的预计，扩建工程实施期间新增就业机会约为35000～40000个。

运河扩建工程计划中最困难的项目之一是建设环境友好型的节水盆地工程。这些盆地将建于新船闸附近，使每次通航所用水体的60%得以重新利用。这项技术的使用意味着无须再建坝蓄水，因而免除了运河西部数千小农户被迫迁徙的担忧。托里霍斯总统宣布，政府将推动立法机构废除1999年的第44号法案，该法案扩大了运河航道占用区域的范围，为征用土地提供了法律依据，因而也成为沿岸农民组织反对运河扩建的主要原因。

虽然政府努力降低运河扩建工程的不利影响，巴拿马环保主义者仍对加通湖水位的变化感到担忧，这种变化将影响巴拿马城居民的饮水质量。一些左翼政治组织反对扩建工程，认为扩建计划是新自由主义政策的产物。还有很多人担心运河扩建工程本身的复杂性及其不可预见的风险。前运河管理当局官员费尔南多·曼弗雷多（Fernando Manfredo）认为工程财政负担太大，政府预期的利益有夸张之处，而当局对可能产生的风险估计不足。托里霍斯将军统治时期的重要官员豪尔赫·伊柳埃卡（Jorge Illueca）指出，历史上类似的大工程都有不断追加成本的记录，而目前既无负债且盈利状况良好的运河很可能会由于扩建工程导致的负债

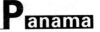

大大减少国家的财政收入。

在运河扩建计划公布之前，曼弗雷多和伊柳埃卡联合经济学家和工商界人士共同发表了一份报告，成为反对运河扩建工程的一份重要文献。该报告主张用运河扩建的资金实施一项广泛的经济、社会发展计划。报告还提出了运河扩建工程的替代方案，即建设大型集装箱码头，停靠无法通过运河的巨轮，然后将集装箱转至能够通过运河的货轮上通过运河，以增加集装箱通行量并扩大运河的收益。

事实上，巴拿马政府已经通过国际招标在运河太平洋一端建造大型港口。但是，运河当局认为，集装箱在大小货轮间的转运成本过高而运河运力将于 2009～2012 年间达到最大负荷，因此扩建工程势在必行。因此，为了赢得公众的广泛支持以及争取国际融资，在运河扩建工程计划公布以后，托里霍斯政府最重要的两名部长即经济部长巴斯克斯（Vasquez）和司法部长阿莱曼（Aleman）辞去政府部长职务，专门负责运河扩建工程事务。阿莱曼曾是托里霍斯 2004 年竞选班子的负责人，辞职后负责组织一个专门委员会，为即将到来的全民公决做准备。巴斯克斯曾参与运河扩建工程计划的起草工作，辞职后担任专门负责运河事务的政府不管部部长。

2006 年 10 月 22 日，巴拿马就运河扩建工程举行全民公决，参加投票的选民占选民总数的 43%，约 78% 的投票者支持扩建计划。巴拿马选举法院宣布扩建计划"顺利通过"。这也是托里霍斯政府在政治上的一次胜利。

第四章

经　　济

第一节　概述

巴拿马经济的主要特点是，服务业主导着全国的经济活动，服务业产值占国内生产总值（GDP）的 70% 以上，这一比重在世界各国中属最高之列。巴拿马经济的另一个特点是，经济生活美元化：通行的纸币是美元，本国货币"巴尔沃亚"与美元等值但仅有硬币流通，因此，巴拿马既不印刷货币，也没有货币贬值问题。巴拿马人均收入在发展中国家中属于较高水平，2005 年人均 GDP 为 4792 美元，按购买力平价计算则达11027 美元，但收入分配很不平等，不同阶层生活水平差距较大。

一　经济结构

巴拿马经济结构的主要特征可以用一种不平衡的"二元结构"来概括：一个较大的、外向型的服务业部门，和一个较小的、内向型的生产部门。经济结构最主要的变迁是服务业部门的迅速增长：1950 年，服务业占国内生产总值（GDP）的 57%，1965 年升至 63%，1985 年已超过 73%。目前这一数字已达 77.4%（2005）。巴拿马的地理位置、基础设施和劳动力状况决定了服务业将长期作为经济的主要部门而存在，巴拿马运河、国际银行业中心和科隆自由区等是这一部门的主要支柱。批发和零售商业以及金融服务构成了服务业的主体，其产值占 GDP 的 40% 以上。

与服务业相比，生产部门相对滞后。虽然数届政府曾试图促进工业和农业部门的增长，但相对于服务业部门的扩张，它们在 GDP 中的份额一直呈下降趋势。巴拿马的工业生产随着 20 世纪 50 年代的进口替代政策而有所增长，工业生产的份额从 1950 年的 10% 上升至 1965 年的 19%。80 年代以后，工业增长率开始下降，占 GDP 的比重也有所减少。制造业约占工业产值的一半左右，2005 年占 GDP 的 7.3%；其次为建筑业（4.1%）、能源和矿业等。

与其他中美洲国家有所不同，巴拿马的农业、畜牧业和渔业产值仅占 GDP 的 4.4%（2005）。农业生产主要集中在巴拿马所谓的"内地"，即运河西南各省。这些省份还蕴藏着丰富的铜矿以及少量金矿，但大规模的开采活动尚未展开。另外，旅游业是巴拿马潜力巨大但开发仍较缓慢的行业。

二 经济及社会政策

巴拿马历史上，政府在经济领域的作用十分有限，主要集中于基础设施建设并为私人投资创造适宜的环境。但自 1968 年托里霍斯领导的国民警卫队即后来的巴拿马国防军掌握国家政权以后，政府在经济领域中的作用大幅度提高。托里霍斯掌权以后，政府试图推行缩小城乡差距的政策。60 年代末期，巴拿马的经济活动主要集中于巴拿马和科隆两省，占国内生产总值的 70%，特别是制造业、建筑业、贸易、运输和通信都集中在这一地区。政府的经济政策旨在保持这些地区的经济高速增长，然后再将增长成果和资源向较为贫困的地区和阶层转

移，逐步整合国家的经济、社会生活。

70年代，巴拿马成为区域性的国际金融中心。通过建设新机场、会议中心、饭店及旅游胜地，旅游业也开始发展。科隆自由区也逐步扩建，运输、仓储设施进一步改善。但托里霍斯政府在实物生产部门也采取了更为积极的政策。在农业部门，实行了土地改革和合作经营措施。在工业部门，国有企业开始发挥更大作用，特别是在制糖、水泥、电力等行业。托里霍斯政府还制定了工资和物价政策，并推出了新的劳工法（1972）。

托里霍斯政府的政策在一定程度上缓解了社会不平等状况，但在经济增长和效率方面则不尽如人意。1975年以后，巴拿马政府调整了政策，实行了投资鼓励措施，修改了劳工法，冻结了集体谈判和增加工资条款，并解除了政府定价政策。80年代初期，巴拿马政府减少了经济领域中公共部门的活动，开始鼓励外国投资并削减了保护性关税。80年代后期，政府开始考虑实施私有化计划，出售国有资产。

进入90年代以后，巴拿马政府进一步接受了世界银行的意见，认为巴拿马经济的主要问题在于缺乏国际竞争力，进口替代政策和价格管理措施造成了市场扭曲和效率低下，而70年代的劳工法使劳动市场缺乏灵活性并加大了货物和服务的成本。同时由于使用美元作为本国货币流通，政府也无法运用货币手段（例如贬值）来提高国际竞争力。但是，主要由巴拿马运河、国际金融中心和科隆自由区等构成的外向型的服务业部门，虽然发展也出现过波动，但相对而言却更具竞争力。服务业与工业、农业之间效益的差距也直接导致了这些部门之间就业人口所得收入和财富的差别。

在国际货币基金组织和其他国际多边机构的支持下，巴拿马政府实施了结构调整计划，试图提高经济的效率和竞争力。1997年9月，巴拿马加入了世界贸易组织（WTO）并开始削减进口关税。这一时期，政府将巴尔沃亚港和克里斯托瓦尔港转交私人经营，出售了国家电讯公司49％的股份，并拆分和出售了国家电力公司的部分股份。私有化所获约13亿美元被用来组建社会开发信托基金，其利息用于社会性投资。为了扩大服务业出口，政府还推出了一项国家海运战略，将运河、港口、机场、铁路和公路组合成了一个多用途的运输体系，目的在于将巴拿马建成为一个集运输、集装箱修配、石油仓储及其他运输服务于一体的国际中心。这一计划已经三届政府的修改、完善，实施的时间跨度为25年，其成效将取决于原运河区内土地及其他设施的开发以及运河扩建的状况。

巴拿马是拉美国家中政府社会开支较高的国家之一，据联合国开发署的资料，1980～2000年巴拿马人均社会开支增长比人均国内生产总值（GDP）的增长快4倍；拉美经委会的资料显示，90年代末期巴拿马人均社会开支已达642美元，低于同期智利的水平（827美元）而高于哥斯达黎加（622美元）。为了增加就业并为居民提供更多的医疗和教育机会，莫斯科索政府在关于2001～2004年的经济计划中曾拨出了20多亿美元用于社会方面的开支，包括道路、医院和学校建设项目。但经济增长乏力使政府的社会开支计划未能完全如期实施。

2005年3月，托里霍斯政府推出了一项为期5年的"经济社会发展战略"，旨在减少贫困人口、改善收入分配、增加就业机会，并改善财政状况、提高教育水平、改革政府机构。为了扭转财政失衡状况，政府于当年年初提出了全面的财政改革方案，但社会保障基金改革法案却因公众抗议而搁浅。2006年1月生效的社会保障法案对有关养老金的条款作了必要的修改。新法案缓解了社会保障基金的困难，但政府仍面临支付巨额补贴维持基金运转的压力。目前每年约2000万美元的补贴额将于2009年升至1亿美元，2012年以后更高达每年1.4亿美元。

历史上，基于自身的规模和技术条件以及运河区的特殊状况，巴拿马政府的外贸、外资政策具有一定的保护性色彩，特别是保护农业和制造业部门免受外部压力。巴拿马一向对地区一体化进程持谨慎态度。但自90年代末期始，巴政府的对外经济交往日趋积极。莫斯科索政府与5个中美洲共同市场国家开始了双边自由贸易谈判，2002年与萨尔瓦多签署了自由贸易协定。同时，巴拿马与新加坡和美国也开始了自由贸易谈判。2006年，托里霍斯政府分别与新加坡（3月）和智利（6月）签署了自由贸易协定。与美国的谈判于2006年年初已基本结束，但由于巴国内牧场主的压力而暂时搁浅。鉴于美国是巴拿马最大的出口市场和外资来源国，巴拿马政府将力争在2008年美国"加勒比倡议"优惠条款到期以前与美国最终敲定协定文本。

巴拿马引进外资的重点是在原运河区鼓励各种建设项目。已投入建设或使用的包括我国香港和记黄埔的集装箱港口，我国台湾的公司在科隆附近修建的集装箱港口，以及美国堪萨斯城南方铁路公司的巴拿马地峡铁路重建工程等。在原运河区内还开辟了若干个"经济特区"，享受税收优惠且适用不同于巴拿马其他地区的劳工立法。原美军霍华德空军基地移交巴拿马政府后，巴立法机构已批准将其改建为"经济区"的法案，并成立了一个特别管理委员会监督经济区各种运营的国际招标过程。

巴拿马地峡的自然条件以及（相对）低廉的生活费用，吸引了很多北美（美国、加拿大）的退休者来此定居。巴拿马政府遂出台了相关的优惠政策，包括所得税、财产税减免等措施。2005年，巴拿马政府向2500多位美国公民发放了定居许可。这带动了巴拿马建筑业的发展，其中包括许多豪华住宅的建设。巴政府还不顾环保组织的反对，允许私人购买旅游景点（海滩、岛屿）的土地。

在宏观政策方面，由于美元作为本币流通，巴拿马没有独立的货币政策，无法通过发行货币弥补财政赤字。而由于政府财政纪律松弛，巴拿马公共债务成为历届政府的一大难题。2006年年中，公共部门债务总额（包括内债和外债）达105亿美元，相当于2005年国内生产总值（GDP）的68%，1999年莫斯科索政府上台伊始曾收紧财政政策，将2000年非金融公共部门赤字降为0.8%。但由于经济增长滑坡和税收改革进展缓慢，2001年以后赤字再次攀升。2002年，巴政府出台了一部"财政责任法"，规定非金融公共部门赤字不得超过GDP的2%，并且规定在15年内将公债规模压至GDP的50%以下。但政府未能如期削减公共支出，使财政责任法规定的目标难以实现。2005年，托里霍斯政府试图说服立法机构暂时终止财政责任法，给政府两年的宽限期来处理财政纪律松弛的问题。与此同时，政府还推出了全面的财政改革法案，以期在2009年本届政府任期结束时将赤字减少到1%。2005年，由于政府严格财政纪律，加之财政收入的增长，当年非金融公共部门赤字为GDP的3.2%。

三 经济绩效

20世纪60年代是巴拿马经济迅速增长的时期。进口替代工业化、运河运营业务的拓展以及私人投资的旺盛带动了几乎所有地区和部门的经济活动。托里霍斯上台以后，政府在经济活动中的作用更为积极并开始实施各种大规模的社会项目，公共部门急剧扩张，财政支出和公共债务也在迅速扩大。这一时期的国内生产总值（GDP）的增长率年平均为8%，就业增长年均为3.5%。

70年代，随着发达国家的经济衰退、国际石油价格上升、通货膨胀的加剧，巴拿马运河业务开始萎缩。巴拿马国内的私人投资也由于国有企业的扩张、劳工立法的强化，以及政府在价格、补贴、住房等方面的管制而呈下降趋势。面对进口替代工业化模式失去增长势头以及巴拿马与美国两国政府就巴拿马运河新约谈判久拖不决的局面，为了鼓励投资者的信心和扩大就业，巴政府调整了部分经济政策并开展了一些大规模基础设施建设项目。70年代新增就业机会的2/3来自公共部门，但这一时期的经济增长率已降至年均3.4%。与此同时，公共部门债务剧增，政府开始向国外举债，至1980年，巴拿马外债总额已相当于GDP的80%。

80年代，与大多数拉美国家一样，巴拿马经济也日益陷入困境。巴政府曾试图通过继续增加公共开支弥补私人投资的不足。1982年，公共赤字已达GDP的11%。在国际货币基金组织的支持下，自1983年起，巴政府开始实施经济紧缩计划，当年公共投资减少20%，公共赤字下降到GDP的6%。政府还在工业和农业部门实行了结构调整措施，并开始整顿公共部门。1984年随着公共支出的减少，紧缩和调整措施带来的衰退使巴拿马的GDP 20多年来第一次出现负增长。1987年，随着美国经济制裁措施的实施，巴拿马投资活动陷于停顿，GDP下降达16%。

90年代初期，建筑业、金融业以及科隆自由区的发展使巴拿马经济开始恢复性增长。随着债务还本付息和外援的重新启动，外国直接投资逐步增加。90年代末，巴拿马经济增长主要靠外部因素驱动，外贸和投资的作用十分显著。2000～2002年，由于全球经济的不景气和地区金融业的竞争加剧，巴拿马经济增长乏力。自2003年始，随着全球和地区经济的恢复，巴拿马的GDP再次出现快速增长趋势，2003～2005年三年分别为4.2%、7.6%和6.4%。这一轮增长的主要影响因素在于，对服务业的强劲外部需求带动了运河、港口和科隆自由区的经济活动；初级产品部门如农业和渔业的生产也得益于内部和外部需求的增长；投资的重新活跃以及美国和加拿大公民赴巴定居带动的建筑业扩张。但同时由于近几年来石油价格高涨和美元疲软，2005年巴拿马通货膨胀达到 3.4%，为 20 年来最高水平。就业状况也出现较大波动，2001 年失业率曾高达 14.7%；随着经济的恢复情况有所改善，2003 ~ 2005 年分别下降至 13.4%、11.8% 和 9.8%。

四 巴拿马运河

巴拿马运河在世界贸易中发挥着重要的作用，同时也是巴拿马经济的主要支柱之一。世界贸易货物运输量的 4% ~ 5% 需经巴拿马运河，运河及与运河运营相关的经济活动占巴拿马国内生产总值（GDP）的 18.6%、出口的 41.2%、财政收入的 28%（2005）。巴拿马运河为国际航运战略要道之一，与运河业务相关的经济活动还包括仓储、船舶维修、货物转运、燃料供给以及其他货物、旅客的集散和服务。巴拿马运河还促成了跨地峡输油管道的建设和离岸金融活动的发展。但巴拿马运河在世界贸易中的地位呈相对下降趋势，这种情况促使巴政府开始考虑运河的维修乃至扩建计划。

巴拿马运河于 1914 年开通后一直由美国巴拿马运河公司管理和经营。巴拿马获得的直接收益是收取固定的年金，其数额由于巴拿马的不断争取而几度调整，1977 年美巴新条约签署时为 230 万美元。巴拿马获得的间接收益主要包括巴拿马公民在运河区内的就业以及输往运河区内的供应过往船只、旅客的巴拿马货物、劳务的收益。根据 1977 年美巴条约，1979 年 10 月 1 日，由 9 人组成的巴拿马运河委员会（其中美国 5 人，巴拿马 4 人）取代美国运河公司，负责运河的运营业务。巴拿马政府每年收取 1000 万美元的年金，另外每年还收取 1000 万美元作为巴拿马为原运河区地区提供各种公共服务的报酬；同时根据过往船只的吨位按比例收取费用（80 年代中期每年约为 5000 万 ~ 6000 万美元），并在运河盈利的情况下分得一部分利润。

1999 年 12 月 31 日，美国将巴拿马运河主权移交巴拿马政府，一个独立的政府机构"巴拿马运河管理当局"接管了运河业务。自 2000 年起，运河管理局一直是一个盈利机构。运河收入主要为船只通行费，2004～2005 年财政年度收入为 8.48 亿美元，约占运河总收入的 70%，自 2002 年起，集装箱运输已成为巴拿马运河最大业务和收入的主要来源。2005 年，巴拿马运河管理局提出了针对集装箱货船的新的收费办法，至 2007 年年中，集装箱货船的通行费将增加 2/3。

为了维持运河的运力，巴拿马运河管理局实施了一项运河维修计划，包括拓宽和疏浚部分河道以改善大型船只过往的航行条件。根据运河管理局的报告，巴拿马运河已接近满负荷运营，2003～2004 年已达运力的 93%，2010 年则将饱和。为此，运河当局决定提出一项运河扩建计划，以适应世界贸易和航运发展中商船队越来越大型化的需要。2006 年 4 月，巴拿马运河当局公布了扩建计划的内容，政府将斥资 53 亿美元使巴拿马运河的运力扩大 1 倍以上。该项计划的核心内容是更新运河现有的基础设施，包括新建两套三级船闸（分别在运河靠近大西洋和太平洋的两端），使现有船闸无法通过的大型船只得以通行；开通新的通往船闸的航道并拓宽、疏浚现有航道；提高加通湖水的水位以扩大供水量，满足新建船闸的需要等。该项计划于 2006 年 10 月经全民公决通过。预计 2007 年各项准备工作（疏浚、土木工程、招标等）将全面展开，新船闸的建设于 2008 年开工，全部工程将于 2014 年结束，届时正值巴拿马运河正式通航 100 周年。

第二节　服务业

巴拿马服务业主要包括交通运输、通信、金融、旅游等部门以及科隆自由区等。

一 交通运输和通信

交通运输在以服务业为主的巴拿马经济中占有十分重要的地位。以巴拿马运河的开通和船运业务为中心，其他设施和服务业逐渐发展起来并成为经济活动中的重要部门。在运河区修建的输油管道和科隆自由区都对巴拿马经济的活跃发挥了促进作用。

巴拿马的主要公路包括贯通全国的从哥斯达黎加边境到达连丛林的泛美公路和从巴拿马城至科隆的跨地峡公路。到80年代中期，公路网总长已达9535公里，其中的1/3为柏油公路。90年代以后，随着私人拥有汽车数量的大幅度增加，以及城市公共交通体系和公路网络管理的效率低下，巴拿马城开始出现交通拥堵现象。为此，巴拿马成立了统一的交通管理机构，并沿首都巴拿马城市郊修筑了两条绕城公路。泛美公路和跨地峡公路也进行了大规模的整修。托里霍斯政府还计划通过国际招标建立一个大型公共汽车系统，以进一步缓解城市拥堵现象。另外，一条新的由巴拿马城至科隆的收费公路也在筹建之中。

巴拿马两洋沿岸共有14个重要港口，其中最主要的是太平洋沿岸的巴尔沃亚和大西洋沿岸的克里斯托瓦尔。80年代初期，这两个港口的吞吐量约占运抵巴拿马货物的70%。其后，随着集装箱运输的普及和竞争的加剧，巴尔沃亚和克里斯托瓦尔的地位开始下降。80年代，巴拿马斥资1800万美元，将克里斯托瓦尔改建成巴拿马第一个集装箱港口。其他港口的设施也逐步开始更新换代。

90年代中期以后，巴拿马各港口集装箱转运业务大幅度扩张，使巴拿马成为该地区最重要的集装箱转运中心之一。2005年，吞吐量比上年增加15%。集装箱运输业务的98%已转由私人公司经营。2004年年底，香港和记黄埔集团下属的巴拿马港

口公司完成了投资 2 亿美元的巴尔沃亚集装箱港口的扩建工程，使港口的货运能力扩大了 1 倍。巴拿马港口公司还准备增加投资 10 亿美元，继续在巴尔沃亚和克里斯托瓦尔实施扩建工程。巴拿马政府于 2006 年 5 月决定通过招标形式出让特许权，在巴拿马运河太平洋沿岸入口处修建并经营一大型港口，工程投资预计为 6 亿 ~ 10 亿美元，"修建经营特许权"期限为 25 年并可延期，新港口将于 2009 年投入使用。

巴拿马是拉丁美洲空运中心之一。位于巴拿马城附近的托库曼国际机场（托里霍斯将军国际机场）连接 16 条国际航线。该机场为拥有自主管理权的国有企业。2004 ~ 2006 年，托库曼机场贷款 7000 万美元对机场设施进行了更新改造。靠近巴拿马城的原美军艾尔布鲁克空军基地已转为民用机场，为巴拿马国内航线的重要枢纽。

自 90 年代中期以来，巴拿马电讯部门发展迅速。美国、英国和西班牙的电讯公司先后进入巴拿马，提供了大部分固定电话和移动电话的服务。固定电话业务一度由英国公司垄断，90 年代末期固定电话用户为 40 万户；2003 年该部门实行了完全的自由化，英国公司的垄断不复存在。巴拿马移动电话的拥有量为每百人 27 部，固定电话为每千人 118 部。移动电话服务已覆盖所有省份。巴拿马约有 20 万互联网用户，上网人数约 50 万。约 30 家银行为客户提供网上服务，但由于货源不足网上销售业务量不大。

二　金融部门

巴拿马是拉丁美洲最重要的国际金融中心之一，其金融体系的主体是根据 1970 年银行法建立起来的"国际银行业务中心"（CBI，the International Banking Centre）。1970 年的银行法允许在严格的保密规则下开展离岸银行业务，并取消货

币管制和其他限制措施。其后，大批外国银行涌入巴拿马，1970
年国际银行业务中心仅有 28 家银行营业，1983 年则增长到 129
家，拥有资产总额约 500 亿美元。这些银行包括可以同时从事国
外和国内业务的银行，以及仅限于从事离岸业务的银行。国际银
行业务中心的建立刺激了巴拿马经济的发展和繁荣，并提高了服
务业在经济发展中的重要地位。

　　80 年代，离岸银行业务的开展使巴拿马每年可以通过贷款
向国内经济注入 2 亿美元资金，同时有约 1 万多名巴拿马公民在
各类银行办事机构就业（相当于当时在运河区就业的巴拿马公
民人数）。但离岸银行业务也被视为对国家政治和经济自主权的
一种限制，并且随着政治、经济形势的变化产生波动。80 年代
末期，离岸银行业务面临着双重挑战。一方面，许多国家指责巴
拿马已成为毒品集团洗钱中心。为此，巴拿马于 1985 年与美国
签署了司法互助条约，并于 1986 年通过法律明确规定洗钱为犯
罪行为，并确立了引渡程序，加大了对洗钱的处罚力度。另一方
面，80 年代末期的政治动荡导致了严重的银行危机。20 多家银
行撤离了巴拿马，未撤离的银行资产总额下降至 110 亿美元。90
年代以后，国际银行业务中心有所恢复，营业银行为 78 家，资
产总额为 396 亿美元。一些欧洲银行由于并购或机构调整离开了
巴拿马，但一些中南美洲国家的银行则开始来巴拿马开展业务。

　　90 年代，银行监管措施的缺乏不再被视为促进因素，而被
认为有可能阻碍该部门的健康发展。巴拿马政府开始强化监管制
度，并与国际上反洗钱的法律和规则接轨。自 1990 年起，银行
每一笔超过 1 万美元的业务必须报告。1996 年，政府成立了一
个融资分析机构，追踪可能与洗钱有关的资金流动。1998 年，
银行法重新修订，监管措施更为严格。但由于拉美其他国家银行
部门的发展，以及美国等国主要银行越来越倾向于直接与拉美客
户建立联系，巴拿马国际银行业务中心的地位已难以恢复到 80

年代初期的水平。

巴拿马国家银行（BNP, Banco Nacional de Panama）为国有银行，行使部分中央银行的职能，例如发行硬币"巴尔沃亚"（用于小额交易）、银行系统票据结算以及政府融资代理人等。巴拿马国家银行同时也是巴拿马最大的商业银行，拥有 50 个分支机构。其他国有银行机构还有储蓄局（Caja de Ahorros）、农业开发银行（Banco de Desarrollo Agropecuario）和国家抵押银行（Banco Hipotecario Nacional）。其他金融机构还包括保险公司、信贷公司和股票交易所。保险市场狭小，目前有 18 家公司营业。信贷公司主要提供个人和汽车贷款。股票交易所约有 100 家上市公司，2005 年交易量为 17 亿美元。

三 旅游业

拿马旅游资源丰富，拥有众多美丽的海滩和珊瑚礁，同时还以生物多样性和巴拿马运河著称于世。著名旅游景点包括首都巴拿马城、巴拿马运河（阶梯式船闸、水坝、山间航道、加通湖）、孔塔多拉岛（位于珍珠群岛）、圣布拉斯群岛等。近年来，巴拿马旅游局（IPAT, Instituto Panameno de Turismo）开展了一系列旅游宣传攻势，重点在欧洲、加拿大、美国和南美洲吸引游客。2003～2004 年和 2005～2006 年分别开展了两场开支 1000 万美元的宣传活动，效果显著。2005 年游客增加 117.9%，旅游收入增加 19.8%。同时，巴拿马旅游部门还采取措施鼓励豪华游轮航线中途停靠巴拿马；仅此一项，2004 年在巴拿马港口中途上岸的游客就达 25.5 万人，比 2003 年增加 17.3%。

巴拿马运河主权收回以后，巴拿马政府成立了一个"两洋间区域管理局"，负责在原运河区吸引和管理投资，修建饭店和游乐设施，其中大多数集中于运河南端的阿马多地区。

四 科隆自由区 （ZLC，Zona Libre de Colón）

科隆自由区位于巴拿马运河大西洋入口附近，号称居于香港之后的世界第三大自由贸易区。科隆自由区产值约占巴拿马国内生产总值（GDP）的7%，但就业人数仅占巴拿马劳动力的1%。目前自由区的商品主要来自东亚，输往中南美洲。商品种类主要是电子产品、服装、运输设备和建筑材料。

巴拿马科隆自由区始建于1948年。当时，巴拿马政府接受了美国商务部在科隆建立自由区的建议。当年6月17日，巴拿马立法机构通过第18号法令，决定建立科隆自由区并将该区作为政府直辖管理单位，工商部长为自由区领导委员会董事长。这项法令规定，在自由区内可以免税进行进口、出口、存放、改装、制造、装配和精炼等经济活动。

自由区设在科隆市东北角，处在远洋航线和国际航空线的交接点上，海、陆、空交通便捷。海运可使用相距不到1公里的巴拿马运河的克里斯托瓦尔港，区内15家海运公司的60多条海运线通往世界各大港口；空运有相距80公里的国际机场；陆路是巴拿马铁路和跨地峡公路的北部终点站，泛美公路北经中美洲到墨西哥直达美国，南经哥伦比亚到达南美洲。

科隆自由区是逐步发展起来的。1951年开始经营时只有几家公司，贸易额也很小。从建区以后的几十年中，科隆自由区得到了迅速的发展。至1975年已开设各种公司1200家，其中区办的有300家，占25%；私人开办的300家，占25%；世界各国开设的分公司500多家，占42%。这些公司主要经营服装、鞋帽、电器、首饰、钟表、化工产品、医药、机械设备和照明器材等。进入80年代以来，随着巴拿马运河新条约的生效，科隆自由区发展更加迅速。1980年8月，巴拿马政府、世界银行和日本兴业银行分别投资2600万美元、3500万美元和7000万美元扩建自由区。1982

年，巴拿马政府决定把自由区扩大到 500 公顷，兴建工业区、商业区、住宅区、游乐场、停车场、集装箱码头等。现在自由区内楼房林立，几乎没有一点空地。街道整洁，两旁建筑物为办公大楼、商店和仓库。商店里货物琳琅满目，应有尽有。自由区里有来自世界 120 多个国家和地区的 1400 多家企业或代理商行，16 家国际银行，工作人员达 1 万余人，其中以日本人、印度人、中国人和犹太人居多。科隆自由区现在已发展成为西半球最大的自由贸易区，是世界上仅次于香港的第二大自由港和免税地区。

科隆自由区 1953 年正式投入运营，当时只有 11 家外国公司经营进出口转口贸易，进出口总额约为 2200 万美元。1974 年自由区进出口贸易总额为 10 亿美元，比 1953 年增加了 43 倍。1980 年自由贸易区内进口额为 17 亿美元，出口额为 23 亿美元，进出口额比建区初期增长了近 200 倍。同年，区内产值在巴拿马国内生产总值中所占的比重达 5%。1982～1985 年因受拉美经济危机的影响，区内产值占巴拿马国内生产总值的比例下降到 2.8%。1987 年以来，区内进出口贸易额有所上升。1993 年的贸易总额超过了 100 亿美元，其贸易总额在全世界数百个自由贸易区中位居第二。科隆自由区的进口货物主要来自日本、美国、英国、法国、联邦德国、韩国以及中国台湾和香港等，再出口主要到巴西、哥伦比亚、厄瓜多尔、委内瑞拉、墨西哥、美国及其他拉美国家和加勒比海地区。此外，自由区各种税收、劳务及租赁收入也相当可观。据巴拿马官方公布的材料，科隆自由区的税收收入约占巴拿马国民生产总值的 20%，已成为巴拿马继运河和金融及银行业收入之后的第三大经济支柱，同时也是拉美和加勒比地区最重要的货物集散地。

科隆自由区管理非常严格，采取的安全措施也非其他国家自由贸易区所能比拟。区内设管理委员会，负责管理和组织本国和外国企业从事进口、展销、制造、装配和转口业务，为办公机构出租和修建住房、厂房、出租地皮、批准外国人在区内经商等。

此外，管委会统筹规划和领导自由区的工作，有权决定区内的一切事务，其成员包括计划和经济政策部部长、财政和国库部部长和国家总审计长。自由区的总经理为区内最高负责人，该职由总统任命，负责贯彻政府的有关政策，自由区四周的高墙森然矗立，只有一个可供出入的大门，由全副武装的警卫把守，进出车辆须经严格检查后方可通行。区内工作制度和出入手续严格，各公司人员和巴拿马居民均不得住在区内。各公司工作人员一般住在科隆市或巴拿马城，每天早晚凭工作证出入，无工作关系的人员一般不得进入自由区。所有工作人员下班后必须离开，只有董事长、总经理等高级人员凭特别通行证可进出自由区。这种严密的安全措施使自由区俨然成为"城中之城"，区内轻易不发生盗窃和破坏事件，外国公司可放心地开设机构、存放商品、经营生意。

1999年，受东亚和拉美金融危机的影响，科隆自由区经历了50年来最严重的冲击，再出口收入下降了21%。其后，由于拉美国家市场动荡，科隆自由区再出口收入2002年下降10.9%，2003年下降7.1%。2004年，随着全球和地区经济的恢复，科隆自由区的形势也开始好转，2004年再出口收入上升20%，产值上升23%。2005年两项指标又分别上升18%和15%。随着拉美其他国家自由区建设步伐加快，面对关税壁垒下降和竞争加剧的局面，科隆自由区正在试图重新定位，将自由区建成该地区的货物转运枢纽。

第三节　农业

一　农业生产概况

历史上，农业（包括林、牧、渔业）是巴拿马的主要经济部门，大多数人口从事农业生产。巴拿马运河开通以后，农业在经济中的地位开始下降。农业在国内生产总值（GDP）中的比重，1950年为29%，1985年下降到9%，2005年仅为4.4%。由于农业生产劳动密集型的性质，其就业人口比重与产值比重不成比例，但仍呈下降趋势。1965年，农业占整个劳动力的比重为46%，1984年降为26%，目前基本维持在1/4的水平上。

虽然地位相对下降，但农产品仍是巴拿马主要的出口产品，农业部门仍能满足很大一部分国内需求。由于热带气候的限制，巴拿马不适于一些农产品的生产（例如小麦），所以，仍需进口食品。农业部门内部不同行业的生产力和竞争力水平差异很大，传统出口产品（如香蕉、咖啡）增长缓慢，而非传统出口产品如甜瓜、西瓜、菠萝、畜牧业产品则增长迅速。另外，还有很多自耕自给性质的农户。

传统农作物在农业中的比重逐渐下降。历史上，主要的农作物和创汇产品是香蕉和蔗糖。但自1980年开始，农作物生产开始多样化，玉米、大豆、咖啡、烟草等产品产量提高，甜瓜、花卉等非传统产品也开始逐步增加。柑橘等水果、可可豆、大蕉、蔬菜以及马铃薯等作物生产规模较小，但却是小农户的主要商品作物。

香蕉成为巴拿马农业的大量产品可以追溯到19世纪末叶，当时美国联合果品公司开始在巴拿马修筑铁路和港口，大规模生产、加工和出口巴拿马香蕉。20世纪30年代，香蕉生产曾因病虫害而减产。50年代以后开发了抗病虫害的品种，产量大幅度提高。70年代由于与联合果品公司在出口税问题上发生分歧，以及香蕉出口国之间的矛盾，爆发了著名的"香蕉战"。巴拿马政府威胁没收联合果品公司的种植园。1976年，美巴双方就税收和香蕉生产用地问题达成了协议。80~90年代，香蕉生产由于劳动纠纷以及欧盟的配额限制而逐渐萎缩。2005年，香蕉生产比上年下降 12.5%，产量还不到 90 年代中期的 1/2。

蔗糖一度曾是巴拿马第二大农作物和出口商品，其产品约有一半为国内消费，另一半出口（主要输往美国市场）。蔗糖产量在 80 年代初期达到高峰，其后逐年下降。咖啡是在香蕉、蔗糖之后巴拿马第三大农作物和出口商品，巴拿马还生产稻米、玉米等作物。

巴拿马的畜牧业生产主要包括牛、猪、鸡以及蛋、奶产品等，其中最主要的是牛肉和奶制品的生产。养牛场主要分布在面向太平洋一侧的奇里基、洛斯·桑托斯和贝拉瓜斯各省，以草场放牧为主。巴拿马的养牛业面临着其他拉美国家（如哥伦比亚）的竞争压力，同时，美国市场的限制措施也影响着巴拿马养牛业的发展。

90 年代中后期，巴拿马政府曾削减进口关税，使国内农业生产受到了很大冲击。1999 年上台的莫斯科索政府调整了关税政策，重新提高农产品的关税，特别是稻米、猪肉、糖和奶制品的关税。其中牛奶制品根据不同产品从 15% 提高到 30% 或 60% 不等，但婴儿制品则从 5% 降为零。政府还为其他受冲击的部门如养猪业提供了补贴。

2005 年，由于北美和欧洲市场需求大幅度提高，巴拿马非传统水果出口增加，带动了整个农业生产。当年农业生产提高 3.1%，其中稻米生产从上一年的病虫害损失中迅速恢复，产量提高了 33.6%。另外，巴拿马政府还决定在阿苏埃罗半岛最干旱的地区修建灌溉工程，以促进当地农业生产，特别是进一步开发非传统出口商品（如甜瓜、西瓜等）。

二 土地问题

巴拿马土地面积约为 770 万公顷，其中约 400 万公顷为森林所覆盖，120 万公顷为牧场，耕地 58.2 万公顷，约 2% 的土地用于城市区域和道路建设。几乎所有耕地和牧场最初都是森林地带。由于泛美公路的建设，沿路开垦了大片的处女地成为农耕用地。但巴拿马的气候和生态条件对于农业的发展有一些不利的因素和限制。在中央山脊大西洋一侧，终年大量降雨，不适于大多数农作物生长。在太平洋一侧由于存在旱季（12 月～翌年 4 月）成为巴拿马可耕地集中地带。山区不适合农业生产。另外，巴拿马土壤层浅，因此水土流失也是一个严重的问题。大多数较为平坦的可耕地在洛斯·桑托斯、贝拉瓜斯和奇里基三省。

20 世纪上半叶，巴拿马还是一个可以在森林地带随意开垦耕地的国度，而且随着人口的增加，对森林的砍伐和开垦的规模越来越大。至 60 年代，由于尚未砍伐而适于农耕的土地日益减少，自耕自给农户们遂将已经加以利用耕地的休耕期由 10 年减为 5 年。休耕期减少的后果是土地肥力以及收成的下降。60 年代，农业用地面积已达到巴拿马历史的最高峰。生产、生活和收入状况的恶化使大批农村人口流入城市。

由于长期以来巴拿马人获得土地相对容易，因此对土地财产的所有权问题不是特别重视。1980 年，在 15 万多农户当中只有约 1/3 拥有地契。随着新开垦农业用地的机会越来越少，土地所有权问题开始成为一个重要问题。同时，所有权问题不解决也妨碍了农业技术的改进和商品作物的生产。但大多数自耕自给农户却负担不起一纸地契的成本。

20 世纪 60 年代末至 70 年代初，在托里霍斯将军执政期间，巴拿马政府曾试图重新分配土地，但效果并不理想。80 年代，土地和农业收入的分配仍很不平等。例如，1980 年有约 60% 的农户年收入不到 200 美元。但巴拿马的土地分配不均问题并不像许多拉美国家那样成为严重的社会问题。巴拿马经济以服务业为主，人口的一半以上居住在巴拿马城或巴拿马城附近地区。95%

的农户耕种着自己的土地，几乎所有农村家庭都拥有或占有一块耕地。

在托里霍斯将军执政期间，作为农业改革的一个组成部分，巴拿马政府还曾试图组织农民进行集体生产，鼓励农民合伙经营土地或进行合作生产。巴拿马政府为农业改革付出了很大代价。政府向组织起来的农民提供了大量的帮助，包括农业贷款、机械、种子以及技术援助等。合作农户的产量有所提高，但付出的成本过高，且农户收入未见明显增加。70 年代中期以后，巴拿马政府的政策从重视合作、平等转而强调效率和生产力的提高。虽然农业改革的经济效果不明显，但农民的社会状况却得到了改善。70 年代是巴拿马农村居民的卫生用水、排水系统、医疗条件和教育水平等都有较大改善的年代。

最近一次农业普查（2001）显示，巴拿马农户大多仍属于小农户。在约 23.7 万农户中，有 6.3 万户拥有土地不足 0.1 公顷。农村信贷服务仍很不完善，大多数农户由于没有地契而无法享受信贷服务，有能力享受服务的农户仅为 8100 户。为此，巴拿马政府于 2002 年 1 月推出了一项为期 5 年的"国家土地管理计划"，斥资 7200 万美元，向农村地区拥有 1 公顷土地以上的农民发放约 4 万张地契，以完善土地所有权制度并扩大农村信贷服务范围。在这笔投资中，约 4700 万美元来自世界银行贷款项目。

三　渔业

巴拿马国土面临太平洋和大西洋，渔业和水产资源丰富。金枪鱼、虾、鳀、鲱和龙虾都是传统渔业产品，既满足国内市场需求，又有大量出口国外。2001～2003 年，渔业生产连续三年递增 24%，引起了人们对过度捕捞影响生态的担心。2004～2005 年，渔业部门进入调整期，两年增长率分别仅为 1.2% 和 2.6%。2005 年，金枪鱼出口 2.65 亿美元，比上年

下降了 5.7%，但仍为巴拿马主要出口产品。虾的生产和出口面临邻国和亚洲国家的竞争压力，但仍保持平稳发展。政府的政策已从重点鼓励虾的生产转变为多样化经营。

第四节　工业

巴拿马的工业发展进程很不平稳。20 世纪 50～70 年代的进口替代工业化带来了工业的迅速扩张。1950 年巴拿马开始立法保护国内产业，对制造业等提供优惠措施。自 1955 年始，根据与美国签订的一项协定，运河区内的一些制造业活动逐步停止，为巴拿马本地产品创造比较有利的生存空间。这些产品主要是食品加工产品，例如面包糕点饼干等食品、软饮料、肉类加工食品、瓶装牛奶等。外国资本主要投入一些大型企业如石油精炼和公用事业设施等。但巴拿马政府也投资基础设施建设，特别是公路和电力供应。与此同时，一个建房的高潮刺激了建筑材料和家具生产，并进一步推动了制造业的发展。这一时期，巴拿马劳动生产率有所提高，并积累了工业管理经验。60 年代，巴拿马工业生产增长较快，70 年代增长率开始下降，80 年代初开始负增长。80 年代中期，工业生产占国内生产总值（GDP）的比重约为 18%，其中制造业（主要是农产品加工）和矿业占 GDP 的 9.1%，建筑业占 4.7%，能源占 3.4%。

　　70 年代，巴拿马工业生产开始下降。从外部因素看，这一时期，国际石油价格上升，发达国家经济衰退，以及围绕巴拿马运河前途的谈判结果未定等都对巴拿马工业产生了很大影响。同时，国内的衰退也使建筑业开始滑坡，并导致制造业产品需求下降。巴拿马政府投资建立的小水泥厂和制糖厂与私人企业形成竞争之势；政府还实施了农业改革计划，颁布了劳工法典并对地租实行管制。这些措施抑制了私人投资的积极性，虽然仍享有税收、进口保护、出口优惠等措施，私人投资逐步减少。自 80 年代中期始，巴拿马政府推出了结构调整计划，其主要目的就是扩大工业部门的私人投资，以提高巴拿马工业的国际竞争力。1987年以后，随着美国制裁措施的出台，巴拿马投资活动几近中断，经济陷入危机，工业生产也陷于停顿。

90 年代初，随着金融业和科隆自由区的重新活跃，工业特别是建筑业也开始恢复，工业投资也开始增加。2001～2002 年，世界经济增长乏力再次冲击巴拿马的工业生产，包括制造业和建筑业在内的第二产业两年分别下降 11.4% 和 9%。2003 年第二产业恢复正增长，增长率为 6.7%，2004 年和 2005 年分别增长7.2% 和 1.5%。2003 年，矿业生产增长 35.4%，2004 年和 2005年分别为 12.7% 和 0.4%。按照 2004 年的数字，巴拿马制造业产值为 10.3 亿美元，建筑业为 6.8 亿美元，矿业为 1.4 亿美元。当年产值占 GDP 的比重，制造业为 7.2%，建筑业为 4.8%，矿业为 1.0%。

一 制造业

巴拿马工业以农产品加工为主，主要产品为蔗糖、咖啡、奶制品、番茄酱等。制造业中的轻工业产品主要有服装、家具用品、纸张、建筑材料等。巴拿马制造业的发展受到很多条件的限制，国内市场狭小、规模经济效应缺乏、劳动和单位成本高昂等因素决定了巴拿马工业生产的一般状况、历史演变、就业和导向。制造业增长最快的时期是实行进口替代工业化的 20 世纪 60 年代和 70 年代。但 80 年代以后，各种约束条件对进口替代工业化进一步发展的影响开始显现出来。虽然有各种不利条件的限制，巴拿马制造业仍得益于该国所处的地理位置及其交通、通信、金融设施的发展，同时巴拿马较高的劳动力素质和运河区的优越环境也部分抵消了经济规模狭小的限制。

80年代，巴拿马制造业产值曾一度达到国内生产总值（GDP）的10%，但2005年这一比重已降为7.3%。1984年，制造业产值为3.44亿美元，其中食品和农产品加工占42%，纺织和服装为11%，化工8%，机械和运输设备1%，其他38%。制造业产品几乎全部面向国内市场，制造业产品出口仅占出口的2.5%。制造业中心为巴拿马城（约占60%）及其他小城市如达维德（10%）和科隆（5%）。

自80年代中期开始，巴拿马政府实施了结构调整计划，减少国家在经济活动中的作用，并力图使私人部门变成制造业生产的主要推动力量。1986年政府通过立法取消了面向国内市场生产企业的税收优惠，同时为生产出口商品的企业在进口原料、收入、销售和资本货方面提供便利，鼓励制造业面向国际市场。90年代初，巴拿马政府还试图通过开办出口加工区促进制造业的发展，主要是为加工服装的客户工业再出口业务提供税收优惠。巴拿马城郊区开办的出口加工区吸引了部分外资企业参与。但巴拿马相对较高的劳动力成本对客户工业的发展十分不利，一些出口加工区被迫放弃，例如自1996年开始主要由中国台湾企业开办的原戴维斯要塞出口加工区，2003年实际上已停止生产。出口加工业务大多转向制药、塑料等行业，但这些行业也趋于萎缩。只有输往美国市场的鱼产品加工发展较为顺利。

60年代，制造业平均每年创造就业机会为2400人。70年代初期的劳工立法使制造业吸收的就业人数有所下降，70年代平均每年吸收就业约为530人。1986年劳动法修改以后，失业率有了一定的下降。巴拿马制造业企业普遍规模较小，目前超过50名员工的企业约为200家左右。

2001～2003年，巴拿马制造业由于世界经济不景气和拉美地区市场需求的下降受到冲击，加之国内炼油企业的关闭，制造业产值连续下降，3年的增长率分别为－6.3%、－2.6%和

-3.4%。2004～2005 年，随着拉丁美洲地区和国内经济的恢复，制造业增长率分别为 3.5% 和 1.8%，增长速度仍显乏力。巴拿马劳动力成本虽低于部分邻国（如哥斯达黎加），但高于墨西哥（墨西哥还有毗邻美国市场的便利），同时还面临着东亚的竞争压力，因此，虽然多届政府曾试图推进制造业的发展，但巴拿马很难成为地区性的制造业中心。

二 矿业

虽然巴拿马有许多矿产资源，特别是铜的蕴藏量丰富，但矿业开发和生产与其潜力相比还相差很远，矿业生产仅占国内生产总值的 1%。2002～2005 年，矿业生产增长较快，3 年平均年增长率为 16.7%。

20 世纪 70 年代，在巴拿马西部奇里基地区发现了丰富的铜、铁矿藏，其中铜矿资源足以使巴拿马成为世界上最大的铜矿生产国之一；铁矿石含量高，储量达 14 亿吨。但开发成本过高（约相当于当时国内生产总值的总额），且由于当时国际市场铜价偏低，大规模的商业开发没有展开。

90 年代末至 21 世纪初，勘探和开采特许权申请已覆盖了巴拿马 1/2 的国土，其中 1/5 已得到批准。1999 年莫斯科索政府执政后，为履行竞选承诺，搁置了矿业特许权的申报工作。2000～2003 年的国际市场价格也影响了矿业开发。2004 年以后，国际市场需求和价格大幅度提高，但巴拿马未能利用这一机会大力开发矿产进而成为铜矿等产品的主要出口国。为了调整政府的管制政策并扭转投资不足的局面，2002 年，在美洲开发银行（IDB）的支持下，美国蒙大拿大学与加拿大一家公司联合竞标为巴拿马矿业法的修正提供方案。但巴拿马政府并没有依据这一方案改变现行政策，已搁置 10 年之久的铜矿开发计划仍未付诸实施。该计划需投资 10 亿美元，铜矿品位为 0.6%，蕴藏量为 360 万吨。

三 建筑业

巴拿马建筑业的发展与经济周期和政府政策密切相关。20 世纪 70 年代，政府增加了基础设施和住房建设的支出，建筑业有了较快的增长。80 年代初，跨地峡输油管道和水力发电厂及相关水坝的建设也促进了建筑业的发展。其后，由于政府减少支出，建筑业开始衰退。结构调整推出以后，建筑业主要转为私营部门，但国家仍通过税收、信贷措施在建筑业的发展中发挥着重要作用。

90 年代末至 2002 年，建筑业处于萎缩阶段。2003 年，随着大规模公共工程建设的展开和政府税收优惠对住房销售的促进，建筑业强劲复兴，当年增长 34.4%。2004 年，一些公共工程项目接近尾声，建筑业进一步增长 14.4%。2005 年，建筑业工人反对政府的社会保障体系改革而举行了一个月的罢工，但建筑业仍增长了 0.9%。目前，建筑业产值占 GDP 的 4.1%（2005）。

巴拿马政府对旅游业的鼓励措施促进了建筑业的发展。2006 年，有 10 个大型豪华旅游、住宅项目在建设中，以满足境外对这类设施的需求。这些建设项目每一个都在 2000 万到 9000 万美元之间，均为 40 层以上的高层建筑。其中最大的一个旅游设施投资 9000 万美元，为一座 93 层的综合建筑群，包括豪华饭店、赌场、写字楼、商店和住宅楼。另外还有 6 个项目即将完成设计，包括 104 层高的豪华住宅楼（拉丁美洲最高的建筑）。巴拿马建筑业还将得益于巴拿马运河的扩建工程，该工程计划已通过全民公决，于 2007 年开工。

四 能源

在巴拿马，能源的消费主要面向居民和商业。主要的能源有石油燃料、水力发电以及木柴、木炭、蔗渣等。巴拿马地热资源丰富，但尚未找到具有商业开发价值的区域。

巴拿马的主要能源来自石油及其产品，但目前石油全部需要进口。早在1920年，巴拿马就开始了石油勘探工作，但结果并不理想。长期以来，巴拿马一直依赖进口石油。1980年以前，沙特阿拉伯和委内瑞拉是巴拿马石油的主要供应国。1980年以后，墨西哥取代了沙特阿拉伯。墨、委两国根据一项协议向加勒比海周边国家按优惠价格提供石油。目前，巴拿马的原油进口则主要来自委内瑞拉和厄瓜多尔。

巴拿马国内能够提供的能源主要来自水力发电。自20世纪70年代起，巴拿马就试图以水电厂取代热电厂。80年代，巴拿马曾在国内众多河流中确定了30处建水电站的厂址，如果全部得以开发，将可发电1900兆瓦。1998年，巴拿马政府对国家电力公司实行了私有化，外国投资者目前拥有并经营着4家发电公司，但国家仍控制着电力的传输。另外还有独立经营的小发电厂向国家电网供电或直接向私人用户供电。巴拿马运河管理局也将运河区多余的电力向国家电网出售。巴拿马电网与中美洲邻国联网，2005年巴拿马是该地区电力净输出国。

2004～2005年，巴拿马经济增长较快，使电力需求大幅度提高。但由于政府干预电费的定价影响了投资，发电能力自2003年起一直呈下降趋势。目前各发电公司的运营已达到发电能力的85.7%，但在2008年以前尚无新装发电机组投入使用。为了应对电力供应已接近满负荷运转的形势，以及现有电力供应商要求的高电价，巴拿马政府于2006年3月征得立法机构同意，建立了一家国有的发电企业，旨在向电力市场引入更多的竞争机制以压低电价。政府还利用税收优惠政策鼓励建立使用清洁、可再生能源的小型发电厂。

巴拿马丰沛而稳定的降雨为发展水力发电提供了良好的自然

条件。2002 年巴拿马的水力发电能力为 750 兆瓦；2003 年，随着艾斯蒂（Esti）水电厂投入运营，水电能力达 850 兆瓦。其他大型水电站还有 300 兆瓦的财富（Fortuna）水电站和 150 兆瓦的巴亚诺（Bayano）水电站等。2005 年，水力发电占发电能力的 57.7%。鉴于巴拿马还存在水力开发的巨大潜力，以及国际油价的持续走高，水电的比重有望继续增加。2010 年，总发电能力达 420 兆瓦的三座新水电厂将投入使用，另有十几座小型水电厂的环境影响报告已通过政府审查。

第五节　对外经济关系

一　商品贸易

期以来，巴拿马商品贸易出口额一直低于进口额。相对于经济规模而言，巴拿马商品进口数量巨大。商品贸易的大量赤字反映了巴拿马农业和工业生产规模的狭小，以及进口替代能力的薄弱。相对于其他发展中国家而言，巴拿马的消费水平较高。20 世纪初叶，由于农业剩余和制造业几近为零，巴拿马城镇地区的所有消费品基本上都需要进口。20 世纪 80 年代，除小麦、温带水果和蔬菜、食用油以外，巴拿马已在很大程度上实现了粮食自给。国内制造业也开始提供越来越多的消费品。但巴拿马仍需进口大量商品才能满足国内需求。

　　20 世纪下半叶，巴拿马的贸易条件曾长期持续恶化，即不得不以更多的出口换取同样价值的进口货物。21 世纪初，巴拿马的贸易赤字仍随着国内和外部需求的变化而波动。2005 年，巴拿马出口形势相对较好，进口增长速度放缓，贸易赤字有所减少。当年赤字为 14 亿美元，仍维持在较高的水平。

　　科隆自由区在巴拿马出口贸易中占有重要地位。2005 年，科隆自由区商品贸易进口 58.08 亿美元，再出口为 64.73 亿美元，净出口为 6.65 亿美元。除科隆自由区外，当年出口商品贸易额为 9.64 亿美元（离岸价），进口为 41.55 亿美元（到岸价），贸易赤字为 31.91 亿美元。

巴拿马的传统出口商品包括香蕉、蔗糖、虾及其加工产品等。1993 年以后，由于欧盟对拉丁美洲香蕉进口设置配额，巴拿马香蕉生产和出口持续下降。2005 年，香蕉出口占出口收入（科隆自由区除外）的 10% 左右。生产水平下降和劳工骚乱影响了近年来的香蕉产量，其他香蕉生产国（如厄瓜多尔和哥斯达黎加）的大量生产又压低了香蕉价格，因此巴拿马香蕉生产前景并不乐观。蔗糖出口近年来也波动较大。2005 年，得益于国际市场价格走高，巴拿马蔗糖出口收入比上年翻了一番，达到 2370 万美元。传统上巴拿马蔗糖主要出口美国市场并享有优惠。咖啡出口收入由于近年来国际市场价格下跌而受到影响，2005 年虽然价格有所回升但出口收入仅为 1350 万美元。2000 年以来，巴拿马非传统农业产品出口形势较好，特别是水果和蔬菜销量大幅度上升。2005 年，西瓜和甜瓜两项合计出口收入第一次超过了咖啡的收入。

虾出口收入自 1999 年受病毒袭扰后一直未能恢复到 1998 年的水平，2005 年为 5700 万美元。但小虾米的出口增长很快，2004 年和 2005 年分别增长 43% 和 11%。2005 年，鱼、甲壳类水产及其副产品占出口收入（科隆自由区除外）的 34%。随着巴拿马政府在渔业生产和出口领域推行多样化政策，自 90 年代末期以来，金枪鱼成为巴拿马商品出口贸易的主要产品，2005 年出口收入虽比上年下降 6% 但仍达到 2.65 亿美元。

90 年代，随着关税的降低和国内需求的上升，巴拿马进口增长迅速。但世纪之交的经济衰退和国内消费信贷紧缩，使进口增长放慢了速度。2001 年，进口支出比上年减少了 12%，特别是投资的下降导致了资本货进口的大幅度减少。2002年，消费品的进口支出大幅度上升，同时由于国内炼油厂的关闭，对进口石油产品的需求也急剧增加。从2002~2005年，随着国际油价的走高，进口石油产品的支出增长了149%。2005年，进口总额近42亿美元，比上年增加15.7%。同年，消费品进口比上年增长20.2%，为19亿美元；资本货进口额为11亿美元，燃料为7.4亿美元，中间产品为12.2亿美元。

历史上巴拿马曾通过发放进出口许可证管制对外贸易。自1983年起，一些进口货物的数量限制逐步由关税所取代，并通过税收抵免措施鼓励非传统商品的出口。1990年以后，巴拿马贸易制度又发生了进一步的变化，逐步由从量税和从价税混合制度过渡到单一从价税制度。作为加入世界贸易组织（WTO）的先决条件，巴拿马政府于1996年底取消了全部进口配额和许可（非关税壁垒），并将剩余的从量税和混合关税全部改行从价关税。国际贸易商品分类也根据新的关税制度作出了调整。巴拿马目前仍是《加勒比周边倡议》（Caribbean Basin Initiative，CBI）的受惠国之一，该倡议允许中美洲和加勒比海国家免税向美国市场出口某些商品。但该倡议于2008年到期。鉴于巴拿马不是多米尼加共和国—中美洲—美国自由贸易协定成员，"加勒比周边倡议"的终结将使巴拿马蒙受贸易上的损失，因此巴拿马政府将与美国最后敲定双边自由贸易协定作为政府的优先处理事项。

巴拿马出口商品主要输往发达国家，其次是拉丁美洲国家。美国是巴拿马最主要的贸易伙伴，80年代中期美国市场曾吸收巴拿马出口商品的60%。2005年，巴拿马出口商品（科隆自由区除外）的45%输往美国，进口商品的27%来自美国。近年来，随着欧盟国家在巴拿马外贸中的份额增加，美国市场所占比重有所下降。

二 服务贸易和经常账户

巴 拿马以服务业为主的经济结构在国际收支上的表现是：服务业账户的盈余在很大程度上抵消了商品贸易的赤字。例如，1985 年，巴拿马进出口贸易逆差约为 9 亿美元，但服务业盈余达 10 亿美元。但 90 年代以来，由于商品贸易赤字的持续增加，以及不断膨胀的公共债务带来的巨额利息负担，服务贸易盈余未能弥补经常账户赤字。2001～2002 年，银行信贷的紧缩和固定资本投资的下降使经常账户接近平衡。但 2004 年赤字再次攀升，主要原因是国内消费和投资的恢复导致进口的急剧增加（包括科隆自由区的进口）。当年赤字达 11 亿美元，相当于 GDP 的 7.9%。2005 年，经常账户赤字虽有所减少，但由于进口需求旺盛和油价持续走高，赤字仍高达 8.18 亿美元。

由于以美元作为本币使用，巴拿马没有短期转移困境和外汇限制。虽然存在预算赤字，但巴拿马由于不存在贬值风险而没有发生过传统意义上的国际收支危机。国内和离岸银行体系的整合保证了境内和境外资金的有效配置，提高了投资的平均回报率并抑制了资产价格泡沫的出现。

相对于巴拿马经济的规模，服务业出口数额巨大，主要项目包括运河收入、船舶服务、旅游和离岸银行业务。2005 年收入总额达 31 亿美元，比上年增长 15%，其中最大的一项收入来自于运河有关的运输服务。2005 年进口服务总额为 17 亿美元。

巴拿马服务业账户上的其他项目还包括对外国公司提供的法律服务（一笔数额不大但却稳定的净收入）和保险业务，特别是海事保险。巴拿马服务业部门的一个独特之处是其开放的船舶登记制度。1994 年，巴拿马超过利比里亚成为世界上最大的船队。2005 年底在巴拿马登记的船舶为 10475 艘，给巴拿马带来了约 8500 万美元的登记费收入。

巴拿马的经常账户还包括离岸银行部门带来的巨额双向利息、利润和股息流动。公共外债的利息是一个重要的资金外流项目，近年来由于外债总额的扩大而迅速增加。总体而言，自1998年以来，利息、利润和股息的流出额大于流入额，在2001～2005年5年间，平均每年为7.5亿美元。其中2002年由于外资公司收入减少，当年流出额下降至2.72亿美元；但2005年又扩大至11亿美元。经常账户中的单边转移为一盈余项目，自2001年起平均每年约为3亿美元，主要来自巴拿马得到的官方援助和巴拿马侨民的汇款。

三　资本流动和外债

20世纪80年代末，巴拿马经济陷入危机，外国直接投资（FDI）急剧减少。90年代，随着巴拿马政府经济自由化改革的实施，外国直接投资的环境有所改善。1997～1998年，平均每年吸引外资超过12亿美元。1997年，英国资本购买了巴拿马国家电讯公司49%的股份，价值6.52亿美元。1998年，国家电力企业实施私有化，总价值6.03亿美元。其他大规模私人投资还包括交通运输等基础设施、旅游业以及原运河区和原美军基地转成的开发区等。2002年，由于拉丁美洲区域贸易融资银行（"拉丁美洲出口银行"，BLADEX）等金融机构在拉美的业务出现困难，用于再投资的利润明显下降，对巴拿马吸引外资产生不利影响，当年巴拿马FDI下降至9900万美元。2002年以后，外部投资又开始迅速扩大，2005年达到10亿美元，为1998年以后的最高水平。

证券投资的主要形式是外国人购买巴拿马债券。90年代由于巴拿马政府实施债务重组计划，证券投资很不稳定。2005年，随着3年经济增长后公司汇出利润的增加，巴拿马证券投资净额也将受到影响。但近年来直接投资的作用远远大于证券投资。其他资金流动项目还包括国际银行业中心（CBI, the International Banking Centre）的业务。由于巴拿马实行资本自由流动的政策，国际银行业中心的业务自90年代以后也有较大的波动性。

巴拿马的外债状况起伏很大。70年代，为了满足国内投资需求，巴拿马政府曾大量举债。1970年，巴拿马公共外债为1.5亿美元；1978年，外债总额接近19亿美元，相当于GDP的80%，是世界上负债率最高的国家之一。

1985年，巴拿马外债进一步上升至36亿美元，相当于当年GDP的73.5%，人均负债1636美元。但巴拿马外债大部分为长期债务（约为32.7亿美元），其中21.3亿美元的债权人为私人银行，11.4亿美元来自多边机构和双边协议。同时，虽然负债率很高，巴拿马债务负担并不很重，利息支付占GDP的比重，1982年为8.0%，1985年为6.6%。

1983年，巴拿马政府开始实施经济结构调整计划，外债增长势头放缓。与此同时，巴拿马政府也开始谋求债务重组。1985年9月，巴黎俱乐部同意重新安排1900万美元的本金偿付。但自1987年陷入危机之后，巴拿马停止支付所有外债。进入90年代以后，巴拿马与债权人的关系恢复正常，目前99%以上的外债已经重新安排。巴拿马可以从美洲开发银行（IDB）、世界银行和国际货币基金组织得到许多优惠贷款，并可以在国际市场上发行债券。自90年代中期以后，巴拿马政府根据市场条件实施债务预付计划。

1990年，巴拿马与巴黎俱乐部达成协议，重新安排双边官方债务。1994年，巴拿马开始重组与商业银行间的债务关系。1995年，巴拿马实施了债务重组计划中的最重要的一次安排，将剩余的32.3亿美元商业银行债务转为新的债券，这一安排中还包括免除债务本金5.9亿美元。1996年，巴拿马还重新安排了欠墨西哥和委内瑞拉的石油债务。

　　1998 年以后，巴拿马政府多次以非常有利的条件在国际市场上发行了债券（数额在 2.5 亿美元至 10 亿美元不等）。2006年 1 月，巴拿马政府发行了 14 亿美元的新债券，息票利率6.7%，30 年到期，其利率远低于偿付现存外债的利率。这些有利的安排不仅有助于延长外债期限并节省利息支付，而且可以缓解巴拿马偿还运河扩建工程所举债务的负担。

　　2005 年，巴拿马公共部门外债总额近 76 亿美元，比上年增长 5%。其中商业银行 7960 万美元，债券 61.05 亿美元，多边机构 11.36 亿美元，双边和官方协议 2.5 亿美元。巴拿马外债相当于国内生产总值（GDP）的 49%，相对于国家的经济规模而言，其外债负担仍是拉美地区最重的国家之一。

　　四　汇率和国际储备

　　拿马的正式货币单位为"巴尔沃亚"（Balboa）。1904年建国之初巴拿马采用了金本位制，巴尔沃亚的价值被确定为与美元等值。后来美国放弃金本位时，巴拿马仍维持巴尔沃亚与美元价值对等。但巴尔沃亚仅发行硬币，巴拿马所有商业交易均以美元进行，因此美元作为法定支付手段和国家货币使用。巴拿马无须美元储备以供私人部门支付进口或支持官方货币的美元平价，因此也没有通常意义上的外汇储备。巴拿马不实行外汇管制，出口商保留所有美元收入。鉴于这种情况，巴拿马的国际储备一般指官方银行（即巴拿马国家银行，Banco National Panamá，BNP）以美元持有的外国资产，巴拿马官方储备 2005年为 12 亿美元，稍多于过去 5 年的平均数 10 亿美元。

第五章

外交与安全

第一节　外交政策

外交在巴拿马的政治生活中具有十分特殊的重要意义：地处中美洲地峡并拥有两洋通道——巴拿马运河，使巴拿马具备了一种特殊的国际战略地位；在独立以来的大部分时间内，巴拿马与美国这个超级大国处于一种特殊的关系之中。从1903年美巴签订《海—布瑙·瓦利拉条约》到1977年美巴达成巴拿马运河新条约，巴拿马外交中最大的问题和最核心的关切，就是收回巴拿马运河区的主权并由巴拿马自己来掌握运河的命运。为此，巴拿马人民和政府进行了长期不懈的努力。巴拿马政府充分意识到面对美国霸权巴拿马所处的弱势地位，因此在顽强地与美国展开运河条约谈判的过程中，巴拿马积极地谋求世界其他国家的支持，并在国际多边机构和论坛上大力宣传和活动，争取最大范围的同情。巴拿马的外交活动为巴拿马收回运河主权创造了有利的国际环境，使巴拿马获得了比其他同样规模的小国更大的国际影响力。

在巴拿马共和国的外交史上，所有外交政策问题都从属于巴拿马运河问题。除运河问题外，促进与其他国家的经济交往也是外交政策的重要内容。在对外经济关系中，巴拿马通过科隆自由区、国际银行业和航运业等方式，为外贸和外资创造各种便利条件。

20世纪80年代，外债问题也一度成为对外经济关系的焦点之一。

80年代，中美洲战乱频仍。巴拿马利用自己在对美谈判和争取国际支持的外交活动中所获得的经验和国际影响力，积极参与斡旋，在孔塔多拉和平进程中发挥了重要作用。在80年代末期的政治危机中，巴拿马还试图在与美国的争端中争取广大拉美国家和第三世界国家的支持。90年代以后，巴拿马外交主要服务于国内的民主化进程和经济生活的恢复和发展。随着运河的回归和美军的撤出，巴拿马政府第一次以主权者的身份完全自主地处理国家外交和运河问题。政治上，巴拿马外交的重点是美国、中美洲国家和其他拉美国家。经济上，为了使巴拿马运河成为一项盈利的事业，巴拿马政府在运河的维护、经营、管理和扩建工程中积极寻求与各种国际投资者的合作。

目前，巴拿马政府对外奉行中立和不结盟政策，希望同世界各国发展关系，注重同中美洲和其他拉美国家的团结与合作，重视同美国的关系。巴拿马主张和平共处，尊重人权和关注可持续发展，并支持通过联合国等国际组织以及其他多边主义途径化解国际危机和解决地区冲突问题。巴拿马对外政策的基本目标可概括为：维护国家的主权与独立；捍卫民主；保持巴拿马运河的中立性；促进有利于国家发展的国际合作；在重视与美国保持稳定关系的同时，还积极与欧盟、日本、俄罗斯等世界主要力量和大国发展关系；积极引进技术、吸引外资，积极开展自由贸易协定谈判，以扩大与世界其他国家和地区的经贸往来。

根据巴拿马宪法，总统拥有制定外交政策的权力。总统（在外交部长的协助下）有权"指导对外关系，谈判条约和公约，任命和接受外交和领事代表"，但"条约和公约需经立法机构审查通过"。历史上，巴拿马总统的外交权受到许多因素的制约，其中最重要的因素是巴拿马国防军对外交政策的影响。在诺列加将军被美军押往美国受审以前，巴拿马的对外政策曾几度由军人操纵。巴拿马外交部有一批职业外交官和雇员，但外交部长和主要的大使均属政务官员，取决于政治任命和政党轮替。2004年上台执政的托里霍斯政府外交部长由担任第一副总统的执政党民主革命党人萨穆埃尔·路易斯·纳瓦罗兼任。外交部并不是外交政策的决策机构，而是执行机构；其组织结构主要根据处理世界各主要地区和国际组织事务的分工划分为各职能司、局。

巴拿马加入了许多国际组织，是联合国及其相关机构的正式成员，也是国际货币基金组织、世界银行和世界贸易组织的成员。巴拿马参加的国际性和地区性国际组织还包括：77国集团，不结盟运动，美洲国家组织，美洲开发银行，美洲人权法院，拉美经济体系，中美洲议会，里约集团等。巴拿马是中美洲共同市场的观察员。

巴拿马长期以来十分重视多边机构和国际组织的作用，以提高国际地位、争取经济援助，并在对美关系中争取广泛的支持。70年代，巴拿马曾充分利用联合国和美洲国家组织的场合，为美巴条约谈判创造有利于巴拿马的外部气氛。巴拿马还经常在美洲国家组织的会议上批评美国的政策。巴拿马是不结盟运动的积极参与者。在联合国讲坛上，虽然巴拿马传统上更多地接近美国立场，但在经济问题上越来越倾向于第三世界国家。2006年，由于委内瑞拉和危地马拉相持不下，巴拿马成为代表拉美地区的联合国安理会非常任理事国。

第二节 同美国的关系

一 巴拿马运河条约

由于历史、地理和经济方面的原因，巴拿马最重要的对外双边关系是同美国的关系。双方各方面的联系十分

紧密，但在双边关系历史上也常常出现紧张和矛盾，并不时爆发冲突。1977年，巴拿马与美国签订了新的巴拿马运河条约，即托里霍斯—卡特条约。条约规定，运河区的主权于1979年10月移交巴拿马，运河本身的移交日期为1999年12月31日。巴拿马同美国关系的核心问题——运河问题自此被纳入到1977年美巴条约的框架之下。

巴拿马运河条约的谈判历经数年，在两国内部都引起了相当激烈的政治争论。双方于1977年8月最终完成谈判，9月在美国首都华盛顿签署了条约文本。条约在巴拿马全民公决中以超过2/3多数票获得通过，但在美国却遇到了很大的阻力，直到1978年4月才完成批准程序。美国参议院给条约附加了若干修正条款和前提条件，其中最著名的是所谓"德孔奇尼条件"（DeConcini Condition）。该条件宣称，假如巴拿马运河关闭或其运营受到妨碍，美国和巴拿马双方均"有权采取各自认为必要的措施"，"包括在巴拿马共和国使用军事力量，以重开运河或恢复运河的运营"。虽然这一附加条件指出美国无权"介入巴拿马共和国内部事务，或妨碍其政治独立或主权完整"，但在巴拿马激起了强烈的抗议浪潮，巴拿马从未接受和批准这些附加条款和条件。

1979年美国国会通过了巴拿马运河法案，即第96—70号公共法。该法就建立新的巴拿马运河委员会、运河雇员的条件以及运河收入的使用等问题作了规定。法案一出，立即在两国关系中引起了新一轮的争执。巴拿马反对法案中的若干规定，比如使用运河收入支付提前退休的美国雇员、为美国雇员子女返美接受教育提供旅费以及在美军日用物资供销店停办后为美国雇员提供补偿等。巴拿马政府认为，巴拿马运河委员会未能按条约规定向巴拿马缴纳每年1000万美元的年金，同时运河委员会关于运河运营没有利润而无法缴纳年金的辩解恰恰说明运河收入的使用极不

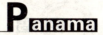

合理。巴方认为，至 1986 年，巴拿马已因此损失了 5000 万美元。

1986～1987 年，两国关系持续紧张。为了迫使诺列加将军就范，美国开始施加越来越大的压力并中止了对巴拿马的援助。巴拿马则指责美国政府及其在巴拿马的支持者图谋破坏 1977 年美巴条约并打算在 2000 年以后继续维持美国在巴拿马的军事存在。

美国在巴拿马的军事基地问题是两国关系中持续引起争端的一个大问题。美国在巴拿马的驻军约有 1 万人，同时美国当局还雇用了 8000 多名文职人员，其中 70% 为巴拿马公民。除了负责运河的防御以外，美国驻军还包括美国南方司令部及其人员（负责美军在中南美洲的所有军事行动）、美军森林作战训练中心、美洲空军学院（为拉美国家空军提供培训）以及特种作战南方司令部等。1984 年，美国陆军将美洲陆军学校从巴拿马移至美国佐治亚州，而此前该校曾作为美国培训拉美国家陆军军官及其他人员的基地。

两国就美国驻军的争端主要围绕着 2000 年以后是否保留部分美军基地、美军基地用于运河防御以外行动（如支持尼加拉瓜反桑地诺武装分子）以及巴拿马当局"骚扰和虐待"美国军事人员等问题展开。1987 年，美国中止了美巴双方联合进行的军事训练和演习。这些训练和演习本来是为巴拿马未来承担运河防御任务做准备而设定的，但由于两国关系趋于紧张，美国国会禁止美军在巴拿马进行军事演习时使用政府拨款。

在这一时期，尽管两国关系紧张，但双方仍按计划履行着 1977 年条约的规定和义务，美国政府也多次重申遵守条约并将按时移交巴拿马运河的决心。1987 年，部分美国议员曾试图在 1988 年财政年度的对外关系授权法案中加入一项决议，即如果巴拿马拒绝在 6 个月内接受"德孔奇尼条件"，则 1977 年条约归于无效。该动议在美国参院以 59 票对 39 票被否决。

二　美国入侵

自1985 年起，巴拿马同美国的关系持续恶化。当诺列加将军把巴尔莱塔总统赶下台时，美国开始削减对巴拿马的经济援助，并对巴拿马施加压力促其改革银行保密法、打击毒品交易、限制巴拿马国防军的政治作用。巴拿马政府则将美国的压力比作美国国务院、美国国会与巴拿马反对派共同策划的"阴谋活动"。

1987 年 4 月，美国国会参议院通过了一项不具约束力的决议，指责巴拿马官员参与毒品交易并要求将对巴拿马的援助削减 50%。美国会参议院还通过决议要求美国中央情报局调查巴拿马的毒品交易。巴拿马立法机构则通过决议要求召回巴驻美大使。在津巴布韦参加不结盟国家会议的巴拿马代表指责美国没有履行巴拿马运河条约规定的义务。巴拿马政府认为美国施加政治压力的目的是"损害巴拿马的主权、尊严和独立"。1987 年 6 月，美国支持前巴拿马国防军参谋长迪亚斯·埃雷拉指控诺列加将军迫害政敌、贩卖毒品并要求对这些指控进行彻底调查。巴拿马则针锋相对，立法机构通过决议要求驱逐美国大使，同时巴拿马还将其与美国的争端提交到美洲国家组织（Organization of American States，OAS）。美洲国家组织以 17 票赞成、1 票反对、8 票弃权通过决议，要求美国停止干涉巴拿马内政。6 月 30 日，美驻巴大使馆遭到袭击，美国当即要求巴方赔偿损失并停止了对巴拿马的经济和军事援助。尽管巴拿马很快进行了道歉并赔偿了损失，但美国仍将援助冻结以表示对诺列加将军的不满。

1987 年底，美巴关系降至 1964 年以来的最低点。1988 年 2 月，美国司法部在美国佛罗里达的坦帕和迈阿密联邦法院起诉诺列加将军，在多项罪状中包括诺列加参与了在巴拿马进行的毒品交易。同时美国政府在迈阿密接待了巴拿马总统德尔瓦列并

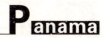

"劝说"他将诺列加将军解职。但诺列加拒绝下台并任命教育部部长曼努埃尔·索利斯·帕尔马为临时总统。美国政府则继续承认德尔瓦列总统并于3月1日开始对巴拿马实施经济制裁。美国停止向巴拿马支付运河收入、中止贸易优惠条件、暂停国际银行划款、禁止在巴拿马的美国公司缴纳当地税款并停止向巴拿马输送美元(巴拿马法定货币)。

美国的制裁措施持续了近两年时间,但并没有导致诺列加将军垮台。1989年5月,巴拿马举行总统大选。美国出资1000万美元支持巴拿马反对派的竞选活动。美国前总统卡特等著名人物也亲临巴拿马监督选举。根据大选前的民意测验和教会进行的调查,反对派的支持率高达75%。诺列加将军指挥巴拿马国防军没收了数以百计的选票箱,并在大规模的抗议和罢工浪潮中宣布大选结果无效。为了平息危机,美洲国家组织介入了巴拿马大选的争执。大多数拉美国家对诺列加的做法表示不满,但同时也认为美国的政策是炮舰外交和干涉主义的回潮。美洲国家组织呼吁诺列加重新组织一次选举。

1989年9月1日,在诺列加操纵下,巴拿马审计署署长弗朗西斯科·罗德里格斯成为临时总统。美国断绝了与巴拿马的外交关系并实施了进一步的经济制裁措施。美国中央情报局、美军南方司令部等机构公开鼓动巴拿马国防军推翻诺列加以结束危机。10月3日,巴拿马发生政变,诺列加将军被扣押但很快为其支持者所解救。政变失败后,美国军方开始制定入侵计划,目标是推翻诺列加、解散巴拿马国防军、保护在巴拿马的美国公民和财产。

12月15日,巴拿马"全国市县代表大会"任命诺列加为巴拿马政府首脑。诺列加宣称,在过去的30个月中,美国"通过不断的心理和军事骚扰,已经在巴拿马造成了一种战争状态"。诺列加批评美国布什总统违反巴拿马运河条约,而巴拿马人民将不折不扣地遵守条约条款并且"绝不破坏运河"。实际上，诺列加的确没有威胁巴拿马运河也没有如美国媒体所宣称的那样对美国宣战。

次日夜，一辆美军吉普车驶过巴拿马国防军司令部门前时遭枪击，一名美国士兵中弹身亡。其后两天，美国和巴拿马双方相互指责并偶尔交火。美国的入侵准备在加紧进行，其代号为"正义事业行动"。美国从本土向巴拿马美军基地调动了数千军队和数架 F－117 隐形战斗机。

1989 年 12 月 20 日清晨，美军开始向巴拿马国防军发起攻击，攻击目标包括国防军司令部以及其他基地、设施、机场等。参与行动的美军达 2.4 万人，动用了空军运输机、战斗机、坦克、迫击炮和轻型装甲车等装备。巴拿马国防军司令部及周围房屋很快被摧毁，其他军事据点也为美军所控制。但诺列加将军当时正在郊外一家军官俱乐部活动并设法躲藏起来。美国悬赏 100 万美元捉拿诺列加，并向自动上缴武器的巴拿马人发放赏金以鼓励其尽快重建公共秩序。

在发动入侵以前，美国将参加 5 月份大选的反对派领导人召集到一起，并安排了一个秘密的巴拿马新政府就职仪式。然后向新闻媒体的记者播放就职仪式的录像带，表明巴拿马新政府已经成立。美国迅速承认恩达拉为巴拿马总统，并任命了美国驻巴拿马大使。同时，美国开始查抄价值 3000 万～6000 万美元的诺列加将军"非法财产"，并承诺向巴拿马的重建提供数十亿美元的援助。

由于巴拿马国防军和民兵残余分子的抵抗，零星战斗持续了 4 天。在这期间社会治安混乱，巴拿马城商业区发生了多起抢劫事件。美军严密监视古巴和尼加拉瓜驻巴拿马大使馆，严防诺列加进入。但出乎美军意料，12 月 24 日诺列加及其随从却躲进了梵蒂冈教廷使团驻地。虽然教廷使节不愿收留诺列加并面临着美国强大的压力，但却不得不依照教廷惯例保护避难者。同时，恩达拉政府无法保证诺列加的安全，而美国则强烈要求在美国法院审判诺列加，引渡和审判程序能否公正令人怀疑。经过9天的煎熬和教廷使节的劝说，诺列加将军向美军投降并被押往美国迈阿密受审。

美巴关系的危机就此告一段落。国际舆论普遍认为美军入侵违反了国际法，联合国和美洲国家组织谴责了美国的行动并要求美军尽早撤离巴拿马。巴拿马运河在经过一段短暂的关闭以后重新开放。美军于1990年2月初从巴拿马领土撤出。美国布什总统要求国会拨款10亿美元用于巴拿马重建，但经过几个月的拖延后国会只同意拨出不到5亿美元。虽然很多巴拿马人对诺列加的倒台感到高兴，但仍对美军入侵愤愤难平，因为这一事件意味着巴拿马还没有享有完全的主权。

三　运河回归

20世纪90年代，巴拿马与美国的关系逐步从美军入侵所带来的创伤中恢复并趋于稳定。1999年，运河及军事基地顺利移交巴拿马，两国关系中不断引发争端的中心问题不复存在，巴拿马人对美国爱恨交织的激烈情绪也渐渐平息。21世纪初，巴拿马运河的运营正常有序，并且已成为一项盈利的活动。在运河交接的准备及后续工作中，未发生大的突发事件及其他争执。这一时期，巴拿马政局稳定，三次总统大选基本上保持自由、公正：三次选举均以执政党失利、政党轮替而告结束，权力交接比较顺利。美国对巴拿马大选以及国内政治事务的介入明显减少，美国入侵也没有影响到运河条约主要条款的实施。显然，冷战结束后，美国在巴拿马的战略目标已发生深刻变化。冷战后期，美国军方曾试图通过某种驻军协议维持运河移交后在巴拿马的军事存在。但随着苏联的解体，美国全球战略的调整已经使巴拿马军事基地的重要性降低，最终美国没有签署驻军协议，而且除保卫使馆的部队外全部撤出了巴拿马。

90 年代初，随着巴拿马经济的恢复，美国开始减少对巴援助。美军入侵后在巴拿马政府各部门安插的美国顾问也陆续撤回。人们最初较为关注的问题有二：一是诺列加将军的命运。在美国佛罗里达，虽然存在司法管辖权问题，美国联邦法院仍以多项罪名提审诺列加将军，其中包括贩毒和洗钱。陪审团认为诺列加罪名成立，诺列加被判 40 年监禁并押往迈阿密监狱服刑。诺列加在狱中享有某些特殊待遇，并且撰写了一部回忆录。书中谴责美军入侵以及美国当局对他的迫害，但回忆录并没有引起人们太大的兴趣。另一个事件是美军入侵后各方就"正义事件行动"造成的伤亡人数发生争执。美国军方估计有数百名巴拿马人死于入侵时的军事行动，但有观察家认为在美军攻打诺列加司令部及周围建筑时伤亡的巴拿马平民人数大大高于美军估计的数字。甚至美国国内也有人认为死于入侵的人数数以千计。美国国会为此组织了调查，但未发现更多的证据，事情最后不了了之。

1993 年，巴拿马立法机构决定成立一个"两洋间区域机构"，管理美国已经移交的财产并为将来的移交作准备。该机构的职能是接收登记和改造美国移交的财产并用于增进巴拿马国家利益的各项事业。巴立法机构还决定在运河沿线建立若干国家公园，以保护面临威胁的热带雨林。与此同时，巴立法机构通过宪法修正案建立了"巴拿马运河管理局"（Panama Canal Authority，ACP），作为独立机构负责移交后运河的运营和管理。成立伊始，巴拿马运河管理局就与这一时期管理运河的"巴拿马运河委员会"（美巴两国人员组成）密切合作，学习管理经验并熟悉各种必要的管理程序。美国军方则决定关闭在巴拿马的军事基地，为即将到来的移交作准备。美国政府部门还将准备移交的财产进行了估价，包括运河、基地、土地及各类辅助设施共计 300 亿美元。这一时期美国政府的立场基本上是保证巴拿马运河顺利、有序地移交给巴拿马政府。运河委员会培训巴拿马人担任高级管理人员和领航员等，并对运河设施进行了若干改进如拓宽山间航道和更新拖船和机车等。美国国会还决定给予运河委员会预算自主权。同时，美国政府和民间组织还表达了对运河区域环境问题的关切。

1994 年为巴拿马大选年。联合国、美洲国家组织以及卡特中心等组织都向巴拿马派出了观察员监督大选。美国没有公开表示支持哪一位候选人。大选结果是民主革命党的巴利亚达雷斯当选。巴利亚达雷斯毕业于美国圣母大学，上台伊始就向美国表达了"善意"：同意美国的要求，收留滞留在关塔那摩基地的古巴难民。此举在巴国内招致广泛的批评。巴利亚达雷斯还实施了美国倡导的新自由主义经济政策，带领巴拿马加入关贸总协定/世界贸易组织，并实行了涉及港口、铁路、电话、电力、公路建设的私有化计划。当香港和记黄埔公司通过竞标获得运河两端港口（巴尔沃亚和克里斯托瓦尔）的经营权时，美国人开始指责招标过程不规范，一家美国公司被拒绝属于不正当竞争。美国国会议员将香港公司经营港口与 1999 年以后中国"接管"运河联系起来。巴拿马政府反驳了美国的指责，指出巴拿马的私有化计划旨在从世界各国吸引投资。另外，美国司法部还要求巴拿马修改银行法，以利于调查和制止毒品交易和洗钱行为；美国政府要求巴方打击科隆自由区内的侵犯知识产权行为；美国缉毒署还要求巴方加大力度制止通过巴拿马领土的可卡因贩运等等。巴拿马一方面坚持维护自身的利益，如指出其银行保密法（与瑞士类似）是使其金融中心保持活力的关键，另一方面也在上述问题上做出了一定的让步。

90 年代中期，美国军方开始准备将美军南方司令部从巴拿马撤回到美国本土。在巴拿马的其他军事基地也将关闭或移至其他国家或地区。1997年，美军南方司令部撤离巴拿马。由于美军的撤离使原来与美军基地有关联的经济活动受到影响，同时美国与哥伦比亚联合开展的扫毒行动也需要维持在巴拿马的空军基地，因此在两国内部都有人主张1999年以后仍维持美军在巴拿马的基地。巴拿马政府则反对由美国单独使用和控制军事基地，而提出在联合国或美洲国家组织框架下建立一个多国反毒品中心及其部队。巴政府还要求美军驻扎需签订一份美军地位协定并支付租金。上述建议和谈判在巴拿马和美国内部都遭到广泛的非议和反对，最终都未能达成共识，两国关系也因此受到影响。2000年，美国为实施打击游击队和毒品犯罪的"哥伦比亚计划"提出了新的建议，要求巴拿马为进出哥伦比亚的美军人员提供掩蔽所，美军人员将享有外交豁免权，不受巴拿马法律或移民条例管辖。巴拿马莫斯科索政府拒绝了美方的建议。

在1999年巴拿马大选中，美国仍保持中立：不支持任何一位候选人。由于美巴关系中的大多数主要问题已经解决，各候选人的竞选纲领也未涉及两国关系。莫斯科索在大选中的胜出使建立多国反毒品中心的希望破灭，1999年，美军在巴拿马的全部基地完成移交。由于美国克林顿政府力图低调处理巴拿马运河移交问题，因此克林顿本人既未参加巴拿马总统就职典礼，也未参加巴拿马运河移交仪式。美国前总统卡特前往巴拿马出席了移交仪式。但巴拿马人民以极大的热情庆祝运河的回归，巴拿马政府邀请了许多国家的领导人出席了运河移交仪式。1999年12月31日成为巴拿马历史上最重要的日子之一，因为这是巴拿马人民近一个世纪争取完全领土主权斗争取得最终胜利的一天。

虽然巴拿马运河已经回归巴拿马人民，但美国仍以保障运河中立化的名义保留了介入运河事务的权力。莫斯科索政府上台后反复强调不接受外国军事力量在巴拿马的存在，但仍将美国视为未来的一个重要合作伙伴。由于历史的原因，美国在巴拿马的影

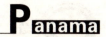

响是巨大而深远的。近一个世纪的特殊关系已在巴拿马人的生活、文化和政治活动中打上了美国的烙印。巴拿马的法律、教育、音乐、语言以及生活习惯也深受美国的影响。在经济和安全方面，巴拿马的未来发展也受到美国的很大制约。两国间的合作仍在继续，特别是在反毒品和反洗钱行动中，美国仍需要巴拿马的密切配合。2002 年 2 月，两国签署了一项补充协定，成立美巴联合巡逻队监视巴拿马水域并拦截可疑舰只。美国为在巴拿马开展警察培训和实施反毒品行动而大幅度增加了对巴拿马的经济援助。托里霍斯在 2004 年赢得大选胜利之前，曾数度访美。上台以后，托里霍斯政府与美国保持着良好的关系。2006 年，两国政府已就自由贸易协定达成一致意见。

第三节　同其他国家的关系

白 20 世纪 70 年代起，随着巴拿马作为国际商贸、银行业中心的发展，以及与美国就巴拿马运河问题展开新的谈判，巴拿马的对外关系和国际联系开始迅速拓展，建交国数目逐步增加。巴拿马与其他国家的双边关系以经济交往为重点，政治问题则常通过多边国际组织来加以处理。

一　同中美洲国家的关系

历 史上，巴拿马同毗邻的中美洲国家缺乏政治上和经济上的紧密联系。20 世纪 70 年代，为了在同美国的运河新约谈判中获取支持，托里霍斯将军开始积极发展与中美洲国家的关系。在尼加拉瓜革命中，托里霍斯将军曾向桑地诺阵线提供政治支持和军事援助。在 1987 年的巴拿马国内政治危机中，尼加拉瓜总统奥尔特加曾造访巴拿马，支持德尔瓦列和诺列加。巴拿马与哥斯达黎加的关系由于 1921 年的边界纠纷而长期不睦。

泛美公路开通以后，两国经济联系有所加强，政治关系开始改善。在尼加拉瓜革命期间，巴拿马向哥斯达黎加提供帮助以保卫其北部边界，两国还联手向桑地诺阵线提供援助。但在 80 年代末期的巴拿马危机中，因哥斯达黎加批评诺列加将军的政策，双边关系陷入低谷。

80 年代，中美洲局势动荡不安。巴拿马积极参与了"孔塔多拉和平进程"，显示了其国际地位和在中美洲事务中参与程度的扩大。巴拿马邀请墨西哥、委内瑞拉和哥伦比亚外交部长在孔塔多拉岛举行会谈，讨论在中美洲冲突中进行斡旋的问题。会议的结果是"孔塔多拉集团"的成立，即 4 国联合推动中美洲和平进程。虽然巴拿马在斡旋中的作用并没有其他国家那样突出，但参与和平进程本身就为巴拿马在国际舞台上赢得了良好的声誉。

90 年代以后，巴拿马积极参与了中美洲一体化进程。1993 年，巴拿马签署了中美洲一体化议定书，并于同年加入了中美洲议会。2002 年 3 月，巴拿马同其他 5 个中美洲国家签署了一项贸易框架协议，但建立区域贸易集团的谈判进展缓慢。巴拿马没有加入 2006 年生效的多米尼加共和国、中美洲和美国之间自由贸易协定，但巴拿马与萨尔瓦多双边自由贸易协定已于 2003 年生效。与其他中美洲国家的自由协定谈判正在进行。巴拿马与其他中美洲国家的自由贸易问题主要取决于这些国家是否开放金融和电信市场以及巴拿马是否放松农产品加工业的控制。

二　同其他拉美国家的关系

自巴拿马脱离哥伦比亚独立以来，巴拿马同哥伦比亚的关系长期处于冷淡状态。两国关系受制于两国接壤地区的自然环境：边界地区属荒野山区，人烟稀少，从而阻碍了相互间的密切交往。20 世纪末期，两国关系有所改善。但哥伦比亚的内部冲突有时会波及巴拿马达连地区，哥伦比亚居民或游击队越界进入巴拿马成为巴拿马政府的一个主要安全关切。2003年年初，两国政府达成共识，建立一支常设的安全部队驻扎在边境地区，防止哥伦比亚游击队或准军事力量成员进入巴拿马。近年来，巴拿马同哥伦比亚的贸易关系发展较快，哥伦比亚已成为科隆自由区的一个主要客户。2004年，科隆自由区再出口贸易的16%输往哥伦比亚。但2005年，哥伦比亚认为科隆自由区再出口商品中部分来自亚洲的商品侵犯了知识产权，决定对科隆自由区商品实施限制措施。2006年，巴拿马政府表示，如果两国间的双边谈判无法取得进展，巴拿马将把这一问题提交世界贸易组织。

在巴拿马人民长期争取收回运河区主权的斗争中，曾得到拉美国家广泛的同情和支持。80年代，大多数拉美国家经济陷入困境，巴拿马同拉美国家的经济交往趋于减少。在80年代末巴拿马政治危机中，拉美多数国家不满诺列加的政策，希望巴国内各派政治力量能够协商解决危机，反对美国强行干涉。1989年12月，美军入侵巴拿马并扶植恩达拉政府，拉美多数国家不予承认。1990年，里约集团取消巴拿马成员国的资格。1994年巴拿马举行较为公正的民主选举以后，里约集团重新接纳巴拿马为成员国。1994年5月，巴利亚达雷斯作为当选总统出访了哥斯达黎加、哥伦比亚、厄瓜多尔和墨西哥等拉美国家；9月巴利亚达雷斯邀请尼加拉瓜、哥斯达黎加、委内瑞拉、秘鲁和哥伦比亚等国总统出席总统就职仪式。同月，墨西哥总统到访巴拿马。巴拿马同拉美国家的关系逐步恢复正常。1996年初，巴拿马与墨西哥签订自由贸易协定。同年5月，巴拿马与阿根廷签署了保护投资、互免签证、动植物卫生检疫等7个协定。巴拿马还与秘鲁签署了联合反毒协定和旅游合作协定。1997年，巴拿马与哥伦比亚签署了保护环境和森林生态的协定。1999年9月，莫斯科索就任巴拿马总统，委内瑞拉和哥斯达黎加等拉美国家总统到巴拿马城参加就职典礼。莫斯科索政府执政期间，巴拿马与拉美国家间的关系有所加强，特别是与萨尔瓦多签署了自由贸易协定并与其他中美洲国家达成相关框架协议。2004年托里霍斯赢得大选胜利后，在就职以前就出访了哥伦比亚、哥斯达黎加、墨西哥、巴西、阿根廷、智利等国。托里霍斯执政以后，先后出席了伊比利亚美洲首脑会议、南美洲国家首脑会议和南方共同市场首脑会议。托里霍斯就职前说服古巴恢复了由于莫斯科索政府赦免反古分子而中断的巴古外交关系。托里霍斯总统在美国与委内瑞拉的关系中采取了务实的态度，既与美国保持正常关系，又与查维斯总统建立了良好关系。这种政策对巴拿马经济发展十分有利。巴拿马加入了由墨西哥、哥伦比亚和委内瑞拉组成的"三国集团"，并积极与南方共同市场和安第斯共同体国家加强接触和合作。2006年6月，巴拿马与智利签署自由贸易协定，但协定没有涵盖一些敏感问题，如农产品市场准入问题。

三 同其他国家的关系

拿马同加拿大、欧洲国家和日本等发达国家的关系以开展经济和贸易合作为主。欧洲联盟是巴拿马的重要贸易伙伴，也是巴拿马引进技术和资金的重要来源。2001~2006年，欧洲联盟向巴拿马提供了总计为2200万美元的经济援助。欧盟还向巴拿马知识城国际科技园项目①提供了930万欧元的援助。与欧洲国家的关系还包括政党间的密切联系，例如巴拿马基督教民主党与欧洲基督教民主党具有长期的交往历史。日本也是

---

① 20世纪90年代，巴拿马政府决定利用原美军在巴拿马的主要军事基地——克雷登堡（Fort Clayton）建设"知识城"（Ciudad del Saber），即高科技大学园区，包括大学、高科技公司、非政府组织及各种培训中心。

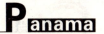

巴拿马经济和技术援助来源之一。20 世纪 80 年代，日本曾是巴拿马运河替代方案调查委员会的积极参加者。2004 年两国领导人曾互致贺信祝贺建交 100 周年。

　　近年来，巴拿马与亚洲国家的交往日益频繁。韩国曾向巴拿马提供多项经济和技术援助。2004 年，巴拿马与新加坡开始自由贸易协定谈判；2006 年 3 月，两国签署自由贸易协定，这将大大促进巴拿马与新加坡在港务、海事、电信以及金融领域的合作。

　　冷战期间，巴拿马与苏联没有建立外交关系，但苏联曾是巴拿马运河的第三大用户。巴拿马还曾与社会主义波兰开展过教育、科技和文化合作。苏联解体以后，巴拿马宣布承认俄罗斯和独联体其他 11 个共和国。90 年代初，巴拿马同俄罗斯的外交关系从领事关系升格为大使级关系。

第四节　同中国的关系

　　巴拿马与中华人民共和国尚未建立外交关系，但两国经济、贸易、文化以及其他往来日益增多。1973 年 5 月，新华社在巴拿马设立分社。1984 年 7 月，中国在科隆自由区建立中国拉美贸易中心。1987 年 12 月，中国银行在巴拿马城开办分理处；1994 年该分理处升格为中国银行巴拿马分行。1994 年 5 月，巴利亚达雷斯当选巴拿马总统时，中国国家主席江泽民致电祝贺；6 月，巴利亚达雷斯以旅游者身份访问中国，中国国务院总理李鹏会见了巴利亚达雷斯；8 月，巴拿马选举法院院长巴尔德斯访问中国。1995 年 9 月，巴利亚达雷斯总统夫人博伊德率政府代表团出席在北京召开的联合国第四次世界妇女大会。同月，两国政府谈判并签订《中华人民共和国政府和巴拿马共和国政府关于互设民间商务代表处的协议》。

1996 年 3 月和 8 月，中巴先后在对方首都设商代处。同年，中国香港和记黄埔公司通过国际商业竞标取得了巴拿马运河两端的巴尔沃亚港和克里斯托瓦尔港的经营权。

　　1997 年 6 月两国政府签署《中华人民共和国政府和巴拿马共和国政府关于巴拿马共和国驻香港领事机构地位问题的临时安排》。同年 12 月，中国与巴拿马签署了关于巴拿马驻香港经济贸易临时办事处改为巴拿马驻香港经济贸易办事处的协定。1999 年 8 月，巴拿马当选副总统阿图罗·巴利亚里诺访问中国，受到中国国家副主席胡锦涛的接见。2004 年，中国国家主席胡锦涛和全国人大常委会委员长吴邦国分别致信巴拿马总统托里霍斯和议长威尔逊，祝贺他们当选和就职。同年，中国红十字会向巴拿马红十字会提供 3 万美元水灾救灾捐款。2004 年适逢华人抵达巴拿马 150 周年，中国遵义市杂技团赴巴访演。

　　中国是巴拿马运河第二大用户，每年约有 400 艘船只通过运河，缴纳各种费用近 4000 万美元。中国有近万名船员持有巴拿马海员证书。目前，巴拿马为中国在拉美第五大贸易伙伴。据中国海关统计，2004 年，两国贸易总额（含对科隆免税区贸易）为 22.02 亿美元，其中中方出口额为 21.87 亿美元，进口额为 1492 万美元，同比增长率分别为 45.9%、47.8% 和 –47.9%。

　　1922 年 1 月，巴拿马同中华民国建立外交关系，国民党政府在巴设立公使馆。1954 年 5 月，巴拿马同台湾当局将"公使馆"升格为"大使馆"。1974 年，"台湾当局"在科隆设"领事馆"，1989 年升格为"总领馆"。台湾"中央社"在巴拿马设有分社。巴拿马同"台湾当局"签有技术合作、农技合作、工业合作、渔业技术合作、投资保护、旅游、航空运输和自由贸易协定。"台湾当局"在巴拿马派驻农技团，主要向巴农民和渔民传授农产品种植和水产捕捞、养殖技术。2004 年 1 月，巴拿马与"台湾当局"间的自由贸易协定正式生效。

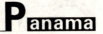

2004 年，巴拿马与台湾贸易（不含对科隆免税区贸易）总额为 2.69 亿美元，其中巴方出口额为 2263 万美元，进口额为 2.47 亿美元，同比分别增长 111.8%、276.4% 和 103.6%。

第五节　军事与国家安全

一　国民警卫队与巴拿马国防军

19 03 年 11 月，巴拿马同美国签订了《海—布瑙—瓦利拉条约》。根据条约第一条的规定，美国保障巴拿马的独立。因此，这个新生共和国实际上处于美国的保护之下，其最初的领导人并没有建立武装部队的计划。独立之初，留在巴拿马的原哥伦比亚部队成为巴拿马军队。但当这支部队的司令官试图对巴拿马第一任总统阿马多发号施令时，政府决定将部队遣散。1904 年底，巴拿马组建了国民警察。其后近半个世纪，这支警察队伍成为巴拿马唯一的武装力量。1953 年，何塞·安东尼奥·雷蒙将国民警察改编为国民警卫队。

20 世纪 50～60 年代，在美国的大力扶持下，巴拿马国民警卫队日益军事化和专业化。古巴革命胜利后，美国对巴军事援助大幅度增加，国民警卫队越来越偏离警察的职能而开始发挥军队的作用，越来越多的军官和士兵在美国控制的运河区内基地接受培训。同时，国民警卫队也越来越多地介入巴拿马的政治生活。60 年代末期，国民警卫队的人数已达 5000 人，中级军官中许多人是军校毕业生，很多职位由经过正规军事培训的军官来担任。

第二次世界大战及战后时期，巴拿马同美国的军事关系十分紧密，美国为巴拿马军事力量的发展提供了大量援助。1945 年，巴拿马与其他 19 个国家签订共同防御协定。两年以后，巴拿马成为泛美互助条约（即里约条约）的签字国。这些协定和条约将拉美国家与美国联合起来共同"抵御外部侵略"，同时要求通过和平仲裁解决相互之间的争端。1967年，巴拿马签署了拉丁美洲禁止核武器条约。巴拿马与美国之间的巴拿马运河条约还包含双边军事援助的协议，两国承诺共同保卫巴拿马运河。

1968年政变以及托里霍斯上台以后，国民警卫队的地位和专业化程度进一步提高，规模也逐步扩大并对国家的社会经济结构变化产生了深远的影响。托里霍斯是国民警卫队唯一的将军，并通过高度集中的管理结构和直接、紧密的上下级关系控制着国民警卫队的所有连队和军官任命。军官的培训和升迁也与以往有所不同。在50年代和60年代，大多数军校出身的军官来自中产阶级，主要在墨西哥和其他中美洲国家接受军事培训，例如托里霍斯将军本人就毕业于萨尔瓦多一所军校。70年代，更多的下级军官是在南美国家（主要是巴西、秘鲁、智利、委内瑞拉以及阿根廷等国家）军校接受教育。

根据1983年宪法修正案及相关法律，巴拿马国防军（Fuerzas de Defensa de Panama，FDP）取代国民警卫队，担负起国防和公共安全的责任。法律同时废止了此前所有与巴拿马武装力量的组织、任务、职能有关的立法。巴拿马国防军拥有非常广泛的职能，包括保护巴拿马人以及在巴拿马的外国人的生命财产，保障共和国公民的个人权利；制止犯罪，按照条约规定与美国合作共同保卫运河的安全，管制交通运输以及与其他部门合作制止毒品交易、走私和非法移民，等等。

巴拿马国防军是统一指挥之下多种力量结合的军事组织，设有总参谋部、军区、地面部队、巴拿马空军、国家海军、警察部队和国民警卫队。国防军可以根据需要组建与法律规定的职能相适应的新的部队。新的国民警卫队是一系列军事和准军事力量中

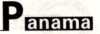

的一支，处于国防军统一领导之下。

巴拿马宪法规定，共和国总统为巴拿马国防军最高司令，但这一规定只是象征性的。总统只能通过由国防军总司令"传达"的命令、指示、决议和规则来行使权力。国防军实行自主管理，实际上有权就人事、纪律、组织、待遇和预算做出自己的决定。由于国防军实行统一指挥且其政策不受文职官员辖制，所以法律只就国防军总司令的地位做出了规定。国防军总司令的职权范围实际上是法律规定的国防军职能的重新表述，例如有权采取措施"保障居民人身财产安全和保障公共秩序和社会安定"。国防军总司令应该将国家安全领域的动态向总统汇报，同时参与与国防军有关的一切法律的修订。

80年代末期，巴拿马国防军在国家政治生活中发挥着主导作用。50年代以前，巴拿马国民警察社会地位不高，政治作用有限。50年代以后随着国民警卫队的建立，特别是托里霍斯将军和诺列加将军时期，国民警卫队/巴拿马国防军的地位空前提高，规模不断壮大，与社会中、下阶层联系紧密。1987年，国防军人数已达1.6万人。1989年末，随着美军的入侵和诺列加将军的垮台，巴拿马国防军解散。1994年，巴拿马正式废除常备军。

二 运河防御与美国驻军

根据1977年巴拿马同美国签署的巴拿马运河条约，在条约有效期内，巴拿马和美国共同负责保卫运河的安全，"双方各自根据本国宪法程序采取措施，来对付武装袭击或其他威胁巴拿马运河或过往船只安全的行动所造成的威胁"。条约规定，美国对保卫运河安全负"首要责任"，并可以在巴拿马共和国驻扎、训练和调动武装部队。为了便于两国在运河防御上的合作，建立了一个由双方同等人数的高级军事代表组成的联合

委员会，制定运河防御计划、规划和进行联合军事演习并实施有关军事行动。美巴条约到 1999 年 12 月 31 日巴拿马时间中午期满。根据巴拿马运河永久中立条约，在巴拿马运河条约期满废除后，由巴拿马共和国单独管理运河，在本国领土上部署军事力量、设立防务区域和建立军事设施。

美国军队在巴拿马的驻防始于 20 世纪初叶。第二次世界大战结束以后，设在巴拿马的美军"加勒比司令部"负责运河的防卫，并负责保卫美国在"整个拉丁美洲"的"安全利益"。1963 年，美军加勒比司令部改名为"南方司令部"。1977 年美巴新约签署以后，南方司令部的职责并未发生大的变化，仍主要负责保卫运河、管理对拉美国家的军援、协调美军与其他拉美国家的军事合作和联合军事演习，并担负灾难救援任务。南方司令部所辖军队近万人，包括陆军、海军和空军。美国承诺其驻军人数将不超过平时的水平，即维持条约生效前驻军人数。

由于巴拿马运河所处的特殊位置和条件，保障运河安全难度极大。20 世纪 50 年代，美国曾要求巴拿马政府允许美军在运河区之外建立导弹基地。但巴拿马政府不愿向美国出让更多的领土，同时担心美军导弹基地会使巴拿马成为其他国家导弹的目标，因此拒绝了美国的要求。90 年代，随着巴拿马运河条约临近期满，美国军方一些人试图与巴拿马政府讨论运河回归后美军继续留在巴拿马的可能性。1995 年，美国谈判代表宣称美国"为了战时需要"有意在巴拿马保留若干基地。美国参议员赫尔姆斯建议美国政府与巴拿马政府谈判，以期在 2000 年以后"至少保留一处"军事基地。对此，巴拿马外交部长明确宣布，巴拿马将不要求美国继续留在巴拿马，也不谈建立新基地的问题。

美国参议院在审议和批准巴拿马运河条款时，曾在运河永久

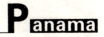

中立条约议定书上附加了若干条件。其中一个条件宣称，条约将不"妨碍"巴拿马共和国和美利坚合众国达成协议或做出安排，在两国认为必要或合适的情况下，允许美国军队在巴拿马驻扎。这一条件有意为美国在 2000 年以后留在巴拿马预留了空间：只要双方表达了这种"意向"，就可以为美军的进驻进行谈判。恩达拉政府正式排除了谈判的可能，但巴利亚达雷斯政府就 2000 年以后美国某种形式的军事存在问题与美国举行了几轮磋商。巴利亚达雷斯政府认为，巴拿马单独、完全负起管理、保卫运河的责任是巨大的挑战，而保卫"事实上难以防御"的运河要消耗掉巴拿马大量资源。另外，中美洲地峡的毒品交易问题也是美国要求留在巴拿马的理由之一，同时也是巴拿马政府日益担心的一个问题。但在巴拿马内部，各派政治力量对维持美国某种形式的存在有不同意见，知识界和阿努尔福党、基民党等反对美国继续留在巴拿马。谈判最终无果而终。

虽然美国军队按条约规定如期撤离了巴拿马领土，但美国在巴拿马的军事影响以联合反毒行动的形式继续发挥着重要的作用。1998 年，巴拿马成为美国反毒行动的正式伙伴。而在此前两年，即 1996 年，美国众议院已同意向巴拿马警察提供军事装备，包括直升机和军舰，用于反毒行动。巴拿马还向美国购买了价值 350 万美元的轻武器和弹药。通过军事援助和反毒行动，美国与巴拿马保持着虽然有限但仍紧密而活跃的军事联系。

三　安全问题与安全部队

巴拿马是中美洲地区较为安全、稳定的国家。目前的安全问题有三个方面。首先是哥伦比亚内部冲突对巴拿马的影响。巴拿马同哥伦比亚接壤地区的地形地势复杂，哥伦比亚游击队人员常常越境在巴拿马一方的村镇进行休整、消遣。这

种情况曾引发巴拿马警察与游击队分子的武装冲突。哥伦比亚内部冲突还造成大批难民涌入巴拿马境内。近年来巴拿马单独或联合哥伦比亚采取了若干措施，使巴拿马达连地区的安全环境有所改善。但毒品交易仍较为猖獗，构成巴拿马的一个重要安全隐患。在这个问题上，巴拿马政府还接受了美国的援助，加强了处理巴拿马边境安全问题的实力。

涉及巴拿马安全的第二问题与毒品交易、武器走私和洗钱等活动有关。巴拿马连接两洋和南北美洲，地处交通要冲，又有科隆自由区、国际银行业中心、经济生活美元化、法律宽松等特点，贩毒分子常利用巴拿马作为通往北美洲和其他市场的通道。近年来，巴拿马政府加强了与美国的合作，采取了一系列安全措施，在机场和港口以及海上截获了大量走私毒品。巴政府还对离岸银行部门加强监管，并改善了与"经济合作与发展组织"的关系，加强了在反洗钱领域里与该组织的合作。

巴拿马安全问题的第三方面是社会治安问题。与其他中美洲国家相比，巴拿马国内没有游击队活动，政治暴力行动较少。但与其他国际大城市类似，巴拿马城和科隆市的刑事犯罪呈上升趋势。乡村地区的暴力犯罪也时有发生。针对犯罪率的上升，巴拿马警方有时在周末增设检查站，以加强巴拿马城和科隆市的治安管理，或实行宵禁（禁止 18 岁以下未成年人外出）。许多巴拿马商人雇用私人保镖兼司机，中产阶级家庭拥有持枪证的数目也有所上升。

巴拿马是继哥斯达黎加之后拉丁美洲第二个没有军队的国家。1989 年美国入侵后，巴拿马国防军被解散。1994 年，巴拿马立法机构通过法案正式废除了常备军，同时专设条款建立一支"特别警察部队"以应对"外来侵略威胁"，保卫国家安全。巴拿马国民警察部队（PN），归政府司法部领导，是国家的执法力量，同时也兼具某些军事力量的特点。司法专职警察（PTJ）专

司刑事案件调查，协助公共检察官办案。国民海事警察和国民空中警察在沿海和国际空港执行警察任务。2005 年，国民警察部队人数为 18000 人，海事警察 400 人，空中警察 300 人。警察部队向文职官员负责，由文职官员担任指挥官，并建立了一套内部监督程序处理警察的失职行为。

附 录

巴拿马历届国家元首或政府首脑

时 间	姓 名	备 注
1903	曼努埃尔·阿马多·格雷罗	执政委员会主席
1908	何塞·多明戈·德奥瓦尔迪亚	总统,任内去世
1910	卡洛斯·门多萨	总统
	巴勃罗·阿罗塞梅纳	总统
1912	鲁道夫·奇里亚	总统
	巴勃罗·阿罗塞梅纳	总统
	贝利萨里奥·波拉斯	总统
1916	拉蒙·巴尔德斯	总统,任内去世
1918	西罗·路易斯·乌里奥拉	总统
	佩德罗·迪亚斯	总统
	贝利萨里奥·波拉斯	总统
1920	埃内斯托·勒菲弗雷	代理总统
	贝利萨里奥·波拉斯	总统
1923	鲁道夫·奇里亚	总统
	贝利萨里奥·波拉斯	总统
1924	鲁道夫·奇里亚	总统
1928	托马斯·加布里埃尔·杜克	总统
	弗罗伦西奥·阿莫迪奥·阿罗塞梅纳	总统
1931	里卡多·阿尔法罗	总统

380

续表

时 间	姓 名	备 注
1932	阿莫迪奥·阿里亚斯	总统
1933	多明戈·迪亚斯·阿罗塞梅纳	临时总统
	阿莫迪奥·阿里亚斯	总统
1936	胡安·德莫斯特内斯·阿罗塞梅纳	总统,任内去世
1939	埃塞基耶尔·费尔南德斯·哈恩	总统
	奥古斯托·萨穆埃尔·博伊德	总统
1940	阿努尔福·阿里亚斯·马德里	总统
1941	何塞·贝塞特·阿罗塞梅纳	总统
	阿努尔福·阿里亚斯·马德里	总统
	埃内斯托·哈恩·德拉瓜迪亚	总统
	里卡多·阿道夫·德拉瓜迪亚	总统
1944	恩里克·希门内斯	临时总统
1948	多明戈·迪亚斯·阿罗塞梅纳	总统,任内去世
1949	达尼埃尔·查尼斯	总统
	罗伯托·奇里亚	总统
	阿努尔福·阿里亚斯·马德里	总统
1951	阿尔西维亚德斯·阿罗塞梅纳	临时总统
1952	何塞·安东尼奥·拉蒙	总统
1953	何塞·拉蒙·吉萨多	代理总统
	何塞·安东尼奥·拉蒙	总统
1954	里卡多·曼努埃尔·阿里亚斯	代理总统
1955	里卡多·曼努埃尔·阿里亚斯	总统
1956	埃内斯托·德拉瓜迪亚	总统
1960	罗伯托·奇里亚	总统
1961	塞尔西奥·奥冈萨斯·鲁伊斯	总统
	罗伯托·奇里亚	总统
1963	何塞·多米纳多尔·巴桑	总统
	塞尔西奥·奥冈萨斯·鲁伊斯	总统
	罗伯托·奇里亚	总统

续表

时　间	姓　名	备　注
1964	贝尔纳迪诺·奥冈萨斯·鲁伊斯	临时总统
	马尔科·奥雷利奥·罗夫莱斯	总统
1968	阿努尔福·阿里亚斯·马德里	总统
	何塞·马里亚·皮尼利亚·法夫雷加	总统
1969	德梅特里奥·拉卡斯	总统
1972	奥马尔·托里霍斯	最高领袖
1978	阿里斯蒂德斯·罗约	总统
1982	里卡多·德拉埃斯普里埃亚	总统
1984	豪尔赫·恩里克·伊柳埃卡·西瓦乌斯特	总统
	尼古拉斯·阿迪多·巴尔莱塔	总统
1985	阿杜罗·德尔瓦列	总统
1988	曼努埃尔·索列斯·帕尔马	代理总统
1989	弗朗西斯科·罗德里格斯	临时总统
	曼努埃尔·安东尼奥·诺列加	政府首脑
	吉列尔莫·恩达拉	总统
1994	埃内斯托·佩雷斯·巴利亚达雷斯	总统
1999	米雷娅·莫斯科索	总统
2004	马丁·托里霍斯	总统

主要参考文献

方生著《巴拿马运河》，外国历史小丛书，北京，商务印书馆，1964。

非洲及拉丁美洲资料中心编印《认识巴拿马》，台北，非洲及拉丁美洲资料中心，1966。

高放主编《万国博览：美洲、大洋洲卷》，北京，新华出版社，1998。

李春辉著《拉丁美洲史稿》（上、下册），北京，商务印书馆，1983。

李春辉、苏振兴、徐世澄主编《拉丁美洲史稿》（第三卷），北京，商务印书馆，1993。

李明德主编《简明拉丁美洲百科全书》，北京，中国社会科学出版社，2001。

《世界知识年鉴》编辑委员会：《世界知识年鉴2005/2006》，北京，世界知识出版社，2006。

滕藤主编《世界各国商务指南》，北京，中国社会科学出版社，1996。

外经贸部美大司编著《拉丁美洲市场指南》，北京，中国对外经济贸易出版社，1993。

王明中：《巴拿马运河》，北京，商务印书馆，1975。

严中平:《老殖民主义史话选》，北京，北京出版社，1984。

Sarah Cameron with Ben Box, *Mexico and Central America Handbook*, Footprint Handbooks, 1998.

Michael L. Conniff, *Panama and the United States: The Forced Alliance*, The University of George Press, 2001.

Earl Harding, *The Untold Story of Panama*, Athene Press, Inc., 1959.

Robert C. Harding, II, *Military Foundations of Panamanian Politics*, Transactin Publishers, 2001.

Frederic J. Haskin, *The Panama Canal*, Doubleday, Page and Company, 1914.

Denison Kitchel, *The Truth about the Panama Canal*, Arlington House Publishers, 1978.

Walter LaFeber, *The Panama Canal: The Crisis in Historical Perspective*, Oxford University Press, 1989.

Steve C. Ropp, *Panamanian Politics: From Guarded Nation to National Guard*, Praeger Publishers, 1982.

The Europa World Yearbook 2003, Europa Publications, Taylor and Francis Group, 2003.

Thomas E. Weil, et al., *Area Handbook for Panama*, Foreign Affairs Studies, The American University, 1972.

《列国志》已出书书目

2003 年度

吴国庆编著《法国》

张健雄编著《荷兰》

孙士海、葛维钧主编《印度》

杨鲁萍、林庆春编著《突尼斯》

王振华编著《英国》

黄振编著《阿拉伯联合酋长国》

沈永兴、张秋生、高国荣编著《澳大利亚》

李兴汉编著《波罗的海三国》

徐世澄编著《古巴》

马贵友主编《乌克兰》

卢国学编著《国际刑警组织》

2004 年度

顾志红编著《摩尔多瓦》

赵常庆编著《哈萨克斯坦》

张林初、于平安、王瑞华编著《科特迪瓦》

鲁虎编著《新加坡》

王宏纬主编《尼泊尔》

王兰编著《斯里兰卡》

孙壮志、苏畅、吴宏伟编著《乌兹别克斯坦》

徐宝华编著《哥伦比亚》

高晋元编著《肯尼亚》

王晓燕编著《智利》

王景祺编著《科威特》

吕银春、周俊南编著《巴西》

张宏明编著《贝宁》

杨会军编著《美国》

王德迅、张金杰编著《国际货币基金组织》

何曼青、马仁真编著《世界银行集团》

马细谱、郑恩波编著《阿尔巴尼亚》

朱在明主编《马尔代夫》

马树洪、方芸编著《老挝》

马胜利编著《比利时》

朱在明、唐明超、宋旭如编著《不丹》

李智彪编著《刚果民主共和国》

杨翠柏、刘成琼编著《巴基斯坦》

施玉宇编著《土库曼斯坦》

陈广嗣、姜琍编著《捷克》

2005 年度

田禾、周方冶编著《泰国》

高德平编著《波兰》

刘军编著《加拿大》

张象、车效梅编著《刚果》

徐绍丽、利国、张训常编著《越南》

刘庚岑、徐小云编著《吉尔吉斯斯坦》

刘新生、潘正秀编著《文莱》

孙壮志、赵会荣、包毅、靳芳编著《阿塞拜疆》

孙叔林、韩铁英主编《日本》

吴清和编著《几内亚》

李允华、农雪梅编著《白俄罗斯》

潘德礼主编《俄罗斯》

郑羽主编《独联体（1991～2002）》

安春英编著《加蓬》

苏畅主编《格鲁吉亚》

曾昭耀编著《玻利维亚》

杨建民编著《巴拉圭》

贺双荣编著《乌拉圭》

李晨阳、瞿健文、卢光盛、韦德星编著《柬埔寨》

焦震衡编著《委内瑞拉》

彭姝祎编著《卢森堡》

宋晓平编著《阿根廷》

张铁伟编著《伊朗》

贺圣达、李晨阳编著《缅甸》

施玉宇、高歌、王鸣野编著《亚美尼亚》

董向荣编著《韩国》

2006 年度

李东燕编著《联合国》

章永勇编著《塞尔维亚和黑山》

杨灏城、许林根编著《埃及》

李文刚编著《利比里亚》

李秀环编著《罗马尼亚》

任丁秋、杨解朴等编著《瑞士》

王受业、梁敏和、刘新生编著《印度尼西亚》

李靖堃编著《葡萄牙》

钟伟云编著《埃塞俄比亚　厄立特里亚》

赵慧杰编著《阿尔及利亚》

王章辉编著《新西兰》

张颖编著《保加利亚》

刘启芸编著《塔吉克斯坦》

陈晓红编著《莱索托　斯威士兰》

汪丽敏编著《斯洛文尼亚》

张健雄编著《欧洲联盟》

王鹤编著《丹麦》

顾章义、付吉军、周海泓编著《索马里　吉布提》

彭坤元编著《尼日尔》

张忠祥编著《马里》

姜琍编著《斯洛伐克》

夏新华、顾荣新编著《马拉维》

唐志超编著《约旦》

刘海方编著《安哥拉》

李丹琳编著《匈牙利》

白凤森编著《秘鲁》

2007 年度

潘蓓英编著《利比亚》

徐人龙编著《博茨瓦纳》

张象、贾锡萍、邢富华编著《塞内加尔　冈比亚》

梁光严编著《瑞典》

刘立群编著《冰岛》

顾俊礼编著《德国》

王凤编著《阿富汗》

马燕冰、黄莺编著《菲律宾》

李广一主编《赤道几内亚　几内亚比绍　圣多美和
　普林西比　佛得角》

徐心辉编著《黎巴嫩》

王振华、陈志瑞、李靖堃编著《爱尔兰》

刘月琴编著《伊拉克》

左娅编著《克罗地亚》

张敏编著《西班牙》

吴德明编著《圭亚那》

张颖、宋晓平编著《厄瓜多尔》

田德文编著《挪威》

郝时远、杜世伟编著《蒙古》

2008 年度

宋晓敏编著《希腊》

王平贞、赵俊杰编著《芬兰》

刘鸿武、姜恒昆编著《苏丹》

相关链接

更多信息请查询:www.ssap.com.cn

叙利亚

高光福 马学清 编著
2008 年 11 月出版 28.00 元
ISBN 978-7-5097-0414-1/K·0039

　　叙利亚位于亚洲西部、地中海东岸，是东西方交流的重要通道，具有十分重要的战略意义。叙利亚同中国一直保持友好关系，两国在国际事务中互相支持。《叙利亚》一书全面介绍了叙利亚的自然地理、政治、经济、文化、外交等方面的问题，是了解叙利亚的重要工具书。

奥地利

孙莹炜 编著
2008 年 11 月出版 28.00 元
ISBN 978-7-5097-0356-4/K·0035

　　奥地利共和国地处中欧南部，是连接东、西欧的内陆国家，全国面积 83858 平方公里，人口 812 万。二战后奥地利确立永久中立国地位。1995 年 1 月 1 日加入欧盟。奥地利是联邦国家，首都维也纳是许多国际组织所在地。奥地利山清水秀，历史悠久，拥有大量的自然与人文景观，堪称旅游胜地。本书对奥地利的过去和现在进行了详细介绍，读后会受益匪浅。

社会科学文献出版社网站

www.ssap.com.cn

1. 查询最新图书　2. 分类查询各学科图书
3. 查询新闻发布会、学术研讨会的相关消息
4. 注册会员，网上购书

　　本社网站是一个交流的平台，"读者俱乐部"、"书评书摘"、"论坛"、"在线咨询"等为广大读者、媒体、经销商、作者提供了最充分的交流空间。

　　"读者俱乐部"实行会员制管理，不同级别会员享受不同的购书优惠（最低7.5折），会员购书同时还享受积分赠送、购书免邮费等待遇。"读者俱乐部"将不定期从注册的会员或者反馈信息的读者中抽出一部分幸运读者，免费赠送我社出版的新书或者光盘数据库等产品。

　　"在线商城"的商品覆盖图书、软件、数据库、点卡等多种形式，为读者提供最权威、最全面的产品出版资讯。商城将不定期推出部分特惠产品。

咨询／邮购电话：010-59367028　　邮箱：duzhe@ssap.cn

网站支持（销售）联系电话：010-59367070　　QQ：168316188　　邮箱：service@ssap.cn

邮购地址：北京市西城区北三环中路甲29号院3号楼华龙大厦　社科文献出版社市场部

邮编：100029

银行户名：社会科学文献出版社发行部　　开户银行：工商银行北京东四南支行　　账号：0200001009066109151

图书在版编目（CIP）数据

尼加拉瓜　巴拿马/汤小棣，张凡编著. —北京：社会
科学文献出版社，2009.3
　（列国志）
　ISBN 978 - 7 - 5097 - 0501 - 8

　I. 尼…　II.①汤…　②张…　III.①尼加拉瓜 - 概况
②巴拿马 - 概况　IV. K974.5　K974.7

中国版本图书馆 CIP 数据核字（2008）第 180040 号

尼加拉瓜（Nicaragua）

巴拿马（Panama）　　　　　　　　　　　　·列国志·

编 著 者／汤小棣　张　凡
审 定 人／江时学　宋晓平　吴国平

出 版 人／谢寿光
总 编 辑／邹东涛
出 版 者／社会科学文献出版社
地　　　址／北京市西城区北三环中路甲 29 号院 3 号楼华龙大厦
邮政编码／100029
网　　　址／http：//www. ssap. com. cn
网站支持／（010）59367077
责任部门／《列国志》工作室（010）59367215
电子信箱／bianjibu@ ssap. cn
项目经理／宋月华
责任编辑／孙以年
责任校对／邓晓春　李　惠
责任印制／岳　阳

总 经 销／社会科学文献出版社发行部
　　　　　（010）59367080　59367097
经　　　销／各地书店
读者服务／市场部　　（010）59367028
排　　　版／北京中文天地文化艺术有限公司
印　　　刷／三河市尚艺印装有限公司

开　　　本／880×1230 毫米　1/32
印　　　张／13
字　　　数／327 千字
版　　　次／2009 年 3 月第 1 版　2009 年 3 月第 1 次印刷

书　　　号／ISBN 978 - 7 - 5097 - 0501 - 8/K · 0044
定　　　价／39.00 元

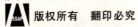

《列国志》主要编辑出版发行人

出　版　人　谢寿光

总　编　辑　邹东涛

项目负责人　杨　群

发　行　人　王　菲

编 辑 主 任　宋月华

编　　　辑　（按姓名笔画排序）

孙以年　朱希淦　宋月华

李正乐　周志宽　范　迎

范明礼　赵慧芝　袁卫华

黄　丹　魏小薇

封 面 设 计　孙元明

内 文 设 计　熠　菲

责 任 印 制　岳　阳

编　　　务　杨春花

责 任 部 门　人文科学图书事业部

电　　　话　59367215

网　　　址　ssdphzh＿cn@sohu.com